此书为国家社会科学基金项目

"梅洛-庞蒂与当代认知科学哲学研究"（13BZX021）最终成果

介入意识与智能革命

I.A.I.R.

梅洛-庞蒂现象学思想的当代诠释

孟 伟 著

黑龙江人民出版社

图书在版编目(CIP)数据

介入意识与智能革命:梅洛-庞蒂现象学思想的当代
诠释/孟伟著.—哈尔滨:黑龙江人民出版社,2023.12
　ISBN 978-7-207-12999-4

　Ⅰ.①介… Ⅱ.①孟… Ⅲ.①梅洛·庞蒂(Merleau·
Ponty 1908-1961)—现象学—研究　Ⅳ.①B565.59

中国国家版本馆 CIP 数据核字(2023)第 074808 号

责任编辑:李　珊
封面设计:霍志龙

介入意识与智能革命:梅洛-庞蒂现象学思想的当代诠释
JIERU YISHI YU ZHINENG GEMING:MEILUO-PANGDI XIANXIANGXUE SIXIANG DE DANGDAI QUANSHI

孟　伟　著

出版发行　黑龙江人民出版社
地　　址　哈尔滨市南岗区宜庆小区 1 号楼
网　　址　www.hljrmcbs.com
印　　刷　三河市中晟雅豪印务有限公司
开　　本　787mm×1092mm　1/16
印　　张　18.75
字　　数　340 千字
版　　次　2023 年 12 月第 1 版
印　　次　2023 年 12 月第 1 次印刷
书　　号　ISBN 978-7-207-12999-4
定　　价　76.00 元

前　言

　　以人工智能、脑科学、心理学和语言学等领域交叉构成的认知科学（Cognitive Science）或智能科学研究已经成为国内外学术界的热点，以知觉、思维和语言等心智（Mind）现象为研究对象的认知科学哲学或智能哲学也已经成为国内外科学和哲学界的研究热点和前沿领域。在认知科学哲学或智能哲学研究中，作为现代西方哲学重要思潮的现象学（Phenomenology）一直扮演着特殊而重要的角色。现象学认知科学哲学已经成为国内外科学哲学领域中一个重要学术范式。而在现象学认知科学哲学研究中，法国现象学家梅洛-庞蒂（Merleau-Ponty）的现象学尤其受到国内外认知科学家和认知科学哲学家的特殊关注。本书着力于探讨梅洛-庞蒂的现象学思想及其与当代认知科学哲学之间的互动，进而研究现象学与认知科学研究之间的互动。梅洛-庞蒂与当代认知科学哲学的互动研究，对于认知科学哲学研究乃至于智能科学本身的研究都具有重要意义。本书内容主要分为四编。

　　第一编主要研究当代认知科学如何产生以及梅洛-庞蒂等在智能革命中的新角色。通过本编研究，我们试图说明：20世纪中期的"认知革命"之后，以认知主义（Cognitivism）、联结主义（Connectionism）为代表的表征-计算主义（Representational Computationalism）经典认知科学研究受到了以梅洛-庞蒂为代表的现象学哲学挑战，进而在当代认知科学研究中产生了一种与梅洛-庞蒂现象学密切相关的、以涉身认知（Embodied Cognition，也译为具身认知）为主要代表的第二代认知科学哲学研究纲领，并且初步形成了涉身性（Embodiment，也译为具身性）的哲学框架。

　　第二编主要研究梅洛-庞蒂现象学中的认知思想，特别是梅洛-庞蒂的介入意识现象学思想。梅洛-庞蒂关于知觉等介入意识现象的研究主要集中于《行为的结构》和《知觉现象学》两部代表作。在这两部著作中,梅洛-庞蒂以知觉为例对笛卡尔主义科学和哲学意识观或者说一种独立的、客观的"旁观意识"(consciousness of witness, conscience-témoin)进行了现象学的批判,阐明了一种非笛卡尔主义的哲学框架和一种"介入意识"(involved consciousness, conscience-engagée)的观念。正如瓦朗斯(Alphonse De Waelhens)所说:"梅洛-庞蒂的全部努力就是要阐释一种介入意识的理论主张。在这里,即使关于自为的存在还有各种不同的看法,但是梅洛-庞蒂的存在主义哲学第一次将自为的存在不再理解为一种'旁观意识'。这也正是贯穿《行为的结构》和《知觉现象学》的基本主题。"①在《行为的结构》中,梅洛-庞蒂在"行为"问题的研究中试图完成一种"形式哲学"(a philosophy of form)对笛卡尔主义实体思维与实体哲学(a philosophy of substances)的消解和替代。② 在《知觉现象学》中,梅洛-庞蒂则是娴熟地运用了现象学思想来展开对介入意识的研究。通过对知觉的存在论重塑,梅洛-庞蒂系统提出了身体-主体观(body-subject)、知觉含混性(ambiguity)、现象身体观(phenomenal body)、身体意向性(body intentionality)、身体图式(body schema)、表意动作(gesture)等思想,重塑了心身关系、知觉世界和理智世界的关系。如果说《行为的结构》主要在传统科学和哲学层面展开对"介入意识"的探索,那么《知觉现象学》则是在现象学基础上阐释和论证了"介入意识"的理论。

第三编主要研究在梅洛-庞蒂介入意识现象学思想影响下的当代认知科学研究前沿进展。通过本编,我们想要说明,在梅洛-庞蒂哲学的直接和间接影响下,当代认知科学研究出现了新的发展和变化。区别于认知主义和联结主义等经典的计算主义研究,这些新的发展和变化有时被概括为第二代的认知科学研究,有时被概括为"4E+S"③的认知科学研究,或者被理解为一种非表征-计算主义(non-Representational Computationalism)的认知科学研究。可以说,这些认知科学研究的新变化与梅洛-庞蒂等的现象学哲学之间存在着一定程度的耦合。当然,这些耦合不等于认知科学家们完全接受了梅洛-庞蒂的思想,更确切地说,这些耦合是在对梅洛-庞蒂现象学哲学的自然化改造下体现出来的。

————————

① Merleau-Ponty, The Structure of Behavior, trans. , Alden L. Fisher, Boston: Beacon Press, 1963, p. xxiv.

② Merleau-Ponty, The Structure of Behavior, trans. , Alden L. Fisher, Boston: Beacon Press, 1963, p. 132.

③ "4E"指的是体化(embodied)认知、嵌入(embedded)认知、生成(enacted)认知和延展(extended)认知理论;"S"指的是情境(situated)认知理论。李建会、于小晶:《"4E+S":认知科学的一场新革命?》,《哲学研究》2014 年第 1 期。

第四编主要研究现象学在何种意义上能够与认知科学研究相结合,以及一种现象学认知科学研究范式何以可能。什么是现象学?从西方哲学史的发展大背景看,现象学是对近代西方哲学的一种批判性发展。如果说近代哲学在认识论上实现了对西方哲学发展的一种转向,那么现象学则是在认识论上实现了对近代认识论的一种系统重构。如果说近代认识论是一种实体哲学下的理性主义认识论,那么现象学认识论则是在去实体哲学意义上的一种系统整合人类非理性和理性能力的整体主义认识论。可以说,在西方哲学史上,哲学家们始终明白情感、体验等非理性认识的存在,但是这些认识能力一直被排斥于正统认识论的边缘,一直被视为影响人类获得真理性认识的负面因素。而在现代哲学中,现象学或者说现象学运动则越来越明确地将情感、体验等非理性能力正式纳入认识论之中,使之不再是一种边缘角色,不再是一种人类获得真理的负面因素,而是使之与理性能力共同成为认识论的核心角色。如果这是现象学的理论旨趣和抱负,那么我们就能够理解现象学哲学何以能够与当代认知科学研究相结合,我们也就能够理解一种现象学的认知科学哲学何以可能。基于这样的解释,我们就能够理解计算主义的经典认知科学研究与以笛卡尔主义为代表的近代认识论之间何以存在必然的关联,而现象学乃至实用主义等现代认识论又何以能够与以涉身认知等为代表的当代认知科学研究产生理论的耦合。

梅洛-庞蒂、海德格尔(Martin Heidegger) 等现象学家都是现象学运动中重要且具独创性的哲学家,同时也是当代认知科学研究中普遍受到英美学术界关注的哲学家。本书以梅洛-庞蒂为例研究现象学与当代认知科学之间的理论关联,这不仅是对梅洛-庞蒂现象学在当代认知科学哲学研究中发挥作用的一种分析,是对当代现象学认知科学哲学研究的一种梳理,而且是对梅洛-庞蒂及其所在的广义现象学运动研究的一种丰富和拓展。从哲学与科学的互动视角看,当以人类智能为研究对象的认知科学在世界范围内成为科技革命深化的战略领域时,从梅洛-庞蒂等的现象学哲学视角切入认知科学的研究,这有助于推进哲学与认知科学研究的双向互动,对于哲学和科学携手破解人类智能的秘密具有深远意义。

目　　录

第一编
现象学在当代智能革命中的角色

20 世纪中期至今,以人类智能为研究对象的认知科学交叉学科得到飞速发展并且取得许多重大进展。随着认知科学的技术应用——计算机与人工智能技术得到世界各国的高度重视并且取得持续进步,作为人工智能的基础理论学科——认知科学也受到哲学、脑神经科学、语言学等领域学者的高度重视。从认知科学的研究范式看,当代认知科学经历了以表征–计算为主要特征的认知主义、联结主义等第一代认知科学研究和以非表征–互动为主要取向的涉身认知等第二代认知科学研究的范式变迁。哲学始终被视为认知科学交叉学科的构成部分。从整体上看,哲学始终与认知科学其他构成学科存在着良好互动,因而在认知科学研究范式变迁中发挥着重要作用。普特南的功能主义心灵哲学、乔姆斯基的结构主义语言哲学等与第一代认知科学研究有着密切的关联,而皮亚杰的建构主义发展心理学、梅洛–庞蒂的知觉现象学等则推动了第一代认知科学向第二代认知科学研究的变迁。

第一章　当代认知科学的发展

认知科学是一门研究人类心智现象的交叉科学。对人类心智自身的反思始终是中西哲学和科学的主题。在 20 世纪 50 年代的"认知革命"(cognitive revolution)的背景下,在控制论、计算机科学等新兴科学为代表的现代科技革命的深刻影响下,以表征-计算主义为主要研究纲领的现代认知科学得以产生,计算主义的心灵理论(The Computational Theory of Mind, CTM)也相应成为理解人类心智的心灵哲学中的显学。随着认知科学内部对表征-计算主义研究的反思以及生物学、社会学等新研究进路的出现,更加重视人类理性能力的非理性基础以及由此更加完整理解人类心智的一种非计算主义的现象学心灵理论(The non-Computational Theory of Mind, non-CTM)开始受到认知科学哲学家的关注,梅洛-庞蒂、海德格尔、杜威(John Dewey)等的所谓非理性主义或者说非笛卡尔主义的现代哲学家思想也正是在这样的背景下走进了现代认知科学家的视野。

第一节　西方传统思想中的智能研究

中国古代思想家以"灵魂""心""意识"等不同名义对人类智能进行了探索。"我们祖国有悠久的历史。我们祖先很早就关心意识问题,并对有关意识现象的各种秘密进行了长期的探索。"[1]春秋时期的郑国子产"第一个对'灵魂'给予哲学解释",即将"魂魄"理解为人体阴阳之精气。[2]《列子·汤问》中还记

---

[1]　刘文英:《中国古代意识观念的产生和发展》,上海:上海人民出版社 1985 年版,第 1 页。
[2]　刘文英:《中国古代意识观念的产生和发展》,上海:上海人民出版社 1985 年版,第 24~25 页。

载了工匠偃师将制作的机器人"倡者"献给周穆王的故事。这个"倡者""千变万化,惟意所适",甚至挤眉弄眼、调戏"王之左右侍妾";"王大怒,立欲诛偃师",偃师赶紧"剖散倡者以示王",王赞叹"人之巧乃可与造化者同工乎?"唐人卢重玄为《列子》作《解》时指出,"倡者"之所以类人,这只是工匠偃师智能的体现,即"木人用偃师之神",也就是说机器人智能不可能超出人类创造者的范围。同时卢重玄也指出,以人类智能之巧,接近和达到自然造化的程度也并非不可能,即"神工极造化何远哉?"①

古希腊第一位哲学家泰勒斯也表达了"磁石有灵魂"的思想,而这里的"灵魂"一词在希腊文本义中指"呼气",即"生命和活动的本原"。② 近代以来,伴随着认识论成为哲学的主题,人类心智的研究变得更为丰富。正如古德曼(Alvin Goldman)所说:"一部哲学史充满了对于心智及其能力和运作的详尽研究。历史上的认识论者涉及到的这些能力包括感觉、直觉、理性、想象力,以及主动和被动的理智。他们所研究的认知行动和过程有判断、设想、抽象、内省、综合以及规划等。伦理学家也分享了这种对于心理能力和内容的兴趣,他们研究欲望、意志、激情和情感等。所有这些哲学家都认可:对于哲学的许多分支来说,对心智的正确理解是至关重要的。"③可以说,以"灵魂"名义对人类智能的早期探索,会聚着后来在认识论研究中对人类智能的各种科学和哲学探索,共同构成了一部现代认知科学前史。

一、古典时代的灵魂研究

古典时代西方哲学的重点是探究世界本原或本体问题,对心灵的研究是其本体论研究的重要构成部分。泰勒斯还没有完全从原始社会的万物有灵论走出,毕达哥拉斯则相信灵魂不死并且将灵魂的和谐作为哲学思考的重要目标。阿那克萨戈拉试图从民间宗教信仰走出来,将心灵(nous)作为一种万物生产变化的动力或者说独立的实体。

(一)柏拉图的灵魂观

从苏格拉底提出"认识你自己"的哲学呼吁之后,古希腊的哲学家开始严肃

---

① 刘文英:《中国古代意识观念的产生和发展》,上海:上海人民出版社1985年版,第348~352页。
② 杨适:《哲学的童年——西方哲学发展线索研究》,北京:中国社会科学出版社1987年版,第85页。
③ Goldman, Alvin. Philosophical Applications of Cognitive Science, Colorado: Westview Press, 1993, p. xi.

地看待心灵问题。柏拉图在《斐多篇》中对灵魂进行了研究。柏拉图的灵魂思想是其理念论的重要构成。在《斐多篇》中,柏拉图主张"灵魂不死"的观念。他认为,人的灵魂原本居于理念世界之中,并且具有认识理念的功能;只是在与人的肉体结合之后,由于受到人的肉体的污染从而丧失了对理念的认识。借苏格拉底之口,柏拉图表达了灵魂只有理性能力才能认识真理的想法,即"一个人观察事物的时候,尽量单凭理智,思想里不掺和任何感觉,只运用单纯的、绝对的理智,从每件事物寻找单纯、绝对的实质,尽量撇开视觉、听觉——一句话,撇开整个肉体,因为他觉得灵魂有肉体陪伴,肉体就扰乱了灵魂,阻碍灵魂去寻求真实的智慧了"[1]。在此基础上,柏拉图论证了"一切研究,一切学习都只不过是灵魂的回忆"的先验主义认识论思想,即只有摆脱肉体的污染,灵魂才能重新认识理念。"我们认为真正的哲学家,唯独真正的哲学家,经常是最急切地要解脱灵魂。他们探索的课题,就是把灵魂和肉体分开,让灵魂脱离肉体。"[2]可见,柏拉图主张人的心灵与肉体是两个实体的思想。在《理想国》中,柏拉图进一步分析了人的心灵的认识能力,即人的"想像""信念""理智""理性"等四种灵魂的认识功能。这四种功能由低到高,分别体现为对影像、具体事物、数学理念和伦理理念等不同对象层次的认识。[3]

　　总体上看,柏拉图首先分析了人的灵魂具有各种认识能力,这些认识能力有着高低层次的不同,本质上体现为非理性和理性两种层次的认识能力,而理性能力高于非理性的认识能力。这些思想应该说为后来的哲学所继承,并且成为西方理性主义哲学的主流观念。其次,柏拉图预置了灵魂与肉体的分离,将灵魂视为一种独立的实体,这也成为后来笛卡尔主义二元论的先声。

（二）亚里士多德的灵魂观

　　如果说柏拉图关于灵魂的思考体现了一种超验主义或者说具有二元色彩的理性主义的灵魂观念,那么亚里士多德关于灵魂的思考则体现了一种经验主义或者说具有泛自然主义色彩的"魂身统合"[4]观念。吴寿彭先生这样描述亚里士多德泛自然主义色彩的灵魂观的形成和变化。"方亚氏之盛年,他日与陆上、海中、空际的群生相游处,有感于万属与人类共存于宇宙的嘉致,不期而兴

---

　　[1]　柏拉图:《斐多》,杨绛译,沈阳:辽宁人民出版社1999年版,第16页。
　　[2]　柏拉图:《斐多》,杨绛译,沈阳:辽宁人民出版社1999年版,第18页。
　　[3]　北京大学哲学系外国哲学史教研室编:《古希腊罗马哲学》,北京:商务印书馆1982年版,第181~205页。
　　[4]　亚里士多德:《灵魂论及其他》,吴寿彭译,北京:商务印书馆1999年版,译者绪言,第31页。

起了民物胞与之思,他确认了万物之具备了'生命'的征象者,便也各有'灵魂'('精神')。"①"'现在,我们也该研究一匹马,一只狗,以及其它诸动物的灵魂与人类的灵魂,是否可用一个总概的公式为之阐明'。这样的措辞,似乎正隐括着他(亚里士多德)将修改老师柏拉图的灵魂论,和他自己初期的灵魂论。在他勤于生物考察的中年期,亚里士多德的'灵魂'(综合物身而言,同于'生命',相对或配合物身而言,同于'精神',也就是'精神'),已不限为人类所专有,而是动物们所共备的了……不仅一切动物,更且一切植物(草木),也被说成'具有灵魂'。"②总之,与柏拉图相比,"亚里士多德不责备那些不伦不类而传世已久的希腊神话,而在自然哲学,即现世所称的自然科学方面,反于柏拉图,而明确否定了,'灵魂'在脱离肉体之后的独立存在"③。

亚里士多德在《论灵魂》中特别指出,灵魂是生物体的特有形式。也就是说,植物、动物和人都是生命体,而"一个活动物是'涵蕴有灵魂的物身'(a be-souled body)"④,即生命体是"物身"与"灵魂"的结合体。人的灵魂或者心灵则是人这一生物体的特有形式,也就是说对心灵的理解是其质料与形式等自然哲学解释模式的拓展。亚里士多德认为,灵魂既不是如德谟克利特等人所说的精细原子,也不是如柏拉图等人所说的独立于躯体之外的不朽东西,而是"'潜在地'具有生命的自然机体的'形式',必然是'其本体的实现'";这就像是说:眼之所以成其为眼者,在于视觉,不在其为白黑点睛,若雕像之有眼,或画像之有眼,虽惟妙惟肖,但是却比不上任何一个生命物所具有的窥视功能。⑤任何生命体都是由作为形式的灵魂和作为质料的肉体(物身)结合而成的,无生命物则不具有灵魂。亚里士多德也将生物体的形式实现称"隐德莱希"(entelechy),即"其本体的实现",它赋予生物有机体以行为的完善性和合目的性。生物灵魂或者生命形式表现为理智、感觉、摄取营养等能力,并且表现为不同等级的灵魂。亚里士多德将灵魂的等级分为三类,最低的等级是植物灵魂或营养灵魂,比植物灵魂高一层次的是动物灵魂或感觉灵魂,而最高的生命形式则是人类灵魂或理智灵魂。人类灵魂除了具有营养灵魂和感觉灵魂的能力之外,还具有推理和思维的高级能力。亚里士多德指出,"灵魂中被称为心灵的那个部分(心灵就是灵魂用来进行思维和判断的东西),在尚未思维的时候,实际上是没有任何东西

---

① 亚里士多德:《灵魂论及其他》,吴寿彭译,北京:商务印书馆1999年版,译者绪言,第4页。
② 亚里士多德:《灵魂论及其他》,吴寿彭译,北京:商务印书馆1999年版,译者绪言,第5页。
③ 亚里士多德:《灵魂论及其他》,吴寿彭译,北京:商务印书馆1999年版,译者绪言,第32页。
④ 亚里士多德:《灵魂论及其他》,吴寿彭译,北京:商务印书馆1999年版,译者绪言,第7页。
⑤ 亚里士多德:《灵魂论及其他》,吴寿彭译,北京:商务印书馆1999年版,译者绪言,第15页。

的。由于这个缘故,把它看成与身体混在一起是不合理的;因为如果是这样,那它就会获得某种性质,例如暖与冷,甚至会像感觉机能一样有一个自己的器官。但是,事实上它没有。把灵魂称为'形式的所在地',是很好的想法"①。吴寿彭先生将人类灵魂特有的心灵思维功能也译为心识(νους),即"思想机能"或"理智灵魂"②(吴寿彭先生也将其译为"理性"③,国内还有"心灵""智慧""思想"等译法)。

吴寿彭先生将亚里士多德的观点与范缜的观点作了比较,尤其指出"令人诧异的"一点,即"范缜的'刃(刀)喻'恰好相同于亚里士多德的'斧喻'"④。南北朝时期,为了反击《神不灭论》,范缜作《神灭论》(神即"精神",同于"灵魂"),其中指出,"形者,神之质;神者,形之用""神之于质,犹利(锋)之于刃(刀),舍刃无利,未闻刃没而利存,岂容形亡而神在"。其中的"形"即亚里士多德的"物身"(植物、动物和人的身体),而"神"则译为"灵魂"。按照亚里士多德的比喻,"例如一斧,斧的实是(本体)就该是它之所以成其为斧者(斧的怎是),这就是它的灵魂;假如它失去它的所以为斧者,这就不再符合正常意义上的那一斧"⑤。吴寿彭先生这样解释"斧喻",即"若一斧而无锋利,虽仍可称之为斧,而已有名无实,失了它所以斧的怎是了。可是,斧为无生物,其形式也应是无生命的,不能是'灵魂'这样的事物。它的实是是利于斫削的锋刃"⑥。

从当代认知科学的发展来看,如果说表征-计算主义的认知科学研究更接近柏拉图的理性主义灵魂观,那么,亚里士多德的泛自然主义的灵魂观则更加接近涉身认知等第二代的认知科学研究。

二、近代的认识论研究

与古代相比,在自然科学影响下,基于人类主体的认识论研究成为近代的主流哲学。第一,古代本体论意义上的万物有灵论已然边缘化,取而代之的是严格区分人与动物区别的人类主体观,或者说在笛卡尔"动物是机器"的命题下心灵、灵魂或者认知已经成为人类的专属名词。第二,在人与动物的严格区别下,感觉与思维也被严格地对立起来,感觉与思维之间的连续性也被人为地割

① 北京大学哲学系外国哲学史教研室:《西方哲学原著选读》(上),北京:商务印书馆1981年版,第150~153页。
② 亚里士多德:《灵魂论及其他》,吴寿彭译,北京:商务印书馆1999年版,译者绪言,第17页。
③ 亚里士多德:《形而上学》,吴寿彭译,北京:商务印书馆1959年版,第370页。
④ 亚里士多德:《灵魂论及其他》,吴寿彭译,北京:商务印书馆1999年版,译者绪言,第13页。
⑤ 亚里士多德:《灵魂论及其他》,吴寿彭译,北京:商务印书馆1999年版,译者绪言,第84页。
⑥ 亚里士多德:《灵魂论及其他》,吴寿彭译,北京:商务印书馆1999年版,译者绪言,第84~85页。

裂开来,思维成为获得知识或者真理中高级能力甚至是唯一能力。第三,不管是英国经验主义、大陆理性主义还是德国古典哲学,她们本质上都倾向于表征-计算的理性主义认识论,也就是说,经验提供材料,而知性或者理性则是基于某种规则或者能力去统合这些经验材料或者感性直观,从而最终产生知识或者真理。基于近代哲学或者说近代认识论的这一特点,显然,他们与现代表征-计算主义的认知科学研究有着更为直接和密切的思想关联。

近代哲学在认识论转向的论域下更为聚焦人类心灵及其理性认识功能的研究。作为"近代哲学之父"的培根和笛卡尔在认识的来源问题和认识的方法问题上观点不同,但是,他们在认识的形成问题上都是理性主义的。刘放桐先生甚至将整个近代哲学都视为理性主义的认识论。"它们都把在理性的旗帜下,从主客二分出发建立一个完整的认识论体系,进而建立一个关于整个世界图景的无所不包的理论体系,当作其哲学研究的根本目标。"①

(一)经验主义的认识论研究

经验主义的开创者培根认为知识归根结底源于经验,但是知识的形成需要理性的归纳;后继者霍布斯则将这种理性的归纳理解为一种观念的计算活动。戈尔德(T. Gelder)就此指出了霍布斯的经验主义思想与现代表征-计算主义认知科学研究之间的密切关联,"在拉美特利之前一个世纪,霍布斯在人类认知本质的问题上,就已经率先表达了当代人工智能和主流认知科学所持有的立场,即'理性不过就是计算,就是普遍命名的加和减而已'这样的论断"②。

洛克为这种立足经验主义的表征-计算的理性主义认识论作了系统的总结。洛克一方面主张人类的知识源于经验,即不存在天赋观念,人的心灵是一块上面没有任何记号的白板,心灵中出现的种种观念都来自于经验;另一方面,洛克则主张知识最终体现为人类理性心灵基于规则对上述种种观念的组织,即通过感觉和反省提供给心灵的都是简单观念,而心灵以这些简单观念为材料和基础,通过各种心理理性机制和规则构成更为复杂的观念,从而最终形成知识。洛克指出,心灵"一旦储备了这些简单观念,它就能够重复它们,把它们加以比较,甚至于可以用几乎无限多的花样联结它们,因而能够制造新的复杂观念"③。洛克基于主客二分的认识论框架,将观念视为主体对客观外物的一种原子式的

---

① 刘放桐:《从认识的转向到实践的转向看现代哲学的发展趋势》,《江海学刊》2019 年第 1 期。
② Gelder, T. The roles of philosophy in cognitive science, Philosophical Psychology, 1998(11).
③ 北京大学哲学系外国哲学史教研室:《西方哲学原著选读》(上),北京:商务印书馆 1981 年版,第 452 页。

表征,进而将人类的知识视为观念的内在心理加工。洛克的这一思想不仅被视为联想主义心理学(Associationism Psychology)的理论先驱,而且被视为现代表征-计算主义和信息加工认知理论的重要理论源泉。

(二)理性主义的认识论研究

如果说近代经验主义者是一种经验主义的理性主义,或者说是一种基于经验(观念或表征)的理性计算主义认知观,那么近代理性主义者则是一种基于天赋观念的理性计算主义认知观。近代理性主义需要一种脱离经验或者高于经验的天赋观念,而且需要一种天赋观念所依托的心灵实体。笛卡尔二元论或者说笛卡尔主义的实体观和认知观正是在这种与经验主义区隔的意义上产生和发展起来的。也就是说,除了在观念的来源问题上不同,近代经验主义和理性主义在认知观上都主张基于某种计算或联结规则的观念(符号)的计算理性主义。

笛卡尔的哲学鲜明体现了近代理性主义的上述特点。一方面,笛卡尔明确了"心灵"的实体地位,并且论证了心物、心身二元论的实体哲学。笛卡尔首先通过"我思,故我在"这个哲学第一原理论证了"心灵"实体的存在,并明确指出心灵实体的本质属性是思维。笛卡尔说:"可是我究竟是什么东西呢?一个在思想的东西。什么是在思想的东西呢?就是在怀疑、理解、领会、肯定、否定、愿意、不愿意、想像和感觉的东西。"①进而,以思维为本质属性的心灵实体与以广延为本质属性的身体实体完全不同,二者独立存在,彼此互不依赖。笛卡尔的实体二元论为近现代理性主义认识论奠定了形而上学基础,并且使心物、心身关系这一形而上学问题成为西方近现代哲学的重要哲学主题。另一方面,笛卡尔明确提出了"普遍数学"(mathesis universalis)的方法论,即哲学、科学知识归根结底是要通过"普遍数学"的计算理性主义方法来实现。"哲学如何能够统一各门科学呢?笛卡尔的回答是,科学的统一性不在研究对象,而在于方法,哲学首先要研究科学方法。他认为数学方法是普遍适用的一般方法,但数学家却没有对数学的方法进行反思,对它反思是哲学家的任务。他说,古代的几何和当代的代数有狭隘和晦涩混乱,'应当寻求另一种包含这两门科学的好处而没有它们的缺点的方法'。笛卡尔称科学的方法为'普遍数学'。普遍数学把数学最一般的特征运用到其他学科。数学的一般特征有二:'度量'和'顺序'。"②笛卡

---

① 北京大学哲学系外国哲学史教研室:《西方哲学原著选读》(上),北京:商务印书馆1981年版,第369~370页。

② 赵敦华:《西方哲学简史》,北京:北京大学出版社2000年版,第184页。

尔指出:"这些想法使我不再专注于算术和几何的特殊研究,转而致力于探求某种'mathesis universalis'。于是,我首先思考这个名称的内涵,大家所理解的究竟是什么,为什么我们所称的数学其部分不仅仅包括上述的算术和几何,还包括天文学、音乐、光学、力学,以及其他一些学科。这里,我们单单考察这个用语的渊源是不够的,因为 mathesis 这个词的含义就是'学科',那么其他的一切学科也可以和几何一样有权利叫做'数学'。"①在笛卡尔看来,"只有那些在其中涉及某种秩序和度量的事物,才相关于普遍科学,并且人们不会有任何困难地就可以在数字、形象、星体、声音,以及任何对象中检验到相应的度量"②。可见,笛卡尔相信,这种基于"度量"和"秩序"的"普遍数学"是研究认知的基本方法,而且人类的认知在一般意义上也可以应当被理解为一种基于"度量"和"秩序"的"普遍数学"。看到这一点,我们就不难理解为什么笛卡尔认知论可以被视为一种计算的理性主义,也就不难理解为什么笛卡尔主义能够被现代的表征-计算主义的认知观所接受。

基于上面的论述,总体上看,近代以来的经验主义和理性主义的确都在一种主客二分的认识论框架下,主张一种基于规则的计算理性主义认知观。正如查尔斯·泰勒(Charles Taylor)所指出的,西方近代以来的客观主义倾向主导着人们对知觉等认知问题的理解,不管是理性主义还是经验主义都在主客二分认识论模式的前提下理解认知活动,现代表征-计算认知模式正是这种客观主义认识论的体现。笛卡尔、洛克和康德等人建构的这种近代客观主义认识论也可以被称为一种内在/外在(Inside/Outside,简称 I/O)图景下的"中介认识论"(Mediation Epistemology)。这种"中介认识论"主张,"我们对外在于心灵/智能主体/有机体的外部事物的认识,只有通过某种内在于心灵/智能主体/有机体的边界条件、心理意象或概念图式才能发生。通过心灵的综合、计算或者构型作用,输入才能形成对于外部事物的认识"③。基于此,这种"中介认识论"也被视为是现代表征-计算主义认知科学研究的哲学渊源。

三、19 世纪后期以来的心理学探索

西方历史上关于灵魂或心灵的科学研究长期与哲学形而上学和认识论合

---

① 笛卡尔:《指导心灵探求真理的原则》,管震湖译,北京:商务印书馆1991年版,第21页。转引自贾江鸿:《笛卡尔的"mathesis universalis"与形而上学》,《世界哲学》2007年第5期。

② 笛卡尔:《指导心灵探求真理的原则》,管震湖译,北京:商务印书馆1991年版,第21页。转引自贾江鸿:《笛卡尔的"mathesis universalis"与形而上学》,《世界哲学》2007年第5期。

③ Taylor, C. Merleau-Ponty and the Epistemological Picture. In Taylor, C & M. Hansen. eds. The Cambridge Companion to Merleau-Ponty, Cambridge: Cambridge University Press, 2005, p.27.

为一体。只是随着自然科学从哲学中开始分化,尤其是心理学率先从哲学中独立出来,脑科学、语言学乃至现代计算机科学等才逐渐独立并成为对于人类心理认知研究的专门学科。而后,20 世纪后半期产生了对上述各门学科进行交叉整合研究心理认知现象的现代认知科学。可以说,现代认知科学的产生与心理学学科从哲学中的独立息息相关。

心理学学科的独立是在近代科学实证化的发展倾向中产生的,其中德国的心理学家冯特(Wilhelm Wundt)被视为是近代心理学的创始人。冯特深受洛克经验论思想的影响,主张通过观察和实验来研究包括心理现象在内的客观事物。1879 年,冯特将自然科学的实证主义研究方法引入心理学,建立了世界上第一个心理学实验室,这不仅标志着"实验心理学"的诞生,也标志着心理学作为一门独立科学的创立。为了确立心理学的实证科学地位,冯特主张将心理经验事实作为心理学自身的研究对象,从而与传统形而上学的心灵等思辨对象划清界限。冯特明确指出,"心理学首先要摆脱一切关于灵魂本身的形而上学假说",并且将心理学对象区别于自然科学研究中从各种主观经验中抽象出的间接经验,把自然科学的实验方法与传统哲学的"内省"方法相结合,将直接经验作为心理学的研究内容,力求在精确控制下获得精确的实验结果。

与冯特的思想路线不同,信奉实用主义哲学的美国心理学家认同冯特的实验技术,但是却不认同冯特重视个体意识经验的研究路线和主观内省的研究方法。在著名实用主义者詹姆士(William James)和杜威的倡导下,他们发展了一条机能主义(functionalism)的心理学研究路线。机能主义主张:心理学的研究重点不应是个体经验本身,而应是意识经验在个体适应环境中所起的作用,即心理的机能意义。机能主义把感觉和意识只是视为有机体适应环境的工具,剥夺了其单纯的认识功能。正是在机能主义的基础上,美国心理学家开始用行为来代替意识的功能并以此作为心理学研究对象,从而从机能主义过渡到行为主义(behaviorism)心理学。例如,原为机能学派成员的华生(John Watson)后来抛弃了对于"不可捉摸和不可接近的"心理现象的研究,而代之以对个体行为反应的完全客观化研究,这也宣告了行为主义心理学的创立。在行为主义者看来,只有人的行为,也包括动物的行为才是心理学研究的真正对象,人的心理则是不可捉摸的或者说不具有客观性。行为主义者们在心理研究中淡化了对主观意识现象的关注,聚焦于刺激和反应之间的可见的行为联系。也就是说,"心理学研究的目的是确定这样的论据和规律,即给予刺激,就能够预测会引起什么样的反应;或相反,给予反应,就能够详细说明有效刺激的性质"①。在华生看来,语言、思维等人类意识现象都不过是一种外显的行为,不存在内在的语言和思维意识现象。在心身关系问题上,他主张一种完全否认心理(或意识)内在活动的外在物质一元论。这种对内在心理和意识现象的否定受到现代哲学与科学的质疑,因此,对行为主义的质疑和批判成为现代认知科学兴起的一个直接原因。

第二节　现代智能科技的兴起

尽管西方哲学史与科学史上已经长期存在着关于心灵、智能和认识论的研究,但是真正意义上的认知科学研究则是产生于 20 世纪中期,尤其是在控制论、信息论和计算机科学等为代表的科技革命深入发展背景下,使得人类的意识和心理活动以信息加工方式重新回到科学研究领域,这一新的发展也由此被称为"认知革命"(cognitive revolution)。可以说,与传统的心理学和哲学研究相比,一方面"认知革命"借助现代控制论和计算机科学的发展推动了对人类认知活动的研究,以信息加工或表征计算等为研究纲领的心理学、人工智能和语言学的新进展促使现代认知科学应运而生;另一方面"认知革命"运动中通过认知科学与哲学的结合,推动了心灵哲学的发展,推动了功能主义和新行为主义等心灵哲学的发展。

一、"认知革命"

现代认知科学及其相应的心灵哲学研究发端于 20 世纪中期的"认知革命"。这场"认知革命"的实质在于:在控制论、信息论和计算机科学等新学科的影响下,心理学、语言学和人工智能等新科学领域中普遍了反对行为主义、机能主义与内省主义(introspectionism)等传统心理学研究的新进展;它们重新肯定了意识、语言等心理现象的自主性存在,主张用现代控制论等主导的信息加工模型来理解、建构和研究人类各种认知现象。基于计算机科学和人工智能在 20 世纪后半期的发展,这就促使人们强烈主张一种新的信息加工或者表征–计算主义的认知观,从而产生了一种符号主义或认知主义的心灵观。

---

① 肖红娟:《华生的行为主义》,参见叶浩生主编:《心理学理论精粹》,福州:福建教育出版社 2000 年版,第 594 页。

　　大体上看,以华生、斯金纳(B. Skinner)等为代表的传统行为主义者主张不存在内在自主的心理活动,只存在可观察的外部行为刺激;而以威廉·詹姆士等为代表的内省主义则主张存在内在心理活动,这种心理活动可以被理解为一种适应环境的独特机能,但是这种心理活动不能客观分析,而只能通过内省或体验(experience)才能把握。"认知革命"中主张表征-计算主义的早期认知科学家们不赞同上述两种观点,他们在现代控制论以及现代数字计算机科学理论的影响下,批判了行为主义与直觉主义对心理活动的理解。

　　总体上看,表征-计算主义的早期认知科学家一方面认可存在内在的心理现象,反对行为主义对心理现象自主性的消解;另一方面,他们反对将自主的心理现象视为神秘的、只能内省的、单纯适应环境的生理机能等诸种解释,主张通过现代控制论蕴含的信息加工模型等方法来实现对心理现象新的研究和把握。例如,作为现代"认知革命"中的代表人物,美国语言学家乔姆斯基(Noam Chomsky)在 1959 年评论斯金纳《言语行为》(Verbal Behavior)的著名文章中,批判了利用刺激-反应模式来解释心理状态并且反对存在心理表征(representation)等内在心理状态的心理学行为主义思想。与语言或意识等行为主义解释不同,乔姆斯基肯定了语言意识的自主性,并且通过生成语法(generative grammar)理论来肯定了人类存在内在语言规则以及语言现象的产生。乔姆斯基明确指出,为了解释语言等心理现象,需要肯定内在表征(internal representation)及其基础的存在。① 可见,语言不能被理解为一种外部行为的特殊表现,而是一种独特的内在心理活动,是一种基于先验语法规则的表征计算活动。心理学家品克(Steven Pinker)在《白纸一张》(The Blank Slate)一书中概括了"认知革命"或者说早期认知科学研究的五大主张。第一,与行为主义的刺激-反馈机制不同,现代认知科学通过信息、计算和反馈等概念来理解心理活动,并且主张心理世界可能植根于物理世界,以及可以像计算机一样实现于物质装置上。第二,人类的大脑不是如行为主义所设想的那样是一张白板,因为白板不能做任何事情,这表明人类的大脑可能内在具有某种语法规则或者心理规则,从而人类大脑的规则就可以通过软件等形式实现于电脑中。第三,大脑中有限的组合程序资源可以产生无数种行为模式。第四,在不同文化中的人类存在普遍的心理机制。第五,人类大脑是一个复杂的系统,它由许多互相影响的部分构成。② 从以上五点可以看出,品克详细概括了"认知革命"产生的表

---

　　① Chomsky, N. Review of Verbal Behavior by B. F. Skinner, Language. 1959(35).

　　② Steven Pinker. The Blank Slate: The Modern Denial of Human Nature, New York: Viking Penguin, 2002.

征-计算主义认知科学研究纲领,这一纲领主导了现代认知科学中的心理学、语言学、脑科学和计算机科学等科学的研究。这些研究显然不同于传统的行为主义、内省主义和机能主义的研究,体现了现代认知科学中认知主义和联结主义等经典认知框架的基本主张。

二、认知科学的兴起

认知科学的概念首见于希金斯(Christopher Longuet-Higgins)在 1973 年发表的一篇针对《莱特希尔人工智能发展报告》的评论中。[①] 1977 年,《认知科学》(Cognitive Science)杂志创刊。1979 年,认知科学学会(Cognitive Science Society)成立,其创始成员来自心理学、语言学、计算机科学和哲学等领域。1982 年,美国的瓦萨学院(Vassar College)成为世界上首个授予认知科学学士学位的学院。1986 年,美国加利福尼亚大学圣迭戈分校成立世界上第一个认知科学系(Cognitive Science Department)。这些标志着作为正式学科建制的认知科学的产生和发展。

认知科学在当代科学技术发展中已经具有了公认的重要战略地位,世界上许多国家已经开始将认知科学提高到科技发展的战略高度加以规划。20 世纪 90 年代,日本与美国等分别启动了脑科学的研究计划。21 世纪初,美国国家科学基金会和美国商务部等部门共同资助了一个以认知科学为主干的"会聚四大技术(Nano-Bio-Info-Cogno,NBIC)、提高人类能力"(Convergent Technology for Improving Human Performance)的研究计划[②]。在 2006 年 1 月发布的《国家中长期科学和技术发展规划纲要(2006—2020)》中,我国政府也将"脑科学与认知科学"列为基础研究中八大科学前沿领域之一。2013 年 4 月 2 日,时任美国总统奥巴马宣布启动名为"通过推动创新型神经技术开展大脑研究(Brain Research through Advancing Innovative Neurotechnologies)"计划,简称为"脑科学研究计划"(BRAIN),其研究规模堪比人类基因组计划。2021 年 3 月发布的《中华人民共和国国民经济和社会发展第十四个五年规划和 2035 年远景目标纲要》,其中科技创新领域部分将"脑科学与类脑研究""新一代人工智能"等认知科学相

---

① Longuet-Higgins, H. C. Comments on the Lighthill Report and the Sutherland Reply, in Artificial Intelligence: a paper symposium, Science Research Council, 1973. pp. 35-37.

② 2001 年 12 月,美国商务部技术管理局、国家科学基金会(NSF)、国家科学技术委员会纳米科学工程与技术分委会(NSTC-NSEC)在华盛顿召开"会聚四大技术,提升人类能力"研讨会并首次提出"NBIC 会聚技术"的概念。这次会议上提出的"会聚技术"(Converging Technologies)指四个迅速发展的科学技术领域的协同和融合,即纳米科技、生物技术、信息技术、认知科学,其英文缩写为 Nano-Bio-Info-Cogno,简称 NBIC。与会专家取得共识:以上四个领域的技术都在迅速发展,每一个领域都潜力巨大,而且其中任何技术的两两融合、三种会聚或者四者集成都将产生难以估量的效能。

关学科前沿领域作为具有前瞻性、战略性的国家重大科技研究领域。

三、认知科学的交叉性

认知科学是一门由多个学科组成的交叉科学。1978 年的《斯隆基金会报告》(Sloan Foundation Report)给出了一个为大多人所接受的反映认知科学学科交叉关系的"认知科学六边形",提出心理学、语言学、计算机科学(人工智能)、人类学、神经科学(包括脑科学)以及哲学等六门科学是认知科学的主干构成学科。[①]

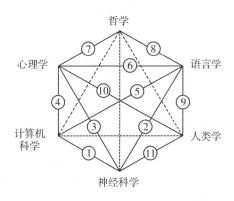

图 1.1　认知科学六边形

从图 1.1 中可以看出,组成认知科学的每一个学科领域都通过跨学科动态网络同其他领域连接在一起。其中,每一条实线代表一门已经明确定义并且建立起来的专业化跨学科研究领域,包括(1)控制论;(2)神经语言学;(3)神经心理学;(4)认知程序模拟;(5)计算语言学;(6)心理语言学;(7)心理哲学;(8)语言哲学;(9)人类语言学;(10)认知人类学;(11)大脑进化理论。虚线标示的学科之间的联系是可能被学术界认可的专门研究领域。《认知科学》杂志则是将人类学、人工智能、教育学、语言学、神经科学、哲学、心理学等七门学科视为认知科学的组成学科。上述情况表明,人们对于认知科学是一门交叉性科学已经具有了共识,至于认知科学涉及哪些学科之间的交叉,其认识则是动态性扩展的。此外,在认知科学作为交叉科学的理解上,人们还接受了一种整体性多学科观念(the holist conception of multidisciplinarity),即主张认知科学交叉学科并不是松

[①]　Harnish, M., Mind Brains Computers: a Historical Introduction to the Foundations of Cognitive Science, Malden, MA: Blackwell Publishers Inc., 2002, p. 7. 亦可参见: Miller, G. A. The cognitive revolution: a historical perspective, Trends in Cognitive Science, 2003, 7(3).

散的,而是一种通过共同的研究纲领连接起来的认知科学多学科形态。① 一般公认,表征-计算主义研究纲领是被认知科学家接受的主流认知科学研究纲领,也是目前为止最为成功地实现认知科学交叉学科有机整合的关键所在。

四、智能哲学

在知识论、心灵哲学、语言哲学以及逻辑学等领域,智能科学技术与哲学的许多问题紧密交织。智能科学技术各种领域中的许多主题催生了相应的哲学问题,反之,哲学家则针对这些主题提出了许多质疑和作出了许多猜想。在现代智能科学技术中,除了脑科学、人工智能、心理学和语言学等认知科学的核心构成学科之外,哲学也被视为智能科学技术的构成学科之一。由于人们长期以来主张智能科学技术应当像典型的自然科学那样具有可观察和可实验的客观性,由于哲学更具有思辨性的特点,因此人们常常弱化、轻视甚至忽略哲学在智能科学技术中的独特作用。当代认知科学哲学家戈尔德(Tim van Gelder)将这种状况形象地称为"文献引用赤字",即哲学家大量引用认知科学中其他领域的文献,而认知科学各个领域的研究则较少引用哲学文献。② 事实上,由于人类智能和认知研究的复杂性和系统性,尤其是与一般的自然科学研究对象的不同,人类智能还体现出一种自主性和主观性特征,因此,哲学应当在智能科学技术研究中发挥更独特的作用。

(一)智能科技哲学的问题

作为一门交叉科学,除了有着共同的研究纲领之外,现代智能科学技术还有着共同的研究主题,也就是人类各种认知现象。例如,语言意义问题不仅是语言学、符号学的研究对象,也是人工智能和脑科学的研究对象,同时也是语言哲学的研究对象。随着现代认知科学的成型和深入发展,智能科学技术在这些共同主题上也推动了哲学的发展,形成了智能科学技术与哲学的良性互动。

1.心身关系问题

形而上学层面的心身关系问题既是一个历史上的心灵哲学问题,也是一个对智能科学技术发展发挥重要影响的理论框架问题,智能科学技术家或明或暗在心身关系问题上持有某种立场。

---

① Von Eckardt, B. Multidisciplinarity and Cognitive Science, Cognitive Science, 2001(25).
② Tim Van Gelder, The roles of philosophy in cognitive science, Philosophical Psychology, 1998, 11 (2).

心身关系在形而上学上一直存在着各种立场,这些立场影响着智能科学技术的研究。笛卡尔主义心身实体二元论就受到一部分智能科学技术家的重视,例如 1963 年诺贝尔生理学或医学奖得主艾克尔斯(John Eccles)与哲学家波普尔(Karl Popper)在合著《自我及其大脑》一书中就主张二元论的学说。与传统的二元论不同,艾克尔斯通过脑神经科学的研究证明人的心灵或自我(self)是独立于身体的功能性存在,从而与波普尔提出的"三个世界"理论相呼应。此外,在批判还原的强物理主义的心身类型同一论的过程中,普特南(Hilary Putnam)提出了基于功能主义(functionalism)①的心理状态多重实现的论题。戴维森(Donald Davidson)则提出了作为非还原物理主义基础的心身附随关系的思想。

与艾克尔斯等心身二元论不同,当代心灵哲学家大多持有唯物主义立场,并试图在自然主义的框架之内对心的本体论地位和心身因果作用问题做出回答。1962 年诺贝尔生理学或医学奖得主克里克(Francis Crick)在 20 世纪 90 年代中期出版的《惊人的假说:灵魂的科学探索》一书中指出,人类的意识思想完全应当和可以用大脑中一些神经元的交互作用来解释,从而通过这种关于意识的自然主义或物理主义的"惊人假说",明确反对笛卡尔主义二元论以及西方传统文化中的独立灵魂观念。20 世纪末,莱考夫(George Lakoff)和约翰逊(Mark Johnson)立足于认知语言学研究,批判了表征-计算主义心灵观,提出和论证了涉身心灵(embodied mind)的哲学主张。这一主张强调了心灵对于身体生理结构的依赖,主张心灵是由人脑的神经结构以及人类在世界中的日常行为的特殊情境塑造的,从而试图在二元论和唯物主义之间寻找到一种关于认知和心灵的新的实在论和形而上学。

与心身关系上的本体论问题相关,认知科学也面临着心身因果作用这一哲学问题。心身因果作用问题的主要内容是讨论在因果闭合的物理世界中心理现象如何具有因果效力的问题。例如,以杰克逊(Frank Jackson)为代表的副现象主义将心理现象看作是完全没有因果效力的,是附加在大脑的某些物理过程之上的一种"副现象";以福多(Jerry Fodor)和皮利辛(Zenon Pylyshyn)为代表的符号计算主义,则强调具有语义内容、同时又得到物理实现的表征(或符号)计算的因果解释理论;还有以金在权(Jaegwon Kim)等为代表的心身局域还原论

①　普特南(Hilary Putnam)这样解释功能主义的基本主张:"心理状态('相信 P','期望 P','考虑是否 P')也就是大脑的'演算状态'。思考大脑的恰当方式是把它当作一台数字式计算机。我们的心理被描述为这台计算机的软件,即它的'功能组织'。"(参见 H. Putnam. Replies, Philosophical Topics, The Philosophy of Hilary Putnam, ed. By C. S. Hill, University of Arkansas Press, 1993, p. 73.)

等。这些心身因果作用的理论依附于心身关系的本体论,对认知科学的研究发挥着重要的理论框架性作用。

2.意向性和意识问题

意向性问题与意识问题是当代智能科学技术与心灵哲学共同面对的两个棘手问题(hard problem)。表征-计算主义的经典认知科学常常因为不能处理意向性与意识问题而受到批判,相应的物理主义哲学框架也因此而受到二元论等哲学框架的挑战。例如,哲学家塞尔(John Searle)就认为信息加工理论不能解释意向性和意识问题,但是塞尔反对由此走向二元论等理论立场,他主张一种基于大脑活动的生物学主义。现象学家也反对意向性和意识的信息加工解释,同时也反对物理主义、二元论等传统解释框架,他们似乎更支持一种存在论的解释立场。塞尔和现象学家的立场在认知科学研究中正向呼应了意识的脑神经科学研究和涉身认知科学研究。

意向性问题是现象学家布伦塔诺(Franz Brentano)最早提出的一个现象学认识论问题。布伦塔诺认为意向性是心理现象与物理现象区分的标志,意向性是指心灵指向某个对象的活动,而唯物主义等旧哲学框架是不能解释意向性的。这一问题对经典认知科学研究提出了哲学挑战,因而受到当代认知科学及其心灵哲学研究的重视。

围绕着智能科学技术及其心灵哲学,意向性研究主要涉及意向心理状态的实在性问题、意向内容的关系性质问题以及意向性的自然化问题等。第一,关于意向心理状态的实在性问题。常识心理学(Folk psychology)主张信念、愿望等意向心理状态是实在的,而以福多为代表的意向实在论进一步认为,命题态度等意向心理状态是可以在物理系统中得到实现的。以丘奇兰德夫妇(Paul Churchland & Patricia Churchland)和斯蒂奇(S. Stich)等为代表的取消主义(Eliminative physicalism)认为,人们关于意向心理状态实在的常识看法是错误的,随着神经科学或认知科学的发展,信念、愿望等意向心理状态的错误实在论预设终将被取消。丹尼特(D. C. Dennett)等则从工具主义的立场提出了"拟人化的意向立场",即一方面丹尼特肯定意向心理状态在行为解释与预测中的重要作用,另一方面他又认为意向心理状态并非真实存在,而是一种拟人的立场。也就是说,意向性立场是指可以把一个实体(人、动物、人造物等)假定为一个理性的自主体,这个假定的自主体可以通过信念、愿望来对自身行动加以选择,比如针对下国际象棋的计算机就可以采取这种意向性的拟人化立场。第二,关于意向内容的关系性质问题。以布洛克(N. Block)、戴维特(M. Devitt)和利康

(W. Lycan)等人为代表的内在论主张,外部世界的存在与变化对于意向内容的确定不具有实质性意义。以塞尔、普特南和伯格(T. Burge)为代表的外在论主张,心与世界的关系对于意向内容的确定具有实质性意义,意向状态具有"所指内容",它们总能把心灵同这个世界或种种可能世界联系起来。第三,关于意向性的自然化(Naturalization of intentionality)问题。认知科学当然都赞同意向性能够和应当被自然化的立场。至于意向性如何自然化,心灵哲学中存在着各种解决方案。例如,以德瑞斯克(F. Dretske)和福多为代表的因果论,主张将意向关系自然化为因果关系;以米利肯(R. Millikan)和博格丹(R. Bogdan)等人为代表的目的论,则主张即将意向关系归结为以生物进化机制为基础的目的相关性。

意识问题是智能科学技术和心灵哲学研究中最为困难也最受关注的一个哲学话题。意识的概念非常宽泛,人类的心理活动大多都可以成为意识活动,即指与感知、认识、相信、想象、记忆和体验等相伴的有意识的心脑活动及其表现特征。不过,现代认知科学和心灵哲学所讨论的意识主要指一种主观性、个体性、体验性和私密性的觉知(awareness)意识。在哲学上,是否存在这种个体性、私密性和体验性的觉知意识也是存在争议的,同样,在认知科学中是否存在和如何实现觉知意识也是存在争议的。例如,人工智能是否存在以及如何实现觉知意识就是一个科学家和哲学家颇为挠头的棘手问题。

哲学家列文(J. Levine)在1983年的《物质主义与感受性质:解释鸿沟》一文中提出过"解释的鸿沟"(Explanatory gap)的概念。他主张,关于大脑的生理物理或功能状态与关于意识的经验和体验的解释和理解之间存在一条难以填平的鸿沟,或者说,在觉知意识或者说感受性(qualia)等问题上,人们不能通过对大脑的生理物理的或功能解释而得到理解。布洛克在1995年发表的《意识功能带来的迷惑》一文中指出,意识是一个可能存在多种形式的复杂体,因此,诸如颜色、痛、声音等强感受性的现象意识(phenomenal consciousness)是无法概念化和未被加工的初始经验,这种原始经验更多地表现为主体性、私密性,而由表征信息构成的可存取意识(access-consciousness)则是可描述和可解释的。列文认为意识现象与物理现象之间解释上的鸿沟是知识论上的,无论我们对意识作出怎样的物理的或功能的解释,我们都不能解释意识或感觉本身,因此这条鸿沟不可填平。杰克逊和查尔默斯(D. Charlmes)则认为意识现象具有并非附随于物理现象的独立地位,因此意识现象与物理现象之间的解释鸿沟在形而上学意义上就已经不可能填平。以麦金(C. McGinn)为代表的哲学家将鸿沟的存在归因于我们心灵自身的认识能力的限度,因此,随着自然科学的发展,这一鸿沟有望填平。

除了心身关系、意向性和意识等问题之外,还有许多问题引发了哲学与智能科学技术研究之间的互动。例如,思想语言(language of thought)问题,即人类大脑乃至思想中是否存在类语言的编码,或者是存在着类似联结主义所主张的层级结构。心理意象(Mental imagery)问题,即人类心灵活动中是否存在着心理意象,尤其是类似视觉意象等其他种类的意象是否参与思维活动,还是思维活动中仅仅参与了类似语言的表征。意义(Meaning)问题,即心理表征如何获得意义或心理内容,在什么范围内我们可以界定表征的意义依赖于与其他表征的关系,依赖于与外部世界、与整体思维共同体的关系。自由意志(Free will)问题,即人类行为是自由的还是仅仅由大脑生理活动引发的,能否和如何科学地解释人类的自由意志现象。道德心理学(Moral psychology)问题,即现代智能科学技术如何解释道德现象的产生,大脑的生理活动,以及理性、情感和意志等心理活动在伦理判断和选择活动中发挥着何种作用,等等。

20世纪后半期以来,智能科学技术的产生发展与哲学的关系越来越密切,当代智能科学技术与哲学之间的互动也推动了双方的发展。智能科学技术除了与英美心灵哲学之间的互动发展之外,近年来与欧陆哲学的互动也逐渐热络起来。原本受到英美分析哲学贬抑的欧陆现象学和存在主义开始受到英美哲学界和科学界的关注,特别是智能科学技术哲学家们开始讨论和重视海德格尔、梅洛-庞蒂等现象学家的认知和心灵思想。20世纪80年代以来,随着涉身认知、情境认知(situated cognition)、延展认知(extended cognition)等新认知科学理论的产生,尤其是这些新理论与哲学之间的互动,这就大大拓展了原来心灵哲学的讨论。例如,延展认知理论主张人类认知过程不仅局限在大脑中,而且可以延展到身体之外并且与外部物理设备和文化环境构成一种耦合系统。与之相应的一种延展心灵的观念主张,心灵不仅局限在头脑和身体中,而且完全可以延展到外部环境中。总之,这些新的理论会聚和展现了一种认知观研究的新方向和一幅心灵观的新图景:认知可能是我们身体这一有机体的"在世的存在"的功能,是我们不同种类的体验活动,是认知主体的语言、意向性行为,是社会-文化-历史情境的主体功能。智能科学技术与哲学的互动,拓展了双方的问题域,使得双方的发展都展现出更为广阔的前景和空间。

(二)哲学在智能科学技术中的作用

现代智能科学技术基于表征-计算主义等研究纲领探究人类的知觉、意识、语言等心理运行机制和认知活动,它已经发展为一门由心理学、语言学、脑神经科学、计算机科学、人工智能、哲学和人类学等学科构成的现代交叉学科。依据不同的问题域和研究方法,现代智能科学技术可以体现为不同的研究进路,包括心理学进路、语言学进路、生物物理学进路、脑神经生理学进路、人工智能进路、广义进化论进路以及复杂性科学进路等。与上述具体科学研究进路不同,哲学则综合利用科学和哲学资源体现为哲学的研究进路。

作为智能科学技术构成的各门具体自然科学,往往采用客观的方法来研究认知现象。例如,心理学家利用心理实验方法,神经科学家则采用实验和先进技术装置来观察和研究大脑神经活动,语言学家收集和总结语言资料,计算机科学家则通过物理硬件和程序软件等可见方式实现自身的发展等。与构成智能科学技术的这些实证自然科学相比,哲学的作用似乎并不是那么可见和客观。哲学一方面依据所讨论的主题提供一些哲学洞见,这些哲学的洞见可能来自于哲学史,也可能来自于主观性的论证;另一方面,哲学能够在方法论上贡献于认知科学研究,即哲学可以利用哲学论证、分析和思辨等方法来批判或者辩护某些洞见,也可以通过概念的分析来澄清某些洞见,也可以在方法论上总结提升智能科学技术的研究方法。

从哲学史和科学史的发展视角看,哲学的一般任务是尝试去解决本体论、认识论等一些根本性的问题,哲学在这方面所产生的洞察往往会应用和规范于认知科学研究中。作为一种理论框架,或者说根本性的总问题,哲学通过解决这些问题从而可以解决其所构成的一些子问题,而这些子问题的解决有可能被转化为一些具体科学技术问题的解决。从人类思想史看,正是哲学家首先提出、讨论和解决了认知科学的一些根本性问题,例如思维、感觉、知识、知觉、行动、想象、概念、心灵等问题。例如,泰勒斯关于人的灵魂之于磁铁吸引力的比喻,柏拉图关于人的灵魂之各种功能的思考,乃至于中世纪哲学中对于当代主流认知科学关键理论假设之一的"思想语言"的广泛讨论,莱布尼兹从理性主义立场提出的思维计算理论及其早期计算机雏形的设计等。当代认知科学研究的基本思想也离不开一些重要的哲学洞见。例如,当代大多数认知科学家都认可某种唯物主义的形而上学立场,即人类思维活动就是某种物理系统的功能活动,少数则持有二元论的形而上学立场。人工智能中的机器学习理论离不开哲学家所发展的科学知识理论,有些专家系统的设计就运用了哲学家亨普尔(Carl Hempel)的解释理论,认知构架中的模块问题则离不开哲学家福多有关心灵的模块哲学理论。

除了提供哲学洞见之外,哲学的作用还在于方法论的贡献,即通过方法论的反思将认知科学的各种理论构建成为一个系统。哲学中的论证、概念澄清以及历史视角等哲学的方法都可以被用于认知科学的理论建构。例如,20世纪中期,许多心理学家开始反思行为主义心理学的基础假设,在这个过程中,哲学在批判旧的假设以及提出新的假设方面发挥了重要的作用。这一点清晰地反映在乔姆斯基针对斯金纳的《言语行为》一文的著名批评中。此外,认知科学各领域的众多研究往往是具体的和技术性的,对认知科学的整体反思和梳理则需要哲学家的历史眼光和概念澄清。例如,就人工智能这一认知科学交叉学科而言,哲学家豪格兰德(J. Haugeland)在《人工智能:不一般的观念》(Artificial intelligence: The very idea)一书中就通过更广阔的历史和概念背景来系统地反思和梳理人工智能。具体来说,豪格兰德首先从历史角度勾勒了从哥白尼、伽利略到笛卡尔、霍布斯和休谟等人的关于人工智能某些关键观念和问题的发展,然后从形式系统、数字化、算法、自动化、意义和理解等概念来讨论什么是计算机,由此导向对机器翻译、启发式搜索、微世界等各种人工智能研究概念的审视,最后引出对问题设计、实用意义、心理意象、情感以及自我指涉等人工智能中潜在困难概念的分类。通过历史梳理和概念分析,豪格兰德提供了一种区别于人工智能专业技术研究的人工智能一般性和系统性哲学研究。

反思批判也是哲学在智能科学技术研究中发挥的一种重要功能。例如,美国现象学家H. 德雷福斯(Hubert Dreyfus)因其对传统人工智能研究的激烈批判而被称为人工智能研究的"牛虻"。与人工智能技术研究者的内部批判不同,H. 德雷福斯的批判立足于人工智能的发展历史和与之相关的哲学传统。总体来说,H. 德雷福斯一方面是将人工智能的基础思想置于西方哲学的某种思想传统中,例如他将传统的主流人工智能研究置于笛卡尔主义哲学传统中;另一方面,H. 德雷福斯立足现代反笛卡尔主义哲学反思批判了主流人工智能的研究,尤其是他选择了海德格尔、梅洛-庞蒂和后期维特根斯坦(Ludwig Wittgenstein)的思想,对主流人工智能及其哲学基础作了有力的批判。总之,H. 德雷福斯力图表明,人类心灵的活动方式完全不同于主流人工智能的理性主义传统所描述的那样,而更可能接近一种反笛卡尔主义的描述。经过H. 德雷福斯的反思论证,认知科学和人工智能领域不仅验证了"人工智能几十年的发展的确遇到了一些H. 德雷福斯通过哲学论证所预言的困难",而且更为可贵的是,"现在,人工智能研究者在编写程序之前研读海德格尔和梅洛-庞蒂已经不存在任何障碍,除非借口这些哲学不是计算机科学家的专业"①。

---

① Tim Van Gelder, The roles of philosophy in cognitive science, Philosophical Psychology, 1998, 11(2).

总的来看,智能科学技术不能将哲学与心理学、语言学和计算机科学等领域截然隔离开来,而是应当认识到哲学研究的主题和方法可以介入智能科学技术各领域的研究,充分意识到哲学就是作为现代交叉科学的认知科学中一个名正言顺的实质构成学科。哲学研究与智能科学技术研究有着共通的目标,并且哲学能够实质性地推进智能科学技术研究,反之亦然。

第三节 经典智能科技研究及其面临的挑战

"认知革命"之后的现代认知科学或者智能科学技术基本形成两种经典的研究进路或者传统。一是通过大脑神经网络的模拟(simulation)来研究心灵及其认知功能的生物学-脑神经科学进路。20 世纪中期的马西研讨会(Macy Conference)大大推动了这一经典研究进路,麦克洛赫(Warren McCulloch)和皮茨(Walter Pitts)等提出了模拟生物学意义上大脑神经网络的思想并初步设计了人工神经网络的计算模型。二是通过数字计算机来模拟心理状态、将心理活动视为基于符号表征计算活动的研究进路。这一进路主要基于 20 世纪 40、50 年代控制论与计算机科学的发展,诺依曼(John von Neumann)和图灵(Alan Turing)提出了关于心灵的数字计算机隐喻的思想,并推动了认知革命中符号加工理论的发展。在这一进路的形成和发展过程中,达特茅斯研讨会(Dartmouth Conference)发挥了关键作用。这一进路也可以被称为计算机-心理学-语言学的科学研究进路,相比生物学-脑神经科学进路,这一进路由于在计算机科学上的成功而长期被视为主流的认知科学研究进路。

一、表征-计算的控制论-计算机科学研究进路

1956 年,麻省理工学院举办的"达特茅斯研讨会"正式开启了表征-计算的控制论-计算机科学-心理学-语言学的认知科学研究进路。这次研讨会全称是"关于人工智能的达特茅斯夏季研究计划"(Dartmouth Summer Research Project on Artificial Intelligence),会议为期一个多月,参加这次研讨会的有西蒙(Herbert Simon)、乔姆斯基、明斯基(Marvin Minsky)以及麦卡锡(John McCarthy)等人。他们在这次研讨会上分别从计算机科学、心理学和语言学的领域达成了这样的思想共识:即人类认知活动应当被理解为基于规则的符号表征计算活动。这一共识极大推动了通过数字计算机来模拟人类心理、语言等认知活动的研究进路,也姑且说形成了认知革命中的"达特茅斯传统"。

　　表征-计算主义的认知模拟理论又称为信息加工的认知模拟理论。认知革命中的这次"达特茅斯研讨会"形成了通过信息加工来理解认知的理论共识,即认知的信息加工理论(Information Processing Cogniton, IPC),这一理论也称认知科学中的认知主义或者符号主义(symbolicism)的研究进路。这一理论的目的是将人类的认知活动理解为一种基于符号表征的信息加工活动,并以符号表征的模型来建构认知活动,即倡导表征-计算主义研究纲领,通过符号表征的计算活动来理解和实现认知活动。认知的信息加工理论将人类认知等同于一台数字计算机的计算活动,这体现了一种心灵的数字计算机隐喻。哈内什(Robert Harnish)这样概括了信息加工认知理论的基本思想:认识活动被理解为具有内容的心理表征之间的计算关系;认识过程是针对具有内容的心理表征的计算活动;计算构架和表征都是数字式的。鉴于此,信息加工认知理论在哲学层面上也被称为一种数字计算心灵理论(the Digital Computational Theory of Mind,简称DCTM)。①

　　表征-计算主义和信息加工理论在认知科学和人工智能研究中取得了巨大成功,尤其是计算机技术的飞速进步带动了科学技术革命的深化,改变了现代社会的方方面面。但是,随着 20 世纪 80 年代以来,信息加工理论主导下的计算机和人工智能研究遇到技术发展的瓶颈,人们开始反思表征计算主义研究纲领的得失,并且希望通过更加完整地理解人类的认知活动,从而实现认知科学和人工智能技术上的突破。例如,哲学家塞尔构想了著名的"汉语屋"理想实验②,重点批判了信息加工理论的认知科学研究及其认知观。塞尔认为,信息加工理论的认知观没有触及人的真正心理过程,数字计算心灵理论是一种不充分甚至是错误的隐喻。塞尔指出:"计算机具有的是一种语法,而不是语义。'汉语屋子'这个比喻的全部用意就在于提醒我们注意到一个为我们所熟知的事实。要理解一种语言,以至要完全具有心理状态,就要具备比仅仅一套形式符号更多的东西,就要具备一种释义,或者说那些符号都要有意义。"③总之,这些对表征-计算主义或信息加工理论的批判反思,意味着通过一种新的认知观的建构,可

---

　　① Harnish, R., Mind, Brains, Computers: a Historical Introduction to the Foundations of Cognitive Science, Malden, MA: Blackwell Publishers Inc., 2002, p. 190.
　　② "汉语屋"(Chinese room)是塞尔为反驳基于信息加工理论的强人工智能立场而提出的一个假想实验,该实验试图回答:如果一个人能够按照字典正确翻译中文,那么这个人真正懂得中文的意义吗? 具体来说,在这个假想实验中,塞尔假定自己在一个屋子中,屋子外面的人将中文写在便条上从门缝下塞进来,他可以通过执行一些语言规则(例如查字典)给屋子外面的人一个看上去合理的回复,但是问题在于塞尔真的懂中文吗? 塞尔指出:"按照强人工智能的观点,被赋予恰当程序的计算机具有认知的能力,但事实上,无论表现得多么智能,计算机都不具有'思维'或者说'理解力'。"
　　③ 塞尔:《心、脑与科学》,杨音莱译,上海:上海译文出版社 1991 年版,第 34 页。

能冲破原有研究的技术瓶颈,从而更好地理解人类认知活动本身,实现人工智能和计算机科学技术的提升。

二、大脑模拟的生物学-脑神经科学研究进路

与表征-计算的计算机科学-心理学-语言学的智能科学技术研究进路不同,大脑模拟的生物学-脑神经科学研究进路尝试对人类智能提供一种不同的理解,并且探索一条人工智能和计算机技术的设计与开发新路径。

如果说表征-计算主义或信息加工的认知科学理论可以说是一种"达特茅斯研讨会传统",那么大脑神经网络模拟的联结主义认知科学研究则可以被视为一种"马西研讨会传统"。联结主义反对单纯的数字计算机的心灵隐喻,在认知革命中这一进路主张一种大脑神经网络模拟的心灵的大脑隐喻。相应地,联结主义主张一种不同于认知主义的大脑联结主义的认知观(Brain Connectionist Cogniton, BCC),其基本思想是将人类认知活动理解为大脑神经网络生理系统的某种分布式突现或动态涌现。

联结主义的基本思想大概始于1943年神经生理学家兼精神病学家麦克洛赫和数学家皮茨发表的题为"神经活动内在概念的逻辑演算"的文章。二人在这篇文章中提出:逻辑能够应用于理解大脑活动和精神现象;大脑的物理生理组成或者说神经元活动能够体现逻辑规则。博登(Margaret Boden)就此认为,麦克洛赫和皮茨的这篇文章虽然"具有臆想的成分",但是已经表达了联结主义大脑模拟以及大脑表征计算的特殊思想。[1]

"马西研讨会"的举办推动了麦克洛赫和皮茨设想的联结主义认知科学研究进路。马西研讨会是一个1946—1953年间马西基金会主要资助举办的交叉科学讨论会。马西研讨会的参与者除了麦克洛赫、皮茨之外,还有众多的计算机科学家、数学家、心理学家、精神病学家和人类学家等参与者。这些研讨会推动了神经网络模型模拟心灵的研究进路,可以说形成了认知革命中的"马西研讨会传统"。

联结主义的重要理论还表现为1949年神经网络理论之父赫伯(Donald Hebb)提出的"赫伯规则"。在《行为的组织:一种神经心理学理论》(The Organization of Behavior: A Neuropsychological Theory)一书中,赫伯提出了"赫伯规则"。"赫伯规则"大致是指,当细胞A的轴突足够近距离去刺激细胞B,并且

---

[1]　玛格丽特·博登编:《人工智能哲学》,刘西瑞、王汉琦译,上海:上海译文出版社2001年版,导言,第3~4页。

不断地重复和持续激活细胞 B,某些增长活动或者新陈代谢的变化就会在这两个细胞或者其中之一中发生,从而在激活细胞 B 的时候导致细胞 A 的效率增加。简单地说,"赫伯规则"意味着"一起放电的神经元将会串连在一起",神经元细胞的相互刺激将会自发导致神经元细胞的共生学习活动。赫伯的这一思想为联结主义奠定了神经科学的理论基础,并且推动了计算机和人工智能的联结主义技术进路。

20 世纪 80 年代,随着认知主义科学和技术瓶颈的凸显,联结主义开始受到认知科学及其哲学研究的重视。联结主义开始产生了一些重要的研究成果,其中具有广泛影响的成果是认知科学家鲁梅哈特(David Rumelhart)、心理学家麦克莱兰(James McClelland)和计算机科学家欣顿(Geoffrey Hinton)等人联合提出的基于神经网络的并行式分布处理(PDP, Parallel Distributed Processing)研究。在这一理论的主导下,计算机和人工智能开始反思简单的信息加工的数字式计算机研究,并且开始尝试模拟大脑神经网络的分布式计算机研究。这一研究在1997 年 IBM 的"深蓝"计算机战胜当时的国际象棋冠军卡斯帕罗夫这一成就中达到顶峰。

与数字计算机式的信息加工理论相比,联结主义并没有放弃表征-计算的设计纲领,其特点主要体现在表征的联系方式上。也就是说,认知主义或符号主义的逻辑计算规则为联结主义的神经元分布式的联结算法所取代,因此,联结主义在哲学层面上也被概括为一种联结主义计算心灵理论(connectionist computational theory of mind,简称 CCTM)。按照哈内什的概括,联结主义的基本思想有:与认知主义类似,认识活动依然被理解为具有内容的心理表征之间的计算关系;与认知主义类似,认识过程依然是针对具有内容的心理表征的计算活动;与认知主义不同,计算构架和表征都是基于大脑神经元共联的联结主义式的。[①]

基于信息加工理论的认知主义研究一度主导了计算机和人工智能等认知科学研究,在与认知主义的竞争中,联结主义研究的确克服了信息加工理论面临的一些计算瓶颈,因而在 20 世纪 80 年代以来一度成为认知科学研究中的宠儿。但是,在一些认知科学哲学家看来,联结主义与认知主义的区别并非本质性的,其通过大脑模拟来理解和实现人类智能的做法并不完美。例如,H. 德雷福斯就提出了许多关于联结主义研究的疑问。第一,H. 德雷福斯指出,联结主义试图建立一个与人类大脑自然进化的生物神经网络完全相像的相互作用的

① Harnish, R., Mind, Brains, Computers: a Historical Introduction to the Foundations of Cognitive Science, Malden, MA: Blackwell Publishers Inc., 2002, p. 331.

人工网络,这一做法过于困难,甚至根本不可能。第二,按照联结主义的研究思路,神经网络建模者需要为神经网络的信息输入和输出配置相应的概括能力,但是,如果这一网络出现意外的联想,这还是不是概括?最终,这种概括依然只能按照设计者的条款进行,因而依然不能实现智能的自主性。第三,如果大脑神经网络就意味着智能,那么,它不仅要求一个和我们一样的大脑,还必须具有与相应环境互动的能力,必须具有"一个人类式的躯体,该躯体能做恰当的物理运动、具有种种能力,也易受伤害",否则的话,所设计的神经网络距离产生自然智能就依然遥远。① 事实上,从"深蓝"到"Alpha Go",尽管这些计算机和人工智能取得了战胜卡斯帕罗夫和李世石等顶级棋手的成就,但是这些人工智能和计算机领域的成就本质上依然是机器学习算法的发展。也就是说,"深蓝"和"Alpha Go"本质上依然是算法的不同,体现的是算法的进步。而这种算法的本质,或者说表征-计算主义的纲领,表明不管是认知主义还是联结主义都没有实质性地实现人类自然智能的模拟。或者说,真正能通过图灵测试并具有人类智能的机器仍旧没有出现,"深蓝"和"Alpha Go"都没有真正拥有自己的思考能力。计算机和人工智能发展的这种状态,需要对表征-计算主义认知观的哲学反思,这种反思又激励着人们尝试对表征-计算主义研究的科学超越。人类的认知本质上是不是非表征-计算的,是否存在着计算机和人工智能的非表征-计算主义的设计进路,是否存在着生物学-脑神经科学-计算机科学-社会学等构成的综合研究进路等等,这些问题的正面回答可能预示着认知科学的一场新的变革。

---

① 德雷福斯等:《造就心灵还是建立大脑模型:人工智能的分歧点》,参见博登编:《人工智能哲学》,刘西瑞、王汉琦译,上海:上海译文出版社 2001 年版,第 450~451 页。

第二章　梅洛-庞蒂与涉身认知

认知科学在反思认知主义和联结主义研究中出现了一些新的变化,尤其是将生物学、社会学和计算机科学等整合起来的新的研究纲领开始出现。例如,布鲁克斯(Rodney Brooks)在人工智能研究中开始重视情境因素并且尝试人工智能的互动设计架构,吉步森(J. Gibson)的知觉理论开始重视知觉主体与环境互动的生态学进路,莱考夫重视感官运动系统的脑神经活动和隐喻在语义生成中的重要作用。莱考夫等将这种认知科学的新进展概括为涉身认知或者说涉身心灵的第二代认知科学研究。涉身认知以及涉身心灵共同指向了涉身性的哲学理念。作为现象学传统中的梅洛-庞蒂现象学被普遍视为表达了典型的涉身性哲学理念。作为一种认知或者心灵思想,涉身性的思想应当说很早就出现在西方哲学史上了。只是随着现代认知科学的发展,现代哲学家们认为梅洛-庞蒂的现象学更为系统和鲜明体现了这一哲学理念。在认知科学与哲学的这一互动中,H.德雷福斯较早和较系统地表达了梅洛-庞蒂的涉身性思想对当代认知科学的理论贡献。H.德雷福斯不仅利用梅洛-庞蒂的涉身性哲学理念展开对经典认知科学研究纲领的批判,而且利用这一哲学理念展开了认知科学新研究纲领的设想和论证。

第一节　涉身性与涉身认知

涉身性是西方哲学中的一个重要理念,现代哲学中的涉身性主要指以梅洛-庞蒂等为代表的现象学哲学。在认知科学的发展过程中,认知科学哲学家将涉身性哲学思想引入到涉身意义、涉身人工智能等涉身认知研究中。在这一过程中,以H.德雷福斯等为代表的现象学家在将梅洛-庞蒂现象学引入当代认知科学研究中发挥了重要作用。

一、涉身性

从西方哲学史上看,涉身性哲学理念总体上接近唯物主义哲学传统。与传统唯物主义不同,涉身性不仅反对心灵和认知的独立存在,而且在对心灵和认知的唯物主义解释中引入了身体、情境因素,并且将情感、体验等认知活动视为基本认知活动,思维、理性等认知活动是奠基于情感、体验基础上的。总体上看,涉身性理念表达了一种在知觉、思维、语言和意识等心灵和认知问题上的反笛卡尔主义(a counter-Cartesian)哲学解释。在笛卡尔主义中,数学推理被理解为心灵和语言的本质模型,认知活动或者说知识与身体感官、体验无关,这种笛卡尔主义的认知和心灵观因而被称为非涉身的(disembodied)。罗素(Bertrand Russell)、前期维特根斯坦、奎因(Willard Quine)以及乔姆斯基等可以被视为这种笛卡尔主义的现代延续。如果说笛卡尔主义是认知主义等经典认知科学研究的哲学基础,那么涉身性则是挑战笛卡尔主义的新哲学假设。在反笛卡尔主义和批判近代理性主义的现代哲学运动中,现象学、实用主义更为充分表达了涉身性的哲学理念,而现象学家梅洛-庞蒂的哲学与涉身性哲学理念有着更为直接的关联。综合起来,西方哲学对于涉身性哲学理念的看法应当包含以下几个方面的内容。

第一,涉身性指一种现象学的涉身性,即梅洛-庞蒂的身体-主体的思想,也就是说,在身体这一认知主体的问题上,身体不是指生理身体,不是指客观身体,而是指一种基于身体体验的现象身体。例如,《剑桥哲学辞典》将涉身性定义为"人类主体性的身体维度"。进而,其指出,"涉身性是欧洲现象学中的一个核心问题,梅洛-庞蒂的著作对此讨论得最为充分。梅洛-庞蒂通过区分客观身体和现象身体来解释涉身性,前者是作为生理实体的身体,而后者并不仅仅是某种生理身体,而是我或者你体验到的我的身体或者你的身体。当然,我们也可能把自己的身体体验为一种生理实体,但是,这并不是典型的情况。一般来说,我把我的身体(无意识地)体验为诸如打字、抓痒等行为的一种整体能力。此外,我们对于自身运动能力(表现为一种身体性确认)的感觉,并不依赖于对参与行为的生理活动的理解。客观身体和现象身体的区分,是理解现象学涉身性思想的核心。把身体理解为生理实体,这不是涉身性的思想。相反,涉身性指的是现象身体以及现象身体在我们直面对象的体验中的作用"[1]。

---

[1]　Audi,R. The Cambridge Dictionary of Philosophy, Cambridge : Cambridge University Press. 1999, p. 258.

第二,涉身性除了一种现象身体的理解之外,还被理解为一种与二元论相反的唯物主义、物理主义、自然主义的心身观。也就是说,物理主义的涉身性所要强调的是,心灵状态依赖于脑身这一整体的生理状态,心灵不是独立存在的或脱离生理解释的。例如,在《西方哲学英汉对照辞典》中,涉身性就被理解为意识、心灵状态如何由脑身这一生理状态所产生。"'有壳'(embodiment)是指心的状态或灵魂的状态产生于(caused by)或者同一于(identical with)身体状态。与之相比,'无壳'(disembodiment)则是在身体消亡后的人的存在。对唯物主义者来说,人只能以'有壳'(embodiment)的方式存在。在心灵哲学中,'有壳'所要解决的问题是,意识是如何以更为普遍的方式与大脑状态和物理世界相关的。如果意识状态因果决定于物理状态,那么物理状态如何产生意识状态,我们还不清楚。由于存在着许多困难因素,我们很难回答:为什么这些意识状态如此不同于产生它们的物理状态。'有壳'的另外一层含义与法国现象学家梅洛-庞蒂密切相关,梅洛-庞蒂区分了作为生理实在的客观身体和作为自身体验到的身体的现象身体。梅洛-庞蒂认为,这些体验就是关于'有壳'的体验。'有壳,就是这样一个难题,即:意识是如何与物理世界相关的,特别是如何与身体相关的'。"①

第三,除了现象身体和生理身体之外,涉身性还指向一种社会身体和文化身体的意义。也就是说,涉身性理念被理解为人类的一种身体性存在,这种身体-主体是人类社会和文化的根源和轴心。哲学家维斯(G. Weiss)和哈伯(H. Haber)就将涉身性拓展为人类的身体性社会存在方式,"'身体'概念遭到质疑并且被'涉身性'概念取代了。概念的变化对应着一种思想的转变,即不再把身体作为在知觉、认识、行动以及自然中起到关键作用的一种无性别区分的、体验的现象,而是把身体看作一种通过随文化而变化的身体在环境中生活和栖息的方式"②。人类学家索达斯(Thomas Csordas)更为全面地将涉身性理解为身体体验及其在人类认知、社会存在与文化中的核心关系,"如果涉身性意味着一种生存条件,其中身体是体验的主体性根源和交互主体性的基础,那么,我们对于涉身性的研究本质上就不是'关于'身体的。相反,就文化和体验能够从在世之身体性存在(bodily being-in-the-world)得到理解而言,我们的研究是关于文化和体验的"③。

---

① [英]尼古拉斯·布宁、余纪元编著:《西方哲学英汉对照辞典》,北京:人民出版社2001年版,第293页。

② Weiss,G & H. Haber. eds. Perspectives on Embodiment, London:Routledge,1999, p. xiv.

③ Weiss,G & H. Haber. eds. Perspectives on Embodiment, London:Routledge, 1999, p. 143.

总体上看,涉身性的理念深受梅洛-庞蒂现象学的影响。涉身性指向了传统哲学所忽视的身体-主体的概念和思想,即身体(可能包含着大脑、生理身体及其文化的延伸)在人类的认知活动中居于中心地位。从西方哲学发展的传统来看,涉身性的思想应当是近代以来认识论的深化和拓展,它将传统哲学隐晦表达的身体-主体充分彰显出来,并且使得身体-主体成为非理性认识的一个明确的主体,并且使得非理性认识(在主体的意义上)清晰和正当地成为理性认识的奠基之所。涉身性所重新梳理的认识论,特别是在现象学等现代哲学影响下重新梳理和整合的非理性和理性的认识关系,不仅对未来哲学的发展有着重要意义,而且对认知科学对于人类智能的解密和再现启示良多。

二、涉身认知

涉身认知的研究纲领可以说是当代认知科学新进展的典型概括,是在批判认知主义和联结主义经典认知科学研究中产生的一种新进路。在涉身认知引领下,相继出现了情境认知、嵌入认知和延展认知等各种新名义的认知科学研究纲领。

总体上看,涉身认知将经典认知科学忽视的身体、情境、互动等认知因素凸显出来。显然,涉身认知的研究不同于基于生理身体的旧行为主义的心理学研究,例如,旧行为主义将视觉等感觉认知视为眼睛这一生理身体器官的刺激-反射,涉身认知的视觉研究不同,它不仅将眼睛等身体器官作为视觉感知的载体,而且尤其重视眼睛等身体器官与自然情境和互动在视觉感知中的作用。对于情境中的身体器官的互动体验在认知中作用的重视,这或许是现象身体或者说涉身性理念对认知科学研究新进展中发挥的重要作用。

基于身体-主体体验的现象身体观或涉身性思想推动了涉身认知的科学研究。国内哲学界也非常重视涉身性与涉身认知的这种密切关联。一方面,国内学者在 embodied cognition 与 embodiment 的译名上讨论热烈,例如 embodied cognition 译为涉身认知[1]、具身认知[2]、体化认知[3]等,embodiment 则译为涉身性、具身化、体知合一[4]、体塑化[5]和缘身性[6]等;另一方面,在涉身性和涉身认知的

① 刘晓力:《交互隐喻与涉身哲学——认知科学新进路的哲学基础》,《哲学研究》2005 年第 10 期。
② 李恒威、肖家燕:《认知的具身观》,《自然辩证法通讯》2006 年第 1 期。
③ 李建会、于小晶:《"4E+S":认知科学的一场新革命?》,《哲学研究》2014 年 1 期。
④ 成素梅:《技能性知识与体知合一的认识论》,《哲学研究》2011 年第 6 期。
⑤ 冯晓虎:《论莱柯夫术语"Embodiment"译名》,《同济大学学报》2010 年第 1 期。
⑥ 孟伟:《embodiment 概念辨析》,《科学技术与辩证法》2007 年第 1 期;Thomas Csordas 的讲座"无形的疾病与作为方法论的缘身性",http://musicology.cn/institutes/institutes_6509.html;肖巍:《身体与缘身性:结合神经科学新发展的探索》,《妇女研究论丛》2014 年第 5 期。

理解上则强调"心寓于身"、具体身体、感官运动系统、身体的情境性（situatedness）等内涵。总体上看，涉身性的哲学理念的确为涉身认知科学研究提供了以下方面的思想启示。第一，人类智能的科学研究应当更为关注身体体验层面的因果关联，而不是单纯地将抽象理性能力作为人类智能的表征。第二，人类智能的科学研究应当在更大范围内拓展身体-主体的思想，即对知觉、思想等认知形式的研究不仅要研究眼睛、大脑等身体器官的生理神经活动，而且应当要研究现象身体，或者说研究大脑-身体的感官-运动神经系统及其与自然、社会和文化情境的耦合存在。第三，人类智能的研究应当要充分地考虑身体-主体与自然情境与社会文化情境的交互作用，人类的认知本质上不应是静止的，或许应当从行为或行动的本质视角来建构人类的认知。

由于认知科学是由众多学科构成的交叉学科，因此，涉身认知的科学研究进路往往表现为众多的不同进路，甚至形成了一些对涉身认知科学研究进路的争议。正如罗尔（Tim Rohrer）所指出的，与认知主义和联结主义的计算主义-功能主义假设不同，在当代认知科学中确实存在着一个涉身性的理论假设，涉身认知科学（embodied cognitive science）已经进入认知科学家的视野，但是限于研究领域的不同，涉身认知科学中的确存在着各种不同维度的应用。[①] 罗尔对此解释说，"不同于计算主义-功能主义假设，不同领域的涉身性理论家从不同的方面讨论了认知如何涉身于大脑和身体的问题。这种宽泛的理论进路，是神经生物学、语言学、机器人学以及哲学等不同领域并行发展的结果"[②]。泽马克（Tom Ziemke）也指出，由于研究者理论上的侧重点不同，这导致了在各种认知科学文献中存在着各种各样的涉身性表述，其中包括情境涉身性（situated embodiment）、机械涉身性（mechanistic embodiment）、现象涉身性（phenomenal embodiment）、社会涉身性（social embodiment）以及有机体的涉身性（organismic embodiment）等。[③]

可见，从作为交叉科学的认知科学来看，由于学科视角的不同，涉身性理念在认知科学中的应用由此体现出诸多不同的理解。大体上看，基于涉身性理念的涉身认知研究存在以下几种情况。

---

① Rohrer, Tim. Embodiment and Experientialism. in Geeraerts, D and H. Cuyckens. eds. The Handbook of Cognitive Linguistics, 2005.

② Rohrer, Tim. The Body in Space: Embodiment, Experientialism and Linguistic Conceptualization. In Body, Langu age and Mind, vol. 2. Zlatev, Jordan; Ziemke, Tom; Frank, Roz; Dirven, René. eds. Berlin: Mouton de Gruyter, 2006.

③ Ziemke, T. What's that Thing Called Embodiment? In Alterman, R. &Kirsg, D. eds. Proceedings of the 25th Annual Conference of the Cognitive Science Society, Mahwah, NJ: Lawrence Erlbaum, 2003, pp. 1305 - 1310.

第一,涉身认知体现为从社会-文化视角对人类认知的研究,即研究社会-文化情境对意识、语言和思维等认知现象的特殊作用。社会-文化情境的涉身性,强调了认知在特定身体-主体如何在其所嵌入的特定文化情境中形成的,体现了认知的特殊主义(particularistic)而非普遍主义(universalistic)特征。这种所嵌入的社会-文化情境不仅包括一般的自然物理环境,而且还包括了政府语言政策、跨文化交流、历史和科学理论以及众多的人工文化物等对语言等认知现象产生影响的广泛的社会文化因素。

第二,涉身认知体现为从身体-主体视角对人类认知的研究。身体-主体思想主要源于现象学传统,意味着身体在认知形成过程中发挥着关键作用,这一思想也在认知科学中得到应用。例如,加拉格尔(Shaun Gallagher)利用胡塞尔和梅洛-庞蒂对身体-主体的现象学研究,强调在神经生理学层面上揭示身体体验的结构,结合神经生理学和发展心理学等认知科学研究,特别分析了身体意象(body image)和身体图式(body schema)的身体-主体概念及其在人类认知活动中的作用。身体-主体视角的研究还体现了透视(perspective)多维的主体性特点,即透视性的身体-主体立场表明任何认知活动都是一种个体性,认知活动的透视性反对基于普遍理性或者"神目"(God's-Eye)观的客观理性主义的认知解释。

第三,涉身认知还体现为一种认知进化论或者发展心理学视角的认知研究。认知进化论维度的研究试图说明,生物有机体从受精卵到胎儿、从新生儿到成年人的发展变化与认知活动的形成与发展密切相关。例如,进化论维度的涉身认知研究主张,就像婴儿的感官运动能力以及语言能力是在生物体发展过程中习得的,那么人们对于感知和语言等认知活动的研究就应当充分考虑生物体发展过程中的特定事件。

第四,涉身认知还体现为一种大脑-身体神经生理学视角的研究。从脑-身神经生理活动的角度看,人类的认知活动甚至包括思维活动,都可以被理解为一种神经生理系统的、无意识活动的结果。尽管我们不能意识到这些过程,但是我们可以通过脑神经生理学、认知心理学和社会心理学中的某些方法来间接地测量认知的无意识活动。例如,在神经生理学领域,人们可以通过对特定神经结构和大脑皮层活动区域的一种测量活动,从而在一定程度上解释视觉系统以及隐喻投射等无意识的认知生成活动。神经生理学的测量方法包括单个神经元记录方法、脑电描记法(EEG)、派生测量(EMG & ERP)、正电子放射 X 射线横截面摄影法(PET)、功能磁共振成像(fMRI)以及脑磁描记法(MEG),等等。在神经生理学进路的涉身认知研究中,人们还尝试通过神经计算模型(neurocomputational modelling)来解释语言、思维等认知活动。在神经计算模型方法看来,神经计算模型可能实现对真实脑-身神经活动的模拟,在此基础上,这种神经计算模拟可能解释某些特殊的认知行为,甚至于这种神经计算网络模型可以用于解释社会文化规范。

第五,涉身认知还体现为人工智能视角的一种形态学(Morphology)维度的认知研究。也就是说,涉身认知主张,人工智能研究不必唯一采取信息加工模型,而是可以采取仿照人类身体-主体的形式来设计的新思路。与基于数字计算机设计的笨拙机器人不同,更为灵活的自主行为机器人的建造试图采取更多与环境互动的、具有生物身体特征的形态学的设计。按照这种人工智能或者类人机器人(humanoid robot)的设计理念和建造方案,诸如布鲁克斯的机器人"考格"(Cog)、日本研制的机器人"本田"(Honda)、卡内基梅隆大学和康奈尔大学的机器人"被动动力步行者"(Passive Dynamic Walker)、波士顿动力公司的双足人形机器人"大力神"(Atlas)等都展示了这种类人机器人设计方案。当然,诸如 Atlas 等类人机器人在身体结构上和人类还有很大差别,比如它没有脊椎和肩胛骨等,但是它学会了挥动双臂来保持身体平衡,学会倒立、跳马、跳舞和跑酷等越来越接近人类的动作。Atlas 从最初由人类进行控制其行走方向,机械地完成相应的任务,逐渐进化到不需要人类提前对它的行动进行规划,它在行动中可以根据对环境的实时感知自主规划整个行动。这些研究都体现了一种基于涉身认知的人工智能研究或者说涉身人工智能(Embodied AI)科学研究的进步。

第六,涉身认知还体现为一种认知语言学视角的概念研究,即通过一种隐喻投射(projection of metaphor)的认知机制来研究概念等语言或者逻辑形式的产生。涉身认知主张,语言意义首先产生于身体体验结构,而后通过隐喻投射机制产生更为复杂的概念和意义。前者意味着一种接地认知(Grounding cognition)假设,即人类的概念等抽象符号植根于身体体验活动中。莱考夫和约翰逊将这种接地认知假设具体理解为概念等语言逻辑形式产生的意象图式(image schema)机制。后者则是在此基础上通过隐喻投射产生更为抽象的知识,即从一种概念的原初域投向目标域,原初域与目标域之间或者是单向的,或者是相互的,最终产生复杂概念或知识。莱考夫和约翰逊的认知语言学研究,就利用隐喻投射来说明抽象概念与身体体验结构的直接关联。也有一些认知科学家,如哈纳德(Stevan Harnad)等则笼统地把这个问题概括为认知科学中的符号接地问题(symbol-grounding problem)[1],即人类认知使用的语言及观念都

---

[1] Harnad, Stevan. The Symbol-Grounding Problem, Physica D,1990(42).

是一种符号,符号最初植根于体验,而复杂的符号又是植根或者接地于下层的符号基础上。

立足各种认知科学学科,涉身性思想应用体现为各种不同维度的涉身认知研究。从哲学视角看,这些不同维度的涉身认知研究都体现了一种在认知和心灵等问题上反笛卡尔主义的倾向,都体现了一种以梅洛-庞蒂等为代表的现象学涉身性思想的自然化或者科学化的倾向。

第二节　梅洛-庞蒂在智能研究中的再发现

作为现代涉身性思想的核心表述,梅洛-庞蒂的现象学思想很早就受到分析哲学传统的关注。随着现代智能科学技术与认知科学的兴起,人们重新发现了梅洛-庞蒂的现象学思想及其价值。

分析哲学家艾耶尔(Alfred Ayer)在《二十世纪哲学》一书中专门论述了梅洛-庞蒂的现象学。针对梅洛-庞蒂的知觉现象学思想,从分析哲学的立场出发,艾耶尔不认为梅洛-庞蒂的"这些论证是具有决定性意义",但是他也承认"它们或许不利于洛克的'简单观念'说的基本点"[1],也就是说对洛克乃至逻辑经验主义等分析哲学的思想形成了挑战。此外,在《野性的思维》一书中,人类学家列维-斯特劳斯(Levi-Strauss)也将此书献于梅洛-庞蒂,他指出:"近年来,某些接近梅洛-庞蒂和我本人的人不难了解,我将本书奉献给他原是很自然的事,这本书是根据我在法兰西学院的一些讲稿随意扩充而成的。如果他还在世,这本书无论如何也会是我们两人之间继续讨论的成果……"[2]

在当代智能科学技术或认知科学的发展过程中,梅洛-庞蒂的现象学涉身性思想再次成为推动当代认知科学发展的重要哲学资源。一方面,梅洛-庞蒂的现象学思想较早是通过以 H. 德雷福斯为代表的哲学家在反思批判经典认知科学研究纲领的过程中介入的;另一方面,在后来推动当代认知科学新纲领的发展过程中,梅洛-庞蒂的现象学涉身性思想又成为认知科学研究的重要建设性哲学资源之一。梅洛-庞蒂现象学哲学在哲学和认知科学等学科中影响不断拓展,正如《梅洛-庞蒂读本》一书编者托德万(Ted Toadvine)与劳勒(Leonard Lawlor)所说:"自从 1961 年 53 岁早逝之后的 55 年间,梅洛-庞蒂的著作一直受

---

[1]　[英]艾耶尔:《二十世纪哲学》,李步楼等译,上海:上海译文出版社 1987 年版,第 246 页。
[2]　[法]列维-斯特劳斯:《野性的思维》,李幼蒸译,北京:商务印书馆 1987 年版,第 1 页。

到后世学者的关注。事实上,随着梅洛-庞蒂生命最后十年中讲演集的出版与翻译,研究其思想的首份专业学术期刊的出现,以及其思想在女权主义、环境哲学与神经科学等哲学研究新领域中的应用,梅洛-庞蒂研究在最近十年来已经出现了某种复兴。"①梅洛-庞蒂现象学哲学与神经科学等认知科学学科的交会,正是梅洛-庞蒂研究"复兴"的重要表现之一。

一、德雷福斯与梅洛-庞蒂

H. 德雷福斯是美国著名的现象学哲学家,"被誉为海德格尔工作的最精准和最完整的解释者",被罗蒂(Richard Rody)认为"填平了分析哲学与大陆哲学之间的鸿沟"②。从 20 世纪 60 年代开始,与弟弟计算机专家和神经科学家斯图亚特·德雷福斯(Stuart Dreyfus)合作从现象学的观点研究人工智能研究,并于2005 年荣获美国哲学学会的哲学与计算机委员会颁发的巴威斯奖(Barwise Prize),从而生动地证明哲学家也能在科学技术问题上发挥作用。③ H. 德雷福斯有效地将欧洲现象学和人工智能研究结合起来,并始终如一地坚持和论证他对人类智能的一种非表征-计算主义的见解。正如他的学生卡普兰(Eric Kaplan)所说,"他认为人类的最高能力不是规则驱动的(rule-driven),人类的认知不是像某种算法(algorithm)那样一环扣一环"④。无可否认,H. 德雷福斯对于海德格尔的出色研究对于其人工智能哲学研究贡献巨大,但是随着学术研究的不断拓展,梅洛-庞蒂在 H. 德雷福斯的人工智能哲学研究中的分量显得越来越重。

作为美国著名的欧陆哲学研究者,H. 德雷福斯在重点研究海德格尔之外尤其重视对梅洛-庞蒂的研究。在早期求学于欧洲时,H. 德雷福斯就对梅洛-庞蒂的思想非常感兴趣。当 H. 德雷福斯 2017 年 4 月去世之时,他的学生凯利(Sean D. Kelly)在纪念老师的文章中这样写道:20 世纪中期,H. 德雷福斯在巴黎高等师范学院访学期间就亲身接触过海德格尔、萨特和梅洛-庞蒂。不过 H. 德雷福斯对于这些大哲学家之间的对话比较失望。例如,梅洛-庞蒂不愿意谈及早期的研究(因为当时的梅洛-庞蒂已经大大超越了自己的早期思想),他也

① Ted Toadvine and Leonard Lawlor (ed. ,). The Merleau-Ponty reader, Evanston: Northwestern University Press, 2007, p. xiii.
② 成素梅、姚艳勤:《哲学与人工智能的交汇——访休伯特·德雷福斯和斯图亚特·德雷福斯》,《哲学动态》2013 年第 11 期。
③ 成素梅、姚艳勤:《哲学与人工智能的交汇——访休伯特·德雷福斯和斯图亚特·德雷福斯》,《哲学动态》2013 年第 11 期。
④ Yasmin Anwar, Hubert Dreyfus, preeminent philosopher and AI critic, dies at 87, https://news. berkeley. edu/2017/04/24/hubert-dreyfus/.

不愿意谈及自己当时的研究(因为当时梅洛-庞蒂的思想还并不成熟)。相反,梅洛-庞蒂更愿意谈一些学术上的八卦琐事。与萨特和海德格尔的谈话也不令人满意。不过,H.德雷福斯仔细研读了这些哲学家们已出版的著作,并且确信现象学和存在主义值得关注。他重新下定决心着手写作一篇关于超验和存在主义现象学的博士论文。①

在后来长期的教学生涯中,H.德雷福斯也非常关注对梅洛-庞蒂的介绍和研究。加州大学伯克利分校在纪念 H.德雷福斯的文章中这样写道:H.德雷福斯在加州大学伯克利分校任教近 50 年之中,向一代又一代的学生教授了马丁·海德格尔、米歇尔·福柯、莫里斯·梅洛-庞蒂和索伦·克尔凯郭尔等标志性思想家的哲学。② 凯利说,英美分析哲学与欧陆哲学之间长期缺乏相互了解,1958 年分析哲学与欧陆哲学之间一次难得的对话还被查尔斯·泰勒称为"聋人对话"(dialogue of the deaf),而在这样的背景下,H.德雷福斯在向分析哲学主导的英语国家介绍欧陆哲学方面做了开拓性工作,以至于罗蒂都声称"自己对欧陆哲学的熟悉几乎可以全部归功于 H.德雷福斯"。凯利说:"可以毫不夸张地说,英语世界的哲学家对于海德格尔、梅洛-庞蒂和福柯(Michel Foucault)的任何了解,都离不开 H.德雷福斯对于这些哲学家的最初解读。"③ H.德雷福斯与 P.德雷福斯曾经合译了梅洛-庞蒂的《意义与无意义》一书。④ 加州大学伯克利分校哲学系主页也将 H.德雷福斯称为"梅洛-庞蒂尤其是海德格尔著作的权威解释者"。

H.德雷福斯的贡献除了向英语世界介绍梅洛-庞蒂的现象学,还在于他在英语世界对梅洛-庞蒂现象学的拓展研究,即将梅洛-庞蒂的现象学与人工智能科学技术相结合。凯利指出,从 1965 年为兰德公司撰写报告《炼金术与人工智能》,到 1972 年出版《计算机不能做什么:人工智能的极限》,再到 1992 年以《计算机仍然不能做什么》修订出版,H.德雷福斯最终展现了自己标志性的哲学思想,即"他接受了海德格尔和梅洛-庞蒂关于人类存在的现象学解释,并且将这

①　Sean D. Kelly, In Memoriam: Hubert L. Dreyfus (1929-2017), https://philosophy. fas. harvard. edu/news/memoriam-hubert-l-dreyfus-1929-2017, April 24, 2017.

②　Yasmin Anwar, Hubert Dreyfus, preeminent philosopher and AI critic, dies at 87, https://news. berkeley. edu/2017/04/24/hubert-dreyfus/.

③　Sean D. Kelly, In Memoriam: Hubert L. Dreyfus (1929-2017), https://philosophy. fas. harvard. edu/news/memoriam-hubert-l-dreyfus-1929-2017, April 24, 2017.

④　Merleau-Ponty, Sense and Non-sense, trans. Hubert L. Dreyfus & Patricia Allen Dreyfus, Evanston: Northeastern University Press, 1964.

一解释应用于哲学之外的广大领域"①。正如 H. 德雷福斯在加州大学伯克利分校哲学系的同事兼密友诺伊(Alva Noë)所说,"德雷福斯对我们的贡献很大,尤其是表现这些领域,如他对海德格尔和存在主义现象学的解读、对胡塞尔的批判、对人工智能所达到极限能力的研究、对技能(skill) 和熟练应对(skillful coping)的现象学和心理学探索"②。

在 1965 年出版的兰德公司报告《炼金术与人工智能》之中, H. 德雷福斯已经表达了其对当时人工智能研究的批判性立场。他将当时基于信息加工的人工智能研究类比于中世纪无意义的炼金术。H. 德雷福斯指出:"为了避免炼金术者的失败命运,当前的人工智能研究者是时候停下脚步反思一下了。就目前而言,在我们向信息-加工的人工智能研究投入更多时间和金钱的时候,我们应当反思一下对人类主体的理解是否意味着计算机语言适合分析人类的行为? 人类智能行为完全被理解和分析为离散性和决定论的活动是否可能? 是否可能用数字化概念对人类的智能行为做出一种近似分析? 对这些问题的回答是:不!"③H. 德雷福斯批判了基于信息加工理论的人工智能研究的乐观主义态度,谨慎地表达了对人工智能未来发展的期望。他指出,"如果炼金术士不再关注曲颈瓶和五角器皿,而把时间花在寻找问题的深层结构,如果人从树上下来开始着手发明火与车轮,事情就会向一个更令人鼓舞的方向发展。毕竟,三百年后我们确实从铅提取了黄金(并且我们也登上了月球),但这只有在我们放弃了炼金术水平上的工作,达到化学水平甚至更深层次的原子核水平上后才会发生"④。

H. 德雷福斯的报告《炼金术与人工智能》出版之后无异于投下一枚震撼弹。尽管这份报告在人工智能研究界褒贬不一,但是无疑对人工智能的发展影响巨大。"《炼金术与人工智能》在另一方面的重大影响就是与 1966 年美国国家科学院的 ALPAC(Automatic Language Processing Advisory Committee:自动语言处理顾问委员会)报告,1973 年英国科学研究理事会的 LightHill 报告一起,成

---

① Sean D. Kelly, In Memoriam: Hubert L. Dreyfus (1929 – 2017), https://philosophy. fas. harvard. edu/news/memoriam-hubert-l-dreyfus-1929-2017, April 24, 2017.

② Yasmin Anwar, Hubert Dreyfus, preeminent philosopher and AI critic, dies at 87, https://news. berkeley. edu/2017/04/24/hubert-dreyfus/.

③ Hubert L. Dreyfus. Alchemy and Artificial Intelligence, Santa Monica: RAND Corporation, 1965, p. 84.

④ Hubert L. Dreyfus. Alchemy and Artificial Intelligence, Santa Monica: RAND Corporation, 1965, p. 86.

为了 AI 历史上第一次冬天(1974 年—1980 年)的主要标志。"①

　　1972 年,H. 德雷福斯在《炼金术与人工智能》基础上进行扩充,出版了《计算机不能做什么:人工智能的极限》。"德雷福斯从报告扩充到专著的最根本变化在于他引入了海德格尔、梅洛-庞蒂关于躯体在知识获取和应用中的作用,同时也用波兰尼、维特根斯坦的哲学来批驳 AI 研究的假设,使得其论点更加富于建设性。"②H. 德雷福斯的工作至少从两个方面推动了人工智能的发展:第一,人工智能学家威诺格拉德(Terry Winograd)开始把海德格尔哲学引入到斯坦福大学计算机系的课堂上,麻省理工学院的实验室也开始成为"海德格尔式的人工智能"的摇篮;第二,在众多认知科学家和哲学家的共同推动下,认知科学从符号-计算-表征为代表的早期研究纲领开始向以涉身-交互-情景为代表的研究纲领转变。③

二、梅洛-庞蒂与经典认知科学研究批判

　　在西方认知科学哲学研究中,H. 德雷福斯是一个在认知科学研究中践行哲学反思功能的标志性人物。作为认知科学和人工智能哲学研究领域的"牛虻",H. 德雷福斯对传统认知科学理论研究进行了深刻的反思和强烈的批判。在当代认知科学哲学发展过程中,H. 德雷福斯的主要贡献在于:一是通过对信息加工认知理论和联结主义认知理论及其实践的反思批判,指出了两种认知科学理论的不足之处,初步提出了涉身认知的基本思想;二是作为一个现象学家,H. 德雷福斯借助于海德格尔、梅洛-庞蒂等现象学哲学资源进一步设想了与涉身认知等当代认知科学新纲领所适应的新智能观。

　　梅洛-庞蒂的思想在认知科学哲学中的介入首先表现在对经典认知科学研究纲领的批判性反思上。基于海德格尔、梅洛-庞蒂及后期维特根斯坦的哲学思想,H. 德雷福斯对于认知科学研究中的信息加工认知观和联结主义认知观进行了深刻反思批判。H. 德雷福斯明确指出了传统认知科学研究没有真正理解人类智能,尤其是忽略了身体、环境以及主体性需要等因素在真实认知活动中所发挥的重要作用。

　　20 世纪中期以来,以符号表征计算为主要理论假设的认知观在认知科学研

---

① 陈自富:《炼金术与人工智能:休伯特·德雷福斯对人工智能发展的影响》,《科学与管理》2015年第 4 期。
② 陈自富:《炼金术与人工智能:休伯特·德雷福斯对人工智能发展的影响》,《科学与管理》2015年第 4 期。
③ 陈自富:《炼金术与人工智能:休伯特·德雷福斯对人工智能发展的影响》,《科学与管理》2015年第 4 期。

究中取得了不菲的成就。这些成就一度使西蒙等著名的认知主义计算机科学家乐观地预言:在未来 10 年时间中,数字计算机将成为世界象棋冠军;在未来 10 年时间中,数字计算机将发现和证明重要的新数学定理;在未来 10 年时间中,大多数心理学理论将以计算机程序或者有关计算机程序的特点定量形式化。事实上,西蒙的预言并没有成为现实。对此,H. 德雷福斯批判了西蒙的这种乐观主义,并且敏锐地指出了其背后存在着的四个错误假设:(1)生物学假设,即错误地将大脑的神经元活动等价于物理系统开关的闭合与断开;(2)心理学假设,即错误地认定大脑"内部"存在着一个信息加工过程或者说"第三人称"的加工过程;(3)认识论假设,即错误地认为一切知识都可以形式化;(4)本体论假设,即错误地将世界视为由与环境无关的原子事实组成。这些"问题"假设归结为一点就是以形式化计算的信息加工模型来理解人类智能的本质。H. 德雷福斯指出,这些假设的共同之处在于"它们都认为,人一定是一种可按规则对取原子事实形式的数据做计算的装置"①。

H. 德雷福斯进一步比较了自 20 世纪 50 年代延续到 80 年代的信息加工认知观与联结主义认知观之间的理论争议,即"一派把计算机看作操作思想符号的系统;另一派则把计算机看作建立大脑模型的手段。一派试图用计算机来例示对世界的形式表述;另一派则试图用计算机模拟神经元的相互作用。一派把问题求解作为智能的范式,另一派则把学习作为智能的范式。一派利用逻辑学,另一派则利用统计学。一个是哲学中理性主义、还原论传统的继承者;另一个则把自己看作理想化的、整体论的神经科学"②。在 H. 德雷福斯看来,信息加工理论与联结主义理论都过于重视计算,都忽略了智能对于身体与情境因素的依赖,都忽略了智能的主体性本质特征。

如同对认知主义的批判,H. 德雷福斯同样指出了联结主义存在的几个重要理论缺失。第一,联结主义试图建立一个与人类进化而成的大脑神经网络充分相像的相互作用的网络,这个工作过于困难。第二,神经网络建模者同样需要为神经网络的信息输入和输出配置相应的概括能力,而这种"概括就只能按照设计者的条款进行……也就是说,以后的所有输入都将产生出那种在设计者看来是恰当输出的东西",而这种理想化的概括远非人类真实智能所体现的概括能力。第三,如果大脑神经网络模拟就意味着智能的实现,那么,这种模拟不仅

---

① [美]德雷福斯:《计算机不能做什么:人工智能的极限》,宁春岩译,马希文校,北京:三联书店 1986 年版,第 239 页。

② [美]德雷福斯等:《造就心灵还是建立大脑模型:人工智能的分歧点》,参见博登编:《人工智能哲学》,刘西瑞、王汉琦译,上海:上海译文出版社 2001 年版,第 417 页。

要求一个和人类一样的大脑,而且必须模拟真实大脑所具有的与相应环境互动的能力,必须具有"一个人类式的躯体,该躯体能做恰当的物理运动,具有种种能力,也易受伤害",而这些因素是联结主义所无法满足的。① 第四,H.德雷福斯等指出,人类智能的整体性和目的性也是神经网络建模难以实现的,"如果海德格尔和维特根斯坦是正确的,人类的整体性将比神经网络大得多。智能必须受到有机体中目的和有机体从当前文化中获得的目标的促动。如果分析的最小单元就是与整个文化世界相啮合的整个有机体的最小单元,那么神经网络以及以符号编程的计算机,就还有漫长的道路要走"②。第五,信息加工认知理论将人类认知活动理解为符号信息的计算,联结主义则将认知理解为大脑神经结构的矩阵计算,不管是何种形式的计算,这种认知观都难以说明感觉质或可感受性(qualia)等主观心理状态,信息加工认知理论与联结主义一样都"不涉及心理过程,而是涉及心理过程的神经实现方式"③。

三、梅洛-庞蒂与认知科学新研究纲领的形成

当代认知科学研究中的新纲领正是在对经典认知科学研究纲领的反思和批判过程中逐渐成形的。在这个认知科学新纲领的形成过程中,梅洛-庞蒂的现象学哲学成为一种重要的哲学资源。梅洛-庞蒂的现象学哲学为认知科学新研究纲领提供了许多重要的哲学洞见。

自 20 世纪 80 年代以来,莱考夫和约翰逊等人一直致力于研究语言等抽象认知现象的身体基础问题。例如,约翰逊立足梅洛-庞蒂的现象学在认知科学哲学层面上论证了肉身化心灵(Incarnate Mind)的概念和哲学洞见。约翰逊指出,人类本质上是肉身的存在(beings of the flesh),人类感官运动器官主导的运动体验是我们所谓"更高级的"概念和推理等认知功能的结构基础,人类的主体性应密切相关于人类的涉身体验。约翰逊如此描述肉身化心灵概念的作用,"我们事实上是肉身-肉身(flesh-flesh)的存在,这不只是物理身体,而且是梅洛-庞蒂所称的'现象身体'(phenomenal body),这是我们涉身和多维度体验的核心所在,所涉及的知觉、运动、情感、社会、道德和美感等维度相互交织。这一'肉体性'存在不仅通过我们所做的任何事情表现出来,而且通过我们所表达

---

① [美]德雷福斯等:《造就心灵还是建立大脑模型:人工智能的分歧点》,参见博登编:《人工智能哲学》,刘西瑞、王汉琦译,上海:上海译文出版社 2001 年版,第 450~451 页。
② [美]德雷福斯等:《造就心灵还是建立大脑模型:人工智能的分歧点》,参见博登编:《人工智能哲学》,刘西瑞、王汉琦译,上海:上海译文出版社 2001 年版,第 451~452 页。
③ [英]博登编:《人工智能哲学》,刘西瑞、王汉琦译,上海:上海译文出版社 2001 年版,导言,第 22页。

的、思索的、言说的和想象的任何事情表现出来"①。可见,约翰逊在此特别梳理和强调了梅洛-庞蒂的思想对于理解人类智能的基础性作用。

加拉格尔也特别点出了梅洛-庞蒂的现象学哲学与新一代认知科学研究纲领之间的理论关联。加拉格尔指出,"在《知觉现象学》一书中,梅洛-庞蒂力图表明,身体是我们人类在世界中存在的中介,这一对身体的事实性(facticity)的解释是理解人类存在的关键。梅洛-庞蒂的这一思想使其与当代思想持续相关,不断影响着现象学、心灵哲学、科学哲学乃至最一般意义上的伦理学等思想领域"②。针对梅洛-庞蒂对新一代认知科学的影响,加拉格尔指出,"梅洛-庞蒂对于涉身知觉(embodied perception)的现象学解释推动和激发了当代认知科学中的涉身认知和生成(enactive)认知的解释,这些解释由瓦雷拉(Francisco J. Varela)、汤普森(Evan Thompson)和罗什(Eleanor Rosch)的《涉身心灵》一书而起,并广为存在于近期的大量论著中"③。

此外,H. 德雷福斯不仅将梅洛-庞蒂的现象学认知思想引入对表征计算主义的经典认知科学的批判中,而且他进一步概括了梅洛-庞蒂推进当代认知科学发展的两个重要思想。在"无表征智能:梅洛-庞蒂对心理表征的批判"一文中,H. 德雷福斯指出,梅洛-庞蒂在《知觉现象学》一书中提出了两个概念"意向弧"(intentional arc)、"最优控制"或者是"最有效的控制"(maximal grip)。这两个概念表明,人类的学习(learning)和熟练技能行为(skillful action)等人类智能行为都是无表征的。学习和熟练技能行为等人类智能行为都不必求助于心灵或大脑表征(mind or brain representations)而得到描述和解释。也就是说,梅洛-庞蒂在《知觉现象学》一书中提出的两个核心概念——"意向弧"和"最优控制",为人类学习和熟练技能行为等智能行为的无表征性提供了有力的解释。

梅洛-庞蒂所说的意向弧,指的是认知主体(agent)与外部环境之间的紧密连接,也就是说,当认知主体习得技能时,这些技能不是作为心灵中的表征形式,而是作为一种针对外部环境诱发的倾向性反映。在 H. 德雷福斯看来,在熟练技能的学习过程中,学习者通过体验获得的并不是心灵的表征,而是一种更加精细辨别情境的能力,这种情境能够诱发学习者一种更加完善的回应。如果情境没有清晰诱发回应或者回应没有产生满意的结果,那么学习者就会进一步完善他对情境的辨别。这种往复来回的内在机制就是意向弧。意向弧在此替代了表征。意向弧的现象学概念解释了过去体验如何以无表征的形式改变当

① Johnson, Mark. Incarnate Mind, Minds and Machines, 1995(5).
② Gallagher, Shaun. Merleau-Ponty's Phenomenology of Perception, Topoi, 2010 (29).
③ Gallagher, Shaun. Merleau-Ponty's Phenomenology of Perception, Topoi, 2010 (29).

下对环境的体验。意向弧表明,过去的体验是被投射进当前的世界,从而产生当前的知觉体验。

梅洛-庞蒂所说的最优控制,指的是针对外部环境诱发因素所形成的一种身体的内在趋势,它会使外部的时下环境更为贴近认知主体的最优知觉格式塔结构。最优控制是对身体回应环境诱发因素的一种描述,这表明活动者的知觉模式与当时情境之间形成了一种最优的协同关系。最优控制解释了学习者如何以无表征的形式引发相应的行为。① H. 德雷福斯指出,梅洛-庞蒂已经意识到,在日常活动中首先不是存在一种行动者对对象的客观思想(预设的目标),行动者和对象之间存在着一种极为紧密的关系,这种无间关系可称为最优控制。例如,当我们知觉某物的时候,我们不通过思考就会找到与对象整体和构成部分之间的最佳距离,而且我们总是以最佳的方式去与对象打交道。人们可以不断地调整身体与环境的最佳关系,但是这不需要知道或者标准地表达出这种最佳关系。人们的身体只是被环境诱发进入这种与环境的平衡关系的,这不需要表征或者目标的预先引导。

H. 德雷福斯将梅洛-庞蒂对熟练技能和学习活动的现象学描述,与神经科学等认知科学的研究成果结合起来,从而辩护和印证一种无表征的智能观和认知科学研究新纲领。在 H. 德雷福斯看来,认知科学中的模拟神经网络(simulated neural networks)理论就体现了意向弧的基本结构特征,而弗瑞曼(Walter Freeman)的大脑动力学理论(brain dynamics)对于知觉和行为的解释,与梅洛-庞蒂对于一个熟练技能认知主体如何获得最优控制的解释之间具有着同构的关系。② 在 H. 德雷福斯看来,当代神经科学研究中的反馈驱动式模拟神经网络(feed forward simulated neural networks)模型,就说明了过去的体验如何能够以非表征或者无需大脑储存信息的方式影响当前的知觉和行动。神经网无需检索任何特定记忆,新的信息输入就可以通过模拟神经元之间联结力量的改变而在过去的体验基础上产生信息输出。这种更为积极的联结主义神经网络模型就能够在神经科学基础上说明和印证梅洛-庞蒂的意向弧思想。基于上述理论,H. 德雷福斯还进一步指出学习活动中的概括(generalization)可以是不依赖表征的。他认为,在神经网络中,相似并不是一个与之前记忆存储信息的

① Dreyfus, Hubert. Refocusing the question: Can there be skillful coping without propositional representations or brain representations? Phenomenology and the Cognitive Science, 2002(1).

② Dreyfus, Hubert L. Intelligence Without Representation - Merleau - Ponty's critique of mental representation: The relevance of phenomenology to scientific explanation, Phenomenology and the Cognitive Science, 2002 (1).

表征相互比较的问题,相反,新的输入对于原型输入往往产生一种偏离,但是大脑结构和身体结构却限制了这种偏离并产生了相应的概括。具体来说,大脑构架的先天知觉系统、涉身网络和世界结构的交互结构以及能够满足活动者需要的相似关系等最终造就了成功的概括。

H. 德雷福斯还利用弗瑞曼的吸引子理论(attractor theory)来解释无表征的认知行为。在弗瑞曼看来,大脑的学习活动可以看作是大量不同的混沌吸引子活动,而特定的感官输入则会形成一种特定的吸引子团。在学习活动中,当遇到基于过去体验的相同情境时,大脑就会形成神经元联结,这些联结导致的整体神经活动就体现为某种特定能量场中的特定峰值。大脑可以理解为一种具有能量峰谷的动态系统。与过去体验相近的知觉输入,就会使大脑形成特定的能量场,相应的运动就会产生,这些运动试图让大脑状态更为接近最与过去体验对应的吸引子团状态。大脑动态系统引导着专家级别熟练技能行为,这不需要对于特定状态的表征,就像一条河从山上恣意流淌,它不需要表征低处的目标就能找到最佳的河道。① 在 H. 德雷福斯看来,大脑动态系统的吸引子只能在最弱意义上称为某种表征,它确实整合了过去的体验并且在此基础上导向了行动。

通过 H. 德雷福斯的上述研究,我们看到他试图将梅洛-庞蒂对无表征主义的现象学描述与神经科学层面的认知解释结合起来,从而通过神经科学等认知科学的发展与梅洛-庞蒂现象学的结合,又推动了无表征主义的认知科学新纲领的研究。梅洛-庞蒂的现象学与当代认知科学研究之间的这种互动,无疑推动了哲学和认知科学的双向发展。

四、梅洛-庞蒂对德雷福斯人工智能哲学的影响

知识表征(knowledge representation)是人工智能研究中的关键问题,也涉及认知科学研究的一个认知观的基础性问题。从 1972 年第一版到 1979 年修订版的《计算机不能做什么:人工智能的极限》,H. 德雷福斯一直认为,在知识表征问题上,明斯基等经典人工智能和认知科学家本质上都是主张和实践"基于规则的符号计算"的认知观。H. 德雷福斯提出,香克(Roger Schank)主张"人工智能研究者意识到人们如何利用和表征知识是人工智能研究中的关键问题",而帕波特(Seymour Papert)和戈德斯坦(Ira Goldstein)则将这一问题解释为"智

① Dreyfus, Hubert. Intelligence Without Representation - Merleau - Ponty's critique of mental representation: The relevance of phenomenology to scientific explanation, Phenomenology and the Cognitive Science, 2002 (1).

能活动取决于主体掌握的知识。而解决这一问题的本质和首要方法是理解其中的算法和数据结构(operations and data structures)"①。在"基于规则的符号计算"的认知观支配下,产生了诸如 MYCIN 这样的能够诊断血液感染等疾病的专家技能知识的计算机程序,正如费根鲍姆(Edward Feigenbaum)对 MYCIN 的评价,即"获得专家技能(expert skill)就是获得认知情境和评估事实的规则"②。但是,这些经典人工智能的做法都面临着忽视背景知识(background knowledge)而造成的技术困境。尽管明斯基在常识知识的表征问题上,从单纯的基于规则的表征,到认识到背景知识的重要性,最后则是向 H. 德雷福斯基于现象学的哲学审视和批判靠拢。例如,明斯基曾经说:"建构一个常识知识库(common-sense knowledge base)是一项智能研究的重大课题……但是,我们仍旧对常识知识的结构知之甚少。一个'最小的'常识知识系统'必须'要求具备关于因果、时间、目的、地点、过程和知识类型等背景知识……在这个研究领域,我们需要认真地对某种认识论研究下一番功夫。"③不过,在 H. 德雷福斯看来,明斯基的这一态度可取,但是其想法可能依然过于乐观了。

H. 德雷福斯以明斯基所讲的"椅子"(chair)这一常识概念为例,说明了明斯基等经典人工智能研究及其修正可能根深蒂固面临的困境和不足。H. 德雷福斯说:"没有任何日常用具是自身呈现意义的。就一把椅子这一物理客体而言,我们可以将其孤立地理解为某种原子、木头或者金属元件组合而成的集合体,但是,这种理解不能让我们足以从众多用具中识别出椅子。让我们识别'椅子'的是其功能,而其'坐'的功能则是其在一个完整实践情境中所呈现出来的。椅子的功能还预设了疲劳、身体的坐姿等某些与人类相关的情境性事实,预设了桌子、地板、台灯等椅子所处的文化性器具之网,预设了吃饭、写作、研讨、讲演等人类的技能。如果我们的膝盖像火烈鸟一样向后弯曲,或者如果像古代日本和澳洲丛林时代那样没有桌子,那么椅子就不可能被人们理解为'坐'的器具。"④

在胡塞尔、梅洛-庞蒂等人的影响下,H. 德雷福斯始终坚持对以明斯基等为代表的"基于规则的符号计算"的知识表征观的批判,坚持在知识表征问题上

---

① Hubert L. Dreyfus, What Computers Still Can't Do: A Critique of Artificial Reason, Cambridge: The MIT Press, 1992, pp. 90-91.

② Hubert L. Dreyfus, What Computers Still Can't Do: A Critique of Artificial Reason, Cambridge: The MIT Press, 1992, p. 85.

③ Hubert L. Dreyfus, What Computers Still Can't Do: A Critique of Artificial Reason, Cambridge: The MIT Press, 1992, p. 93.

④ Hubert L. Dreyfus, What Computers Still Can't Do: A Critique of Artificial Reason, Cambridge: The MIT Press, 1992, p. 94.

情境和身体等现象学思想的重要角色作用。

第一，H.德雷福斯指出，经典研究将智能理解为某种数据储存架构，这一架构消极地接受与情境无关的事实，与之相反，H.德雷福斯以胡塞尔的哲学认识论为基础，认为智能是某种由情境所决定的、目标导向的活动，即一种面向预期事实的搜索（search）活动。或者说，经典研究缺乏常识知识所具有的"由'期望'（expectations）和'预先勾画'（predelineations）组成的上下文语境（context）或者'内在视域'（inner horizon）"[1]。例如，我们知觉一座房子的时候，不仅看到房子的正面，而且知觉到房子后面的某种"内在视域"。我们首先是对房子的整体做出反应，然后，我们才会开始去更详细地认知这一房子，详细地从内部和后面去认知房子的所有细节。[2]

第二，再比如，我们很难对"单身汉"（bachelor）一词作出"形式化的定义"，因为，在特定的语境中，"单身汉"一词可能包含着众多的特征，例如"人、男人、成年人、目前没有正式结婚、不处于类似结婚的生活局面中、有结婚可能、过着单身汉式的生活、以前没有结过婚、至少暂时不打算结婚……"。这表明，"单身汉"一词的"形式化定义"需要"上下文语境"。H.德雷福斯认为，诸如威诺格拉德等人的任何想要将上下文语境形式化的努力可能都是徒劳的。例如，"如果一个人的当下目标是找一把椅子坐下，他当下就可能需要聚焦于识别他是在客厅还是在仓库里，他还需要尽快识别墙壁，需要识别灯的开关，需要尽快识别椅子是用于写作还是休息。这些目标识别的完成，反过来决定于他对自己设定的最终目标和自我认识，比如说，将自己设定为一个作家或者仅仅是一个容易疲倦而需要休息的人。威诺格拉德对寻找椅子的目标及其他目标的识别太多，以至于无法用于确定'椅子'的形式化表征所处的特殊情境"[3]。这就由语境延伸到情境，也就是说，任何形式化的知识表征将由识别语境延伸到对于特定情境的识别。对于特定情境的识别会构成一种深度回归，H.德雷福斯指出，"这种回归何时停止呢？人类对此不存在困难。因为正如海德格尔所说，人类已经总是处于某种特定情境中，并且可以不断地修正所处的特定情境……但是，形式化表征的程序并不处于特定情境之中。假使某种某个程序能够表征人类知识及其所处的情境，但是这种表征就像从火星人或者上帝视角的表征，这个程序

_____

① Hubert L. Dreyfus, What Computers Still Can't Do: A Critique of Artificial Reason, Cambridge: The MIT Press, 1992, p.91.

② Hubert L. Dreyfus, What Computers Still Can't Do: A Critique of Artificial Reason, Cambridge: The MIT Press, 1992, p.91.

③ Hubert L. Dreyfus, What Computers Still Can't Do: A Critique of Artificial Reason, Cambridge: The MIT Press, 1992, p.109.

自身并不真正地处于情境之中,并且不可能像人类一样按照真实情境那样行动"①。

第三,如果说形式化表征面临着语境和情境的挑战,那么在语境和情境产生知识表征的过程中,人类主体在特定情境中施展出了的特定技能,也是形式化表征所忽略的一个重要因素。这种特定的技能不是静观的意识,而是一种可能产生静观意识的情境中的行动。正如 H. 德雷福斯所说,"我们对于情境的感知,可能取决于我们随时变化的心境,取决于我们的当下牵挂和目标投射,取决于我们长期的自我理解,也可能取决于我们处理对象的感官-运动技能,取决于我们人类长期实践进化而来的技能(skills),这些实践从来没有单纯地将我们的身体表征为某种客观对象,从来没有将我们的文化表征为一整套的信念,从来没有将我们的倾向表征为情境导向行动的一套规则。所有这些人类的独特技能为我们的在世之在提供了'广度'和'厚度',它们成为我们人类之所以情境性存在的本质所在,并且成为人类所有智能行为的根基所在"②。H. 德雷福斯指出,人类的心境(moods)、牵挂(mattering)和涉身技能(embodied skills)不可能被某种形式化的信念网络(any formal web of belief)所表征,而这些因素几乎被所有的人工智能研究者和认知心理学家所忽视了;他们将其视为人类智能的非认知因素,而单纯将形式化的认知结构作为把握人类智能的唯一形式。

针对信息加工模型(information-processing model)理论所面临的上述困境,问题在于:假如我们承认上述因素在知识表征中的重要作用,那么,除了通过清晰的数据算法规则之外,我们有什么办法去表征由兴趣、情绪和技能实践等所构成的情境背景呢?

第一种途径,正如 H. 德雷福斯所指出,梅洛-庞蒂等存在主义哲学家和维特根斯坦等日常语言哲学家提供了一种方案,也就是说,上述情境性背景因素无需表征。H. 德雷福斯说:"诸如人类的兴趣和实践技能的'知识'无需被表征。这就像我们通过实践逐渐习得某种行为反映模式从而最终学会了游泳。在这个学习游泳的过程中,我们不需要通过某种数据算法结构来表征我们的身体和肌肉运动,我们也不需要表征让我在特定情境中认知和行动的那些文化实践。这些文化实践是通过不断的训练而获得的,而这些训练过程中,没有人曾

---

① Hubert L. Dreyfus, What Computers Still Can't Do: A Critique of Artificial Reason, Cambridge: The MIT Press, 1992, pp. 109-110.

② Hubert L. Dreyfus, What Computers Still Can't Do: A Critique of Artificial Reason, Cambridge: The MIT Press, 1992, p. 110.

经或者可能在不断的回溯和回归过程中清晰地表征过所习得的内容。"①

第二种途径,H. 德雷福斯指出,还有一种方法可以解决"有什么办法去表征由兴趣、情绪和技能实践等所构成的情境背景"这一问题。也就是说,承认意象(images)等非形式表征(non-formal representations)的存在。不过,H. 德雷福斯认为,意象等非形式表征并不能表征知识,而只是对自我存在的一种表征,是一种基于体验的自我认识。也就是说,意象等非形式表征是探究"我是什么"的一种方法,而不是探究"我知道什么"或者说知识的一种表征形式。② 可见,形式化的知识表征所面临的困境依然存在。

通过对人工智能发展的回顾和反思,H. 德雷福斯的基本观点是,人工智能的困境来自于柏拉图和亚里士多德割裂理性和感性、思维和情感、心灵和身体的二分哲学,因此,人工智能的发展必须对其所依赖的上述传统哲学给予批判性的反思。通过上述分析,H. 德雷福斯指出,"由于人类智能必然处于某种情境之中,因此人类的智能不可能与人类生活的其他方面分割开来……如果人们意识到感官-运动技能在认识和应对客体过程中的重要性,如果我们意识到需要和欲望在建构社会情境中的重要性,如果我们意识到诸如选择和使用椅子等人类自我理解所处的整个文化背景的重要性,那么,在我们将知识形式化为一套事实和规则构成的复杂系统的时候,我们忽略上述各种因素的重要性就将是高度不合理的"③。总之,传统人工智能所面临的真正问题,是接受了"人类的日常智能可以客观化和表征为某种信念系统"的形而上学假设,这一假设"歪曲了我们对人类自身的理解。不管这一假设是可以追溯到莱布尼兹的深刻哲学洞见,还是胡塞尔所主张的情境智能的知觉和实践可以被符号描述所表征的见解,抑或是人工智能研究者所持有的浅薄技术观点,即日常知识和自然语言处理本质上与我们的涉身和社会化技能无关"④。

五、德雷福斯的熟练技能习得模型

H. 德雷福斯关于熟练技能习得模型(model of skill acquisition)的研究受到

---

① Hubert L. Dreyfus, What Computers Still Can't Do: A Critique of Artificial Reason, Cambridge: The MIT Press, 1992, pp. 117–118.

② Hubert L. Dreyfus, What Computers Still Can't Do: A Critique of Artificial Reason, Cambridge: The MIT Press, 1992, p. 118.

③ Hubert L. Dreyfus, What Computers Still Can't Do: A Critique of Artificial Reason, Cambridge: The MIT Press, 1992, pp. 119–120.

④ Hubert L. Dreyfus, What Computers Still Can't Do: A Critique of Artificial Reason, Cambridge: The MIT Press, 1992, p. 122.

梅洛-庞蒂的深刻影响。在回答"你们在阐述技能获得模型时,经常会引用梅洛-庞蒂的观点,那么,海德格尔的现象学和梅洛-庞蒂的现象学之间有什么异同呢?"这一问题的时候,H.德雷福斯比较了海德格尔和梅洛-庞蒂思想的不同,同时凸显了梅洛-庞蒂关于人的身体研究对于熟练应对模型的哲学意义。他回答说:"在人与世界的关系问题上,他们两人的观点基本相同:当我处于最佳状态时,我完全被世界所吸引。但是,除了差不多三个句子之外,海德格尔从来没有谈到'人有身体'这样的事实。他在《存在与时间》中指出,'这是一个大问题,但我们在这里不研究这一问题。'此外,他也没有谈到知觉,知觉是我们看事物的主要方式。他认为,我们有身体,但重要的是,我们抓住了身体;我们有知觉,但重要的是,我们抓住了知觉。但这恰好不是他想要谈论的话题。海德格尔承袭了哲学,但仍然有未完成的工作:那就是,说明如何把我们的身体纳入到哲学的讨论当中,以及我们如何感知所融入的世界。梅洛-庞蒂在他的《知觉现象学》一书中接受了这一任务。"①可见,梅洛-庞蒂基于身体的知觉研究或者说反表征主义的(anti-representationalist)技能学习理论是H.德雷福斯建构其熟练技能习得模型的重要哲学基础。

H.德雷福斯特别以学习开车这一熟练技能为例考察了熟练技能习得模型。H.德雷福斯将习得熟练开车技能的一般过程分为五个阶段,即新手(Novice)、提高(Advanced Beginner)、攻坚(Competence)、熟练(Proficiency)、专家(Expertise)等五个阶段。在新手阶段,老师将要学习的技能转化成脱离情境的规则,新手要努力记住老师讲述的开车或下棋的技能规则,此时他们的学习进展很慢。在提高阶段,老师开始讲解一些实例,新手由此获得了初步的情境体验。新手在这个阶段不再机械地记忆换挡与速度之间的规则,而是开始尝试通过发动机的声音等体验来判断如何换挡,这种新的体验是不能被规则化的。在攻坚阶段,随着学习者情境体验的增加,他开始在老师指导和自身体验的基础上尝试概括一些适用于自己的特殊规则。尽管还不确信这些特殊规则是否适合特定情境,但是他开始尝试去运用这些特殊规则。所以,这一阶段的学习是探索性的和易出错的,时常伴随着忐忑不安的感觉和些许成功的快乐。在熟练阶段,通过攻坚阶段的实践,学习者此时的积极体验逐渐得到加强,而消极的体验则逐渐被消除。学习者开始能够熟练应付各种具体处境,并且逐渐减少了对于技能规则的依赖。在这一阶段,学习者辨别具体情境的能力加强了,对于应

———————

① 成素梅、姚艳勤:《哲学与人工智能的交汇——访休伯特·德雷福斯和斯图亚特·德雷福斯》,《哲学动态》2013年第11期。

对规则的选择更加明确和直接了,想要实现的任务更明确了,所采取的行动也更加流畅和轻松了。不过,在这一阶段学习者还不能完全自动地处理任务,还需要依赖规则下决定。例如在雨天开车时,熟练阶段的学习者还要作出刹车还是降速的判断和理性选择,当然,熟练阶段比攻坚阶段能够更经济地结合路况做出正确选择。与熟练阶段相比,在专家阶段,学习者具备了精细分辨具体情境的能力,此时尽管这些具体情境可以规则化,但是成长为专家的学习者已经不需要依赖这些规则,而是可以通过各种具体策略来应对各种情境。他们无需判断就能够针对具体情境作出一种当下最恰当的直觉回应。①

H. 德雷福斯认为,技能学习的这五个阶段并不都是无表征的。他强调的是第五个阶段的专家级别的技能操作行为是无表征的。他认为,一旦学习者成为专家,学习者技能的熟练操作就不需要规则或者概念命题式表征的指导。具体来说,成为专家的学习者不仅能够将之前的体验"以无表征的形式"反射到当前处境中,而且能够针对当前处境"以无表征的形式"做出最恰当的行动。

通过学习开车这一熟练技能习得模型分析,H. 德雷福斯想要说明熟练技能的学习这一智能行为可以是无表征的,而这一无表征智能行为的基础恰恰体现和印证了梅洛-庞蒂的思想。也就是说,在梅洛-庞蒂等"存在主义的现象学看来,不求助于心灵或者大脑表征,我们同样可以描述和解释习得或学习和熟练技能行为这两个最重要的人类智能行为。这一论断在梅洛-庞蒂《知觉现象学》中的两个核心概念已经得到体现,即意象弧和最优控制的倾向(tendency to achieve a maximal grip)"②。这表明,H. 德雷福斯的熟练技能习得模型将意象弧和最优控制作为核心要素。前者表明身体与环境的紧密关联不是表现为表征形式,而是表现为一种对环境诱因作出反应的倾向;而后者表明,身体对环境诱发反应不断精致化,从而使得当下的情境与身体倾向更加紧密,从而形成一种最佳的倾向-反应图式。而这两者共同构成了熟练技能习得的模型。

---

① Hubert Dreyfus. Intelligence Without Representation – Merleau – Ponty's critique of mental representation: The relevance of phenomenology to scientific explanation, Phenomenology and the Cognitive Science, 2002 (1).

② Hubert Dreyfus. Intelligence Without Representation – Merleau – Ponty's critique of mental representation: The relevance of phenomenology to scientific explanation, Phenomenology and the Cognitive Science, 2002 (1).

第二编
梅洛-庞蒂的介入意识现象学

作为最具创造性的法国现象学家之一,梅洛–庞蒂的思想体现了对胡塞尔和海德格尔现象学思想的创造性发展。梅洛–庞蒂现象学的特点在于,他在心理学和神经病理学等自然科学研究成果的批判性反思基础上,结合现象学的方法,实现了其现象学哲学的建构。从哲学史的发展视角看,梅洛–庞蒂的现象学理论以意识和自然的关系问题为核心,以知觉和行为的研究为切入点,以批判笛卡尔主义传统为背景,以胡塞尔和海德格尔的现象学方法为工具,以语言、文化、政治与社会批判为拓展,以现象学哲学的创造性发展为导向,最终建立了一个系统性的现象学哲学体系。梅洛–庞蒂关于人的知觉和行为等认知现象的考察无疑是其现象学思想系统的根基。这些考察本身导向现象学哲学结论,但是,梅洛–庞蒂关于知觉和行为等认知现象的考察无疑对认知科学的发展有着潜在的积极影响。梅洛–庞蒂对认知现象的考察是多方面的,其中涉及知觉、语言、交互主体性与社会认知等诸多方面。梅洛–庞蒂对认知现象的研究散布于其多部著作中,但主要集中于《行为的结构》和《知觉现象学》两部重要著作。

第一章 《行为的结构》中的智能研究

在梅洛-庞蒂的研究者阿尔封斯·德·瓦朗斯看来,《行为的结构》与《知觉现象学》是梅洛-庞蒂现象学思想的核心著作。这两部著作从不同的层次来捍卫相同的主题,即"描述人的行为和他对于事物的知觉就是致力于同样的目标"。这一相同主题或同样的目标即是指:"此在自为的最终存在方式"应当被显示为一种介入意识而非某种"旁观意识"。《行为的结构》的主题是描述人的行为,这部著作在经验科学的层面上,重点考察了行为主义和格式塔心理学等科学理论,"力求证明这一经验本身是无法从科学自发地采纳的各种本体论角度获得理解的",也就是说,科学无法最终获得对于行为经验的理解。《知觉现象学》的主题是描述人对于事物的知觉,其研究建立在哲学或者自然经验而非科学经验层面上,即"始终一贯地建立在晚年胡塞尔已经描述过的自然而质朴的经验平面之上"。在瓦朗斯看来,《行为的结构》与《知觉现象学》所描述的这两个层面并不是对立的,《行为的结构》已经体现了《知觉现象学》的主题,二者之间有着逻辑的连贯性。"自然的或天然的经验描述后来所揭示的那种介入意识的观念已经被科学经验的解释性批判所包含甚至强制要求。实际上,《行为的结构》的主题始终从属于《知觉现象学》的主题,就像科学家的经验在其起源上总是服从于它有责任说明的日常经验一样,没有日常经验,它也就不存在。"[1]《行为的结构》完成于1938年、1942年出版,《知觉现象学》出版于1945年,而1945年7月"将《知觉现象学》作为主论文、《行为的结构》作为副论文提交答辩,通过答辩并获得博士学位"[2]。可见,在梅洛-庞蒂的意识里,《行为的结构》

---

① [法]梅洛-庞蒂:《行为的结构》,杨大春、张尧均译,北京:商务印书馆2005年版,第9~12页。
② 杨大春:《杨大春讲梅洛-庞蒂》,北京大学出版社2005年版,第7页。

与《知觉现象学》可以视为对同一主题研究的姐妹篇。梅洛-庞蒂在《行为的结构》里更多着墨于经验科学研究介入意识这一核心问题，正是基于此，克拉克（A. Clark）指出，"对身体、环境等因素在认知中作用的系统论述，最早可以追溯至梅洛-庞蒂 1942 年的《行为的结构》"①。正是在《行为的结构》的基础上，《知觉现象学》对介入意识进行了完整的现象学研究。

第一节　《行为的结构》的现象学背景

梅洛-庞蒂是法国著名的现象学哲学家，出生于 1908 年，小萨特（Jean-Paul Sartre）三岁，两人先后毕业于著名的巴黎高等师范学院。自 1928 至 1930 年，通过古尔维奇（Aron Gurwitsch）的现代德国哲学课程，梅洛-庞蒂开始初步了解胡塞尔和海德格尔的现象学哲学。1929 年，梅洛-庞蒂在巴黎索邦大学亲身听了胡塞尔的讲座。1933 年，梅洛-庞蒂以《关于知觉本质的研究计划》申请资助在国家科学研究中心进修一年，对知觉的研究也由此开启了梅洛-庞蒂的现象学研究。此时的梅洛-庞蒂主要聚焦知觉问题的心理学研究，尤其受德国格式塔心理学的很大影响，并且初步涉及胡塞尔等人的现象学。1935—1936 年，梅洛-庞蒂发表了关于现象学家舍勒（Max Scheler）、马塞尔（Gabriel Marcel）和萨特等的现象学思想评论，其中开始关注身体问题。1938 年，梅洛-庞蒂完成第一部著作《行为的结构》，并于 1942 年出版。1939 年，梅洛-庞蒂开始关注胡塞尔《欧洲科学的危机和先验现象学》中的生活世界理论，并于同年 4 月，到比利时卢汶大学胡塞尔档案馆查阅胡塞尔的思想文献，其中《观念二》《观念三》对他的影响非常大。1942 年，梅洛-庞蒂也参与了胡塞尔手稿向巴黎转移保管的计划。1945 年，梅洛-庞蒂的代表作《知觉现象学》出版，并以《知觉现象学》为主论文、《行为的结构》作为副论文提交答辩并获博士学位。1951 年，在第一届国际现象学会议上作了题为《论语言现象学》的报告，并开始撰写《世界的散文》，此时的语言学转向，对现象学运动和结构主义的出现影响深远。1952 年，梅洛-庞蒂入选法兰西学院教授，1953 年发表就职演说《哲学赞词》。1961 年 5 月 3 日，梅洛-庞蒂病逝世于巴黎家中。不管是从梅洛-庞蒂的学术经历，还是从《行为的结构》文本内容，可以说，在梅洛-庞蒂构思出版第一部著作《行为的结

---

① Clark, A. Embodiment and the Philosophy of Mind. In O'Hear. eds. Current Issues in Philosophy of Mind, Cambridge: Cambridge University Press, 1998, p. 36.

构》时已经受到了现象学的深刻影响。正如瓦朗斯所说,《行为的结构》"已经正式宣告了作为梅洛-庞蒂思想之关键的立场",而且"《行为的结构》的主题始终从属于《知觉现象学》的主题"①。

一、梅洛-庞蒂对现象学的传承

从现象学运动的发展来看,梅洛-庞蒂现象学所体现出的涉身性独特理念延续了胡塞尔以来整个现象学运动的发展。从西方近现代哲学的发展脉络来看,这一理念反映了整个现象学运动所蕴含的对笛卡尔主义的反思,可以说是整个现代反笛卡尔主义哲学思潮的一个重要构成部分。这种反笛卡尔主义尤其体现在对理性主义的批判以及对非理性和理性关系的重构上,如果说胡塞尔通过意向性关系重构了人类理性和非理性的关系,海德格尔则建构了这种理性和非理性新型认识关系的存在论或者本体论基础,而梅洛-庞蒂则进一步通过身体-主体将这种新型认识关系及其本体论基础具体化了。

(一)胡塞尔与梅洛-庞蒂

自胡塞尔在现象学中首创意向性认识关系以来,从海德格尔到梅洛-庞蒂等现象学家都重视并且认可意向性认识关系的基础性和重要性,或者说都认可"面向事实本身"这一现象学的主流观念,并且在此基础上形成具有自身特色的现象学哲学。

胡塞尔现象学对意向性认识关系的揭示,体现了对笛卡尔主义二元分立理性认识关系的反思批判,或者说是一种创造性的补充。可以说,通过现象学还原,胡塞尔悬隔甚至否定了心身二元论,在此基础上,形成了放弃主客体二元分立认识论模式的现象学运动基本立场。对传统二元本体论和二元分立认识论模式的质疑和批判,也可以说蕴含了胡塞尔、海德格尔和梅洛-庞蒂一贯相继的现象学涉身性思想。正是以胡塞尔、海德格尔和梅洛-庞蒂为代表的重量级欧洲现象学家对于二元论以及主客二元分立传统认识论的改造,为现代哲学认识论,包含现代知觉理论,乃至现代认知科学哲学的进展提供了一个重要的理论基础。

毫无疑问,在现象学运动中,胡塞尔的作用是奠基性的。胡塞尔意向性理论的一个至为重要的贡献就是对传统主客二元分立认识论的创新改造。按照胡塞尔的思想,这种创新改造批评了传统认识论的客观主义倾向,从而重新诠

---

① [法]梅洛-庞蒂:《行为的结构》,杨大春、张尧均译,北京:商务印书馆 2005 年版,第11~12 页。

释主观性,并将主观性作为认识的本真维度,而非是以真理的名义加以消除的东西。所谓客观主义是指:预先设定主观与客观世界的存在,并且将主观世界的任务规定为对客观真理的追求;由此,知觉被解释为主观心灵对客观世界的初级反映,而高级理性思维的任务则在于整理或者澄清知觉。胡塞尔这样概括客观主义的思想,"客观主义的特征是:它的活动是在经验先给予的自明的世界的基础上,并追问这个世界的'客观的真理',追问对这个世界是必然的,对于一切理性物是有效的东西,追问这个世界自在的东西"①。梅洛-庞蒂也将客观主义对于主观与客观世界的设定称为一种"偏见"或者"实在论隐喻"②,进而,梅洛-庞蒂主张,"把被谈论的知觉和实际经验到的知觉区别开来",也就是说"忠实地描述它们(知觉)的样子"③。胡塞尔认为,认识不可能被客观化,"自然科学认识论"是悖谬的,因为"对于每个自然科学家来说,当他的课题化态度指向世界的'客观真理'时,它们恰好又都具有了'单纯主观相对的'特征"④。主观性是绝对不可以摆脱的。胡塞尔认为:"这种主观相对的东西毕竟不是作为一个无关紧要的通道,而是作为一个对于一切客观证实来说都能为理论的逻辑的存在有效性提供最终根据的东西,因而是作为明见性源泉和证实源泉而发生着作用的。"⑤

胡塞尔在这种对传统认识论的反思批判的基础上,进一步将主体和客体之间的意向认识关系确认为首要的、非二分的基础性认识关系,从而揭示了认识的更为本真、原初的存在维度。在这种意向性认识关系中,主观性或者说意识主体是不能脱离意识对象的,意向认识关系的主客不分与共存是意识活动的本质特征。胡塞尔指出,任何一个意识都是"关于……的意识","如果认识论仍然想要研究意识与存在的关系问题,那么它就只能将存在看作是意识的相关项,看作是合乎意识的'被意指之物':看作是被感知之物、被回忆之物……被评价之物,以及如此等等"⑥。

我们以"看"这一认识活动来分析胡塞尔的认识论与西方传统认识论的关系。胡塞尔为了研究"看",区别于近代经验主义和唯理主义,提出了现象学还

---

① [德]埃德蒙德·胡塞尔:《欧洲科学危机和超验现象学》,张庆熊译,上海:上海译文出版社 1988 年版,第 81 页。
② [法]梅洛-庞蒂:《知觉现象学》,姜志辉译,北京:商务印书馆 2001 年版,第 25 页。
③ [法]梅洛-庞蒂:《行为的结构》,杨大春、张尧均译,北京:商务印书馆 2005 年版,第 274 页。
④ [德]胡塞尔:《生活世界现象学》,黑尔德编,倪梁康、张廷国译,上海:上海译文出版社 2005 年版,第 269 页。
⑤ [德]胡塞尔:《生活世界现象学》,黑尔德编,倪梁康、张廷国译,上海:上海译文出版社 2005 年版,第 269 页。
⑥ [德]胡塞尔:《哲学作为严格的科学》,倪梁康译,北京:商务印书馆 1999 年版,第 16~17 页。

原即"悬隔"实体框架的反自然主义立场。"为了让我们睁开现象学之目,他提出'还原法',即将我们习惯地用来规范意识现象的理论预设或存在预设悬置,让它们统统失效,以看到原本现象的方法。因此,一位现象学者所看到的或经验到的意识现象,就要比传统西方哲学家比如唯理论者和经验论者看到更多,也更丰富深刻。"①胡塞尔的"悬隔"与"还原"可以让"看"更为真实地呈现,而近代认识论转向下经验主义和理性主义的"看"是不真实的、不完整的。在胡塞尔看来,"看"就是一种"直观",而在这种直观活动中,"知性要尽可能少,但直观要尽可能纯"②。"只要直观得纯粹,不被或不完全被概念化知性控制,那么就能直接'看到'本质。"③所以,现象学的"看"不同于传统哲学框架下的"看"。"因此,我们的每一次感知里不只有现实呈现,还依其'固有本质'必定包含着可能呈现;或者说,我们感知到的是一种由实际呈现者——如讲台对我呈现的侧面——牵拉着的无数的呈现可能,由它们共同构成了多维立体的讲台。这里讲的'无数'既指空间上的无穷多样的变更可能,也指时间上无限深度的含蓄可能。简言之,我们的每一次感知都包含着内在的'自由变更'、赋意和统握,所以呈报出的不止是简单的感觉印象、材料和映射面,而是被在晕圈内构成的多维(空间加上时间即四维)事物及与其他事物的潜在联系。"④通过"体验"的哲学认识论方法,不仅"悬隔"了传统认识论框架,而且呈现出"看"的真实结构,既有对象化的"本质",又有"自身意识"(附随意识)。"可是,这种自身意识不是反思意识,也就是说,它不是将自身活动当作对象来打量的、脱晕圈的 更高层反观意识,而是这个活动本身必带有的'盈余'的、溢出的随附意识。"⑤从胡塞尔对"看"的现象学解释来看,现象学在物理主义和心理主义之间保持一个等距关系。现象学的确不是物理主义,因而主张任何物理主义都没有真正勾勒"看"的真实结构,任何物理主义的"看"的还原都是不可能的。现象学也不是心理主义,"看"的真实结构是"客观"的,不是人为建构的。"物理主义者或强硬的自然主义者会说我们听到的、意识到的声音都可以被还原为当下物理声音的序列和它们在大脑神经中的扰动样式,现象学讲的意向性的声音知觉只是心理现象,不具有最终的实在性。现象学者则认为在意向性视野中描述的知觉不只是心理现象,而是知觉声音这桩事情的根本实情,有其自身的客体化层面,因而避

---

① 张祥龙:《什么是现象学》,《社会科学战线》2016 年第 5 期。
② [德]胡塞尔:《现象学的观念》,倪梁康译,上海:上海译文出版社 1986 年版,第 55 页。
③ 张祥龙:《什么是现象学》,《社会科学战线》2016 年第 5 期。
④ 张祥龙:《什么是现象学》,《社会科学战线》2016 年第 5 期。
⑤ 张祥龙:《什么是现象学》,《社会科学战线》2016 年第 5 期。

免了心理主义;物理主义者们讲的那些可充分对象化、现成化的状态,反倒是用技术和思维手段从人原本知觉到的真实活体状态上抽象和切割下来的片断。"①

胡塞尔后期向先验意识转向受到了诸如舍勒等现象学家的批判,他们认为胡塞尔丢弃了"面向事实本身"的理想,体现了对反笛卡尔主义的一种放弃。我们认为,胡塞尔后期的转向确实反映了一种向笛卡尔主义的妥协,但是,这与其说是回到笛卡尔,不如说这是对笛卡尔主义更深层次的反思,或者说是在更彻底地摆脱一种主客二元论。也就是说,胡塞尔不满意笛卡尔二元论的选择,因此为了更为彻底摆脱笛卡尔的二元论,从而选择了先验意识的一元论。但是如此一来,胡塞尔面临的一项重要任务将是说明这种先验意识如何建构起意向性认识关系。正是在这种先验意识如何建构意向性认识关系的分析中,胡塞尔揭示了更为原本的一个维度,即对梅洛-庞蒂影响颇深的身体认知维度。

具体而言,胡塞尔在如何揭示先验意识对外部对象的一种构造(Konstitution)分析中,他提出了动感(kinästhese)理论。按照黑尔德(Klaus Held)的解释,动感就是指"感觉的感知"("感知"在希腊文中是"aisthesis")和"有我所进行的身体运动"("运动"在希腊文中是"kinesis")所构成的"不可分解的统一"。② 胡塞尔在当时心理学研究的影响下提出的动感概念深刻影响了梅洛-庞蒂,并且通过哲学与科学理论互动,构成了涉身性和涉身认知思想中的一个重要概念。

胡塞尔关于先验意识如何构成意向性认识关系的构造分析所要说明的是:意识对象如何在纯粹意识面前显现,或者更恰当地说,"意向性意识"如何"主动地'完成'这种构成"③。在这一构成分析中,胡塞尔在现象学意向性关系构造中确立了感知活动的基础地位,也就是说,对外部事物的感知在原初意识意向性中具有根本性的地位。黑尔德说:"感知作为对现存之物的确定与在感知中被给予的对象一同构成了世界经验的构造中的基础层次。"④在这种感知活动中,胡塞尔揭示了身体之动感对于意向相关项构造的根本性。胡塞尔指出,"我们在这里必须指出意向相关项构造的动感动机这个方面,它对于感知对象的客体化来说是根本性的一个方面"⑤。胡塞尔之所以要提出动感理论,黑尔德给出

① 张祥龙:《什么是现象学》,《社会科学战线》2016 年第 5 期。
② [德]胡塞尔:《生活世界现象学》,黑尔德编,倪梁康、张廷国译,上海:上海译文出版社 2005 年版,第 16 页。
③ [美]施皮格伯格:《现象学运动》,王炳文、张金言译,北京:商务印书馆 1995 年版,第 197 页。
④ [美]施皮格伯格:《现象学运动》,王炳文、张金言译,北京:商务印书馆 1995 年版,第 8 页。
⑤ [德]胡塞尔:《现象学的方法》,黑尔德编,倪梁康译,上海:上海译文出版社 2005 年版,第 58 页。

的解释是:如果没有动感理论,那么胡塞尔的感知分析就不能摆脱笛卡尔主义的二元论和传统的感觉主义。在统觉的主动性与其质料即印象的被动性之间依然存在着二元论的嫌疑,而动感理论则可以消除这种不彻底的二元论嫌疑,即能够说明"感觉从一开始就包含着世界,因为它始终包含着行为、包含着基本的主动性"①。此外,胡塞尔描述了动感活动作为意向性认识关系基础的存在特点。在胡塞尔看来,动感是原初的感知活动,也就是说"现象的进程与身体所做的运动可以说是手拉手进行的";动感同时也是主动性的活动,也就是说感知的身体是"一个主观运动的,并且是在感知行为中主观运动着的身体";总之,基于上述两个特点,胡塞尔指出,动感活动是"原初的主观实现"②。

总体来看,在胡塞尔看来基于身体的动感不过是先验意识的一种活动。但是,我们看到,胡塞尔对意向性认识关系的这种深入分析,是不满足于意向性认识关系的可能二元倾向的一种深入反思。因此,动感理论一方面区别于对感知活动进行反思构造的传统认识论做法,体现了现象学的传统,即动感分析是"通过在纯粹直观的框架内的处理办法而建立起来的"③;另一方面,这一理论也体现了一种在认识论建构上与传统二元分立认识论模式的实质区别,即认识在动感这一原初层面上就是一体的,笛卡尔主义的二元论框架只是一种假设,是可以被实质性悬隔起来的。

(二)海德格尔与梅洛-庞蒂

除了胡塞尔,海德格尔是另一位深刻影响梅洛-庞蒂思想的现象学家。海德格尔对胡塞尔先验主义的批判,以及通过存在论对笛卡尔主义本体论和认识论的彻底反思和重构,这是梅洛-庞蒂进一步形成现象学涉身性哲学的一个重要理论基础。

可以说,在现象学运动发展中,海德格尔的重要理论创见在于,他消除了胡塞尔先验意识所造成的现象学内在矛盾,从而在人的生存维度上重新诠释胡塞尔所揭示的意向性认识关系。进而,区别于胡塞尔基于先验意识的意向性认识关系的动感构造,海德格尔在人之生存的维度上将原初意向性认识关系解释为一种基于"无我"状态下的人之行动的独特"认识关系"。

---

① [德]胡塞尔:《生活世界现象学》,黑尔德编,倪梁康、张廷国译,上海:上海译文出版社 2005 年版,第 16 页。

② [德]胡塞尔:《生活世界现象学》,黑尔德编,倪梁康、张廷国译,上海:上海译文出版社 2005 年版,第 58~59 页。

③ [德]胡塞尔:《生活世界现象学》,黑尔德编,倪梁康、张廷国译,上海:上海译文出版社 2005 年版,第 209 页。

在海德格尔看来,他认为传统的哲学概念无法准确地表达他所揭示的上述现象学创见,因此,海德格尔所揭示的这种原初行动及其认识关系只能用新术语来表达。例如,海德格尔将人的原初存在状态称为"此在"(Dasein,海德格尔称其为一种特殊的存在或者说人的存在)的在世存在,而将人之行动的原初认识关系称为此在的"上手状态"(Readiness-to-hand)。在此在的在世存在状态中,此在的"上手状态"是指一种人与所使用工具乃至对象之间的"无我"状态。海德格尔通过人对于锤子的使用来说明这种原初"上手状态"或者说认知行动的特殊认识关系。在他看来,人在最初使用锤子的过程是处于一种"无我"状态的,"对锤子这物越少瞠目凝视,用它用得越起劲,对它的关系也就变得越原始,它也就越发昭然若揭地作为它所是的东西来照面,作为用具来照面。锤本身揭示了锤子特有的'称手',我们称用具的这种存在方式为'上手状态'"。这种"上手状态"表示了一种人之于工具乃至对象之间的"无我"行动。正如陈嘉映先生在翻译"上手状态"一词时所特别指出的,海德格尔用"上手状态"(zuhanden)来"标示事物原初来照面的方式",而此词"较富动态"①。可见,海德格尔本质上是在用一种"富有动感"的原初认识方式来反思和重构传统单纯的静观认识方式。这种人之行为的认识关系是对胡塞尔动感感知的一种更为具体和明确的说明。海德格尔进而用这种基于人的行动的原初认识关系分析了空间概念等抽象概念。海德格尔认为,所谓的"上""下"等空间概念看似是一种抽象,实质上这些概念都可以通过人的行为加以解释。这些空间概念不是一种反思的静观认知结果,而是由人的行为直观构成的。海德格尔指出,"一切'何处'都是由日常交往的步法和途径来揭示的,由寻视来解释的,而不是以测量空间的考察来确定来标识的"②。

可见,海德格尔在存在论基础上构想的"上手状态"的行为认知观,是对胡塞尔先验意识理论下的动感感知理论的一种颠覆性发展。这是对胡塞尔早期反思笛卡尔主义二元论的一种贯彻,更为鲜明体现了现代反笛卡尔主义的哲学特点。也就是说,海德格尔"总是将那些由境域引发的和相互牵引的认识方式看作是更原本的和更在先的;而视那些以主客相对为前提的和依据现成的认知渠道(比如感官)的认识方式为从出的和贫乏化了的"③,这鲜明体现了对近代主客二分认识论模式的颠覆,体现了对理性主义认识论的一种现象学重构。如

---

① [德]海德格尔:《存在与时间》,陈嘉映、王庆节译,北京:三联书店1999年版,第81页。
② [德]海德格尔:《存在与时间》,陈嘉映、王庆节译,北京:三联书店1999年版,第120页。
③ 张祥龙:《海德格尔思想与中国天道——终极视域的开启与交融》,北京:三联书店1996年版,第97页。

果说,这种对笛卡尔主义的反思批判在胡塞尔那里是不彻底的,那么在海德格尔这里,这种反思批判则是清晰和明确的,是具有颠覆性意义的。

海德格尔在现象学运动中对此在生存和认识结构的揭示,既是一种对传统哲学话语的颠覆,也是一种重构。这一点不但影响了梅洛-庞蒂的现象学涉身性思想,而且也为当代的认知科学哲学家们所吸纳。譬如,当代认知科学哲学家 H. 德雷福斯将海德格尔基于"富有动感"的行为的整体主义认识关系称为一种"日常技能",主张这种技能"并不是指活动的规则,而是指在众多的特定场合知道该做什么"①,并且,通过这种日常技能模型不仅批判了经典认知科学研究纲领,而且启发了现代认知科学的新发展。作为经典认知主义代表人物的威诺格拉德在深刻体会到认知主义实践的困难之后,开始"在斯坦福的计算机科学课程中讲授海德格尔"②,开始构想一种海德格尔主义的认知科学研究。

总体上看,尽管海德格尔揭示了人之行动的认知状态,在此基础上重构了人的行动与理性反思的认识关系,或者说在此在的日常交往层面上重新诠释了胡塞尔的意向性认识关系。这种对笛卡尔主义等传统认识论的颠覆性反思直接影响了梅洛-庞蒂的思想。但是,海德格尔的上述思想没有具体解释人之行为认知状态的主体问题,或者说没有明确提出基于身体-主体的行为认知观。正如阿尔封斯·德·瓦朗斯所说,"《存在与时间》中我们找不出三十行探讨知觉问题的文字,找不出十行探讨身体问题的文字"③。可见,海德格尔的做法在现象学传统中给梅洛-庞蒂留下了发展的空间。在身体-主体及其知觉分析的基础上,梅洛-庞蒂对笛卡尔主义等传统认识论的反思批判更为明确和彻底,其对基于身体-主体的涉身性哲学理念的新认识论模式的重建也更为系统。

二、梅洛-庞蒂论科学与哲学

现象学运动的基本问题是回答如何"面向事实本身"这一问题,在回答这一认识论问题的过程中,如何理解理性是一个关键问题,进而,如何理解作为理性知识形式的科学也是一个关键问题。科学不仅是研究客观性的理性知识形式,而且是研究主体性的理性知识形式,因此,现象学必须面对和处理科学与哲学的关系问题。不管是海德格尔对"在世之在"生存论结构的追问,萨特对主体性

① ［美］德雷福斯等:《造就心灵还是建立大脑模型:人工智能的分歧点》,参见博登编:《人工智能哲学》,刘西瑞、王汉琦译,上海:上海译文出版社 2001 年版,第 443 页。

② ［美］德雷福斯等:《造就心灵还是建立大脑模型:人工智能的分歧点》,参见博登编:《人工智能哲学》,刘西瑞、王汉琦译,上海:上海译文出版社 2001 年版,第 442 页。

③ ［法］梅洛-庞蒂:《行为的结构》,杨大春、张尧均译,北京:商务印书馆 2005 年版,第 2 页。

的研究,还是胡塞尔对"严格科学的哲学"的追求以及梅洛-庞蒂对知觉世界的现象学研究,他们都面临并且回答了何谓科学及其与哲学的关系问题。

总体来说,现象学既反对近代以来将自然科学研究固化为实证主义或自然主义哲学框架的做法,现象学也反对完全弃绝科学并且站在科学对立面的非理性主义。现象学正视自然科学研究,希望在此基础上重建科学与哲学的关系。现象学将自然科学作为实现这种哲学理论重建的必要资源。现象学的奠基者胡塞尔通过重新确立主体性构建了自然科学的新前提,在批判近代自然科学研究的实证主义哲学前提以及非理性主义中重建了哲学前提。胡塞尔的这一做法并不是否定自然科学,而是以此作为建构严格科学的哲学的出发点。① 海德格尔通过描述人的生存论结构来追问存在问题,而追问存在问题的一个重要目标也在于"保障一种使科学成为可能的先天条件"②,可见,在海德格尔那里,科学与哲学并不相互排斥。在论述现象学与心理学对研究知觉问题的重要性时,梅洛-庞蒂也说,"没有心理学,我们无从着手,仅仅依靠心理学,我们也无从着手"③。现象学家的这些论述表明现象学运动追求一种自然科学与哲学的新关系,充分展示了其对科学和哲学的新理解。

胡塞尔等现象学家们把近代自然科学概括和理解为一种伽利略式科学或者客观主义科学,他们都对这种自然科学的哲学理论前提进行了反思批判。他们尤其质疑了近代自然科学所依赖的哲学假设,即笛卡尔主义的二元论等自然主义或客观主义的哲学假设。胡塞尔和梅洛-庞蒂都把二元论看作是近现代自然科学的哲学假设。在对这种二元论的客观主义哲学假设的反思批判中,他们都把心理学作为反思批判的抓手,特别是把对人类心理活动的物理主义研究作为批判客观主义和自然主义的一个重要出发点,由此,他们最终都认可现象学也将自身建构成为一门不同于客观心理学的纯粹心理学。

通过现象学还原这一现象学的方法,现象学家们无一例外地揭示了近代自然科学及其客观主义哲学假设所忽略掉的共同根基,即生活世界、在世之在、体验世界或者知觉世界等。立足于生活世界或者知觉的世界,现象学家们都没有简单地否定"伽利略式的科学",也没有否定近代科技文明,而是充分表明和揭示近现代科学忽略了生活世界或知觉世界的根本,因此,近现代自然科学的进一步发展必须时刻警惕、不能忘记对生活世界的追本溯源。他们试图说明,生

① [德]胡塞尔:《欧洲科学危机和超验现象学》[M],张庆熊译,上海:上海译文出版社 1988 年版,第 6 页。
② [德]海德格尔:《存在与时间》[M],陈嘉映、王庆节译,北京:三联书店 1999 年版,第 13 页。
③ [法]梅洛-庞蒂:《知觉现象学》[M],姜志辉译,北京:商务印书馆 2001 年版,第 95 页。

活世界或者知觉世界才是现代自然科学永续发展的奠基之所和理论前提。他们试图揭示,生活世界或者知觉世界与自然科学之间存在着固有的衍生关系,正视这种关系,才能使自然科学不断发展,才能使得人类真正从自然科学发展中受益。

在对科学的反思问题上,胡塞尔和梅洛-庞蒂等现象学家的功绩正在于此,他们的现象学之思,让我们既看到科学的正向功能,同时又正视科学的缺陷。由此,我们也就理解,何以现象学如此的重要。正如胡塞尔所指出的,现象学的职能是"为一门严格的科学的哲学提供原则性的工具并且通过它们始终一贯的影响使所有科学有可能进行一次方法上的变革。随着这门现象学的产生,一门新的,在方法和内容上与它平行,但开始时尚未与它区分开的心理学学科得以形成,这便是先天纯粹的或'现象学心理学'(phenomenological psychology),这门心理学提出变革的要求,它要求成为原则性的方法基础,只有在这个基础上,一门科学上严格的经验心理学才能成立"①。这表明,现象学指导下的心理学等自然科学的研究才是真正的"科学的"心理学。正是基于这一点,现象学家黑尔德说,"在胡塞尔对生活世界的思索中包含着对现代科学精神的彻底批判。然而奇怪的是,这个批判并不是从根本原则上否定科学。相反,胡塞尔所关心的只是对科学和作为科学一般基础的哲学的更新"②。梅洛-庞蒂则进一步说:"整个科学世界是在主观世界之上构成的,如果我们想严格地思考科学本身,准确地评价科学的含义和意义,那么我们应该首先唤起对世界的这种体验,而科学则是这种体验的间接表达。"③

心理学是一门研究人类意识或心理的科学。近代的心理学研究明显受到了伽利略式的自然科学研究模式的支配,也就是说心理学研究对象被客观化和自然化了。胡塞尔把自然科学的普遍数学化称为"一种数理自然科学的全新观念:伽利略的科学"④的典型特征。自然科学的普遍数学化不仅表现在对客观自然世界的认识上,而且扩展到对主观心理现象的认识上。胡塞尔把这种心理学研究称为"自然主义的心理学"或者是"物理主义的心理学"。自然主义心理学的特征主要表现为心理现象的客观化或者"意识自然化",也就是把心理现象像

①　[德]胡塞尔:《现象学的方法》,黑尔德编,倪梁康译,上海:上海译文出版社2005年版,第178页。

②　[德]胡塞尔:《生活世界现象学》,黑尔德编,倪梁康、张廷国译,上海:上海译文出版社2005年版,导言,第1~2页。

③　[法]梅洛-庞蒂:《知觉现象学》,姜志辉译,北京:商务印书馆2001年版,第3页。

④　[德]胡塞尔:《欧洲科学危机和超验现象学》,张庆熊译,上海:上海译文出版社1988年版,第27页。

客观事物那样的物理现象一样进行研究,从而将对物理现象的数学化研究推广到对心理现象的研究中去。胡塞尔用"客观主义"的名义来统称这种对自然物理与主观心理现象的自然主义研究。在这一点上,海德格尔和梅洛-庞蒂都接受和延续了胡塞尔思想。梅洛-庞蒂特别以客观主义的名义批判了旧行为主义心理学和格式塔心理学对人类心理或意识的研究。

胡塞尔将批判客观主义心理学作为建构一门"先天纯粹的或现象学的心理学"的起点。在胡塞尔看来,现象学心理学的建立奠定了"一门科学上严格的经验心理学"。

第一,胡塞尔认为,现象学心理学摆脱了心理学的自然主义研究自身无法克服的"自然主义悖谬"。心理现象本身所具有的主观性特征,使得人们不可能完全通过研究客观物理现象的方式来研究人类心理现象。由于这种无法摆脱的主体性特征,因此,人们在意识和心理科学研究中就需要检讨自然主义心理学,从而将心理学对意识现象的研究奠基于新的基础上,即奠基于"一门与关于意识的自然科学相对立的意识现象学"①的基础上。

第二,现象学心理学确立了心理现象的意向性本质,确立了相应原初生活世界的新本体论前提,这就构成了现象学心理学何以摆脱"自然主义悖谬"以及包容主体性意识现象学的核心内容。心理现象是一种不能消除主观性的特殊现象,现象学心理学认为心理现象是"关于某物的意识"的主观体验性现象,对"关于某物的显现的存在的基本特征"的概括就是心理现象的"意向性"②。而心理现象的意向性关系与生活世界是批判客观主义心理学的不同维度。心理现象的意向性是对客观科学的认识论可能性的揭示,而生活世界则是对客观科学的历史和现实可能性的揭示。③ 二者从认识论和历史现实的不同角度揭示了客观科学(伽利略科学以及自然主义心理学)的错误和根源。

第三,现象学心理学认为,心理现象的主体性特征决定了意义不可能唯一地通过数学化的方式呈现,不可能通过符号表征计算的方法予以充分揭示。甚至于说,心理活动可能大多是以非客观化、非数学化和非逻辑化的形态呈现的。胡塞尔认为心理现象是直观地被给予的,它就是意向体验本身,而这是不能"从同一个对物理有效之意义上的经验那里得知的"④。梅洛-庞蒂接受了胡塞尔

---

① [德]胡塞尔:《哲学作为严格的科学》,倪梁康译,北京:商务印书馆1999年版,第18页。
② [德]胡塞尔:《现象学的方法》,黑尔德编,倪梁康译,上海:上海译文出版社2005年版,第180页。
③ [德]胡塞尔:《生活世界现象学》,黑尔德编,倪梁康、张廷国译,上海:上海译文出版社2005年版,第260页。
④ [德]胡塞尔:《哲学作为严格的科学》,倪梁康译,北京:商务印书馆1999年版,第32页。

对现象学心理学的基本阐述。在此基础上,梅洛-庞蒂进一步指出了意义的非客观化根源,尤其是强调了行为的意向性或者前断言的意向性的重要性。区别于命题意识,行动意向性是更为原初和根本的意向性,它"提供我们的认识试图成为其用精确语言译成的译本的原文"①。

从当代认知科学的发展来看,认知主义和联结主义等经典认知科学研究采纳了符号表征计算的理论假设。这在哲学层面上反映了胡塞尔等人所批判的心理学研究上的客观主义假设。经典认知科学理论主张,人类意向心理过程等同于某种生理物理系统的活动,主张心理现象应当以客观化或者以客观主义方法进行研究。经典认知科学研究,主张将人类智能活动视为某种符号表征的计算活动,主张人类智能活动本质上就是一种计算活动。在对人类智能的理解上,这就为胡塞尔、海德格尔和梅洛-庞蒂的现象学思想与认知科学研究假设之间的哲学互动提供了可能。基于现象学运动所主张的科学观,特别是胡塞尔、海德格尔与梅洛-庞蒂等对自然主义心理学的批判以及对现象学心理学的主张,这不仅为对经典认知科学的反思批判提供了重要的哲学资源,而且也可能演化为推动当代认知科学研究及其理论新框架成型的哲学资源。

第二节　重构"意识与自然"的关系

与胡塞尔和海德格尔现象学的起始点不同,梅洛-庞蒂的现象学研究始于《行为的结构》一书中对于人类"行为"(comportement)的研究。通过对人类"行为"这一智能现象的研究,尤其是对"行为"中"结构"或者"形式"(forme)因素的研究,梅洛-庞蒂在《行为的结构》一书中开始重新诠释意识与自然的关系这一哲学研究的总问题。借助于胡塞尔所开创的现象学及其方法,梅洛-庞蒂也"悬隔"(epoché)了关于"行为"的经验主义和理性主义等各种传统的解释理论框架,进而批评了在这些理论框架下产生的行为主义、生理物理主义、活力论、格式塔心理学等各种科学解释。梅洛-庞蒂试图借助现象学的方法重新理解"行为"并且呈现出"行为"的原初"结构",进而呈现出与这种原初"结构"相应的意识与自然的理论关系。梅洛-庞蒂通过行为的"结构"重解,从而以一种辩证的关系来理解各种行为。通过"形式"概念及其解释,在现象学基础上重新确立了一种意识与自然之间的关系。最终,通过各种不同层次的意识与自然关系

---

① 　[法]梅洛-庞蒂:《知觉现象学》,姜志辉译,北京:商务印书馆2001年版,第14页。

的重建,梅洛-庞蒂破除了传统哲学在意识与自然关系上的各种实体思维。

一、"行为"与"意识与自然"的关系问题

在《行为的结构》一书中,梅洛-庞蒂提出了其哲学研究的总目标,即重新理解作为传统哲学焦点的意识与自然的关系。他指出,"我们的目标是理解意识与有机的、心理的甚至社会的自然的关系。我们在此把自然理解为彼此外在并且通过因果关系连接起来的众多事件"①。

从《行为的结构》一书的脉络来看,通过确立意识与自然关系问题这一主题,梅洛-庞蒂在《行为的结构》中的直接目的是确立一种形式的哲学。确立这种形式哲学的目的,是替代传统的实体哲学、实体的思维或者说实在论。法国哲学家雷诺·巴尔巴拉清晰地指出:"梅洛-庞蒂的计划,从《行为的结构》的第一行表述开始,就是要'理解意识与自然的关系'。然而,这个计划具有一种直接批判的含义。事实上,问题在于超越两种不可靠的解决:一种是唯心论的,它把自然看作是由意识所构成的;另一种是实在论或自然主义的,它提出一种作为自在事件之整体的自然,而意识和体验本身也由此来自于作为这些事件的结果。"②可见,梅洛-庞蒂的目的是超越基于意识实体的唯心论和基于自然实体的实在论。而梅洛-庞蒂超越这两种实体论的途径,则是重新平衡意识与自然的关系,这也是一种后来梅洛-庞蒂所说的含混(ambiguity)的关系。应当说,从《行为的结构》开始,梅洛-庞蒂就已经开始了一种现象学的探索,就已经在做诸如胡塞尔的现象学还原一样的悬隔,即将唯心论和传统自然主义实在论等旧的理论框架悬隔起来,从而呈现出"事实",一种新型的意识与自然的关系。当然,梅洛-庞蒂在《行为的结构》一书中主要聚焦于关于行为的各种科学理论的反思,这更多的是一种科学理论的批判,但是不可否认,这种批判已经预示并开启了后来在《知觉现象学》中的哲学批判。

为了重构意识及其与自然对象的关系,确立关于行为的新的形式哲学,梅洛-庞蒂选择了人的"行为"作为分析的对象。梅洛-庞蒂为此专门解释了为什么要选择人的"行为"作为开启意识与自然关系重构的基点。在他看来,选择人的"行为"作为研究对象,主要是因为人的"行为"这一现象具有既是物理又是心理现象的特征,因此,这就使其能够最佳满足分析意识与自然关系的需要。梅洛-庞蒂指出,"我们从'底部'出发并且通过对行为概念的分析而接触到这

① [法]梅洛-庞蒂:《行为的结构》,杨大春、张尧均译,北京:商务印书馆2005年版,第15页。
② [法]雷诺·巴尔巴拉:《梅洛-庞蒂:意识与身体》,张尧均译,《同济大学学报》2009年第1期。

些问题。这一概念在我们看来非常重要,因为就它自身进行理解,它相对于'心理的'和'生理的'各种古典区分是中性的,并因此可以给予我们重新界定这些区分的契机"①。可见,由于人的"行为"是中性的,即行为不仅是身体的物理现象,而且是心灵的心理现象,因此,对于这种中性的"行为"的研究,恰恰能够更好地研究"意识与自然"这一缠绕物理生理和心理因素的复杂关系。

在梅洛-庞蒂看来,对于意识与自然关系这一复杂问题的研究,需要哲学与自然科学研究之间的配合。哲学与自然科学的结合才是解决这一问题的根本途径。梅洛-庞蒂认为,作为反映传统哲学和科学的"批判思维",在"意识与自然"这一问题的生物物理、心理等层面的解释上一直存在各种矛盾。这些矛盾表明对意识与自然的传统研究是有问题的。这些矛盾的存在所造成的结果则是使得哲学更不能与自然科学的解释形成联盟。梅洛-庞蒂指出,"这样,在法国当代的许多人那里,哲学(它使整个自然在意识面前成为被构成的一种客观的统一体)和各门科学(它们把机体和意识看作是'结果'和'原因')处于并置之中"②。也就是说,哲学造就了关于自然与意识的实体思维,而科学则将自然和意识的实体作为探究因果联系的当然理论前提。哲学与科学的研究抱持着这些信念各行其是,由此,揭示意识与自然的关系的真相则显得愈行愈远。梅洛-庞蒂要做的事情,就是将哲学与科学研究有机结合起来共同解决意识与自然的关系问题。

二、梅洛-庞蒂反思"行为"的科学解释

正如梅洛-庞蒂所说的,《行为的结构》中研究意识与自然关系的主要方法,就是通过哲学和科学的结合来实现对人类行为现象的研究,从而最终实现对意识与自然关系的重构。为此,梅洛-庞蒂特别考察了行为主义和格式塔心理学等行为的科学解释上。通过对这两种关于行为的典型科学理论的反思,梅洛-庞蒂为破解关于行为的各种实体思维奠定了基础,从而为重构意识和自然的关系奠定了基础。

(一)批判传统的"行为"科学解释

梅洛-庞蒂首先反思批判了关于人类"行为"的经典反射理论。在梅洛-庞蒂看来,这种关于行为的经典反射理论就是一种行为主义心理学理论,同时在

---

① [法]梅洛-庞蒂:《行为的结构》,杨大春、张尧均译,北京:商务印书馆2005年版,第17页。
② [法]梅洛-庞蒂:《行为的结构》,杨大春、张尧均译,北京:商务印书馆2005年版,第17页。

哲学上也体现了一种实在论的解释和机械论的解释。

　　梅洛-庞蒂专门就"看"这一行为举例解释了上述看法。他指出,我们可以设想这样一个图景,即假想我正处于一个阴暗房间内"看"墙壁上移动的亮点。按照经典的反射理论解释,"我知觉到了亮点的位置,因为我的身体通过适应反射对它作出了反应",这种对"看"这一行为的解释正是一种机械论的解释。正如巴甫洛夫的经典生理学所解释的那样,一种生理学意义上的"恒常性假设"被用于解释身体的行为,即客观生理属性所规定的各种刺激对特殊的接收者发挥作用,它们引发了通过预先建立的神经环路来传递的适应性反应。上述便是关于诸如"看"等身体行为的一种行为主义解释。梅洛-庞蒂指出,这种行为主义的关于"看"这一"行为"的解释完全依赖于生理学意义上的"恒常性假设",而这一解释排斥了关于行为中的"意向"等所需要的主观理解。在这种行为主义的生理学解释看来,"在对行为的科学研究中,人们应该将全部关于意向、或者效用、或者价值的观念作为主观的予以抛弃,因为它们在事物中没有基础,不是事物的内在的规定性……经典的反射理论、实在分析与因果解释的方法(反射理论不过是这些方法的应用)似乎能够独自构成关于行为的科学而客观的表述"①。在梅洛-庞蒂看来,这种生理学的行为主义对"行为"的解释往往偏离了一些生活常识。例如,"假定我饿了,沉浸在工作中的我把手伸向一个碰巧放在我旁边的水果,并把它送到嘴里,水果并不是作为被赋予了某种价值的对象而起作用的,促动我的运动反应的乃是颜色和光线的整体,是物理和化学的刺激"②。这种解释显然偏离了常识。

　　梅洛-庞蒂也借助格式塔心理学对行为主义的批判,间接指出了在"行为"问题上各种解释之间的矛盾性。在格式塔心理学看来,行为主义的解释反映了一种典型的经典生理学的还原论方法,而格式塔心理学则采用了一种整体论的立场。按照行为主义心理学的还原论解释,行为主义似乎在刺激感受区域上应该找到明确的定位,但在实质上,"我们不能够为每一个刺激物说出一个解剖学上可以划定的感受场",某些反应的感受场要随着光线、环境和刺激的强度和频率而变化,只有在实验室实验的人工条件下以及在病理条件下才能获得严格的界定。③ 接受整体论立场的格式塔心理学家们则认为,刺激并不是根据其客观属性,而是根据主体的结构属性而得到规定的,只有对机体来说具有某种"价值"或"意义"的东西才会起到刺激的作用。

---

① [法]梅洛-庞蒂:《行为的结构》,杨大春、张尧均译,北京:商务印书馆2005年版,第22页。
② [法]梅洛-庞蒂:《行为的结构》,杨大春、张尧均译,北京:商务印书馆2005年版,第22页。
③ [法]梅洛-庞蒂:《行为的结构》,杨大春、张尧均译,北京:商务印书馆2005年版,第30~31页。

梅洛-庞蒂虽然利用并且认同了格式塔心理学对刺激-反应之行为主义批判,但是,这并不意味着梅洛-庞蒂完全赞同格式塔心理学对行为的解释。在他看来,格式塔心理学理论批评心理学和生理学中的原子主义,并且格式塔心理学的理论都表现出"仿佛借助于整合和协调的概念就足以纠正原子主义。按我们的意见,这些观念仍然是模棱两可的。它们或许代表着心理学和生理学理解的一次真正的变革,但也可能是原子主义的简单反题或对立面"①。可见,梅洛-庞蒂希望的是超越行为主义和格式塔心理学的理论,而非一种二者择一的立场。

(二)梅洛-庞蒂关于"行为"的新思想

在《行为的结构》一书中,梅洛-庞蒂对行为主义和格式塔心理学关于行为解释都进行了批判性反思。梅洛-庞蒂的真正目的是超越上述两种解释,从而选择一种关于行为的新解释。在关于行为的新解释中,梅洛-庞蒂一方面利用了格式塔心理学的观点,强调了人的行为解释上必须要注意到环境的作用,从而体现出了一种整体论的立场;另一方面,梅洛-庞蒂也没有完全否定行为主义的观点,他试图寻找一种替代单纯生理通道的复杂主体思想,这也是后来在《知觉现象学》中成型的身体-主体的含混观念。

梅洛-庞蒂在对刺激的解释上接受了格式塔心理学的主张,即不再对刺激进行某种实在论的解释,不再将刺激看作是某种纯客观的现象,而是将外部环境的刺激与有机体的反应看成是一个整体。梅洛-庞蒂指出,"当我拿着捕捉工具的手随着动物的每一挣扎而活动时,非常明显的是,我的每一个动作都回应着一种外部刺激,但同样明显的是,如果没有我借以使我的感受器受到那些刺激的影响的动作,这些刺激也不会被感受到……当眼睛和耳朵追踪一只逃跑的动物时,在刺激与反应的交替中,要说出'哪一个先开始'是不可能的"②。可见,这是一种对刺激—反应的整体论解释。梅洛-庞蒂进一步指出,"在任何系统的解释之前,对已知事实的描述表明,刺激的命运取决于它与有机体状态的整体、与同时刺激或先前刺激的关系,而在机体与它的环境之间的各种关系并不属于直线因果性,而是属于循环因果性"③。

在进一步解释行为的总体性特征时,梅洛-庞蒂指出,"必须承认,刺激是被建构或'被构造'起来的,而不是被动承受的,机体与环境的关系是环形互动的

① [法]梅洛-庞蒂:《行为的结构》,杨大春、张尧均译,北京:商务印书馆2005年版,第120页。
② [法]梅洛-庞蒂:《行为的结构》,杨大春、张尧均译,北京:商务印书馆2005年版,第27页。
③ [法]梅洛-庞蒂:《行为的结构》,杨大春、张尧均译,北京:商务印书馆2005年版,第30页。

而不是单向传递的。至于反应,它也不再能被理解为一种结果:它被证明是取决于机体的状态和环境的,因此它看起来像是重建某种受动物的先天机能规定的平衡的手段。甚至连环境和机体、刺激和反应的区分也应该被抛弃:在人们称之为行为的这种总体性中,即使在理论上也不可能规定一种把刺激和反应区分开来的界限。只有当我们不是把反应把握为诸客观的过程,而是把握为指向某个环境的行动(获取猎物、逃避危险、引诱同类等等)时,我们才能理解反应。从这样一些行动可以表明,'在盲目的机制和理智的行为之间,存在着一种经典的机械论和理智论都不能说明的定向活动'"①。

利用了法国社会学家涂尔干对心理学家华生思想的批判,梅洛-庞蒂尤其在行为解释上指出了更换思维方式的重要性,即由一种辩证思维方式替代因果机械思维方式。梅洛-庞蒂认为,在行为的解释上,涂尔干对华生的行为主义理论进行了有力的批判。华生对行为作了物理生理学的说明,这一说明"自称是唯物主义的,没有看到这相当于把行为重新置于神经系统之中",在此,"行为的概念找到的不过是一种不充分的哲学表达"。梅洛-庞蒂认为,这意味着华生对行为的科学说明虽然是有价值的,但是其行为主义的哲学理解却是"贫乏的"。涂尔干则对此指出,行为"并不定位于中枢神经系统之中,它处于个体与环境之间",行为由一系列的活动过程及其相应产生的感官刺激和反应构成。这样,从社会学角度,涂尔干提出了行为的理解离不开相应的物理世界与社会世界的观点。当然,梅洛-庞蒂并不是要完全接受涂尔干在行为问题上的一种社会学解释,而是试图通过涂尔干对华生的批判,实现在行为解释上的一种思维方式或者说解释方式的更新。这种更新就是"为了辩证思维而抛弃因果的或机械的思维",从而在格式塔心理学和涂尔干社会认知思想对行为主义批判的基础上获得更为合理的哲学观念。②

在批判行为主义的反射回路思想的同时,梅洛-庞蒂也提出了一种理解行为这一问题的身体-主体的新思想。针对行为主义所主张的反射回路,即在刺激之后产生反应的反射回路,实在论对此提出存在着的一条确定的通道和孤立的传导过程。梅洛-庞蒂对此反驳道,不能对反射回路的产生进行孤立的实在论分析。例如,在针对疾病的解释上,经典反射理论把行为性质上的改变"归结为一种先定的环路到另一条的简单替换",可见,这是一种唯物论解释。在梅洛-庞蒂看来,应当批判上述唯物论实体思维。不过,对这种唯物论实体思维的

① [法]雷诺·巴尔巴拉:《梅洛-庞蒂:意识与身体》,张尧均译,《同济大学学报》2009 年第 1 期。
② [法]梅洛-庞蒂:《行为的结构》,杨大春、张尧均译,北京:商务印书馆 2005 年版,第 17~18 页。

批判并不是要走向二元论的反面。因此,应当规避二元论的传统立场。与此同时,梅洛-庞蒂指出,在两种立场之间无论如何,必须要解释某种"主观因素"的存在。或者说,这种主观因素应得到一种生理学和心理学的新型解释。梅洛-庞蒂指出,这种关于主观因素的新型生理学解释,即是一种建立在行为的生物学意义上的新的分析类型,这种新的分析类型既能够使心理学又能够使生理学有了合理存在的必要。就此,梅洛-庞蒂就将"身体"的主体性问题凸现出来。梅洛-庞蒂在书中的一处脚注中特别指出,"后面有一段(参见本书第二章)将表明:这两种定位类型都存在,身体空间是双重意义的。对于我们来说,正是这一点使得这一研究变得重要起来。机体既是一部机器(在此整体活动是局部活动的总和),又是一个全体(在此局部活动并不是孤立的)"①。可见,梅洛-庞蒂在《行为的结构》一书中已经开始了身体-主体的构思,只是,此时的梅洛-庞蒂聚焦的是从科学批判中得出这一结论。这一结论还需要《知觉现象学》中哲学反思的确认。

第三节　"形式"与实体哲学的批判

在《行为的结构》一书中,为了重新理解"行为",进而在意识与自然的关系上破除实体思维,梅洛-庞蒂强调了"形式"的概念并提出了"形式"的哲学。如同海德格尔利用新的概念表达新的思想,梅洛-庞蒂也赋予"形式"概念以新的内涵,即"形式"作为一种区别于格式塔心理学的结构概念,可以赋予行为以新的整体性内涵。这种形式的哲学可以跳出唯物论和唯心论的实体思维,不仅可以合理地解释各种智能"行为",而且可以重构意识和自然关系的形而上学。

一、"形式"的内涵与分类

在对反射行为的各种物理生理学模式的反思中,梅洛-庞蒂逐步提出了"形式"概念。进而,他通过对形式的分类,以辩证思维替代了实体思维,重构了意识和自然的关系,全面构思了一种形式的哲学。

(一)"形式"的概念内涵

在梅洛-庞蒂看来,"形式"的概念具有某种普遍性,它可以指称物理、生理

---

① ［法］梅洛-庞蒂:《行为的结构》,杨大春、张尧均译,北京:商务印书馆2005年版,第38页。

乃至心理的东西。透过形式概念对物理和心理现象的理解,就有可能跳出实体思维,从而重新理解意识和自然的关系。梅洛-庞蒂指出,"问题不在于从诸多其他假说中冒险提出一种假说而在于引进一个新的范畴,'形式'范畴,它同样地运用到非有机领域和有机领域,它在没有活力论假说的情况下容许我们让威特海默所说的、观察证实了其存在的那些'横向功能'出现在神经系统中"①。在梅洛-庞蒂看来,"形式"概念的引入可以替代原来的物理因果说明原则,从而以新的说明原则来替代原来的实体思维乃至实体思想。

在梅洛-庞蒂看来,"形式"概念指的就是某种秩序,这种对秩序的理解不同于因果解释。他指出,"我们用来界定秩序的这些意义关系正好是从我们自己的组织中产生出来的。它们因此不需要借助于一些不同的原则来获得说明……如果我们使秩序问题变成另一个因果问题,秩序问题就失去了意义"②。"形式"概念的引入表明了一种整体主义而非原子主义的观念。例如,按照这种整体主义,物理世界就不再是某种可以视为原子式的实体,而是某种形式或者系统性的存在。物理世界的"形式"不再是可以通过因果关系等还原论来加以解释的,而是需要通过系统的关联来加以解释的。梅洛-庞蒂指出,"各种'形式',尤其是各种物理系统被界定为其属性并非孤立的部分所拥有的属性的总和的一些总体过程,更准确地说被界定为或许彼此难以分辨、但它们可以相互比较的'部分'在绝对大小上有着差异的一些总体过程,换言之,被界定为一些可以转换的整体"③。

就物理生理世界而言,"形式"概念的引入,表明了生理世界中某种既是生理又是心理的东西的存在。这一概念就类似于培根所讲的"形式",它是内在于世界中的某种使世界具有活力的东西。梅洛-庞蒂指出,"形式的观念只不过使某些自然整体的描述性属性得到了表达。这一观念的确使我们运用目的论词汇表达有了可能。但这一可能性本身是按照神经现象的本性建立起来的,它表达了神经现象所实现的统一的类型"④。这表明,通过"形式"概念对物理生理世界的解释,一方面使得物理生理世界可以具有某种目的或者某种活力,另一方面,这一概念带来的新解释通过肯定神经生理系统的整体性,不仅没有使其脱离神经现象的本身,而且透过一种神秘主义延续了唯心论的某种色彩。

梅洛-庞蒂通过"形式"概念对人类行为的分析,并不是通过行为主义的批

---

① [法]梅洛-庞蒂:《行为的结构》,杨大春、张尧均译,北京:商务印书馆 2005 年版,第 74 页。
② [法]梅洛-庞蒂:《行为的结构》,杨大春、张尧均译,北京:商务印书馆 2005 年版,第 78 页。
③ [法]梅洛-庞蒂:《行为的结构》,杨大春、张尧均译,北京:商务印书馆 2005 年版,第 74 页。
④ [法]梅洛-庞蒂:《行为的结构》,杨大春、张尧均译,北京:商务印书馆 2005 年版,第 80 页。

判而认同格式塔心理学的理论。梅洛-庞蒂明确指出,格式塔心理学对行为主义的批判,只是意味着从对立面的一方走向另一方,这并不意味着格式塔心理学就是正确的。他指出,"在中枢机能理论和反射理论中,大多数作者都表现出:仿佛借助于整合和协调的概念就足以纠正原子主义。按我们的意见,这些观念仍然是模棱两可的。它们或许代表着心理学和生理学理解的一次真正变革,但也可能是原子主义的简单反题或对立面"①。总之,梅洛-庞蒂引入"形式"这一新概念,本身表明了梅洛-庞蒂的更大抱负,即通过新的概念来实现对人类行为的新的理解,是一种超越行为主义和格式塔心理学的新解释,是一种超越唯物论和唯心论乃至二元论等传统实体思维的新解释。

（二）"形式"与"行为"

在梅洛-庞蒂看来,利用"形式"概念可以重新理解人类的"行为"。具体说,通过形式的概念,对人类行为的认识可以不必要划分为简单和复杂行为等传统分类,而是可以通过结构层次或者说"形式"来加以区分认识,即人类行为可以划分为混沌形式、可变动形式和象征形式的行为。

"混沌形式的行为"是指一种本能行为,即"被束缚在其自然条件的范围之内,并且只能把那些意外出现的情景当作是为它规定的那些生命情景的暗示"②。例如,无脊椎动物身上发现的那些行为就是"混沌形式的行为"。"可变动形式的行为"是指一种不完全限定在具体自然条件的情景范围内的行为,这类行为中可以观察到一种"不由种类的本能的配备所决定的信号",同时,这类行为"以相对独立于它们在其中得以实现的那些质料的结构为基础"③。与作为本能行为的"混沌形式的行为"不同,"可变动形式的行为"中包含着一种"多少有点丰富的内在意义",即面对各种条件的刺激,这类行为"会产生一些越来越明显地与那些目标反应区别开来的专门反应"④。例如,黑猩猩的行为就超出了个体刺激的条件反射的层次,就属于一种"可变动形式的行为"。"象征形式的行为"是指一种自由的行为。不同于本能行为的"感觉-运动的先验性"和黑猩猩行为的"种类的先验性"的限制,象征形式的行为"为它自己表达刺激,它向真理、向事物本身的价值开放,它趋向于能指与所指、意向与意向所指的东西之

---

① ［法］梅洛-庞蒂:《行为的结构》,杨大春、张尧均译,北京:商务印书馆 2005 年版,第 120 页。
② ［法］梅洛-庞蒂:《行为的结构》,杨大春、张尧均译,北京:商务印书馆 2005 年版,第 159 页。
③ ［法］梅洛-庞蒂:《行为的结构》,杨大春、张尧均译,北京:商务印书馆 2005 年版,第 161 页。
④ ［法］梅洛-庞蒂:《行为的结构》,杨大春、张尧均译,北京:商务印书馆 2005 年版,第 168 页。

间的相符。在这里,行为不再只是具有一种含义,它本身就是含义"①。例如,音乐演奏者可以对刺激展示出不断变化的可能表达,对乐谱可以演奏出各种表达。这表明,动物的行为中的符号(signe)只是一种信号(signal),而人类则可以将其变为一种象征(symbole)②,或者说,"象征形式的行为"是人类专属的行为。

梅洛-庞蒂利用"形式"概念对"行为"的这种重新分类,目的是将原来在二元实体分立思维下的各种行为在一种相互关联、整体系统的意义上统一起来。这样一来,就可以通过对"行为"的这种系统性理解,实现对意识和自然关系的重构,即将意识和自然关系从传统实体思维中解放出来。这不由得让我们联想起亚里士多德通过形式对灵魂的层次的区分,因此展现出一种向亚里士多德古典主义的复归。

二、"形式"与"形式哲学"

梅洛-庞蒂在行为的解释上引入"形式"概念具有重要的意义。在传统科学和哲学视域中,对于行为的解释要么是行为主义的、机械论的,要么是唯心主义的、活力论的。这两种解释在行为的解释上往往造成机械性的简单行为和具有意识的高级行为的区分。也就是说,在行为的解释上造成了意识与自然的对立。而梅洛-庞蒂试图说明的是,意识始终是一种介入意识,在行为的任何层面上,意识始终是介入的,意识与自然的关系在不同形式的行为上表现是不同的。不管这种意识表现为一种暗示、信号还是象征性的符号,这些意识形式都是介入或者说嵌入于行为之中的,它们与情境共同构成了各种行为。

梅洛-庞蒂引入"形式"概念,目的正是不再接受简单行为和复杂行为的传统区分,进而意味着不再接受行为主义和基于我思的唯心主义的两难解释。梅洛-庞蒂将行为理解为一种"形式",基于对"形式"概念的理解,这就意味着行为既不是一种机械事物,也不是一种观念或者纯粹意识的外壳。借助于形式的概念,这将使得梅洛-庞蒂超越意识与自然对立的实体哲学,从而寻求一种意识与自然相互嵌入于行为的非实体哲学。这种非实体的哲学将"使我们避免了把外在的相关的要素加以并置的哲学和在所有现象中发现思维的内在关系的另一种哲学之间的两难抉择"③。这种新型的哲学也正是梅洛-庞蒂所说的"形式哲学"。

梅洛-庞蒂认为,按照传统或流行的观念,对行为现象的解释一般表现为三

---

① [法]梅洛-庞蒂:《行为的结构》,杨大春、张尧均译,北京:商务印书馆2005年版,第189页。
② [法]梅洛-庞蒂:《行为的结构》,杨大春、张尧均译,北京:商务印书馆2005年版,第186页。
③ [法]梅洛-庞蒂:《行为的结构》,杨大春、张尧均译,北京:商务印书馆2005年版,第195页。

个领域的整合,即物理场、生理场和心理场。当引入"形式"的概念之后,我们就可以重新理解上述三者的关系。在形式哲学看来,物理场、生理场和心理场三者之间不是按照数量、秩序和价值等物质、生命和精神属性标示的不同场域,而是"形式"这一特征的不同载体。这样一来,"形式"的概念就自然导向了一种新的哲学观念。这种新的哲学观念在于,"形式的概念使得一种真正新颖的解决成为可能。由于能够同等地应用于刚才界定过的三个场中,它超越了唯物论和唯灵论、唯物论与活力论的二律背反,把它们作为结构的三种类型予以整合"①。在梅洛-庞蒂看来,这意味着一种基于"形式"的理论对于传统实体论的替代,"形式理论意识到了一种纯粹结构的思想所带来的后果,并且寻求把自身拓展为一种取代实体哲学的形式哲学"②。梅洛-庞蒂认为,形式的哲学必须放弃实在论的思维,"只有在某一摆脱了属于任何一种心理学的那些实在论公设的哲学中,'形式'才能够获得充分的理解,这些观念的全部蕴涵才能够获得清理。只要我们不抛弃这些公设而寻求一种全面的哲学,我们就只能重新落入到我们想要超越的唯物论或唯灵论之中"③。

梅洛-庞蒂指出,形式哲学反对实体哲学,这意味着不存在作为实体的物理世界、生理世界和心理世界。在形式哲学的框架中,存在的是"形式"制约下呈现出的物理秩序、生理秩序和心理秩序。梅洛-庞蒂说:"在一种真正抛弃了实体概念的哲学里,只应该存在一个领域,那就是形式的领域。"④

此外,在形式之间的关系上,形式的哲学也反对将生理和心理形式还原为物理形式的主张。例如,各种心物同一论将意识还原为大脑中发生的事件,在梅洛-庞蒂看来,这些唯物主义主张实质上抹杀了三种秩序之间的本质差别。在梅洛-庞蒂看来,"生命和精神只是用来指称某些物理形式的不同名称而已"⑤。形式的哲学也反对将意识视为某种独立和不能还原现象的神秘主义和唯心论倾向。例如,梅洛-庞蒂就批判了副现象理论(epiphenomenalism)。在梅洛-庞蒂看来,唯物主义的实体论与唯心论一样,实质上是实在论思维这一个硬币的两面。梅洛-庞蒂指出,"只要我们在物理世界中看到的是一个囊括所有事物的存在,只要我们打算把行为纳入其中,我们就会回到一种唯灵论中:这种唯灵论唯有通过用实体来对立于实体、唯有通过对立于把其他两种秩序还原为物

①　[法]梅洛-庞蒂:《行为的结构》,杨大春、张尧均译,北京:商务印书馆2005年版,第200页。
②　[法]梅洛-庞蒂:《行为的结构》,杨大春、张尧均译,北京:商务印书馆2005年版,第201页。
③　[法]梅洛-庞蒂:《行为的结构》,杨大春、张尧均译,北京:商务印书馆2005年版,第202页。
④　[法]梅洛-庞蒂:《行为的结构》,杨大春、张尧均译,北京:商务印书馆2005年版,第203页。
⑤　[法]梅洛-庞蒂:《行为的结构》,杨大春、张尧均译,北京:商务印书馆2005年版,第206页。

理秩序来维持物理秩序的一致性的唯物论,才能够维持生物结构与心理结构的独特性"①。

三、形式哲学的体系

按照梅洛-庞蒂的理解,在意识与自然的关系上,应当放弃实体论,从而接受一种形式的哲学。这种形式的哲学意味着,物质、生命和精神不再是某种实体,而应当是意识和自然关系上体现出来的三种不同秩序或者形式。梅洛-庞蒂指出,"我们实际上应该把物质、生命和精神理解为意义的三种秩序"②。这三种秩序就构成了形式哲学体系的整体架构。

(一)物理形式的秩序

在物理学意义或者说在物质秩序层面上,"形式"不再是经典物理学框架中的原子等等实体表现,而是被视为一种物理系统,一种"处于平衡状态或恒定的变化状态中的各种力量的整体"。按照梅洛-庞蒂的说法,"形式这一观念似乎不大可能为经典物理学所吸收。它否定了经典物理学所肯定的那个意义上的个体性,即被赋予了绝对属性的元素或微粒的个体性;从另一方面看,它又在经典物理学所否定的那个意义上肯定了个体性,这是因为,组合起来的微粒原则上总是可以分辨的,而形式是一种'整体的'个体"③。

物理的"形式"概念表明了一种结构,表明了一种依赖认识主体的客体观念。同时,这种结构状态的"形式"也是科学定律的基础,"形式"与认识主体之间存在着一种辩证的关系。梅洛-庞蒂指出,"我们不得不在我们关于物理世界的形象中引进一些局部的整体,没有它们,就没有定律可言,而且它们恰恰就是我们上面用形式这个概念想要指称的东西。定律的组合作用将从已经稳定下来的那些结构中取消实存,并且使它在另外一些其特征不可预测的结构中显现出来。因此,存在着诸事物的某种进程,它支撑着这些定律,但又不能最终为这些定律所解决"④。在梅洛-庞蒂看来,"形式"不再是一种自在的东西,不是某种实体,在物理层面上它就是与认识主体相互成就的认识对象。梅洛-庞蒂指出,"我们不能用实在的字眼而只能用认识的字眼来定义形式,不是把它定义为

---

① [法]梅洛-庞蒂:《行为的结构》,杨大春、张尧均译,北京:商务印书馆 2005 年版,第 207 页。
② [法]梅洛-庞蒂:《行为的结构》,杨大春、张尧均译,北京:商务印书馆 2005 年版,第 207 页。
③ [法]梅洛-庞蒂:《行为的结构》,杨大春、张尧均译,北京:商务印书馆 2005 年版,第 208～209 页。
④ [法]梅洛-庞蒂:《行为的结构》,杨大春、张尧均译,北京:商务印书馆 2005 年版,第 210 页。

物理世界的一个事物,而是定义为一个被知觉的整体"①。借用胡塞尔在《观念一》中的表述,"知觉材料的感性内容无疑不再具有自在的真实事物的价值;但尽管如此,被知觉到的那些规定性的基底、载体(空的 X)却相当于通过精确方式用物理学谓词来规定的东西"②。梅洛-庞蒂也进一步解释说,"形式因此不再是一种物理实在,而是一种知觉对象,另外,如果没有形式,物理学科就成为没有意义的。这是因为,它是根据形式、并且为了协调形式而被建构起来的"③。

可见,在梅洛-庞蒂的形式哲学中,物理世界不再是一种实体性的存在,而是一种主体和客体共存的世界。物理世界不过是"形式"的一种存在方式而已,不过是一种独特的存在秩序而已。如果说行为是一种含混存在,那么,物理世界就是一种特殊层次的含混存在。这种主客体交融的含混性正是超越传统实体论的关键,也是梅洛-庞蒂所讲的"形式"概念的关键,当然也是梅洛-庞蒂的形式哲学理解世界的关键。

(二)有机体形式的秩序

在梅洛-庞蒂看来,物理形式的秩序与有机体形式的秩序是不同的。他指出,"物理形式是相对于某些给定的外部条件获得的一种平衡",而如果不是相对某些给定的外部条件,而是相对于某些潜在的可能条件而获得一种平衡的时候,或者说"当结构在某些外力束缚之下不是摆脱了那些穿透它的力量,而是在它本身的限度之外产生一种作用,并为自己建构一个合适的环境时,我们谈到的就是有机结构"④。具体来说,"每一机体在面对一个给定的环境时,都有其最佳的一些活动状态,都有其特定的实现平衡的方式;而且,这种平衡的内在规定因素不是由多种多样的向量提供的,而是由朝向世界的某种一般姿态(gesture)提供的。因此,那些无机结构让自己通过某条定律来获得表述,有机结构则只能通过某一规范、通过某种类型的标志着个体特征的传递活动而得以理解"⑤。

这样一来,与物理形式不同,"有机体的个体与其环境之间的关系因此是一种真正的辩证关系,而且这种辩证关系导致了各种新关系的出现"⑥。有机体与环境之间的这种辩证关系表明,有机体对环境的各种反应不能仅仅简单地用解

①　[法]梅洛-庞蒂:《行为的结构》,杨大春、张尧均译,北京:商务印书馆2005年版,第217页。
②　[德]胡塞尔:《纯粹现象学通论》,李幼蒸译,北京:商务印书馆1996年版,第72~73页。
③　[法]梅洛-庞蒂:《行为的结构》,杨大春、张尧均译,北京:商务印书馆2005年版,第217页。
④　[法]梅洛-庞蒂:《行为的结构》,杨大春、张尧均译,北京:商务印书馆2005年版,第220页。
⑤　[法]梅洛-庞蒂:《行为的结构》,杨大春、张尧均译,北京:商务印书馆2005年版,第224页。
⑥　[法]梅洛-庞蒂:《行为的结构》,杨大春、张尧均译,北京:商务印书馆2005年版,第225页。

剖学的语言来解释,不是等同于物理系统的调节行为,而是一种有目的的生命活动。梅洛-庞蒂指出,"机体的各种反应,甚至最基本的反应,都不能根据它们借以实现的各种器官,而应根据它们的生命意义来分类"①。当然,在机体患病等情况下,有机体与环境的这种特有辩证关系会退到物理系统的状态中。有机体和环境之间的辩证关系表明,有机体的形式不是物理系统,同时它也不意味着一种活力论,这种形式是在与环境的辩证关系中展现的。梅洛-庞蒂指出,"我们只想说,一个机体的各种反应,只有当我们不是把它们设想为在某一身体中展开的肌肉收缩,而是理解为针对当下的或潜在的特定环境的各种活动(捕捉猎物、走向目标、远离危险的活动)时,才是可以理解和可以预测的"②。按照梅洛-庞蒂的总结:"各种物理系统的统一是一种关系的统一,各个机体的统一则是一种意义的统一。"③

在物理秩序与生命秩序的关系上,梅洛-庞蒂放弃了还原论等实体论的解释,也就是说,生命秩序不能简单地还原为物理秩序。梅洛-庞蒂认为,"没有任何东西授权我们假定:生命辩证法可以被完整地转化为物理-化学关系","不能依循相反的路径并把'为我们的'秩序建立在'自在的'秩序之上",更进一步说,有机体的知觉不能通过生理科学还原为某种生理物理活动,有机体的知觉和结构是不可还原的,甚至它们就是生命秩序的中心。梅洛-庞蒂指出:"有生命之物远远先于无机物被认识到——这就是人们在谈到儿童的万物有灵论时通常相当贫乏地表达出来的东西;把有生命之物的知觉看作是第二位的,这犯了一种时代错误。因此,现象身体的各种身势和姿态应当有一种特定的结构,一种内在的意义,它一开始就应当成为向某个'环境'衍射的各种活动的中心,成为一种物理意义和道德意义上的轮廓,成为一种特定的行为类型。"④总之,有机体作为意义的统一体,其活动不取决于物理-化学等关系,"任何生命活动都具有一种意义,它们在科学本身中不能被定义为某些彼此外在的过程的总和,而应被定义为某些理想的统一在时间和空间中的展开";梅洛-庞蒂借用德国生物学家于克斯库尔(von Uexküll)的话形象地说明,"每一机体都是一曲自我颂扬的旋律"⑤。

在梅洛-庞蒂的形式哲学中,在生命秩序上所理解的有机体和物理环境的

---

① [法]梅洛-庞蒂:《行为的结构》,杨大春、张尧均译,北京:商务印书馆2005年版,第225页。
② [法]梅洛-庞蒂:《行为的结构》,杨大春、张尧均译,北京:商务印书馆2005年版,第228页。
③ [法]梅洛-庞蒂:《行为的结构》,杨大春、张尧均译,北京:商务印书馆2005年版,第234页。
④ [法]梅洛-庞蒂:《行为的结构》,杨大春、张尧均译,北京:商务印书馆2005年版,第236页。
⑤ [法]梅洛-庞蒂:《行为的结构》,杨大春、张尧均译,北京:商务印书馆2005年版,第239页。

关系典型体现了对传统实体哲学框架的超越,原有实体思维主导下的机械因果关系为"环境"和"姿态"的辩证关系所取代。梅洛-庞蒂指出,"这两个获得独立规定的要素必须被'环境'和'姿态'这两个相关项——它们是行为的两极,而且参与到了同一个结构之中——取而代之"①。

(三)人类秩序的形式

人类秩序同样也是一种不能在实体论前提下被还原为物理和生命秩序的新的辩证关系,它同样是某种特定层次的"形式"。梅洛-庞蒂指出,"当一个物理系统相对于环境中的某些给定的力量获得平衡时,当动物机体根据其需要和本能的单调的先天性为自己安排一个稳定的环境时,人的劳动就开启了某种第三辩证法,因为它在人和物理-化学刺激之间筹划了一些'使用对象'——衣服、桌子、花园。一些'文化对象'——书、乐器、语言,它们构成了人类特有的环境并使各种新的行为圈涌现出来。我们已经看到,把'生命状况-本能反应'这一对子还原为'刺激-反射'这一对子是不可能的,同样,我们无疑也应该认识到'被知觉情景-劳动'这一对子的独创性"②。

在梅洛-庞蒂看来,人与外部环境之间不再是格式塔心理学家所说的结构性意识活动,而首先是一种意识与情境交融的整体性劳动关系,即"人类借以改造物理和生命的自然的各种活动的整体"。人类的劳动不是一种生物学意义上的直观活动,相反它体现着某种生命的意向。这表明,在知觉活动中,与环境相应的人类知觉与动物知觉的结构形式是不同的。梅洛-庞蒂指出,动物知觉只对本能已经预先规定了形式的那些具体刺激的一种整体敏感,而人类的知觉则是具有意向性的。按照梅洛-庞蒂的理解,"知觉是某一具体主体的生命辩证法的一个环节,而参与到了这一辩证法的整体结构之中;相应地,它不是把'无机的实在物'而是把其他人类主体的各种活动作为它的原始对象"③。如果我们将动物的知觉视为感觉,那么人类的原始知觉一定不同于感觉,因为它还包含着意向性。例如,就儿童对于母亲面孔的知觉而言,"即使像人们所说的'构成'面孔的那些颜色和线条没有被呈现给意识或者没有在无意识中被给出,我们还是能够知觉到一个微笑,甚或知觉到这个微笑中的感情……我们不用知道眼睛或头发的颜色、嘴巴或面孔的形状,就能很好地认识一个人的面部表情"④。可

① ［法］梅洛-庞蒂:《行为的结构》,杨大春、张尧均译,北京:商务印书馆2005年版,第241页。
② ［法］梅洛-庞蒂:《行为的结构》,杨大春、张尧均译,北京:商务印书馆2005年版,第243页。
③ ［法］梅洛-庞蒂:《行为的结构》,杨大春、张尧均译,北京:商务印书馆2005年版,第248页。
④ ［法］梅洛-庞蒂:《行为的结构》,杨大春、张尧均译,北京:商务印书馆2005年版,第249页。

见,诸如儿童这样的人类知觉具有某种意向性、体验性,它不是一般有机体对于特定对象的感觉。

梅洛-庞蒂指出,在人类这种特有的知觉活动中,知觉不仅具有一种意向性,而且知觉的对象也不是简单的无机物。就儿童知觉来说,作为知觉对象的母亲的面孔,不是一个简单的无机物,而是一个复杂表情的中心,是"各种各样的意向的几乎非物性的支撑点"。这说明,在人类知觉中,不能将一张脸仅仅当作一个物体来对待,它们是"神圣的实体,而不是'视觉与料'"①。正因为如此,儿童的知觉世界就体现了儿童的体验特征,这也就可以理解儿童世界中为什么最容易出现的"万物有灵论"。成人的知觉当然也是体验性的,成人的知觉也具有类似儿童的知觉体验性。例如,如同儿童的知觉活动,梅洛-庞蒂认为运动中的运动员与运动场的知觉关系也具有体验性。在这一场景中,运动场绝不是可以分析的感觉对象,而是运动员知觉的体验对象,"场地对于球员来说并不是给定的,而只是呈现为他的各种实践意向的内在界线;球员与球场融为一体……说意识寓居于这个环境中是不够的。此时此刻,意识除了是环境与活动的辩证法外不会是别的什么"②。总之,运动员的意识不是旁观意识,也不是一种依赖环境的意识,而是一种通过劳动(运动员的活动)介入运动场的介入意识;这种介入关系体现了运动员与环境的独特辩证法,体现了运动员意识的独特体验性。

四、形式哲学的意义

通过"形式"概念对实体思维替代,以及秩序哲学或形式哲学对传统实体论的超越,梅洛-庞蒂向我们呈现的是这样一种非实体论的世界,同时也呈现了一种不同于意识与自然二元分立的主客辩证关系的世界。

这个世界不再是物质实体与精神实体的二元构成,而是由物理秩序、生命秩序和人类秩序所构成。三种秩序之间不是可被还原和孤立存在的关系,而是一种部分和整体的相互依赖关系。梅洛-庞蒂指出,"无论是相对生命而言的心理,还是相对于心理而言的精神,都不能被看作是新的实体或世界。每一秩序对更高秩序的关系都是部分对整体的关系"③。这三种秩序不再是意味着某种实体,在新的非实体论的形式哲学中,"无论是机械论还是目的论都应该一起被

---

① [法]梅洛-庞蒂:《行为的结构》,杨大春、张尧均译,北京:商务印书馆 2005 年版,第 250 页。
② [法]梅洛-庞蒂:《行为的结构》,杨大春、张尧均译,北京:商务印书馆 2005 年版,第 252 页。
③ [法]梅洛-庞蒂:《行为的结构》,杨大春、张尧均译,北京:商务印书馆 2005 年版,第 267 页。

抛弃,'物理'、'生命'和'心理'并不代表三种存在能力,而是三种辩证法"①。

　　与这种非实体论相应的则是意识与自然关系的重构,或者说始终存在的将是一种在情境中的介入意识,只是在不同的秩序层次,意识的介入形式不同而已。梅洛-庞蒂指出,"人身上的物理自然并不从属于一种生命原则,机体并不谋求实现一个观念,心理'在'身体'之中'并不是一种动力原则;我们称之为自然的东西已经是一种自然意识,我们称之为生命的东西已经是一种生命意识,我们称之为心理的东西仍然是意识面前的一种对象……它们(物理形式、有机形式和心理形式)之中的每一种都不是新实体,都应该被看作是前一种的'重新开始'和'重新构造'"②。从更深远的意义上讲,"形式"概念对意识与自然关系的改造,将会导向梅洛-庞蒂所提出的含混的身体概念。正如学者所言,"梅洛-庞蒂引进'形式'的概念不仅完成了对物理秩序、生命秩序与人类秩序的存在特征的现象学描述,并在形式哲学的理论构架内,在人类的生存与环境之间的辩证关系的交织中,构筑了身体意识哲学"③。总之,在《行为的结构》一书中,梅洛-庞蒂的直接目的是消除实体思维,消除心与身、意识与世界的实体思维,借助于形式的哲学,重新在人的存在层面上理解意识与存在的关系,阐释一种介入意识的思想,并且为《知觉现象学》中充分利用现象学建构现象身体的观念奠定基础。

---

① [法]梅洛-庞蒂:《行为的结构》,杨大春、张尧均译,北京:商务印书馆2005年版,第270~271页。
② [法]梅洛-庞蒂:《行为的结构》,杨大春、张尧均译,北京:商务印书馆2005年版,第270~271页。
③ 燕燕:《梅洛-庞蒂:具身意识的身体》,《世界哲学》2010年第4期。

第二章 《知觉现象学》中的智能研究

　　梅洛-庞蒂在《行为的结构》中对"行为"的各种理论框架进行现象学"悬隔",所呈现的真实行为体现为基于"形式"概念的物理、生命和精神的三种秩序,意识也展现为情境中的一种介入活动。如此一来,对整个世界的解释就可能摆脱二元论等传统实体哲学的框架,三种秩序之间的关系则成为一种辩证关系而非还原关系,同时,意识与自然的关系也随着介入意识的引入而重新解释。总体上看,《知觉现象学》延续了《行为的结构》的主导思想。如果说梅洛-庞蒂在《行为的结构》中主要通过反思自然科学对"行为"的研究来展开对"意识与自然关系"的研究,那么,在《知觉现象学》中,梅洛-庞蒂则透过"行为"对"意识与自然关系"进行了真正的现象学哲学反思。可以说,《知觉现象学》对知觉的研究既是对《行为的结构》中"行为"研究的现象学扩展,也是对意识与自然关系问题的现象学推进,是对介入意识思想的一种现象学建构。

第一节 传统知觉观的反思与批判

　　破解基于二元实体传统思维的主客二分认识论模式是现代哲学发展的一条理论主线,梅洛-庞蒂的现象学哲学以重新理解知觉问题为切入点,展现了一条修正传统认识论模式的重要进路。通过重解知觉,梅洛-庞蒂努力通过消除传统知觉理论的二分认识论前提,尝试以一种主客不分的理论前提实现认识论的重建,深刻诠释了介入意识的现象学观念。当代许多哲学家也看到了以梅洛-庞蒂为代表的现象学的这一理论抱负,并且也对此表达了一定程度的肯定。例如,泰勒(Charles Taylor)将传统认识论视为二分图景下的认识论,并且他也主张这种传统二分图景下的认识论没有提供一个通过内在与外在对象共存的连贯理论来理解知觉等认识形式,然而,以海德格尔和梅洛-庞蒂为代表的现象学哲学则提供了这样一种连贯认识论方案。他尤其指出,梅洛-庞蒂等现象学家思想中的"前概念的理解"(preconceptual understanding)正是对二分图景和"被给予之物的神话"(the Myth of the Given)的一种破解,其能够消解二分认识论模式下的以表征假设为核心的"中介认识论"(Mediation Epistemology)。泰勒深受梅洛-庞蒂身体-主体思想的影响,明确指出,"这种被限定的、前概念意义的原初且必然的中心生成场所,就在于我们与世界的身体性的交流"①。

正是在这种对主客二分认识论模式的批判中,知觉观念在梅洛-庞蒂的现象学思想中受到重视并得到了重构,特别是身体与环境的交互行为成为新的知觉观念的基本要素。在现象学传统中,胡塞尔在批判近代自然主义意识理论以及构造一门"意识现象学"的过程中,表达了类似介入意识的思想,即明确将任何一个意识都是"关于⋯⋯的意识"作为一个重要的理论出发点。这样一来,在笛卡尔主义二元框架中独立存在的意识与存在,在胡塞尔的"意识现象学"中一开始就是共生的一种意向性认识关系,而意识则体现了介入意识的特征。梅洛-庞蒂承续了胡塞尔关于意向性关系的基本看法,他同样认为,"一切意识都是关于某物的意识"是理解人类认识的一个根本前提。② 不过,梅洛-庞蒂进一步的贡献在于,他将这种意向性认识关系转化为人类知觉的介入意识行为,并且揭示了知觉介入意识的身体-主体,由此将对知觉的现象学描述视为自己现象学的主要任务。在梅洛-庞蒂看来,实际的知觉或者真实的知觉就是我们的"前反思活动",也就是还没有形成客观事物以及与之相对的内在反思意识之前的认识活动;同时,知觉就是一种最初的意识意向性关系,就是一种源初的主体与客体的共生活动,是一种意识对自然的介入行为。在此基础上,梅洛-庞蒂认为,知觉就是人类的一种原初体验活动。"现象学最重要的成就也许就是在其世界概念或合理性概念中把极端的主观主义和极端的客观主义结合在一起。合理性完全是根据能显示合理性的体验来决定的。"③

在对知觉进行现象学重构之前,梅洛-庞蒂首先批判了传统的经验主义和理智主义两类知觉理论。梅洛-庞蒂认为,经验主义的知觉理论不仅包括以洛克等经验主义者为代表的知觉哲学理论,而且涵盖了近代以来实验心理学与行

---

① Taylor, C. Merleau-Ponty and the Epistemological Picture. In Taylor, C & M. Hansen. eds, The Cambridge Companion to Merleau-Ponty, Cambridge: Cambridge University Press, 2005, p.46.

② [法]梅洛-庞蒂:《知觉现象学》,姜志辉译,北京:商务印书馆2001年版,第13页。

③ [法]梅洛-庞蒂:《知觉现象学》,姜志辉译,北京:商务印书馆2001年版,第16~17页。

为主义等心理学中的知觉理论;而理智主义知觉理论不仅包括以康德等理智主义者为代表的知觉哲学,而且涵盖了格式塔等心理学中的科学思考。正是基于对二分认识论模式传统知觉理论的批判,梅洛-庞蒂深刻诠释了知觉介入意识,建构了基于身体-主体与环境互动的介入知觉理论。

一、经验主义知觉观批判

经验主义知觉观是笛卡尔主义二分认识论模式下的典型理论。梅洛-庞蒂详细批判了各种类型的经验主义知觉观,在哲学层面试图修正近代二分认识论模式。

梅洛-庞蒂首先批判了主观经验主义的经验主义知觉观。梅洛-庞蒂认为,近代以来的知觉观很大程度上受到一种主观经验主义的影响。主观经验主义通常将感觉理解为"我接受影响的方式,我自身状况的感受",在这种主观经验主义理解中,即使没有感受对象似乎人们也能够产生感觉。从现象学揭示的原初意向性认识关系出发,梅洛-庞蒂认为,"我们应当在有性质的内容之内探讨感觉"[①],也就是说,知觉活动不能离开知觉对象,不能说知觉活动就是一种纯然内在的主观领域的活动。

经验主义知觉观非常依赖于基于二分认识论前提所构造的原子式感觉材料,梅洛-庞蒂也将对原子式感觉材料的批判作为批判经验主义知觉观的重要内容。正如艾耶尔在《二十世纪哲学》一书中所指出的,"我们完全可以说,梅洛-庞蒂对知觉的描述是以对感觉材料理论的攻击为开端的"[②]。经验主义知觉理论大多主张存在着"觉象""观念"或者"印象"等知觉的原子式构成要素,梅洛-庞蒂对利用"印象"等层面来理解感觉的经验主义知觉观念进行了批判。在经验主义者看来,我们的知觉首先获得的是红色、圆形等个别独立的感觉"印象",梅洛-庞蒂则指出,这种认识是不真实的。实际上,我们所获得的红色、圆形等感知印象不能脱离它们的背景,"每一个点只能被感知为在背景上的图形",因此,在实际的知觉体验中根本不存在纯粹的"印象",所以"应当放弃用纯粹的印象来定义感觉"。通过对原子式感觉材料的批判,梅洛-庞蒂力图说明,知觉活动并不是一种基于原子感觉的构造活动,相反,知觉活动是主客体共同作用的整体性体验活动。正如梅洛-庞蒂所说,在实际的知觉活动中,"看,就是获取颜色或光线,听,就是获取声音,感知,就是获取性质"[③]。

---

① [法]梅洛-庞蒂:《知觉现象学》,姜志辉译,北京:商务印书馆2001年版,第23页。
② [英]艾耶尔:《二十世纪哲学》,李步楼等译,上海:上海译文出版社1987年版,第245页。
③ [法]梅洛-庞蒂:《知觉现象学》,姜志辉译,北京:商务印书馆2001年版,第24页。

经验主义知觉理论在心理学等科学研究中一般体现为唯物主义感觉论。唯物主义感觉论要么将感觉视为对"物体确定性质"的反映,例如实验心理学的感觉解释,要么利用生理学的反射机制来说明感觉,例如行为主义的感觉解释。实验心理学主张,由于物体的性质是确定的,因此我们的感觉也相应是确定的。梅洛-庞蒂则利用缪勒-莱尔错觉(Müller-lyer illusion,参见图 2.1)指出,感觉的对象本身就是"交替变化的","实在的景象是自在模糊的"。实验心理学所主张的物体"确定性质"只是人类意识的某种产物,是"科学意识的后来的对象",感觉的真实对象是自在模糊的。① 因此,感觉本身是不确定的,真实存在的是"一种未定的视觉,一种说不清楚的视觉"。我们不能说感觉的不确定性是一种偶然的现象,相反,这是一种必然的存在,这种"未确定的东西"是一种"肯定

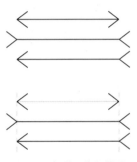

图2.1　缪勒-莱尔错觉

的现象"。与实验心理学不同,行为主义心理学利用生理学反射机制来说明感觉。梅洛-庞蒂指出,行为主义心理学同样不能揭示感觉活动的真实存在。行为主义的"知觉生理学"认为,感觉无非是外部刺激、生理感受器、生理反射通道以及效应器之间的一种确定的作用,或者说是一种刺激与相应生理结构之间的"恒常性连结"。但是,梅洛-庞蒂指出,知觉生理学的这种"恒常性假设"与大量的知觉现象和实验结果并不符合。例如,在某些条件的限制下,声音的强度会使音高丧失,添加辅助线会使本来相等的图形变得不等,而不是保持相应的"恒常性连结",因此,"恒常性连结"也只不过是"事先被假定的"规律②,或者说,在真实的知觉活动中,恒常性连结恐怕并不是"恒常的"。

在假定存在感觉材料的基础上,一些经验主义心理学试图通过"联想"以及"回忆的投射"等概念来界定知觉理论,梅洛-庞蒂对此也作出了批判性回应。针对经验主义把知觉看作通过感觉获得的观念之间的联想,梅洛-庞蒂指出,

① ［法］梅洛-庞蒂:《知觉现象学》,姜志辉译,北京:商务印书馆2001年版,第26~27页。
② ［法］梅洛-庞蒂:《知觉现象学》,姜志辉译,北京:商务印书馆2001年版,第28~29页。

"观念联想"基于"最初的体验",因此,"观念联想"也不过是"一种外在的联系"。心理学家用来说明"观念联想"的物体性质之间的相似性或者邻近性原则,并不能说明物体本身自在地具有某种相似或者邻近的性质。相反,相似性和邻近性是后于知觉的一种分析结果,只有"分析的态度才能随后从中分辨出邻近性和相似性"。因此,我们所认识到的"好的形状",并不是"联想"的结果,相反"形状之所以是好的,是因为它是在我们的体验中实现的"①。

针对一些心理学家提出的"感知就是回忆",并且利用"回忆的投射"来说明当下的知觉,梅洛-庞蒂指出,这种说法同样忽视了知觉的体验特征。在梅洛-庞蒂看来,在心理学家的"回忆"被引出之前已经存在着一个当下的知觉体验活动,可见感知并不等于回忆。按照"感知就是回忆"的说法,当下的知觉体验与相应的回忆之间简单相等,可是,我当下对于某一景观的知觉并不能等同于过去对于同一景观的知觉。回忆不能取代知觉,真正的回忆不能脱离当下的处境,回忆只能是过去的体验在时间中的再体验,因此"感知不是回忆"②。

二、理智主义知觉观批判

梅洛-庞蒂认为,在知觉问题上,理智主义与经验主义同样都预设了笛卡尔主义的二分认识论模式。不过,经验主义更为注重感觉材料的分析,与经验主义不同,理智主义更加注重主观意识在知觉认识活动中的主导作用,特别是强调通过"注意"和"判断"等主观认识能力来解释知觉活动。梅洛-庞蒂从现象学的介入意识观出发,对理智主义的知觉理论也进行了批判。

梅洛-庞蒂首先批判了理智主义知觉观中的注意理论。梅洛-庞蒂指出,当人们的感知活动不符合客观刺激的时候,为了保持"正常的知觉",理智主义引入了"注意",或者说,主张是"注意"让人们保持了对事物的正常知觉。例如,在理智主义看来,"地平线附近的月亮并不比、看起来也并不比天顶附近的月亮更大",其原因是,"如果我们注意地看月亮,比如说,通过一个纸筒,或用一架望远镜看月亮,那么我们将发现月亮的视直径是一样的"。梅洛-庞蒂认为,引入"注意"对知觉的理智主义解释排斥了其他的知觉活动,排斥了人们对地平线和天顶月亮的不同的"看",因此,"注意"的知觉解释不过是"用空洞的注意活动来代替'意向的特殊方式和方向'"③。

对此,梅洛-庞蒂指出,与理智主义不同,要想真正地理解"注意",获得"一

① [法]梅洛-庞蒂:《知觉现象学》,姜志辉译,北京:商务印书馆2001年版,第37~39页。
② [法]梅洛-庞蒂:《知觉现象学》,姜志辉译,北京:商务印书馆2001年版,第42~46页。
③ [法]梅洛-庞蒂:《知觉现象学》,姜志辉译,北京:商务印书馆2001年版,第52~53页。

种真正的注意理论",还是必须回到知觉体验。只有在知觉体验中,注意才不再是一个使月亮一样大的"可理解结构"。相反,在知觉体验中,注意是"一个新对象的主动生成",对象"每时每刻在注意的支配下被重新把握,被重新确定"。这样,不同位置而同样大小的月亮,并不是人们的意识通过"注意"的"可理解结构"的强加所造成的,而是对不同位置月亮的体验所造成的。进一步说,在人们对月亮的知觉体验中,月亮的不同根本不能通过"大小"来丈量,不同的月亮本质上只是不同场域(不管是天顶还是地平线,甚至其他场域)中的不同呈现。①

梅洛-庞蒂还批判了理智主义引入"判断"来解释知觉的做法。在梅洛-庞蒂看来,笛卡尔那样的理智主义者往往引入"判断"来说明知觉活动。例如,笛卡尔认为,人们透过窗子"看"大街上人们所穿戴的衣服、帽子,最终是通过"判断"实现了对人们衣着的知觉。理智主义的心理学家也会赞同:同样材料的一个大纸盒和小纸盒放在人们手里,这也是通过"判断"从而知觉到大的比小的更重。梅洛-庞蒂认为,理智主义者的这种知觉理论混淆了知觉体验和"判断"活动,混淆了被感知事物的存在和人们所"判断"的事物的存在。或者说,判断本来是后于知觉体验的,理智主义者却把这种后于知觉的能力用于解释在先的知觉。对此,梅洛-庞蒂指出,"在客观关系内,有一种根据其自身规则表现出来的知觉次序排列:以前的关系的破坏和新的关系的建立,判断,仅表示这种深层次关系的结果,并且是该结果的最后证明"②。

在梅洛-庞蒂看来,经验主义和理智主义对知觉的上述错误理解,根本原因在于它们都接受了笛卡尔主义二元论假设,它们都相应采取了一种客观主义的立场。正是在这一点上,经验主义和理智主义实质上都是在二元分立理论假设的基础上建构知觉,而不是描述真实的知觉,没有看到知觉作为介入意识的本质所在。梅洛-庞蒂指出,"应当让人看到理智主义的反命题和经验主义如出一辙。两者都把从时间和意义上看不是第一的客观世界当作分析的对象,两者都不能表达出知觉意识构成其对象的特殊方式。两者都与知觉保持距离,而不是参与知觉"③。这就是说,经验主义和理智主义在知觉解释上都是首先构造出一个客观世界。而这恰恰是一种先入为主的"对世界的偏见"。正是在这种偏见的支配下,二者当然都无法理解和揭示真实的知觉。

针对经验主义的做法,梅洛-庞蒂尖锐指出,"只要人们力图构造这个世界、生命、知觉、精神的形象,而不是把我们关于它们的体验理解为近在咫尺的源

---

① [法]梅洛-庞蒂:《知觉现象学》,姜志辉译,北京:商务印书馆2001年版,第57页。
② [法]梅洛-庞蒂:《知觉现象学》,姜志辉译,北京:商务印书馆2001年版,第63页。
③ [法]梅洛-庞蒂:《知觉现象学》,姜志辉译,北京:商务印书馆2001年版,第51页。

头,理解为我们的认识对其对象的最后要求,那么,物理学家的原子就比这个世界的历史的和性质的形象更实在,物理-化学过程就比有机体的形态更实在,经验主义的心理原子就比被感知的现象更实在,作为维也纳学派的'意义'的理智原子就比意识更实在"①。同样,理智主义也没有揭示活生生的体验世界。梅洛-庞蒂批判性指出,理智主义只不过是在寻找"使知觉成为现实或知觉得以形成的条件",并且由此理智主义转向了"对物体的一种意识"。正是经验主义和理智主义基于二元分立理论假设而远离现实知觉的共通做法,梅洛-庞蒂指出,"理智主义与经验主义之间的共同之处比人们认为的更加隐蔽和更加深刻",这种共同之处就在于在认识上"两者都持有自然的或独断论的态度"②。通过对传统知觉理论的批判,梅洛-庞蒂在胡塞尔批判自然主义认识论的基础上开始了知觉现象学的创造,开始了基于身体-主体的现象学介入意识的理论创造。

第二节　知觉的介入意识观

梅洛-庞蒂等现象学家对传统知觉理论的批判推动了人类知觉理论重新建构。一方面,确立主客不分的意向性或知觉活动的原初性破解了传统的二元实体思维及其二分认识论模式,同时也为知觉理论的建构提供了新的视域;另一方面,接续胡塞尔和海德格尔的思想,梅洛-庞蒂描述了一种以行动、身体与环境互动为思想核心的知觉观,一种介入意识的知觉观。

一、知觉活动的首要地位

与胡塞尔先验现象学的感知分析不同,梅洛-庞蒂受海德格尔的存在论影响,他试图真正悬隔甚至消除感知觉的任何实体理论前提,试图在一种海德格尔存在论意义上理解知觉,或者说将知觉作为原初的生存状态加以解释。

梅洛-庞蒂反对经验主义和理性主义基于二元分立的理论框架解释知觉活动,他坚持用现象学直观来描述知觉活动,揭示知觉活动的原初性。梅洛-庞蒂尤其反对把认识主体与对象的实体性存在作为知觉分析的理论前提,主张把知觉主体和对象的共生认识关系作为原初实在。或者说,通过海德格尔存在论的引入,梅洛-庞蒂不再单纯将知觉作为一种心物、主客二分认识模式主导的认识

---

① ［法］梅洛-庞蒂:《知觉现象学》,姜志辉译,北京:商务印书馆2001年版,第47页。
② ［法］梅洛-庞蒂:《知觉现象学》,姜志辉译,北京:商务印书馆2001年版,第66~67页。

关系,而是将二者共同生成的知觉存在化了,将这种共生的知觉行动化了。

从现象学运动的发展传统来看,梅洛-庞蒂对知觉的存在化解释是胡塞尔和海德格尔现象学思想发展的必然结果。胡塞尔率先悬隔了认识关系的实体论或者二元论前提,最终通过生活世界观念来具体和历史地表现没有前提和预设的存在和认识关系。海德格尔则进一步利用人类的现实生存来克服二元论主导的认识关系,从而彻底消除了认识关系所依赖的各种形而上学理论预设。梅洛-庞蒂对知觉的存在化正是对二者思想的延续发展。正是基于这一点,梅洛-庞蒂指出,胡塞尔和海德格尔思想之间没有根本的矛盾。他说,"整部《存在与时间》没有越出胡塞尔的范围","现象学还原是一种存在主义哲学的还原"①。正是基于对经验主义和理智主义等传统知觉观的反思以及对胡塞尔和海德格尔思想的发展,梅洛-庞蒂明确赋予知觉以无前提的原初存在地位。他说:"知觉不是关于世界的科学,甚至不是一种行为,不是有意识采取的立场,知觉是一切行为得以展开的基础,是行为的前提。"②

梅洛-庞蒂不仅将知觉活动存在化,而且将知觉活动视为一切理论认识的前提和基础,或者说确立了知觉的首要地位(primacy)。强调知觉的首要地位,是为了强调知觉活动相对于其他人类认知活动的基础性地位。因此,哲学的任务不在于构造任何理论,而在于揭示知觉活动相对于人类认识活动的首要地位。梅洛-庞蒂指出,哲学的第一活动就是要"重新发现现象,重新发现他人和物体得以首先向我们呈现的活生生的体验层,处于初始状态的'我-他人-物体'系统;唤起知觉,为了知觉呈现给我们的物体,为了作为知觉的基础的合理传统,挫败使知觉忘记自己是事实的诡计"③。美国现象学家施皮格伯格(Herbert Spiegelberg)鲜明地指出了这一思想在梅洛-庞蒂思想中的地位,"知觉是科学和哲学的发源地……弄清这个基础是新的现象学的第一任务"④。

胡塞尔后期将生活世界看作是一个"前科学的世界",这个生活世界是一个"处于无限开放的未知视域中的世界",相对于科学而言,生活世界提供了"认识的可能性"和"历史的可能性"。梅洛-庞蒂将胡塞尔生活世界称为"前反思世界""体验世界"或者"知觉世界"。与胡塞尔后期对"生活世界"的解释类似,梅洛-庞蒂的"知觉世界"以及对传统知觉观的批判也蕴含着"认识"和"历史"两

---

① 〔法〕梅洛-庞蒂:《知觉现象学》,姜志辉译,北京:商务印书馆2001年版,第1、10页。
② 〔法〕梅洛-庞蒂:《知觉现象学》,姜志辉译,北京:商务印书馆2001年版,第5页。
③ 〔法〕梅洛-庞蒂:《知觉现象学》,姜志辉译,北京:商务印书馆2001年版,第87页。
④ 〔美〕施皮格伯格:《现象学运动》,王炳文、张金言译,北京:商务印书馆1995年版,第750页。

种维度。① 也就是说,知觉首要地位的内涵可以从两个方面加以理解:一个方面是从人类具体认识活动的形成来理解知觉的首要地位,另一个方面则是从社会文化知识形式的产生来理解知觉的首要地位。

第一方面即认识维度,指知觉活动在认识论上具有基础性和本原性。第二方面即历史维度,指知觉活动在历史发展中具有基础性和本原性。就后者而言,知觉的首要地位表明任何人类历史上形成的知识、文化形式都不能脱离过去和当下的知觉世界,知觉活动是一切认识形式得以发展的前提和源泉。在1946年"法国哲学学会"的演讲中,布雷耶、卢帕什科、萨尔齐等法国学者根据自己对梅洛–庞蒂思想的理解,提出要么将哲学、科学、数学和文化等同于知觉,要么把二者完全对立起来。梅洛–庞蒂对这些观点作了反驳。一方面,他坚持二者之间的区分,"我并没有要说数学思想是知觉经验的反映和复制,它没有其他模式的可能……我没有声称文化就在于知觉。构成知觉经验之上的第二层经验,是整个文化世界"②。另一方面,他坚持知觉的原初性,坚决将这些文化形式置于知觉世界的基础上,"被知觉的世界是所有理性、所有价值及所有存在总要预先设定的前提。这样的构想并非是对理性与绝对的破坏,而是使它们降至地面的尝试"③。

知觉的存在化与知觉首要地位的思想,使梅洛–庞蒂的知觉理论区别于传统二分认识论模式主导下的知觉理论,同时也使其知觉思想在现象学传统中得到推进。对梅洛–庞蒂来说,揭示知觉的原初性和首要性只是第一步,进一步需要阐明的是知觉活动的构成特征,阐明知觉活动的介入特征。这样一来,新的知觉理论就更为彻底地消解了传统主客二分认识论模式下的知觉观,同时也将基于身体–主体的知觉活动理论呈现出来。

二、知觉活动的身体–主体

在知觉活动的构成上,梅洛–庞蒂提出了身体而非内在心灵是知觉活动的主体的思想。身体作为知觉活动的主体的思想在梅洛–庞蒂的现象学中得到了系统而丰富的讨论。

针对近代以来的二分认识论主导模式,许多现代哲学家已经意识到应当反

---

① [德]胡塞尔:《生活世界现象学》,黑尔德编,倪梁康、张廷国译,上海:上海译文出版社2005年版,第244~260页。
② [法]梅洛–庞蒂:《知觉的首要地位及其哲学结论》,王东亮译,北京:三联书店2002年版,第50~52页。
③ [法]梅洛–庞蒂:《知觉的首要地位及其哲学结论》,王东亮译,北京:三联书店2002年版,第5页。

思甚至修正这种模式下的纯粹物质范畴的身体观念,从而还原身体在认识中的重要中介地位。例如,在对近代以来二分认识论模式的反思过程中,怀特海(Alfred Whitehead)指出,"现行的一些哲学理论大都源于休谟。由于它们忽视了身体的关联,它们是有缺点的"。传统哲学对身体作用的这种忽视导致各种表征形式成为理解和建构知觉活动的基本要素,从而使我们远离了对真实知觉的理解,"在知觉的瞬间,通常没有清楚地意识到这一点。身体的关联看不见了,可见的表象成了最显著的东西"。怀特海明确主张,身体在知觉活动中应当具有一种更为基础性的地位,或者说"一切感性知觉都不过是我们的感性经验对身体活动的依赖的一种结果"①。此外,杜威则提出了"经验首先是做(doing)的事情",注重从行动、身体与环境的交互作用来理解感知觉,从而实现实用主义对传统二分认识论模式的改造。在胡塞尔的先验现象学框架,通过身体活动来解释知觉的想法也已经在动感理论中得以显露。可以说,梅洛-庞蒂最为系统地使身体感知主体的思想展示出来,以此诠释作为介入意识的人类知觉的本质。正如黑尔德所说,就动感的全部理论而言,"梅洛-庞蒂以他的《感知现象学》提供了继胡塞尔之后最丰富的考察"②。

梅洛-庞蒂认为,在传统心物二元实体论模式和主客二分认识论模式下的知觉分析中,人类身体往往被作为一种纯粹的生理因素。这种做法轻易忽视了身体的认知功能,或者说"身体中介最经常地逃离我"③。例如,在"看"等视觉活动中,人们常常忽略了作为身体组成部分的眼睛,将知觉活动视为一种内在心灵对外在事物的反映活动。在传统知觉观的理论视域中,眼睛被理解为知觉活动中内在心灵反映外在对象的生理装置,眼睛的作用就像我们手中的照相机,知觉就是借助于照相机对外在对象的复制。然而,在梅洛-庞蒂的知觉观念中,知觉活动中不存在内在心灵,心灵是一种介入意识,因此,作为身体组成部分的眼睛是能动的,它才是知觉活动的真正主体。

梅洛-庞蒂指出,身体在知觉活动的主体性是通过身体的感官运动能力表现出来的。就视觉活动而言,眼睛之所以能够摆脱眼睛"背后"的意识或者心灵,眼睛之所以能够充当知觉活动的主体,原因在于眼睛本身体现了感官运动能力的整合。眼睛不仅是一种生理身体或者反映装置,眼睛是一个体现感官运动能力整合的能动身体,眼睛的感官运动性具有本质上的介入意识特征。梅

---

①　[美]怀特海:《思维方式》,刘放桐译,北京:商务印书馆2004年版,第135页。

②　[德]胡塞尔:《生活世界现象学》,黑尔德编,倪梁康、张廷国译,上海:上海译文出版社2005年版,第17页。

③　[法]梅洛-庞蒂:《行为的结构》,杨大春、张尧均译,北京:商务印书馆2005年版,第278页。

洛-庞蒂说,就我们能够看到一个事物而言,"视觉联接着运动,这也是真的。人们只能看见自己注视的东西。如果眼睛没有任何运动,视觉将会是什么呢?"反过来,在视觉活动中,眼睛的运动也离不开视觉感知能力。梅洛-庞蒂指出,"如果运动本身是反射的或者盲目的,没有确定的方向及观察力,再如果视觉不先于运动,那么眼的运动怎么不会把事物弄得一团混乱呢?"①

可见,视觉活动的实现并不基于一个内在心灵,相反,视觉活动的实现在于眼睛本身具有的感官运动能力协调功能。由此,整个身体也是通过感官运动的协调和整合来展现知觉活动的主体性,身体-主体的能动性才使得作为介入意识的知觉活动得以可能。

三、知觉活动的含混性

梅洛-庞蒂进一步指出,基于身体活动的知觉是一种先于反思的活动,而这种前反思的知觉活动具有含混的本性。

传统知觉观也看到知觉活动的含混性,但是它们往往不是正视这种含混性,而是试图消除知觉的含混性。梅洛-庞蒂指出,这种看法恰恰就是传统知觉观的问题所在,"它们的弊病在于从一种自以为清晰的知觉方式推出一种明晰的理论。其实,我们的感性知觉是一种极其模糊而且混乱的经验方式"②。说知觉是含混的,这并不是在贬义上把知觉当成幻觉,相反,说知觉是含混,这恰恰是在积极的意义上真实地揭示知觉。

梅洛-庞蒂不仅正视含混性的知觉本性,而且他进一步试图使知觉的含混性"明晰起来"。梅洛-庞蒂主张知觉活动是含混的,这不仅体现在将知觉活动的身体主体看作是含混的,譬如在左右手的相互触摸中主体、客体的相互颠倒,而且将知觉活动的对象本身也视为含混的,譬如缪勒-莱尔错觉所体现的两条直线的相等与不等的交替变化。在揭示知觉体验的时候,梅洛-庞蒂解释了知觉对象含混性的内涵。他指出,人们对知觉对象的认识依赖于知觉对象的背景,而知觉不仅是对特定对象呈现面的知觉,而且是对这个物体朝向其他事物的任何呈现面的知觉。此外,知觉不仅是对知觉中心事物的认识,而且是对其背景事物的知觉。知觉不仅是对对象可见性质的知觉,同样也是对其他不可见性质的知觉。

梅洛-庞蒂指出,知觉主体即身体也是含混的。身体既是一种作为物体的

① [法]梅洛-庞蒂:《眼与心——梅洛-庞蒂现象学美学文集》,刘韵涵译,北京:中国社会科学出版社1992年版,第129页。
② [美]怀特海:《思维方式》,刘放桐译,北京:商务印书馆2004年版,第135页。

存在,同时,由于身体是一个"不离开我的物体",因此身体作为一种主体,这又"足以使身体与物体区分开来"①。梅洛-庞蒂认为,身体不仅是一种行为主义科学所理解的生理机体,身体本身还是一种能动的机体。但是,身体的能动性绝不是说明存在着一个寄居于身体内部的"内在灵魂",身体的能动性与被动性只能从身体本身的含混性得到说明。针对身体的含混本性,梅洛-庞蒂指出,"对行为的'中心区域'的研究证实了身体本性的这一含混性:一方面,任何功能严格地说都不能被定位,因为每一区域都只有在全面活动的范围内才能够起作用……另一方面,同样明显的是,神经物质的某些部分对于接受这些刺激、对于实施指定给这样一些接受区域或者指定给这一肌肉全体运动的那些运动来说是不可少的……我们于是更多地与'水平定位'和'垂直定位'的理不清的交织而不是与这两种定位类型打交道;身体绝没有哪一部分是纯粹的事物,也没有哪一部分是纯粹的观念"②。这样,身体的某一部分具有诸如看、听等的功能,这表明了身体的生理属性或被动性;而身体对某一功能的实现又不是简单地通过某一身体区域孤立完成,这表明了身体的能动性,或者是身体的"有意识"的属性。

总之,梅洛-庞蒂对知觉活动的存在论分析实质是将知觉理解为人的一种原初存在方式,这是在延续海德格尔关于此在的在世之在思想。同时,对身体含混性的解释,表明知觉的身体-主体的思想又是在拓展海德格尔的思想,也就是说,梅洛-庞蒂不仅将海德格尔的此在转化为一种身体性的在世之在,而且将此在理解为一种介入意识,这种基于身体活动的知觉也就替代了此在存在而展现了人的一种根本性、活动性和介入性的存在方式。

第三节　身体-主体与介入意识

人类认识活动中的身体认知功能在梅洛-庞蒂的现象学得到了充分表述。自《行为的结构》始,梅洛-庞蒂的目的就是将揭示介入意识以及重构意识和自然的关系作为其现象学哲学的一个根本目的。他指出,"我们的目的是理解意识与有机的、心理的甚至是社会的自然的关系"③。正如学者所指出的,"从《行

① ［法］梅洛-庞蒂:《知觉现象学》,姜志辉译,北京:商务印书馆2001年版,第126~130页。
② ［法］梅洛-庞蒂:《行为的结构》,杨大春、张尧均译,北京:商务印书馆2005年版,第302～303页。
③ ［法］梅洛-庞蒂:《行为的结构》,杨大春、张尧均译,北京:商务印书馆2005年版,第15页。

为的结构》到《知觉现象学》并至其后期的肉身(flesh)概念,梅洛-庞蒂终其一生恪遵其志,那就是他在《行为的结构》导言中开篇点题的宣言:'我们的目的是理解意识与有机的、心理的甚至是社会的自然的关系'。这种迈向新的本体论的批判哲学重新审视身体,缔造了现象身体哲学"①。这表明,为了说明意识的介入性而非旁观性,为了重新理解意识和自然的关系,身体-主体的思想是关键。梅洛-庞蒂在《行为的结构》中的研究已经开始触及身体并将其作为解决问题的重要切入点。梅洛-庞蒂在改变了意识与自然的实体论之后以及在寻求理解其结构的时候,已经开始将意识理解为一种身体在环境中的活动。正是在这个意义上,梅洛-庞蒂将意识理解为一种基于身体的行为。我们也就可以理解,瓦朗斯何以将梅洛-庞蒂的全部努力理解为"构思一种关于介入意识的学说",并且指出这是一种基于身体行为的介入意识。也就是说,通过基于对身体的现象学考察,人类意识现象应被视为一种身体介入于环境中的活动,这正是梅洛-庞蒂一以贯之的想法。

一、现象身体观

为了解释介入意识的思想,基于《行为的结构》中的对行为的考察,以及基于《知觉现象学》的哲学拓展,梅洛-庞蒂试图提出一种新的身体观念,即现象身体的观念。这种身体观不是他所批判的行为主义意义上的物理生理身体,而是一种生理-心理交织的身体,是一种活的身体,或者说,是一种现象身体。现象身体观也构成了梅洛-庞蒂涉身性理念的基本内核,同时也在当代成为诸如涉身认知科学和情境认知科学等新认知科学研究纲领的重要哲学基础。

梅洛-庞蒂对现象身体的构思基于其对经验主义和理智主义身体观念的反思。在梅洛-庞蒂看来,西方传统的经验主义和理智主义哲学及其相应科学表达都对人类身体作了生理学和物理学的解释,这种身体观念也可以被称为客观身体或者物理-生理身体观。反之,在胡塞尔开创的动感理论基础上,梅洛-庞蒂通过现象学直观体验,而不是借助于生理学和物理学的科学反思重新描述了人类身体,即提出了一种现象身体观。现象身体的基本含义可以归结为,身体既是一种被动的物理生理客体,同时也是一种主动的能动主体。考虑到身体的这种双重内涵,梅洛-庞蒂也把身体的这种双重属性概括为身体的含混性。现象身体的观念以不同于传统生理身体观念的方式,描述了身体如何成为原初认识主体,如何成为介入意识。

---

① 燕燕:《梅洛-庞蒂:具身意识的身体》,《世界哲学》2010 年第 4 期。

　　现象身体的观念是梅洛-庞蒂在反思同时代科学与哲学的基础上提出来的。梅洛-庞蒂批判了传统科学和哲学对幻肢现象的说明,以此来破除物理生理身体观以及确立现象身体观。传统的经验主义和理智主义都把身体视为一种客观事物,在这种思想支配下,幻肢现象要么被解释为一种客观的物理生理因果关系,要么被解释为一种基于先验我思的活动。梅洛-庞蒂指出,昆虫能够在本能活动中用健全的脚替代被切断的脚,这个例子表明,我们既不应当像经验主义那样将幻肢现象视为一种生理意义上的自动肢体替代,也不应当像理智主义那样将幻肢现象视为一种动物有意识地主动替代。相反,不同于经验主义和理智主义的理论假设,梅洛-庞蒂主张应当把这种现象描述为动物的一种本能活动,或者说"在替代现象的后面,人们所发现的是在世界上存在的运动"①。

　　梅洛-庞蒂对经验主义和理智主义的批判性分析,同样适用于对幻肢的各种传统科学解释的批判。对幻肢的生理学解释把幻肢视为一种内感受性刺激的延续,也就是说,尽管肢体不在了,但是原有的肢体感受还存在。而心理学解释则主张幻肢现象源于一种回忆的作用,或者说,尽管肢体不在了,但是意识仍然能够回忆起对原有肢体的感受。梅洛-庞蒂认为,这两种解释实质上是经验主义和理智主义哲学思维在科学研究中的延续,二者"都没有离开客观世界的范畴"②,或者说都是一种客观思维,两者都没有脱离肢体是一种客观物体的思维。同样,梅洛-庞蒂对这两种科学解释的批判,也是基于一种现象学的存在论解释。梅洛-庞蒂舍弃了上述两种客观思维,或者说上述两种解释歪曲了幻肢现象,而幻肢现象的正确解释应当依赖于一种存在论的现象学。幻肢现象出现的真正原因,主要在于肢体不仅仅是被动的物体而且还是主动参与活动的主体。因此,存在论解释的幻肢现象表明,"拥有一条幻胳膊,就是仍能面对只有胳膊才能完成的所有活动,就是保留在截肢之前所拥有的实践场"③。通过对幻肢现象的存在论分析,梅洛-庞蒂描述了现象身体的新观念。这就是说,人类身体或者肢体既是一种被动物体又是一种主动物体,或者说身体是一种具有含混本性的现象身体。

　　梅洛-庞蒂还通过双手触摸的自身体验来说明和论证现象身体观念。他指出,"当我的右手触摸我的左手时,我感觉左手是一种'物理的东西',但与此同时,如果我愿意,一种奇特的结果就产生了:现在我的左手也在感受我的右手,它变成了有生命的,它在感觉。我不得不说,触摸在此被扩展到身体,而身体乃

---

①　[法]梅洛-庞蒂:《知觉现象学》,姜志辉译,北京:商务印书馆 2001 年版,第 112 页。
②　[法]梅洛-庞蒂:《知觉现象学》,姜志辉译,北京:商务印书馆 2001 年版,第 114 页。
③　[法]梅洛-庞蒂:《知觉现象学》,姜志辉译,北京:商务印书馆 2001 年版,第 116 页。

是'感觉着的事物',是'主观的客体'"①。通过梅洛-庞蒂的表述,我们看到,身体既是被触摸的客观生理物理对象,同时身体在被触摸的同时又能够主动地触摸,这说明身体同时也是能动的主体。梅洛-庞蒂指出,身体在"主动触摸时被触摸",这"足以使身体和物体区分开来"②,这足以说明身体不是经验主义和理智主义眼中的"客观身体",而是一种既主动又被动的"现象身体",是一种介入意识的表现。

现象身体的观念为空间概念提供了一种新的解释。在现象身体观看来,空间绝不仅仅是一种客观对象占据的位置,相反,空间与人类身体活动直接相关,或者说存在着"身体本身的空间性"。当我们把空间建构为一种客观对象的位置时,这是一种客观空间观念,这种观念就像经验主义和理智主义一样受到客观主义理论假设的支配。当我们对空间展开存在论的分析时,就可以发现在建构客观空间之前已经存在了一种现象空间。现象空间基于身体的主动性,这就等于说,在我们说出"上"和"下"(即一种基于反思的客观空间)之前就已经存在了一个"身体空间",一种体验性的空间。

身体空间比客观空间更为根本,前者是存在论意义上的空间,而后者则是反思推论意义上的空间。身体空间不是依赖于我们的反思而给出的一种物体间的"上""下"关系,身体空间不是一种机械的"位置的空间性",相反,身体空间是一种身体在环境世界中的"侵入",是一种身体相对于不同处境的"处境空间性"。"位置的空间性"只不过是我们对"身体空间"的一种反思或者推断,而"处境空间性"则是作出这种推断的身体的原初存在状态。梅洛-庞蒂举例说:"如果我站着,手中紧握烟斗,那么我的手的位置不是根据我的手与我的前臂,我的前臂与我的胳膊,我的胳膊与我的躯干,我的躯干与地面形成的角度推断出来的。我以一种绝对能力知道我的烟斗的位置,并由此知道我的手的位置,我的身体的位置,就像在荒野中的原始人每时每刻都能一下子确定方位,根本不需要回忆和计算走过的路程和偏离出发点的角度。"③

身体空间与人类身体活动直接相关,没有人类身体就没有身体空间,更加不可能产生客观空间。就上述例子而言,在身体空间中烟斗的位置或者说烟斗"在这里",这并不意味着通过一种客观关系或者说"相对于外部坐标"而确定的位置,相反,烟斗的位置根本上依赖于我的身体,这种位置是"主动的身体在一个物体中的定位"。在身体空间中,尽管我们未必意识到身体的特定空间位

① [法]梅洛-庞蒂:《哲学赞词》,杨大春译,北京:商务印书馆2000年版,第151页。
② [法]梅洛-庞蒂:《知觉现象学》,姜志辉译,北京:商务印书馆2001年版,第130页。
③ [法]梅洛-庞蒂:《知觉现象学》,姜志辉译,北京:商务印书馆2001年版,第138页。

置,但是实质上,人类的身体就是身体空间的主体,身体空间决不能超越身体的界限。梅洛-庞蒂说:"如果我的手臂搁在桌子上,我不会想到说我的手臂在烟灰缸旁边,就像烟灰缸在电话机旁边。我的身体的轮廓是一般空间关系不能逾越的界限。"①就像任何认识活动都不能摆脱主体性一样,在梅洛-庞蒂看来,空间知觉也是绝不能摆脱身体主体的。梅洛-庞蒂就此提出,"总之,我的身体在我看来不但只是空间的一部分,而且如果我没有身体的话,在我看来也就没有空间"②。或者说,空间知觉是作为介入意识的身体-主体的作用结果。

二、身体意向性

如果我们把胡塞尔对意向性认识关系的描述概括称为一种意识意向性,那么梅洛-庞蒂通过现象身体的改造而描述的意向性认识关系就可以概括为一种身体意向性(bodily intentionality)。

自近代笛卡尔以来,认识主体始终与人类意识密切相关。即使胡塞尔力图破除传统的主客二分认识论模式,但是他依然最终将认识主体归结为一种先验意识,从而表现出一种对笛卡尔主义不彻底的批判。梅洛-庞蒂为了更彻底使现象学摆脱笛卡尔主义,他改变了西方认识论中的主体界定,提出了身体-主体的新观念。身体不再仅仅是一种生理物理客体,相反,身体也具有了一种能动主体的内涵。这样,梅洛-庞蒂实现了西方认识论的一种创造,即将意识与对象的意向性认识关系转变为身体与对象之间的意向性认识关系。甚至可以说在梅洛-庞蒂现象学中,"最为核心的转换是从意识意向性向身体意向性的转换,这出自梅洛-庞蒂对胡塞尔思想的创造性改造"③。

梅洛-庞蒂用身体意向性指在知觉活动中身体与外部对象之间的原初共存关系。许多学者都认为身体意向性是梅洛-庞蒂对胡塞尔意识意向性关系的发展。例如,美国学者朗格提出,梅洛-庞蒂认为"胡塞尔指出了通向描述地研究生活世界的道路,但却未能懂得其意义。因此未能认识到意识的意向性首先而且主要的是一种身体意向性"④。按照日本学者佐藤(Marito Sato)的观点,另一位法国哲学家列维纳斯也从胡塞尔的感知分析中提炼出了身体意向性的思想,不过列维纳斯仅仅将身体意向性作为主体认识客体的机制,因此没有摆脱意识

①　[法]梅洛-庞蒂:《知觉现象学》,姜志辉译,北京:商务印书馆2001年版,第135页。
②　[法]梅洛-庞蒂:《知觉现象学》,姜志辉译,北京:商务印书馆2001年版,第140页。
③　杨大春:《杨大春讲梅洛-庞蒂》,北京:北京大学出版社2005年版,第83页。
④　[美]朗格:《梅洛-庞蒂的〈知觉现象学〉:指南与评论》,转引自杨大春:《杨大春讲梅洛-庞蒂》,北京:北京大学出版社2005年版,第83页。

主体的观念;而梅洛-庞蒂则是在存在论的意义看待身体意向性,由此身体意向性表明了身体主体与世界的联结、表明了最初的感知联合体。① 当代哲学家卡曼(Taylor Carman)也在"胡塞尔与梅洛-庞蒂思想中的身体"一文中指出了这一点,即尽管梅洛-庞蒂的身体思想源自胡塞尔,但是本质上发生了重要变化。他指出:"对胡塞尔来说,身体意向性是一种将意识与实在的解释鸿沟桥接起来的中介。身体不仅是事物,也不仅是外部知觉的独立对象,而且是本质上非涉身地超验自我所具有或拥有的、作为主体感知载体的某种准客观对象。对胡塞尔来说,身体自身并不构成意向性,而是超验主体性的一种意向结果。与胡塞尔不同,对于梅洛-庞蒂来说,身体是知觉意识的原初构成,并且完全成为意向性的永久构成。身体的意向性构成不是某种认知活动的产物,这一认知活动被理解为纯粹自我的基础行为。相反,从最原始的层面看,具有知觉能力的身体就是自我本身。对梅洛-庞蒂来说,可以严格地说,我们不是拥有身体,相反'我们就是我们的身体',也就是说'我们通过我们的身体知觉世界,我们通过我们的身体在世存在'。事实上,'身体是一个自然的自我,并且如其所是,身体是知觉的主体'。"②

身体意向性关系不仅存在于身体主体与客观认识对象之间,而且存在于身体主体与其他的身体主体之间。作为主体的能动身体不仅在与自然对象的认识关系中发挥根本的作用,或者说,通过我的身体的"朝向世界的运动",我"通过我的身体的位置,我有了物体的位置",同样"通过物体的位置,我有了我的身体的位置"③。与此同时,能动身体作为主体还呈现和作用于原初的人际互动中。也就是说,通过我的身体我有了对他人身体的知觉,同时通过他人的身体,我有了对我自己身体的知觉。例如,与自我的双手触摸展示现象身体观念一样,我的手"在握别人的手时",别人的手"替换了我的左手",此时,他人就是我的双手"这一'共现'的延伸而出现",或者说,如同我对我另一只手的感知,我首先知觉到"别的感受性",由此出发,"就知觉到一个别人和一种别的思想"④。

这样,不仅在对客观对象的知觉活动中,身体意向性取代了意识意向性,而且在自我与他人的知觉活动中,意识的交互主体性也被身体的交互主体性(bodily intersubjectivity)取代了。"梅洛-庞蒂在他人问题上的思考是对胡塞尔

---

① Marito Sato. The Incarnation of Consciousness and the Carnalization of the World in Merleau-Ponty's Philosophy, Immersing in the Concrete: Analecta Husserliana, 1998(58).
② Carman, Taylor. The Body in Husserl and Merleau-Ponty, Philosophical Topics, 1999(2).
③ [法]梅洛-庞蒂:《知觉现象学》,姜志辉译,北京:商务印书馆2001年版,第441页。
④ [法]梅洛-庞蒂:《哲学赞词》,杨大春译,北京:商务印书馆2000年版,第154页。

后期相关思想的一种去理智化或去笛卡尔主义化,他力图把胡塞尔的主体间性理论从意识间性转变为身体间性。"①通过现象身体从对自然对象向对他人的知觉解释的延伸,梅洛-庞蒂就实现了从"意识的交互主体性"到"身体的交互主体性"的创造性转变。

综合梅洛-庞蒂对身体意向性双重内涵的揭示,我们可以接受这种说法,即"梅洛-庞蒂最终把一切建立在身体行为、身体经验或知觉经验基础上,用身体意向性取代了自笛卡尔以来一直强调的意识意向性,用身体主体取代了意识主体"②。或者说,按照梅洛-庞蒂对胡塞尔和海德格尔现象学思想的发展脉络,身体意向性的创造意味着人成为一种身体性的在世之在(bodily being-in-the-world)。

三、身体图式

在对作为介入意识的知觉活动的解释中,梅洛-庞蒂还通过身体图式的概念来说明知觉活动的构成性和统一性。在梅洛-庞蒂看来,人类知觉活动的产生离不开身体-主体的一种整合性,同时知觉活动的整合和统一的特征也需要身体自身的整合性加以解释。梅洛-庞蒂借用了心理学中的身体图式概念,并赋予其新的现象学内涵。身体图式表明了身体的整合和统一的形态。

身体图式概念的整合性内涵,也反映在当代英美学者对梅洛-庞蒂著作的翻译研究中。在当代学者卡曼看来,身体图式概念源于梅洛-庞蒂使用的schéma corporel。从内涵上看,在梅洛-庞蒂的身体图式理论中,身体图式不同于身体意象。但是,在科林·史密斯(Colin Smith)1962年版的《知觉现象学》英译本中,史密斯将schéma corporel翻译为了身体意象(body image)③,卡曼认为这一翻译是错误的。按照卡曼的解释,康德最早区分了图式与意象。意象总是特殊性的,而图式则是普遍性的,它预先勾画了无数可能的具体事例。图式是想象力展示的规则和程序,它规定了知性纯范畴所需要的感知意象结构。梅洛-庞蒂的身体图式概念放弃了康德理论中的知性限制,接受了其规则性的内涵,"身体图式的本质以及其与康德理解的共同之处在于,梅洛-庞蒂的身体图式是一种在概念运用和思想判断形成之前能够预先理解和整合世界的整体性技能。梅洛-庞蒂也将这种涉身的预先结构称为'习惯'(habit),它由一种非认

---

① 杨大春:《杨大春讲梅洛-庞蒂》,北京:北京大学出版社2005年版,第85页。
② 杨大春:《杨大春讲梅洛-庞蒂》,北京:北京大学出版社2005年版,第83~84页。
③ Merleau-Ponty, M. Phenomenology of Perception, trans. C. Smith. London: Routledge& Kegan Paul, 1962, p.113.

知性、前概念性的'运动意向性'（motor intentionality）所构成"①。事实上，兰迪斯（Donald A. Landes）在 2012 年版的《知觉现象学》中也反对将 schéma corporel 理解为表征或意象，因而采用了身体图式（body schema）的译法。②

根据梅洛-庞蒂对身体图式概念的理解，经验主义和格式塔心理学家所理解的身体图式概念都没有充分地说明身体图式的这种存在论意义上整合性内涵。首先，经验主义通过对自身整体生理活动的体验概括出身体图式概念，即把"身体图式"理解为"我们的身体体验的概括，能把一种解释和一种意义给予当前的内感受性和本体感受性"。这种经验主义的身体图式理论，目的只是通过"引入一个方便的名称来表示大量的表象联合"③，这充其量是经验主义带有理论偏见的构造，不是对身体图式的现象学描述。其次，格式塔心理学批评和放弃了经验主义的解释，试图将身体图式视为一种固有的身体"完形"。或者说，"身体图式不再是在体验过程中建立的联合的单纯结果，而是在感觉间的世界中对我的身体姿态的整体觉悟，是格式塔心理学意义上的一种'完形'"。不过，梅洛-庞蒂认为这种格式塔解释依然不过是把身体当作一种相应于物理-化学或者有机体的拼凑物。④

梅洛-庞蒂认为，上述两种身体图式理论实质上都没有摆脱主客二分的认识论假设，应当在破除二分认识论模式的存在论意义的基础上重新理解身体图式。例如，就身体图式在身体空间知觉中的作用而言，身体空间既能够"包住它的各个部分"，即包住身体运动触及的对象的可见部分，也能够包住身体运动"没有触及"不可见部分。身体图式的这种表现是不能用经验主义和格式塔心理学的理论加以解释的。之所以身体空间知觉展现了上述意义，根本原因在于身体图式不能被理解为与认识对象相对立的生理物理完形，而是应当被理解为一种与对象打交道的完整的身体性存在。梅洛-庞蒂说："之所以我的身体能是一个'完形'"，是因为"我的身体朝向它的任务存在"，总之，"'身体图式'是一种表示我的身体在世界上存在的方式"⑤。可见，梅洛-庞蒂的身体图式理论实质上是对知觉活动的现象学描述，这个理论表明知觉活动就是身体的活动，就是介入意识，就是身体在世界上的存在方式。

按照梅洛-庞蒂关于身体图式的说明，如果"'身体图式'是一种表示我的

---

① Carman, Taylor. The Body in Husserl and Merleau-Ponty, Philosophical Topics, 1999(2).

② Merleau-Ponty, M. Phenomenology of Perception, trans. Donald A. Landes. London: Routledge, 2012, pp. xliv, 101.

③ ［法］梅洛-庞蒂：《知觉现象学》，姜志辉译，北京：商务印书馆 2001 年版，第 136 页。

④ ［法］梅洛-庞蒂：《知觉现象学》，姜志辉译，北京：商务印书馆 2001 年版，第 137 页。

⑤ ［法］梅洛-庞蒂：《知觉现象学》，姜志辉译，北京：商务印书馆 2001 年版，第 138 页。

身体在世界上存在的方式",那么,他自然可以断言"身体图式的理论不言明地是一种知觉理论"①。也就是说身体或者身体图式在原本层面上作为主体,主导了知觉活动并且在知觉活动中赋予对象统一性。身体图式的身体-主体主导知觉活动,乃至于实现知觉活动的首要性。就此而言,梅洛-庞蒂指出,以身体图式为主要内涵的知觉活动不仅生成具体认知而且产生各种人类文化形式。首先,"身体是我们拥有一个世界的一般方式,有时,身体仅局限于保存生命所必需的行为,反过来说,它在我们周围规定了一个生物世界";其次,"身体利用这些最初的行为,经过行为的本义到达行为的转义,并通过行为来表示新的意义核心:这就是诸如舞蹈运动习惯的情况";最后,"被指向的意义可能不是通过身体的自然手段联系起来的;所以,应当制作一件工具,在工具的周围投射一个文化世界"②。就身体图式的身体-主体赋予对象整合性和统一性而言,梅洛-庞蒂指出,"身体本身在世界中,就像心脏在肌体中:身体不断地使可见的景象保持活力,内在地赋予它生命和供给它养料,与之一起形成一个系统……我当然能在思想中俯视寓所,想像寓所,或在纸上画出寓所的平面图,但如果不通过身体的体验,我就不可能理解物体的统一性"③。

第四节　语言意义与介入意识

在《知觉现象学》中,梅洛-庞蒂详细考察了语言这一认知现象。通过对经验主义和理智主义语言与意义理论的批判,梅洛-庞蒂拓展了基于身体-主体的语言现象学,拓展了介入意识的哲学理论。梅洛-庞蒂尤其揭示了以言语行为与表意动作等身体-主体性活动在语言认知活动中的基础性地位。梅洛-庞蒂的现象学语言认知思想对当代认知科学的研究也提供了重要启示。

一、反思批判传统语言观

梅洛-庞蒂首先对经验主义和理智主义等传统语言理论进行了反思批判。他认为,近代以来的语言理论主要受到经验主义和理智主义哲学的影响,二者对语言的理解如同知觉一样也受到二元分立认识论理论预设的支配。经验主义语言理论将语言视为某种基于神经刺激或者联想获得的"词语表象",而理智

---

① ［法］梅洛-庞蒂:《知觉现象学》,姜志辉译,北京:商务印书馆2001年版,第265页。
② ［法］梅洛-庞蒂:《知觉现象学》,姜志辉译,北京:商务印书馆2001年版,第194页。
③ ［法］梅洛-庞蒂:《知觉现象学》,姜志辉译,北京:商务印书馆2001年版,第261页。

主义则将语言视为基于内在意识的抽象思维表达,从而主张"语言取决于思维"①。这两种语言理论本质上预设了二元分立认识论理论框架,因此梅洛-庞蒂明确将消除语言问题上的二元论前提作为转变语言观的主要途径。梅洛-庞蒂说:"我们在描述言语现象和意义的明确活动时,最终能超越主体和客体的传统两分法。"②

通过对一些实证案例的存在论分析,梅洛-庞蒂批判了经验主义和理智主义的语言思想。例如,通过对失语症的分析,梅洛-庞蒂间接批判了传统语言观。在梅洛-庞蒂看来,经验主义和理智主义都没有提供对失语症的正确解释。

经验主义理论把失语症理解为词语表象的丧失。对此,梅洛-庞蒂批判指出,在失语症病人熟悉的情境中,病人能够使用"不"这一词汇来否定医生提出的问题,即能够表示"当前的和主观的否定",但是,在"与情感和生活无关的测试中"或者说在不熟悉的情境中,"病人却不能说出这个词"。这样看来,失语症病人似乎并不是丧失了某种"词语表象","病人失去的东西和正常人拥有的东西不是某个词库,而是使用词库的方式",也就是说,病人失去的是使用某个词语的方式。③ 这就是说,经验主义的语言观并不能很好地解释失语症病人的这种表现。

经验主义的解释困难使人们倾向于理智主义的解释,即人们选择"在一种思维障碍中找出某些失语症的原因"④。如果接受理智主义的这种解释,那么这就如同经验主义的解释,语言自身都会被理解为没有意义的东西,也就是说语言会被视为"一种思维的外部伴随物"。然而,没有语言,思维照样存在,即"没有外部符号,内部认识照样能产生"⑤。基于此,就失语症而言,我们就无法确知,病人之所以不能使用"不"的语词,其原因一定是思维存在障碍。基于上述分析,理智主义的语言理论同样不能很好地解释失语症。

尽管经验主义和理智主义的理论不能合理解释失语症现象,不过,梅洛-庞蒂认为这并不意味着经验主义和理智主义对语言的看法是全然错误的。因为事实上,语言毕竟能够呈现为"词语表象"的符号特征,同时语言也的确与人的思维密切相关。当然,梅洛-庞蒂所想要指出的是,经验主义和理智主义不能由此就将语言的这些特征上升为语言现象的本质存在。

---

① [法]梅洛-庞蒂:《知觉现象学》,姜志辉译,北京:商务印书馆2001年版,第228~230页。
② [法]梅洛-庞蒂:《知觉现象学》,姜志辉译,北京:商务印书馆2001年版,第228页。
③ [法]梅洛-庞蒂:《知觉现象学》,姜志辉译,北京:商务印书馆2001年版,第229页。
④ [法]梅洛-庞蒂:《知觉现象学》,姜志辉译,北京:商务印书馆2001年版,第229页。
⑤ [法]梅洛-庞蒂:《知觉现象学》,姜志辉译,北京:商务印书馆2001年版,第231页。

二、语言现象的存在论研究

在梅洛-庞蒂看来,经验主义和理智主义的语言观是错误的,正确揭示语言现象的本质特征需要利用现象学尤其是存在论的方法。也就是说,梅洛-庞蒂主张对语言进行存在论的分析,这意味着将语言作为一种介入意识表现,从而置于人的存在活动中去加以理解。

梅洛-庞蒂对胡塞尔所说的"一切还原,同时也是先验的还原,必然是本质的"进行了解读,从中我们可以清楚看到梅洛-庞蒂的存在论分析方法。梅洛-庞蒂认为,尽管作为语言形式的本质是我们认识事物的手段,但是,我们不能像逻辑实证主义那样将哲学的任务限制在对语言命题的逻辑分析中,并由此主张"我们只能与意义建立联系",从而把本质转变为哲学的目的。梅洛-庞蒂认为,尽管我们需要借助于本质来揭示存在,但是,"经由本质的必然性并不意味着哲学把本质当作对象来看待,而是意味着我们的存在过于紧密地附着于世界,以至当我们的存在投入世界时,不能如实地认识自己,意味着我们的存在需要一些理想性的场来认识和克服我们的存在的事实性"①。因此,真正地认识语言、认识本质,这就需要我们回到语言和本质所克服的存在本身,需要回到前断言生活中去。尽管语言、本质表面上脱离人的存在而体现出客观化特征,但是,我们不能由此把本质与语言彻底地隔绝化、客观化,从而看不到本质的存在基础。梅洛-庞蒂说:"真正地说,使本质存在于分离中的语言功能只是表面的,因为经过分离的本质仍然建立在意识的前断言生活的基础上。在最初意识的沉默中,我们不仅看到词语所表示的东西显现,而且也看到物体所表示的东西,指称和表达活动围绕其展开的初始意义的内核显现。"②

梅洛-庞蒂对语言的存在分析或者说对语言的现象学研究深受胡塞尔后期语言观的影响。在梅洛-庞蒂看来,胡塞尔前期和后期对语言问题的讨论存在着巨大的差别,"某些旧文本和新文本之间的对比是令人震惊的"③。他认为,在前期代表作《逻辑研究》中,胡塞尔认为语言具有普遍的语法并且表达普遍的本质,人们运用的语言是表达某种普遍含义的符号系统,这样,在胡塞尔前期思想中语言就主要体现了一种思想外壳的意义。按照梅洛-庞蒂的说法,"这样被置为思想面前的一种对象,语言就其自身而言只会扮演那种交流的伴随物、替

---

① [法]梅洛-庞蒂:《知觉现象学》,姜志辉译,北京:商务印书馆2001年版,第11页。
② [法]梅洛-庞蒂:《知觉现象学》,姜志辉译,北京:商务印书馆2001年版,第11页。
③ [法]梅洛-庞蒂:《哲学赞词》,杨大春译,北京:商务印书馆2000年版,第45页。

代物、助记忆和次要手段的角色"①。但是,在胡塞尔后期文本中,特别是在《形式的与先验的逻辑》以及《几何学的起源》等著作中,梅洛-庞蒂认为,胡塞尔又发展了一种不同于《逻辑研究》的语言思想。在后期思想中,语言不再简单地充当一种思想外壳,而是获得了一种与人的生存状况相等同的意义,语言也不再是一种交流的伴随物,而是与人际思想交流共生的存在方式。梅洛-庞蒂说:"相反,在最近的文本中,语言作为指向某些对象的源初方式,作为思想的躯体甚或作为思想据之获得主体间价值、最终获得理想存在的活动(没有它,思想就停留为私人现象)而呈现。"②

正是在胡塞尔后期现象学语言观的基础上,梅洛-庞蒂明确阐发了对语言现象的存在论分析,将作为介入意识的语言观奠定在更为坚实的哲学基础上。通过对语言的存在论分析,梅洛-庞蒂实现了对经验主义和理智主义基于二分认识论模式的语言理论的批判。同时,这使得人们可以从人的生存层面来理解语言,从而认识到语言与前断言的身体体验活动的密切关联,认识到语言作为介入意识的本质特点,最终展现了本质与语言更为真实的意义。

三、语言和言语的区分

通过对语言现象的存在论分析,梅洛-庞蒂表明了语言和言语活动的区分。通过区分语言和言语活动,梅洛-庞蒂特别明确了言语活动的存在论特征,从而在前断言生活世界层面上揭示了语言的原初生成之所,揭示言语活动何以作为介入意识而存在。在此基础上,梅洛-庞蒂更进一步展示了言语活动的身体意向本质,从而将语言符号表征和抽象意义等高级认知形式植根于这种言语活动中。

在梅洛-庞蒂看来,言语活动主要体现为人的一种生存方式,并且在言语活动中呈现出的是人所要表达的原初意义。与之相对,语言则是以言语活动为基础,语言是对言语活动的反思表现形式。言语活动呈现的是原初意义,而语言所呈现的则是根源于言语活动的"可支配意义"。梅洛-庞蒂指出,"有必要区分第一次表达的真正言语和把经验语言当作日常语言的第二次表达,论述言语的言语。只有一种言语等同于思想"。在此,"第一次表达的真正言语"就是言语活动,言语活动"实现思想";相反,"论述言语的言语"则是语言,语言不"实现思想",不直接等同于思想,语言"表达一种既成的思想"③。梅洛-庞蒂也把

---

① [法]梅洛-庞蒂:《哲学赞词》,杨大春译,北京:商务印书馆2000年版,第46页。
② [法]梅洛-庞蒂:《哲学赞词》,杨大春译,北京:商务印书馆2000年版,第46页。
③ [法]梅洛-庞蒂:《知觉现象学》,姜志辉译,北京:商务印书馆2001年版,第233页。

言语活动称为"能表达的言语",而把语言称为"被表达的言语"。"能表达的言语"就是对语言的存在论分析所要揭示的主要对象,或者说它与人的生存活动密不可分,甚至于它就是介入意识本身。梅洛-庞蒂指出,"能表达的言语"是"意义意向处在初始状态的言语。在这里,生存集中在不能由自然物体规定的某种'意义'上,生存试图在生存之外聚集,这就是为什么生存创造了作为它自己的非存在的经验支撑物的言语。言语是我们的生存超出自然存在的部分"。而"被表达的言语"作为"已经形成的词汇和句法系统",它是"以经验方式存在的'表达工具',是言语行为的沉淀和沉积"①。

梅洛-庞蒂对语言的存在论分析,不仅试图揭示言语活动的原初性和意识的介入性,还试图展示出语言对言语活动的依赖。通过对人类表达行为的分析,梅洛-庞蒂揭示了语言与言语活动之间的这种依赖关系。语言作为表达工具,并不是某种独立的存在形式,语言是在更为原本的言语活动中涌现出来的,或者说语言本质上是言语意向性的呈现。梅洛-庞蒂指出,"说话的意向仅处于开放的体验中。说话的意向像液体的沸腾从存在的深处涌现……"②。这样,语言作为"被表达的言语",尽管语言在我们看来是多么地富于变化,但是我们既不能把它看作一种生理身体的"自然符号",也不能把语言看作一种"约定符号"。相反,语言归根结底来源于并且意味着我们的真实性体验存在。梅洛-庞蒂指出,"一种语言里元音占主导地位,另一种语言里辅音占主导地位,结构和句法系统,都不代表为了表示同一种思想的各种随意约定,而是表示人类团体歌颂世界的方式,归根结底,体验世界的方式"③。这就是说,在人的生存活动中,身体体验已经是一种"表达",而言语活动就是这种"表达",至于语言则不过是把这种"表达"转化成了可以支配的形式。或者说,按照梅洛-庞蒂对知觉世界的理解,语言源于并且派生于知觉世界。梅洛-庞蒂指出,"知觉本身就是一种前断言的表达,一种无言的表达,语言表达只是派生的表达形式"④。所以,真正的表达或者说"成功的表达"就不仅仅是一种语词的呈现和流动,而是要揭示存在、展露体验。梅洛-庞蒂举例指出,就像女演员拉贝尔玛对菲德拉这一角色的扮演那样,"美感的表达把自在存在给了它所表达的东西,把自在存在作为人人都能理解的被感知物体置于自然之中,或者相反,夺走其经验存在的符号

① ［法］梅洛-庞蒂:《知觉现象学》,姜志辉译,北京:商务印书馆 2001 年版,第 265 页。
② ［法］梅洛-庞蒂:《知觉现象学》,姜志辉译,北京:商务印书馆 2001 年版,第 254 页。
③ ［法］梅洛-庞蒂:《知觉现象学》,姜志辉译,北京:商务印书馆 2001 年版,第 244 页。
④ 杨大春:《杨大春讲梅洛-庞蒂》,北京:北京大学出版社 2005 年版,第 87 页。

本身——喜剧演员的身体,绘画的颜色和画布,把它们带到另一个世界"①。

对言语与语言的存在论分析,一方面揭示了言语活动是生成原初意义的生存活动,是一种介入意识的典型表现;另一方面则揭示了语言作为言语经验的表达工具植根于言语活动,语言活动在意义表达问题上不能喧宾夺主。由于梅洛-庞蒂将人的生存本身视为一种身体性的在世存在,因此,作为生成原初意义的言语活动本质上也体现为一种身体性的存在。正是在此意义上,梅洛-庞蒂将言语活动也视为一种动作,尤其是基于身体活动的一种表意动作,一种介入意识的鲜活表达。

四、言语行为/表意动作

在空间知觉等认识形式上,在梅洛-庞蒂看来,如果说原初性的身体空间知觉本质上就是人类身体在空间中的运动,那么在言语活动中,原初性的意义表达或者说言语活动同样也表现为人类身体的一种运动。梅洛-庞蒂说:"身体把某种运动本质转变为声音,把一个词语的发音方式展开在有声现象中,把身体重新摆出的以前姿态展开在整个过去中,把一种运动的意向投射在实际的动作中,因为身体是一种自然表达能力。"②这样一来,与知觉活动一样,言语活动本质上也体现了身体的意向性活动,本质上就是身体的一种活动。空间知觉和言语活动本质上都表现为一种介入意识。也正是在此意义上,梅洛-庞蒂明确指出,"言语是一种动作"③。

作为一种传达意义的身体活动,梅洛-庞蒂也将言语行为称之为表意动作。表意动作本质上就是人类身体意向性的表现方式,鲜明体现了人类意识的介入性。如果说空间知觉是包括肢体、眼睛等器官共同参与的人类身体与外部对象之间的一种意向性关系,那么言语活动也是包括喉部、舌和嘴以及肢体等器官共同参与的人类身体与外部对象之间的一种意向关系。所以,言语活动与身体体验密切关联。梅洛-庞蒂指出,"人们始终注意到动作或言语改变了身体的面貌,但人们仅局限于说动作和言语显现或表现另一种能力,即思维或灵魂。人们没有看到,身体为了表现这种能力最终应成为它向我们表达的思想和意向。是身体在表现,是身体在说话,这就是我们在本章中学到的东西"④。对此,我国

---

① [法]梅洛-庞蒂:《知觉现象学》,姜志辉译,北京:商务印书馆2001年版,第238页。
② [法]梅洛-庞蒂:《知觉现象学》,姜志辉译,北京:商务印书馆2001年版,第237页。
③ [法]梅洛-庞蒂:《知觉现象学》,姜志辉译,北京:商务印书馆2001年版,第240页。
④ [法]梅洛-庞蒂:《知觉现象学》,姜志辉译,北京:商务印书馆2001年版,第256页。

学者杨大春也指出,在梅洛-庞蒂那里,"我的身体是表达现象的场所,更确切地说是表达现象的现实性本身。各种感觉相互蕴含,形成一种联觉,共同构成为原初的表达,它们的表达价值确立了被感知世界的前述谓的统一,并通过这种统一确立了言语表达和理智含义。也就是说,身体经验是更为原始的结构,口头语言不具有对于身体姿态的优先地位,文字之类符号更是后来的、派生的东西地位"①。

与人类知觉一样,言语行为或表意动作都揭示了人类的身体性在世存在的特征,都揭示了人类存在基础的身体体验结构,都深刻揭示了介入意识的本质存在。正是在人类的身体性体验过程中,表意动作生成了意义本身。梅洛-庞蒂说:"在会说话的主体和听会说话的主体的主体看来,语音动作实现了某种体验结构,某种生存的变化,正如我的身体的行为为我和为他把某种意义赋予我们周围的物体。"②通过对物体的命名活动,梅洛-庞蒂更为典型地说明这一思想。他指出,物体的命名这一言语活动就是人类体验活动本身,"物体的命名不是在认识之后,而是认识本身"③。在梅洛-庞蒂看来,如果我们不顾言语活动的体验特征,依据经验主义和理智主义的理解将言语活动作为一种单纯的物理和生理现象或作为一种思维的表达,那么,我们就不能理解发生在原始人或者儿童身上的某些现象,而单纯地将他们的一些我们难以理解的命名活动视为一种"错误"。梅洛-庞蒂说:"对于前科学思维来说,说出一个物体的名称就是使之存在或改变它:上帝在命名生物的时候创造了生物,巫术在谈论生物的时候对生物产生了作用。如果言语建立在概念的基础上,那么这些'错误'是不可理解的,因为人们通常认为概念有别于言语,并把言语当作一种外部伴随物。"④只有把命名活动理解为体验活动本身,我们才能理解原始人或儿童的一些命名活动,才不至于把某些我们难以理解的命名简单地归结为"错误"。

总之,梅洛-庞蒂对言语现象的存在论分析,意味着将言语活动置于身体与外部事物的生存活动中,意味着言语活动是一种介入意识的表现,是一种身体性的存在方式表现,也是我们人类的现实体验方式。梅洛-庞蒂的语言思想显然对将抽象意义、逻辑形式作为语言本质的思想构成了重大的挑战。也正是基于这一点,梅洛-庞蒂的语言思想对基于符号表征的形式化操作的认知科学研

---

① 杨大春:《含混的散文诗学:梅洛-庞蒂与语言问题》,《南京社会科学》2003 年第 6 期。
② [法]梅洛-庞蒂:《知觉现象学》,姜志辉译,北京:商务印书馆 2001 年版,第 251 页。
③ [法]梅洛-庞蒂:《知觉现象学》,姜志辉译,北京:商务印书馆 2001 年版,第 232 页。
④ [法]梅洛-庞蒂:《知觉现象学》,姜志辉译,北京:商务印书馆 2001 年版,第 232 页。

究构成了挑战,同时也对基于身体和情境意义理论的认知科学研究产生了推动
作用。

第五节　心身关系与介入意识

　　当代认知科学哲学家戈尔德曾经指出,对笛卡尔主义心灵观念及心身关系
等问题的哲学反思与消解主要存在两种传统,一是以赖尔(Gilbert Ryle)为代表
的英美行为主义传统,一是以海德格尔、梅洛-庞蒂等为代表的欧洲大陆现象学
传统。针对这两种批判笛卡尔主义的理论倾向,戈尔德指出,"它们的目标就是
批判笛卡尔主义的思想,这种思想把心灵理解为表征和加工的内在王国,同时
主张这种内在心灵是我们具有智能的原因"①。不过,英美行为主义对笛卡尔主
义二元论的克服,面临着取消意识活动的还原主义危险,因此从根本上说它们
没有克服二元论。正如罗蒂指出的,不管是赖尔主张的"谈论心的实体就是谈
论行为的倾向",还是斯马特(J. C. Smart)主张的"谈论心的实体就是谈论神经
状态",都没有摆脱心身的"直观性的区分"②。在克服笛卡尔主义二元论的发
展过程中,梅洛-庞蒂的现象学也提供了一种方案。一方面,其现象学试图消除
实体思维,心灵不再被看作脱离身体的独立存在;另一方面,主张身体就是主
体,身体与环境的互动能够呈现主观性的意识活动。这样,以梅洛-庞蒂为代表
的现象学对身体活动的反思也试图走出各种笛卡尔主义二元论的神话,同时也
在避免取消意识活动的还原主义危险。总体上,梅洛-庞蒂的现象学对笛卡尔
主义二元论的批判主要体现在两个方面,即对实体二元论和属性二元论的批
判,或者说是对脱离身体的自在心灵实体与属性的批判。具体来说,梅洛-庞蒂
现象学首先通过辩证思维取代了笛卡尔主义的实体思维,这样,梅洛-庞蒂现象
学一方面通过现象身体观念明确了心灵即身体,另一方面则通过各种层面的辩
证关系,通过介入意识对旁观意识的批判,彻底消解了实体性的心灵。

一、梅洛-庞蒂对实体二元论的批判

　　针对传统哲学在心身与心物问题上的实体二元论观念,梅洛-庞蒂提出用

---

① Gelder, T. What Might Cognition Be, If Not Computation? Journal of Philosophy, 1992(7).
② [美]罗蒂:《哲学和自然之境》,李幼蒸译,北京:商务印书馆2003年版,第15、32页。

辩证思维取代传统实体思维,以此破解传统的实体二元论。梅洛-庞蒂的这一做法也是《行为的结构》中批判实体思维的延续。在梅洛-庞蒂看来,依据辩证思维,身体不再是实体性的物,相反,身体就是具有心灵能力的能动身体。外部对象也不再是某种确定的实体,相反,外部对象是依赖于身体主体的不确定对象。心与身之间的关系也不再是对立的实体关系,相反,心与身之间的关系是体现整个世界不同存在层次的一种辩证关系。

(一)身体是辩证法的承载者

在笛卡尔主义和大多数传统哲学家的视野中,身体普遍被视为一种实体性的、惰性的生理物理性的物质。实体思维支配的传统身体观可称为一种生理物理身体观,这种观点一直左右着大多数现当代科学家和哲学家对身体的理解。在辩证思维的支配下,梅洛-庞蒂的现象身体观改变了笛卡尔主义以及现当代大多哲学家对于身体的实体性理解。现象身体就是把身体既看作主体又看作客体,把身体视为这种主客体辩证关系的承载者,梅洛-庞蒂也把现象身体的这种特征称之为身体的含混性。把身体看作是含混的,实质上体现了辩证思维对实体性思维的替代。在辩证思维中,身体不再是确定的实体,身体变成了某种不确定的东西;意识也不再是独立的实体,而是一种透过身体行动表现出的介入意识。

笛卡尔主义主张一种实体性的物理生理身体观,同样,在笛卡尔主义二元论实体框架内,感觉和思维也都体现为某种内在心灵实体的功能。在这种心身理论框架下,身体自然就成了"一堆物质性的、惰性的东西,或一种外在工具"①。这就造成了心灵与身体之间的二元对立,并且在心身互动问题上陷入了混乱。梅洛-庞蒂指出,如果我们要走出心身互动问题上的混乱,如果我们要理解心身何以能够互动以及真正理解知觉与行为,那么我们就需要用辩证的思维而不是实体性的思维来理解身体。正是在这个意义上,梅洛-庞蒂指出,"在我们抽象地把身体看作是物质的一部分时,心灵与身体的各种关系是晦暗不明的,当我们把身体看作是一种辩证法的承载者时,这一关系得到了澄清"②。

(二)认识对象的含混性

梅洛-庞蒂不仅运用辩证思维来理解身体-主体,而且利用辩证思维来理解

---

① [法]梅洛-庞蒂:《行为的结构》,杨大春、张尧均译,北京:商务印书馆 2005 年版,第 278 页。
② [法]梅洛-庞蒂:《行为的结构》,杨大春、张尧均译,北京:商务印书馆 2005 年版,第 299 页。

认识对象。在实体思维的主导下,传统哲学在感知觉的解释中往往认为存在着某种确定的对象或者性质。梅洛-庞蒂指出,按照辩证思维,根本不存在这种确定的性质,感知觉的对象是不确定的、含混的。

梅洛-庞蒂指出,假设红色地毯上有一个斑点,为什么人们可能会形成对这个斑点的不同感知觉呢?这当然不能完全归结为主观因素,因为对象的确参与了感知觉,斑点的确映入了我们的眼帘。梅洛-庞蒂指出,之所以产生不同的感知觉的一个重要原因是,斑点本身就是含混的,也就是说斑点存在于不同的知觉域中,因此才导致感知觉的差异。同样,在缪勒-莱尔错觉实验中,本身具有同样长度的线段,由于两端箭头的指向不同,从而使得我们知觉到的线段长度发生了显著变化。在对线段的知觉过程中,存在确定的知觉对象和性质吗?如果是确定的,为什么我们会产生知觉的变化呢?梅洛-庞蒂指出,产生知觉变化的原因说明,感觉的对象也是"交替变化的",并且"实在的景象是自在模糊的"。正是由于知觉对象的这种含混性,因此导致了"一种未定的视觉,一种说不清楚的视觉"。然而,我们不能说这种感觉的不确定性是一种偶然的现象,相反,这是一种必然的存在并且可能就是知觉的本性。在知觉活动中显现出来的这种"未确定的东西"是一种"肯定的现象"。因此,认识对象本身就不是确定的,确定性的实体对象及其性质本质上就是不存在的。梅洛-庞蒂指出,实验心理学所认为的物体的"确定性质"只是我们意识的产物,是"科学意识的后来的对象"①。

实体二元论承诺存在着确定的对象与性质,承诺存在着确定的知觉,然而,通过辩证思维,梅洛-庞蒂揭示了对象的不确定性质以及不确定知觉,这就进一步削弱了心身实体性二元论的基础,论证了介入意识的思想。

(三)心是身的辩证发展

通过说明身体-主体、认识对象在知觉活动中体现的含混性,梅洛-庞蒂初步消除了心身的实体性特征。进而,通过辩证思维,梅洛-庞蒂阐述了心灵与身体、精神与物质之间的非实体性关系,由此实现了对心身实体二元论的有力批判。

笛卡尔主义实体二元论的一个重要特征是强调心灵与身体实体的对立性存在。梅洛-庞蒂承认,在我们的思维活动与身体活动之间的确存在某种差别,

---

① [法]梅洛-庞蒂:《知觉现象学》,姜志辉译,北京:商务印书馆 2001 年版,第 26~27 页。

例如,饥饿与对饥饿的思维控制就显示了这种差别。同时,梅洛-庞蒂也承认这种差别普遍存在于物理、生物以及社会等不同层面之中。不过,这种不同层面的差别是不是足以确证各种实体之间的对立性存在呢？梅洛-庞蒂持有反对意见。他主张将这些层面之间的关系理解为一种辩证的关系,而不是一种实体性的对立关系。或者说,梅洛-庞蒂反对把这些差别解释为不同对立实体的观念,相反,他赞同把这些差别理解为同一世界本体展示的不同层面。这些不同层面之间的关系不是实体性的对立关系,而是同与异、依存与转化、剥离与包容的辩证关系。

如何理解世界不同层面之间的辩证关系呢？梅洛-庞蒂指出,"这不是一种实体的二元性,或换而言之,心灵和身体的观念应该被相对化:存在着作为一堆相互作用的化学化合物的身体,存在着作为有生命之物和它的生物环境的辩证法的身体,存在着作为社会主体和他的群体的辩证法的身体,并且,甚至我们的全部习惯对于每一瞬间的自我来说都是一种触摸不着的身体。这些等级中的每一等级相对于它的前一等级是心灵,相对于后一等级是身体。一般意义上的身体是已经开辟出来的一些道路、已经组织起来的一些力量的整体,是既有辩证法的土壤——在这一土壤上,某种高级形式的安置发生了,而心灵是由此而建立起来的意义"①。针对黑格尔的名言——"精神似乎抛在后面的那些环节,它在其当前深度中依然承载着它们",梅洛-庞蒂指出,黑格尔的话表明"高级行为在其存在的当前深度中仍然保留着那些从属的辩证法——从物理系统与其形态学条件的辩证法直至机体与其'环境'的辩证法"②。可见,心身关系不过是一种特殊的辩证关系。

在梅洛-庞蒂的后期思想中,他更为彻底地贯彻了对心身关系的这种辩证解读。梅洛-庞蒂在本体论层面上将"肉"(flesh)看作是唯一的基质,主张这种统一的本体的存在能够最终替代实体二元论。梅洛-庞蒂说:"我们不必从实体或者身体和精神来思考肉——因为这样会消弭矛盾——我们必须把肉思考为一种元素,思考为一种普遍存在方式的具体象征。"③梅洛-庞蒂后期的本体论思想类似于古希腊的元素论或者原子论的本体观,在这种唯一性的自然元素

---

① [法]梅洛-庞蒂:《行为的结构》,杨大春、张尧均译,北京:商务印书馆 2005 年版,第 307 页。
② [法]梅洛-庞蒂:《行为的结构》,杨大春、张尧均译,北京:商务印书馆 2005 年版,第 303 页。
③ Merleau-Ponty, M. The Visible and the Invisible, trans. A. Lingis. Evanston: Northwestern University Press, 1968, p. 147.

中,整个身体与对象世界融为一体。① 尽管通过"肉"这一概念,梅洛-庞蒂在后期思想中作出了某种本体论承诺,但是这并不等于重新接纳了实体思维。应该说,梅洛-庞蒂对笛卡尔主义实体二元论的批判与修正是一贯的,梅洛-庞蒂后期的统一本体是其前期消解实体二元论的辩证思维的完成,是一种辩证思维消除实体思维之后的新型形而上学。

二、梅洛-庞蒂对属性二元论的批判

属性二元论是对实体二元论的一种变相修正,它是笛卡尔主义二元论的一种新形式。属性二元论虽然放弃了实体二元论的实体思维,主张一元论的形而上学,但是,属性二元论在思维和广延等属性问题上依然受制于二元论立场,主张思维与广延相互独立、互不干扰。属性二元论依然难以解释心灵与身体之间的互动,并且在近现代哲学中受到心理因果性等诸多问题的质疑和挑战。

当代的属性二元论源于在感觉质等问题上面临的解释困难。例如,在当代心灵哲学中,物理主义框架难以解释感觉质问题,不过,并没有充分的理由主张感觉质就是我们无法解释的副现象。哲学家杰克逊就持有这种副现象主义立场。一方面,杰克逊认为不能通过客观的物理知识来说明主观性的意识体验;另一方面,他也提出,感觉质是一种可有可无、不具有因果作用的意识现象。杰克逊的立场似乎更倾向于一种二元论立场。对于我们来说,如果不想接受由此可能导出的二元论立场,那么就必须对感觉质提供一种物理主义的说明。在二元论与各种唯物主义之间,应当寻求一种什么样的新物理主义解释呢? 哲学家内格尔(Thomas Nagel)提出了一种可能的新型物理主义解释方案。针对二元论和还原主义的两极方案,内格尔提出如果我们能够找到一种物理层面,这个物理层面的"客观活动能够具有一种主观性特征",同时,作为认知活动的"主观经验能够具有一种客观的特征",这样我们就可能通过一种修正的物理主义方案来解释感觉质。内格尔把这种新方案称为"一种不依赖移情(empathy)或想象(imagination)的客观现象学"(objective phenomenology)。这一现象学的目标是"以一种使不具有那些经验的人能够理解的方式描述(至少部分地描述)经验的主体性特征"②。可见,这种方案的实质就在于找到一种既具有主观性又具有客

---

① Marito Sato. The Incarnation of Consciousness and the Carnalization of the World in Merleau-Ponty's Philosophy. Immersing in the Concrete: Analecta Husserliana, 1998(58).

② Nagel, T. What Is It Like to Be a Bat. In Block, N. eds. Readings in Philosophy of Psychology, London: Methuen, 1980, p. 166.

观性的物理说明层面。内格尔的设想在很大程度上反映了梅洛-庞蒂对副现象主义的批判以及关于感觉质的现象学解释。

梅洛-庞蒂对实体二元论的消解以及对心身关系的辩证理解,不仅蕴含着对属性二元论的消解,而且蕴含着对感觉质的一种新物理主义解释。梅洛-庞蒂指出,我们之所以对地毯的斑点能够产生不同的感知觉或者说显现出感觉质的状态,一个很重要的原因就在于认识对象与认识主体的辩证思维,在于人类认识自身的含混性。就认识对象而言,我们不把这个红斑理解为确定的对象或者性质,而是把它置于不同的知觉域中并且把它视为自在含混的。认识对象的这种含混性支撑了感觉质的多样性。此外,认识主体的含混性同样决定了感觉质的多样性。

梅洛-庞蒂对属性二元论的消解更明确地体现在他对身体行为主观性的相关论述中。胡塞尔在动感理论中已经表述了身体活动的主观性思想。一方面,胡塞尔把动感视为原初的感知活动,主张感知现象的进程与身体所做的运动是手拉手进行的;另一方面,他指出动感就是身体的主动性活动,也就是说感知的身体是"一个主观运动的,并且是在感知行为中主观运动着的身体"。正是基于这两点,胡塞尔把动感的进行概括为"原初的主观实现"。梅洛-庞蒂更是进一步明确了身体活动的主体性特征,特别是通过赋予身体主体以活的和含混的特征,从而表明了身体活动的主体性特征。梅洛-庞蒂把身体主体视为一种活动身体。他指出,尽管我们在知觉活动中通常没有意识到是什么在知觉,尽管我们还没有把身体抽象理解为一种"生理学的实在",但是,身体却实实在在就是"我们的活动的活的躯壳"[①]。同时,梅洛-庞蒂明确了既是物理生理对象又是能动主体的现象身体思想。通过明确身体的含混性,他把知觉概括为一种既具有主观性又具有客观性的身体活动。例如,就空间知觉的解释而言,空间知觉不是我们构造出来的客观空间,相反,空间知觉是"主动的身体在一个物体中的定位"[②]。身体状况和体验的不同决定着空间知觉的不同,这就说明了知觉的主观性特征。这样,在空间知觉的问题上通过阐明身体的主动性和含混性特征,我们就可能理解为什么会产生不同的空间知觉,为什么空间知觉会呈现出多样性。通过身体活动对感觉质的解释,这就使得我们放弃了内在心灵的实体解释,也放弃了副现象心灵的属性二元论解释。

[①]　[法]梅洛-庞蒂:《行为的结构》,杨大春、张尧均译,北京:商务印书馆2005年版,第278页。
[②]　[法]梅洛-庞蒂:《知觉现象学》,姜志辉译,北京:商务印书馆2001年版,第140页。

　　梅洛–庞蒂还通过知觉行动的透视性来解释感觉质。知觉行为本身具有既主观又客观的含混性特征。梅洛–庞蒂指出,知觉的透视性是知觉行为的本质,由此,他通过透视概念来表达知觉的这种含混性。在梅洛–庞蒂看来,我们可能从不同侧面(例如包括颜色、形状和大小等外观)形成对办公桌的不同认识,这种认识的变化可称为"透视"。这种透视并不妨碍我们对客观事物的知觉以及认识,反之,透视就是知觉的本质,并且知觉正是在这种透视活动中呈现出感觉质的丰富性。梅洛–庞蒂说:"透视在我看来并不是事物的主观变形,相反地是它们的属性之一,或许还是它们的本质属性。正是透视性使得被知觉者在自身中拥有一种隐藏起来的、难以穷尽的丰富性,使得被知觉者是一'物'。"①

　　在对知觉活动透视性的表述中,梅洛–庞蒂明确说明了透视呈现的主观性特征。梅洛–庞蒂认为,在透视活动中,一方面是对真实事物的把握,真实事物在知觉活动中显露出相对于主体的无穷尽意义;另一方面透视就是身体的主体性活动,或者说透视是"相对于我的身体存在的"。梅洛–庞蒂指出,透视"按照某种不可分割的方式,被知觉者即被领会为'自在',即具有一种我永远也不能穷尽地探索的内在性;此外,透视又被领会为'为我',即透过它的各种暂时外表而作为化身被给予"②。梅洛–庞蒂不仅通过揭示透视活动的含混性和主观性来表明感觉质的多样性,而且还通过描述对象所处背景在透视中的参与表明感觉质的丰富性。在知觉或者透视活动中,之所以知觉体现不同的丰富意义,原因还在于对象所处环境以及对象的不可见面都参与了知觉活动的形成。知觉透视不仅是对对象可见面的知觉,而且是对这个物体朝向其他事物的任何不可见面的知觉;不仅是对知觉中心事物的知觉,而且是对其背景事物的知觉。梅洛–庞蒂说:"当我注视我的桌子上的台灯时,我不仅把我的位置上可以看到的性质,而且也把壁炉、墙壁、桌子能'看到'的性质给予台灯,台灯的背面只不过是向壁炉'显现'的正面。由于物体组成了一个系统或一个世界,由于每一个物体在其周围都有作为其隐藏面的目击者和作为其隐藏面的不变性的保证的其他物体,所以我能看见一个物体。"③哲学家凯利(Sean Kelly)把梅洛–庞蒂的这一思想称为"以物观物"(objects see one another),他指出,正是在这一点上梅

---

　　①　[法]梅洛–庞蒂:《行为的结构》,杨大春、张尧均译,北京:商务印书馆2005年版,第275页。
　　②　[法]梅洛–庞蒂:《行为的结构》,杨大春、张尧均译,北京:商务印书馆2005年版,第276页。
　　③　[法]梅洛–庞蒂:《知觉现象学》,姜志辉译,北京:商务印书馆2001年版,第101页。

洛-庞蒂的知觉思想与知觉的认知主义解释区分开来了。①

　　总体来说,梅洛-庞蒂批判了笛卡尔主义二元论及其当代表现形式,主张通过固有主观性特征的身体活动来重构新型的认识关系。卡曼通过梅洛-庞蒂与胡塞尔现象学的比较也指出了梅洛-庞蒂对笛卡尔主义二元论的克服。卡曼指出,梅洛-庞蒂与胡塞尔不同,但他与海德格尔类似,都试图超越主客观区分来理解对环境体验的具体结构。海德格尔没有提到涉身性,而梅洛-庞蒂则将身体的意向性作为挑战传统心灵观念的核心概念。正是在梅洛-庞蒂这里,与胡塞尔不同,鲜活的身体(lived body)等同于知觉主体,从而新的身体主体削弱了人们在透明性意识与不透明外部世界之间的二分,尤其是胡塞尔在主体与客体、意向主体(noesis)与意向对象(noema)之间的二分。尽管梅洛-庞蒂的《知觉现象学》受到胡塞尔《观念二》的影响,二人都提出身体作为主体的思想,但是梅洛-庞蒂在很大程度不同于胡塞尔,尤其是在知觉结构上有着不同的认知。对于梅洛-庞蒂来说,身体在知觉体验中发挥着一种构成性的作用,也就是说,在知觉活动中,我们不是将身体理解为我们具有的东西,而是将身体理解为知觉活动的存在自身。在二元论问题上,胡塞尔也不是一个形而上学的二元论者,其目的是放弃自然主义的立场,放弃一种关于心身的解释性的理论。这种在心灵问题上的描述,也是对笛卡尔主义实体二元论和斯宾诺莎式的属性二元论的一种批判。但是,胡塞尔对二元论的批判,目的是进行一种超验的反思,从而将纯粹意识视为一种自主和自足的现象。这种纯粹意识是通过悬隔或超验还原(transcendental reduction)而呈现的,纯粹意识呈现为一种意向性结构,这一意向性结构仍然体现出一种意识和实在的区分,或者说,在意识体验与对象存在之间出现了一种区别。只是,胡塞尔始终不认为这是一种形而上学论断,而只是一种对意识的现象学描述。正是在这种区分意识与实在的立场上,胡塞尔将身体理解为超验自我的一种主体感知形式。而梅洛-庞蒂则跳出了心身二元论问题,将身体视为沟通意识和实在的桥梁,视为理解介入意识的关键。尽管胡塞尔也将主体理解为一种身体与灵魂的具体统一体,但是,这种具体统一体并没有走出二元论的理论框架。胡塞尔关于人的这种心理物理的统一体没有触及意识与身体的连接,这种心身统一体不足以消除二元论。而梅洛-庞蒂通过身体意向性乃至能动身体的观念,从而较胡塞尔更为彻底地消除了笛卡尔主

---

① Kelly, S. Seeing Things in Merleau-Ponty, In Taylor Carman and Mark B. N. Hansen. eds. The Cambridge Companion to Merleau-Ponty, Cambridge: Cambridge University Press, 2005, p. 77.

义实体二元论和斯宾诺莎式的属性二元论。①

梅洛–庞蒂对涉身性思想的构想以及对各种二元论的批判做法深刻影响了当代认知科学的研究,并成为当代认知科学研究中的一个新的理论维度。例如,当代涉身认知科学的理论家们就明确把身体的主观性作为在非二元论框架下理解知觉等认知形式的重要路径。莱考夫和约翰逊等人就主张,身体在概念等认知活动构成中发挥作用的时候本身就蕴含着一种主体性的维度。科学家达玛西奥(A. R. Damasio)等人也提出了主观性的情感可以通过人的身体活动得以解释,或者说原初的身体自我在建构情感等认知活动的过程中可能居于更加核心的地位。② 梅洛–庞蒂的现象学思想也为当代认知科学研究提供了一种针对感觉质等现象的修正的物理主义解释。由于身体是能动的、活的身体,这就与死的、纯粹的分子与原子的物理身体区分开来,这样,人们对能动身体的知识就可能向感觉质提供一种非二元论的解释。当代涉身认知科学家们对解决感觉质问题似乎保持着一种较为乐观的态度。认知科学家皮菲弗尔(R. Pfeifer)等人指出:"感觉质是诸如'红性'(the redness of red)这样的伴随知觉活动的主观感觉。感觉质标志着主观感觉与物理系统在解释上的鸿沟。在我们看来,感觉质与涉身性密切相关,与我们感官系统的物理、生理和形态学结构密切相关。"③当然,将梅洛–庞蒂的现象学与当代认知科学的研究结合起来,真正实现建构感觉质的科学设想还需要得到更深入的哲学探讨和更有说服力的科学实证支持。

如果我们将梅洛–庞蒂的哲学视为是一种对意识的重解,或者说是一种"我能"对"我思"的替代,那么梅洛–庞蒂的现象学认知理论就应是传统哲学的一种创造。正如我国有学者所言:"笛卡尔的意识是在纯思想的透明性中自我重合的纯主体意识,而在梅洛–庞蒂的'我能'现象学中,意识位于在世上的身体之中,意识是'我能',意识是具体的、主体间性的和非主题化的。栖居于我们身体中的意识只能部分提取存在的片段。梅洛–庞蒂与笛卡尔、康德、胡塞尔的分歧显而易见。"④总的来说,梅洛–庞蒂始终在规避实体意识、客观意识或者"旁观

---

① Carman, Taylor. The Body in Husserl and Merleau-Ponty, Philosophical Topics, 1999(2).

② Damasio, A. The Feeling of What Happens: Body and Emotion in the Making of Consciousness, New York: Harvest Books, 1999.

③ R. Pfeifer&Fumiya Iida. Embodied Artificial Intelligence: Trend and Challenges, Lecture Notes in Computer Science, 2004(3139).

④ 莫伟民:《意识是"我能"——梅洛-庞蒂的"我能"现象学探究》,《复旦学报》2008年第6期。

意识",始终在论证一种介入意识、能动意识的理论。正是这种新的介入意识理论,使得我们可以理解甚至憧憬,梅洛-庞蒂的现象学认知理论何以能对当代认知科学哲学研究发挥某种正向作用。

第三编
介入意识与涉身智能科技研究

自 20 世纪 50 年代"认知革命"以来,或者说随着人类历史上的智能时代来临,以计算机科学、人工智能和脑科学等为代表的认知科学研究经历了第一代认知科学研究和第二代认知科学研究。一般认为,以认知主义和联结主义为代表的经典认知科学研究为第一代认知科学研究,而以注重身体-主体、情境交互为代表的当代认知科学研究则为第二代认知科学研究。从第二代认知科学的产生与发展来看,以梅洛-庞蒂为代表的现象学思想受到广泛的重视。梅洛-庞蒂的涉身性哲学不仅被视为经典认知之表征-计算纲领批判的重要资源,而且被视为情境认知、涉身认知、生成认知等第二代认知科学研究纲领的哲学基础。总体来看,在第二代认知科学研究中,以涉身认知为代表的认知科学研究对经典认知研究的"表征-计算主义"主流研究纲领进行了深刻反思。自 20 世纪 80 年代以来,第二代注重身体和情境交互的涉身认知研究纲领更为注重将大脑神经生理活动和社会文化情境等生物学、社会学因素纳入认知理解之中,更为符合梅洛-庞蒂所重视的介入意识哲学。涉身认知对包括知觉、想象、意识和情感等当下的体验性、前语言的非反思性的在线智能或者在线认知(on-line cognition)和思维、推理、语言等反思性的、命题式的离线智能或者离线认知(off-line cognition)形式进行了新的解释。总体上,涉身认知已经成长为当代认知科学中具有较强解释力的成型研究框架,不过,也应清醒看到涉身认知的研究框架仍然处于调整发展过程中。

第一章 涉身认知的产生与发展

认知科学中的涉身认知理论是19世纪末以来西方现代哲学和科学共同发展的产物。如果我们将20世纪80年代看作是涉身认知的产生节点,那么在这之前可称为涉身认知的史前史,而这个节点之后则是涉身认知正式登台亮相。19世纪末到20世纪中后期,在反思笛卡尔主义二元论的过程中,西方现代哲学和科学的认知研究中出现了重视身体与情境的思想,这些思想直接成为80年代涉身认知理论范式产生的渊源。而在20世纪中后期,涉身认知逐渐成形的过程中则离不开5个代表性关键人物的理论与实践,即H.德雷福斯、梅洛-庞蒂、莱考夫、布鲁克斯和瓦雷拉。20世纪末以来,我国科学与哲学界的学者也开始关注涉身认知的研究,现已成为当代认知科学哲学研究中的前沿,并且在智能革命时代开始发挥实质性的影响。

第一节 涉身认知的科学源流

作为一种理解人类认知和智能的理论,涉身认知有其科学史上的渊源。19世纪末和20世纪初,心理学与生物学等研究领域中就已经出现了涉身认知的科学思想萌芽。美国心理学家詹姆士在《心理学原理》一书中表述了身体活动在认识活动中具有重要作用的思想。于克斯库尔在20世纪初提出知觉系统以及被知觉的环境随着不同生物体的身体设计而变化。20世纪上半叶的语言学家维果茨基(Lev Vygotsky)提出"高级水平的思维活动是人类最初的身体活动(感知运动)的内化(internalization)"的思想。但是,作为一种成熟的认知科学理论研究范式,人们一般将其视为20世纪80、90年代以来哲学与科学发展的产物。

一、皮亚杰的发生认识论

20世纪70年代,皮亚杰(Jean Piaget)儿童心理学和发生认识论研究中就已经展现了涉身认知的思想。在皮亚杰看来,人类认识过程既不应被看作是一个观察经验不断积累的经验主义过程,也不应被看作是先验认知构造外部事物的理性主义过程。在发生认识论看来,认识的发生过程应被看作是一个基于主体图式与客观对象之间连续不断同化与适应的建构主义(constructionism)的过程。

在皮亚杰看来,这个主体图式本质上是一种"行为图式"(schemes of action),也就是一种实践意义上的图式。最初的这种行为图式存在于身体的感官运动阶段(相应于儿童2岁之前),而在儿童2岁之后,行为图式才逐渐产生出了概念化的行为图式,直到11~12岁之后,纯粹的概念图式(假设-演绎的命题逻辑)才最终形成。立足于这种概念和语言的建构主义立场,皮亚杰特别批判了乔姆斯基的"天赋固有核"(innate fixed nucleus)的先验主义语言学假设。皮亚杰指出,"如果我们不是在天生的意义上,而是在基于感官运动智能(sensorimotor intelligence)建构的意义上,我们就可以接受'天赋固有核'的假设;感官运动智能先于语言,并且来自于决定语言后成(epigenesis)的有机体和行为自组织。通过感官运动智能,我们得到的是一种对于固有核的非天生的解释,这种解释已经为布朗(R. W. Brown)、莱恩博格(E. H. Lenneberg)以及麦克尼尔(David McNeill)所接受"①。这种基于感官运动智能对乔姆斯基先验主义、结构主义语言理论的挑战暗合了涉身认知的语言学新思想。

皮亚杰与乔姆斯基之间曾经产生过一场争论,这场争论初步反映了经典认知与涉身认知的不同理论取向。1975年10月,在法国若约芒举行的一场辩论中,作为辩论会主角的皮亚杰和乔姆斯基从语言机制和语言习得的角度讨论了人类知识的来源问题,西方学术界将这一问题概括为"自然-使然"(Nature-Nurtrure)问题。"自然"指人的天性或者先天因素更重要,"使然"指语言知识由后天环境所造成等。皮亚杰认为,人类的智力-心理发展具有阶段性。儿童出生以后在2岁之前的"感觉运动阶段",首先获得动作的逻辑,渐渐发展出事物之间的次序、空间维数、事物的恒在性、因果性等知识。在2岁到7岁之间的

---

① Piaget, J. The Psychogenesis of Knowledge and Its Epistemological Significance. In Beakley. B and Peter Ludlow. eds. The Philosophy of Mind: Classical Problem and Contemporary Issues, Cambridge, Mass.: MIT press, 1992, p. 382.

"前运算阶段",儿童将动作概念化,开始语言和符号思维。到了7岁至10岁"具体运算阶段",儿童能够开始进行具体的运算。最后,从11或12岁开始的"形式运算阶段",儿童开始形成假设-演绎能力。皮亚杰认为,新知识的获得是儿童和环境之间的同化(assimilation)、适应的结果。同化是有机体把外界元素,把客观事物的结构变为内在结构的整合作用。语言知识也是如此而来。可见,皮亚杰主张"使然论"。由于他认为人的知识是主体和环境互相作用并逐步形成的,所以又称为"建构论"。

与皮亚杰不同,乔姆斯基主张人类生来就有抽象的语言核心知识,这种知识由基因决定。核心知识在环境中"成长"为具体的语言知识。乔姆斯基表示,语言习得过程中有些当然与其他认知系统有关,但是这不等同于说语言的全部都必须与其他认知系统有关,也不等于否认有不受其他认知系统影响的先天固有核。乔姆斯基认为,用"感觉运动智能"无法解释语言天赋固有核,语言的天赋固有核远比"感觉运动智能"复杂。皮亚杰的学生英海尔德(B. Inhelder)试图调和两种观点。她认为,发生认识论和生成语法理论的共同点都是反对经验主义的。哲学家福多则坚决反对这种调和,指出概念根本无法"学到",无法"创造";概念是遗传上"预成"的,只不过经验或环境使其中一部分成为可及、可用罢了。关于这次辩论,著名认知心理学家加德纳(Howard Gardner)后来说,这是一次探索,而不是作一个结论。①

二、吉布森的生态主义知觉观

美国心理学家吉布森(James J. Gibson)在1979年出版的《视知觉的生态学进路》一书被视为表述涉身认知思想的代表性科学文本之一。吉布森在心理学研究中主张用知觉的生态心理学(ecological psychology)范式研究来取代二元论哲学框架下的传统信息加工的知觉理论研究。相比较信息加工的传统知觉理论,生态心理学更加重视知觉过程中的身体运动与生态情境密切相关的基础性作用。

在生态心理学的知觉理论中,吉布森提出了可供性(affordance)概念来表达动物知觉过程中身体与环境之间交互的重要作用。可供性也被学者翻译为"动允性""示能性""机缘"等,它由吉布森最早提出。可供性的意义是指,人知觉到的事物内容,是此事物提供给人的一种行为可能,而不是客观展现的事物性质,而事物提供这种行为可能与相应的行为发生之间的共生状态就被称为可供

① 吴道平:《自然? 使然? 皮亚杰与乔姆斯基的一场辩论》,《读书》1995年第12期。

性。1998 年,认知心理学家、苹果电脑公司设计者之一的唐纳德·诺曼(Donald Norman)将可供性的概念运用到人机交互领域。

吉布森用下述例子来解释可供性。如果一块地,其表面接近水平(而不是倾斜的),接近平整的(而不是凸起或凹陷的),以及充分延伸的(与动物的尺寸相关),表面的物质是坚硬的(与动物的重量相关),那么这块地是可以站上去的(stand-on-able),是可以行走(walk-on-able)和跑动(run-over-able)的,它不像水表面或沼泽表面之于一定重量的动物那样是可陷入的(sink-into-able)。这里所列出的属性——水平、平整、延伸和坚硬——它们是这个表面的物理属性,但是仅当它们与动物相关联的时候,才表现为动物的可供性,此时的这些属性不是抽象的物理属性,而是为所指动物特定的,与动物的姿势和行为相关的。

威廉姆·沃伦(William H. Warren)举了一个与人相关的例子——爬楼梯——来说明可供性。同样高度的楼梯,对于成年人来说,楼梯有着供其爬上去的功能可供性;然而,对于只会在地上爬的婴儿来说,这种功能可供性并不存在。可见,可供性既不像物理属性那样是一种客观属性,也不像价值和意义那样是一种主观属性,它看上去既主观又客观。例如上述爬楼梯的例子,相对于成年人或者说正常使用者而言是"可供爬上去的",它看起来是客观的,不随人的意志而改变(总是"可供爬上去的"),但它又是主观的,如果没有正常使用者的存在,"可供爬上去的"就会因为没有对象而失去存在的逻辑。

吉布森认为,可供性跨越了主观和客观的二分法,它同时指向主体与环境的交互。吉布森说:"我用 affordances 来说明既指向环境又指向动物的状态,而这种状态没有合适的现成词语。可供性则指出了动物和环境之间的互补状态。"[①]生态主义心理学家李和兰迪斯(Lee and Reddish)等人进一步探讨了吉布森的可供性理论。他们指出,塘鹅能够在冲入水中抓鱼的瞬间准确地合拢翅膀,由于在视觉阵列中存在着一种高级的常量因素来控制塘鹅合拢翅膀,因此这些行动是可能的。这同样也可以用来解释人类运动中的一些能力,例如,棒球选手可以准确地抓住飞行的球。信息加工进路的认知科学研究通常认为,理解这类行为需要复杂的表征计算,例如要考虑运动轨迹、加速度和距离等等。然而,知觉的生态主义进路研究则表明,不需要如此复杂的计算就可以说明这类行为。例如,抓球的运动员不断地调整他的跑动,从而球的运行轨迹不必视为一种曲线,相反,球的运行在运动员的视觉场中可以表现为一种直线运行,通

---

① Gibson, J. The Ecological Approach to Visual Perception, New Jersey: Lawrence Erlbaum Associates, 1986, p.127.

过维持这种策略,运动员可以保证在恰当的时间和恰当的地点抓到飞行的球。在此,存在着两种不同的知觉模型,一是信息加工理论的知觉模型,其中大脑实施了一种复杂信息计算来指导身体的运动,这是一个知觉、计算和行动的线性过程;二是涉身认知的知觉模型,其中抓球的任务没有通过提前的计算活动,而是通过不断的实时调整去维持一种内在与外在世界之间的协调,这种协调动力学展现了一种更为经济的策略,即首先不是表征外部世界并且在此基础上进行推理,而是维持主体与外部世界之间的一种适应性的平衡。[1]

三、布鲁克斯的无表征智能实践

信息加工理论主导的传统人工智能研究被称为有效的老式人工智能(Good Old Fashioned Artificial Intelligence, GOFAI)。这种人工智能研究采用了感知-模型-规划-行动框架(sense-model-plan-ac, SMPA)的信息加工理论模型,并且在实践中面临着认知活动的动态性(dynamics)和相关性(relevance)的现实挑战。

在人工智能的发展过程中,为了克服老式人工智能研究的瓶颈,在梅洛-庞蒂等介入意识哲学思想的影响下,麻省理工学院人工智能专家布鲁克斯提出和实践了无表征智能的革命性研究。布鲁克斯一方面批判了经典的认知科学研究。他指出,"所有这些系统都使用场外计算机……都在极端静态的环境中运行。所有这些机器人运行的环境在某种程度上都是为其量身定做的。它们都感知环境并且试图建构二维或三维环境模型。在任何情况下,规划者都忽视了现实环境,并且通过模型运行来产生行动的计划最终实现所赋予的任何目标……"[2]

另一方面,为了克服 GOFAI 所面临的这些挑战,布鲁克斯基于新行为主义的理论框架进行了自主智能机器人的探索。1991 年 8 月,布鲁克斯在澳大利亚悉尼国际人工智能会议上作了《没有推理的智能》的报告,开始向传统的老式人工智能提出挑战。布鲁克斯宣称将建造一种完全自主的、能动的行为主体,它在其动力环境中将以随机应变的方式恰当处理问题、适应环境。由于布鲁克斯的机器人设计方案是把复杂系统分解为部分加以建造,然后再连接到复杂系统中,他所设计的机器人通过控制不同层次系统直接与环境作用,因此这就"根本不需要表征"[3]。布鲁克斯将基于信息加工理论的 SMPA 称为一种自上而下

---

① Lee, D. and Reddish, P. Plummeting gannets: a paradigm of ecological optics, Nature, 1981(293).

② Brooks, R. Cambrian Intelligence: The Early History of the New AI, Cambridge, Mass.: MIT. 1999, pp.136-137.

③ Brooks, R. Intelligence without Representation, Arificial Intelligence, 1991(47).

(up-bottom)的设计,即利用思维表征来主导知觉行动,相反,他采用了一种自下而上(bottom-up)的设计,即从知觉与行动自身出发来直接设计智能机器人。这样一来,能够体现这种原始智能的昆虫、鱼类等都成为涉身人工智能机器设计的主题。在布鲁克斯看来,"当我们研究非常简单的低等智能时,发现关于世界的清晰的符号表征和模型事实上对了解认知起到了阻碍的作用,这表明最好以世界本身作为模型。在建构智能系统的庞大组成时,表征是某种错误的抽象单元"[1]。按照安德森(Michael L. Anderson)的描述,"上述问题似乎表明自身的解决方法:更短的规划,更经常地关注环境,并且选择性地表征。但是,缩短规划长度的逻辑结论就是没有规划、当下行动;同样,更经常地关注环境的限制就是不断地关注,这恰恰就是使用世界本身作为模型。最后,将表征扩展为选择性表征导致弥合了知觉与行动的鸿沟,或许知觉极大地依赖于行动。这样一来,动力学和相关性问题就推动我们接受了一种更为积极、与认知主体相关的真实世界行动模型,我将其称为情境性的目标导向(situated goal-orientation)"[2]。

基于新思想的机器人设计具有了与环境之间更加灵活的互动性,布鲁克斯主导下的麻省理工实验室多方位地探索了自下而上设计的新智能体。例如,早期设计的智能体艾伦(Allen)会沿墙走、识别门口,后来设计的赫伯特(Herbert)可躲避障碍物,拾起饮料罐,而格根斯(Genghis)则有6条可独立控制的腿,它可以利用感应器监控信息来产生新行为,当遇到障碍时,还表现出自主学习和适应的能力,机器人考格(Cog)则开始具有类似人的外貌等。布鲁克斯的研究带动了许多认知科学家对生物智能,尤其是对动物感知运动能力的模拟研究。例如,与布鲁克斯同属麻省理工学院人工智能实验室的一些人工智能专家展开了对金枪鱼等动物智能的新研究。他们认为金枪鱼利用自身身体的行动来控制和利用局部环境,自然地察觉和利用当下的水流来运动,使用尾鳍来控制平衡和压力,从而实现加速和转向,这种能力就是一种涉身的、嵌入环境的行动。此外,莱波特(M. H. Raibert)和霍金斯(J. K. Hodgins)还设计了一种跳跃机器人,即通过一条腿的跳跃来实现平衡和移动的机器人设计。其设计理念是体现了涉身交互视角,即将其身体及运动视为具有自身动力特征的系统,其控制完全依赖于情境因素的变化。与布鲁克斯同在人工智能实验室工作的斯坦因(Lynn Andrea Stein)发明设计了机器人TOTO。TOTO可以利用超声波感受器去探测环境并且通过这些物理探测建造一种关于环境的内在图谱,由此来修正之

---

① Brooks, R. Cambrian Intelligence: The Early History of the New AI, Cambridge, Mass.: MIT. 1999, pp. 80-81.

② Anderson, M. Embodied Cognition: A Field Guide, Artificial Intelligence, 2003(149).

前遇到的定位。TOTO 的内在图谱是以一种面向行动的方式对图谱信息加以编码,整合了机器人运动和相关的知觉输入信息。在人工智能体的视觉研究中,许多认知科学家都赞同一种视觉的涉身交互进路,即能动视觉或者交互视觉研究(animate or interactive vision)。在能动视觉研究者看来,传统研究范式或者说"纯粹视觉"(pure vision)研究立足构造内在模型,而能动视觉的研究则赋予行动以首要地位。视觉研究的目的不再是构造一种反映三维世界的内在模型,而是利用对外部世界的不断咨询或者一种"即时表征"(just-in-time representation),在服务于现实世界和实时行动的过程中有效和经济地利用视觉信息。

以布鲁克斯的机器人考格(Cog)研究为例。布鲁克斯等人指出,建造一种具有类人形状以及类人能力的自主机器人,这不仅是科学幻想的主题,而且是人工智能界的主题。从 1993 年开始,布鲁克斯就开始了这项研究计划。这项研究计划有两个目标:一是实现建造自主机器人的工程目标;二是实现理解人类认知的科学目标。

长期以来,在机器人研究中占支配地位的是古典人工智能的理论假设,即庞大的内在模型、庞大的控制以及通用加工活动(general purpose processing)。布鲁克斯指出,基于认知科学和神经科学领域的证据已经可以提出一种不同于古典人工智能研究的方法论。这些新的证据聚焦于人类智能的 4 个关键特征:组织进化、社会互动、涉身性与物理耦合以及多模块整合。

布鲁克斯认为,庞大内在模型、庞大控制以及通用加工等都是人类智能研究中的一些错误概念。这些错误主要来自于基于主体观察和反思的素朴模型,来自于数学逻辑、诺依曼构架等一般计算隐喻。因此,古典人工智能研究假设是存在问题的。第一,人类没有充分孤立的内在模型。布鲁克斯等人指出,科学研究表明人们总是趋向将对外部世界的表征最小化。例如,有些科学家的研究表明,在组织积木的过程中,人们不会建构一个针对整体场景的内在模型;在积木变换的过程中,人们仅仅注意最激进的变化,而不是保持完整的场景模型。还有一些科学家论证,人类没有建构一个充分的、孤立的模型;相反,人类趋向表征当下与环境的相关性,这些表征相互之间没有充分相连。第二,人类没有庞大的控制。古典人工智能理论假设主张,在神经层面上存在着一个决策与控制有机体功能的中央处理器。布鲁克斯指出,在裂脑人的研究中,大脑被分割为两个独立半球的病人,其两个半脑可以独立地进行其活动,但是其中一边错误地解释另一边的选择。这表明存在多重独立的控制系统,不存在一种单一的庞大系统。第三,人类智能不是通用的。古典人工智能将大脑视为一种通用机器,其行为遵循一系列规则。不过,人类实际上常常是以一种不明显的方式在某些技巧上展现其熟练性。许多实验表明,大脑的活动往往是情境化的;进而,人们在决策的时候往往更加受到情感的影响,而不是受到理性规则的影响。

布鲁克斯等人认为,古典人工智能忽视或者简化的一些因素,往往对于人类智能更为本质。布鲁克斯等人指出人类智能的 4 个方面:进化性、社会互动、物理互动和整合性。"进化性形成了人类成功不断获得更为复杂技巧和能力的框架。社会互动允许人类从其他人那里获得帮助、教育和知识。涉身性和物理耦合允许人类将外部世界自身用作组织和控制知识的工具。整合性允许人类将互补的感官和运动系统的效率和精确性最大化。"①第一,进化性。人类不是天生就具有完备的推理系统、运动系统甚至感官系统,相反,人类经历了一个不断在更为复杂的环境中处理更加复杂任务的发展进化过程。第二,社会互动。儿童极端依赖抚养人,这表明对社会联系的依赖如此深刻地整合进我们的种族,以至于我们不可想象非社会的人。在人工智能中引入社会技巧,这不仅为人机交互提供了一种自然方式,而且为解决更为复杂的行为提供了一种机制。第三,涉身性与物理耦合。人类智能最明显同时也是最被忽视的,就是智能是涉身的,因此应当建造真实的机器人系统。对于涉身系统而言,内在表征完全植根于与外部环境的感官-运动互动中。系统与外部世界是物理耦合关系,并且以一种没有清晰表征的方式在世界中直接运行。尽管存在表征或者状态的积累,但是,这仅仅指系统的内在活动,离开外部世界的互动是没有意义的。第四,整合性。人类具有接受外部世界大量信息的能力。视觉、听觉、触觉以及嗅觉等等都同时为我们提供了外部世界的信息。不过,感官模块并不是独立的,一个模块的刺激能够并且确实影响另一个模块的知觉刺激。这就需要我们以一种整合的方式来对待感官模块。

布鲁克斯正是在上述理念基础上建造了机器人考格。考格具有较大的自由运动能力,具有大量近似人类的视觉的、听觉的、前庭的、触觉的以及运动感觉等感官系统。布鲁克斯将反映上述理念的研究,在理论上概括为一种新行为主义的智能研究或者具体指为一种无表征智能的理论研究。这种无表征的新智能包含着 4 个维度的新内容。一是情境性的维度,指机器人处于特定环境中,它不处理对环境的抽象描述(即信息加工认知主义的抽象表征,或者传统机器人的计算机程序),而是处理影响行为的特定环境(即一种面向行动的环境表征)。二是涉身性维度,指机器人具有身体并且通过身体直接体验环境,也就是

---

① Brooks, R., Breazeal, C., Marjanović, M., Scassellati, B., and Williamson, M. The Cog project: building a humanoid robot. In Computation for Metaphors, Analogy, and Agents, C. Nehaniv, ed., New York: Springer, 1998, pp. 52-87.

说机器人的行为是与环境的动态变化组成的,机器人对感觉具有当下的反馈能力。三是智能性维度,指机器人被看作是有智能的,但是机器人的智能不能被限于计算机意义上智能,其智能来自于机器人身体与环境的耦合以及感官内部的信号转换。四是突现性(emergence)维度,指机器人的智能突现于系统与环境的互动以及系统构成之间的直接互动,并且人们有时很难在系统中找到产生行动的特定事件和区域。① 布鲁克斯等人的这种新行为主义人工智能研究体现了梅洛-庞蒂涉身性哲学理念,并且在智能革命实践中有力推动了涉身认知科学的影响和进展。

四、莱考夫的涉身语义学研究

在思维与语言等抽象认知层面,加州大学伯克利分校的莱考夫教授较早进行了"思维接地"(thinking is grounding in experience)的涉身认知研究。莱考夫等人提出了概念等抽象思维形式植根和生成于身体体验、思维与知觉具有连续性以及隐喻是身体体验生成抽象思维的根本机制等思想,并且概括了区别于信息加工认知等第一代认知科学的涉身心灵的第二代认知科学(the cognitive science of the embodied mind)研究。②

按照莱考夫的描述,自 20 世纪中期以来,计算机科学和人工智能开始兴起,"思维能够描述为形式逻辑"的思想观念开始支配科学和哲学界,同时,图灵机受到广泛讨论并且大脑普遍被理解为某种数字计算机等装置。在这种背景下,主张语法独立于意义或者交流的乔姆斯基语言学理论迎合了当时人工智能的兴起。莱考夫在 20 世纪 60 年代的麻省理工学院攻读英语文学和数学专业时亦追随乔姆斯基学习,在印第安纳大学语言学专业的研究生学习时期也深受乔姆斯基理论的影响。直到 20 世纪 70 年代左右,莱考夫开始意识到将人类心灵隐喻为数字计算机的思想缺陷,并且开始受到涉身性思想的影响。

大概在 1975 年,莱考夫和一些志同道合的同事开始展开认知语言学的研究,开始反思乔姆斯基的语言学理论与心灵的计算机隐喻,并且开始提出了"语义产生于身体"的新主张。按照莱考夫的回忆,涉身认知思想的出现最早源于 1975 年夏天其研究小组的 4 次讨论。第一次讨论中,凯(Paul Kay)与麦克-丹尼尔(Chad McDaniel)提出,他们发现表示颜色的概念离不开身体活动,颜色概

---

① Brooks, R. Cambrian Intelligence: The Early History of the New AI, Cambridge, Mass.: MIT. 1999, pp. 138-139.

② Lakoff, G and M. Johnson. Philosophy in the Flesh. Philosophy in the Flesh: the Embodied Mind and Its Challenge to Western Thought, New York: Basic Books, 1999, p. 37.

念具有外部条件(例如波长等),但是它们离不开身体因素,例如视网膜中的颜色锥体细胞以及与之相连的复杂神经回路,单单外部世界不能解释诸如"绿色"这样的颜色概念。第二次讨论中,罗什提出,基本层面的概念离不开三种涉身因素:格式塔知觉,心理意象,运动程序,这些概念的产生与被理解,都事关着身体与大脑。第三次讨论中,塔尔米(Len Talmy)与朗盖克(R. W. Langacker)各自提出,空间概念的产生离不开身体。第四次讨论中,菲尔莫(C. Fillmore)提出,语言中的任何词汇都由某种不存在于外部世界中的框架结构所决定。当时讨论的这些研究成果并没有引起认知心理学家、哲学家和语言学家的广泛重视,直到 1987 年莱考夫等出版《女人、火和危险事物》(Women, Fire, and Dangerous Things)一书,总结上述讨论成果的涉身语义学研究才开始受到重视并得到广泛讨论。[1]

　　莱考夫大致在 1978 年左右开始了对隐喻的研究,代表作是 1979 年莱考夫与约翰逊合作出版的《我们所赖以生存的隐喻》(Metaphors We Live By)。在这本书中,二人不仅阐明了日常语言中的大量隐喻,而且提出了"我们的思想和行动所依赖的日常概念系统,归根结底都是隐喻的"的主张。20 世纪 90 年代,莱考夫与约翰逊二人在《肉身中的哲学:涉身心灵及其对西方思想的挑战》(Philosophy in the Flesh. Philosophy in the Flesh: the Embodied Mind and Its Challenge to Western Thought)一书中总结了"思想是隐喻的"(we think metaphorically)的主张。这一主张将隐喻本质上视为概念领域之间的一种框架映射,而基本隐喻则植根于共同发生的涉身体验,从而使涉身语义学理论初步成型。二人系统总结了"心灵根本上涉身的"(the mind is inherently embodied)"思想大多是无意识的"(thought is mostly unconscious)以及"抽象概念大多是隐喻的"(abstract concepts are largely metaphorical)等涉身认知的经典命题。在《数学来自哪里?》(Where Mathematics Comes From)一书中,莱考夫与奴兹(Rafael Núñez)论证了数学知识也依赖隐喻并且植根于身体体验的思想。奴兹还概括了一种完全涉身性(full embodiment)思想,指出"完全的涉身性明确地提出了一种研究范式,这种范式通过特定大脑和身体支撑的主观性身体体验,能够解释人类心灵自身创造的对象(例如概念、观念、解释、逻辑形式以及理论)。这种观点的一个重要特征是:人类概念结构和理解(包括科学理解)所创造特定对象不是在超验的领域中存在的,而是在特定的人类身体活动中产生的"[2]。奴兹还特

---

① George Lakoff, Explaining Embodied Cognition Results, Topics in Cognitive Science, 2012(4).
② Nuñez, R. Could The Future Taste Purple? Journal of Consciousness Studies, 1999(6).

别谈到,数学概念也是通过心灵的一些日常想象机制产生的,数学中的抽象实体是通过人类想象性心灵(human imaginative mind)所创造的,想象性心灵特殊地利用了一些基于身体的日常认知机制,例如概念隐喻、类比推理、虚拟运动、时态图式(aspectual schemas)以及概念合并(conceptual blends)等。

在莱考夫的思想中,隐喻不再仅仅是某种语言和修辞手段,而是成为一种关键的认知机制,尤其是理解概念等抽象思维产生的重要认知机制。后来,莱考夫试图"将神经科学与语言和思想的神经理论结合起来",这是涉身认知框架内语言学理论的一种新发展方向。[①] 按照莱考夫的回忆,这一探索早在 1988 年左右就已经着手。当时,费尔德曼(Jerome Feldman)任职加州大学国际计算机科学学院,与莱考夫共同建立了一个研究语言与思想神经生理基础的科学小组,并在此后与认知语言学家、神经科学家、计算机科学家和实验心理学家共同提出了一个思想与语言的神经科学理论(a neural theory of thought and language,简称 NTTL)。NTTL 的理论核心是:(1)语言与思想基于人类的大脑,思想是生理性的,并且通过大脑功能性神经回路思想得以发挥作用;(2)思想的意义,源于这些大脑神经回路与身体的连接方式以及相应的涉身体验;(3)所谓的抽象思想与语言,都是通过上述这些涉身方式产生与存在的。莱考夫等人明确在微观层面上点明了神经生理系统在概念生成上的这种作用。他们指出,"概念的特定属性是大脑和身体建构方式的结果,是大脑与身体在交互主体和物理世界中活动方式的结果……涉身心灵的假设激进地根本地消除了知觉/概念之间的区别。在涉身心灵中,我们认为知觉(或者身体运动)中的相同神经系统在概念中扮演了关键的角色。也就是说在知觉、运动和对象掌控中起作用的机制在概念和推理中起着相同的作用"[②]。

莱考夫等人基于功能性神经回路来解释思想与语言的涉身语义学研究此后得到较大发展。20 世纪 90 年代,约翰逊(Christopher Johnson)、格拉迪(Joseph Grady)与纳拉亚南(Srini Narayanan)等人在神经科学理论基础上提出了一种基础隐喻的神经科学理论(a neural theory of primary metaphors),进一步概括了人们的语言大多数来自于早年的生理物理互动的思想。瑞格(T. Regier)、法拉(M. J. Farah)等人研究了众多相同的神经回路在想象行为、知觉活动和意义生成中发挥着重要作用。加莱塞(Vittorio Gallese)与莱考夫关于镜

---

①　McNerney, Samuel. A Brief Guide to Embodied Cognition: Why You Are Not Your Brain, Scientific American, November 4, 2011.

②　Lakoff, G and M. Johnson. Philosophy in the Flesh: the Embodied Mind and Its Challenge to Western Thought, New York: Basic Books, 1999, pp. 37-38.

像神经元(mirror neuron)的研究指出,行为-知觉所依赖的神经回路整体可以解释自然语言意义的产生,进而在神经科学基础上,人们就可以解释自然语言的动词词根对于第一、第二和第三人称体验可以是相同的。德霍恩(S. DeHaene)关于大脑神经元的层叠瀑布理论以及达玛西奥关于大脑神经元的收敛/发散区理论的研究表明,一种复杂的想象、理解和行为不是发生于大脑模块,而是为一个整体的神经元层叠瀑布所激活;进而,形式逻辑中的公理和假设乃至演绎推理都可能是以无意识和自动的形式产生于神经共联或神经回路。20世纪80年代以来,实验社会心理学提供了大量经验证据来证明隐喻的大脑神经回路的存在,并且探讨了它们对社会行为产生的影响。总体来看,莱考夫等人开启的语言神经科学理论大致可以分为三个研究领域:(1)涉身认知语言学,通过概括大量例子来描绘语言表达的认知结构和涉身意义;(2)涉身神经模型,即在功能性神经回路中来表达适当的计算结构和过程的类型;(3)实验研究,即通过功能性神经回路来检验假设和发现有待解释的现象,功能性神经回路的研究已经将神经科学、计算机科学、语言学和实验心理学统合在一起。

五、瓦雷拉与涉身认知

大致在20世纪80年代,涉身认知的研究理论范式开始逐渐清晰起来。瓦雷拉、汤普森与罗什1991年合作出版的《涉身心灵:认知科学与人类体验》(The Embodied Mind: Cognitive Science and Human Experience)一书,开始明确将涉身认知视为一种区别于认知主义和联结主义的新研究进路。

安德森回顾了20世纪90年代初涉身认知的产生过程。"涉身认知(EC)产生于1991年或者1991年左右,涉身认知已经从一种混乱但是令人激动的童蒙状态中浮现出来,其家族成员不断扩展并且冲击着之前的理解。由于涉身认知涵盖了计算机科学、现象学、发展心理学、认知心理学、分析的心灵哲学、语言学、神经科学以及东方神秘主义等等,因此,在涉身认知是什么、与生命有何关联、运用何种术语等问题上,涉身认知一直受益于同时纠结于众多不同且常常不兼容的思想。"①

安德森指的就是瓦雷拉的研究。瓦雷拉以生成认知(enactive cogniton)的名义系统提出了涉身认知的新研究进路。他从认知内涵界定、认知如何作用以及认知活动良性运行的判定等方面比较了认知主义、联结主义和生成认知等三种研究进路。在"什么是认知"这一问题上,认知主义认为,认知是作为符号计

①　Anderson, Michael L. Embodied Cognition: the Teenage Years, Philosophical Psychology, 2006(20).

算(基于规则的符号控制)的信息加工活动。联结主义则认为,认知是由简单成分构成的神经网络整体状态的突现。生成认知则主张,认知是生成活动,即一种主体与世界之间的结构耦合过程。在"认知如何作用"这一问题上,认知主义认为,认知通过能够支持和控制离散功能元素-符号的任何装置来发挥作用。联结主义则认为,认知通过个体活动的规则以及通过元素联结的变化规则来发挥作用。生成认知则主张,认知通过相互联结的、多层的感官运动亚网络所构成的整体网络来发挥作用。在"我如何知道一个认知系统的运行功能良好"这一问题上,认知主义认为,符号恰当地表征实在世界的某些方面,并且信息加工模型能够成功地完成问题求解。联结主义则认为,突现属性(以及产生的结构)与一种特定的认知能力相适应,与一种任务的成功解决相适应。生成认知则主张,认知系统成为现存世界的组成部分(就像每一种族的祖先那样)或者塑造了一个新系统(正如进化历史中所发生的那样)。通过三者的比较,瓦雷拉清晰展示了一种与认知主义和联结主义等经典认知不同的认知科学研究新进路。

六、涉身认知的研究进展

21世纪以来,涉身认知研究进路得到国内外科学与哲学界的普遍重视,人们围绕身体与情境等因素在认知活动中的作用进行了更为广泛的探索,涉身认知研究框架也逐渐明晰且得到深入拓展。

认知科学哲学家韦勒(Michael Wheeler)将涉身认知拓展为一种涉身-嵌入的(embodied-embedded)认知科学研究。这种涉身-嵌入的认知科学研究被视为认知主义和联结主义之后的第三种认知科学研究。在韦勒看来,涉身-嵌入认知科学的基本纲领是:认知科学需要把认知置于大脑中,把大脑置于身体中,把身体置于世界中。涉身-嵌入认知科学的主导思想则表现为:在线智能是智能的首要形式,涉身认知可以更好解释在线智能;与内在心理表征假设不同,涉身-嵌入认知科学主张在线智能可能没有表征,也可能是一种行为导向的表征(action-oriented representation);在线智能生成于大脑-身体-环境的整体系统,在线智能的产生机制是一种辩证的非线性因果关系;生物学意义上的感受性(biological sensitivity)在认知活动中具有某种关键作用,这表明与数字计算机等物理装置不同,大脑与身体等生物系统的感受性在认知活动中具有关键作用;动态系统理论(dynamical systems perspective)是人类认知的建构方式;笛卡尔主义的非涉身、非嵌入的智能和心灵被一种嵌入环境的涉身技巧和能力所取代,涉身-嵌入认知科学在哲学层面上为海德格尔哲学意义上的认知处境提供了一种实践解释。①

哈钦斯（Edwin Hutchins）则将涉身认知明确为一种认知生态学（Cognitive Ecology）的研究进路。哈钦斯力图理清涉身认知或者认知生态学进路的理论渊源。在他看来，至少有三个领域的研究推动了认知生态学的研究。一是吉布森的生态心理学研究。吉布森在知觉心理学中放弃了信息加工理论，主张通过动物与环境的动态耦合来解释知觉。二是贝特森（Gregory Bateson）等人的人类学研究。20世纪70年代初期，贝特森等人的多学科研究表明，人类互动是一种复杂的多模块和异质性的系统，尤其是马图拉纳（Humberto Maturana）和瓦雷拉等人进而提出的自创生（autopoeisis）等概念说明了认知的社会历史性和自组织动态生成性。三是维果斯基等人的语言学研究。维果斯基语言学也被称为一种文化-历史活动理论（Cultural-historical activity theory），这一理论主张人类的思想与语言是由历史性的偶然文化实践情境所塑造的。哈钦斯认为，这些认知科学的研究意味着对信息加工认知理论研究的批判，也意味着一种认知生态学新研究的产生。他指出："认知生态学就是立足情境对认知现象的研究。认知生态学的元素已经展现于认知科学领域的各个角度，尽管并非核心领域。现在，这一成就已经被视为一种逻辑加工认知观向生物学认知观的转向。"②

延展认知是涉身认知的拓展，并且由延展认知还进一步延伸出延展心灵（extended mind）的观念。克拉克和查尔默斯首先提出了延展认知论题，20世纪末二人又提出延展心灵论题，后来又试图把延展认知与延展心灵假说整合为一个关于心灵和认知的统一理论。这一理论主张，人类与其所处的环境以及环境中的外在物紧密联系在一起，这些环境和外在物在面向世界的认知活动中发挥着积极作用。因此，不仅心灵不是笛卡尔意义上的独立实体，而且心灵也不再仅仅是人的颅骨和体肤等身体界限所决定的，而是进一步延展至外在环境，由身体和环境共同决定。

克拉克和查尔默斯通过以下三种可能的问题求解范例来论证他们的延展认知论题。例如，坐在同一个电脑屏幕前，以三种不同方式旋转游戏块使之与相应的位置槽相匹配（为方便，你可以想象俄罗斯方块游戏或某种拼图游戏）：（1）只在大脑内部（意识中）想象移动游戏块完成求解任务；（2）大脑加上外部物理设备（如计算机上的键盘、鼠标等）一起完成求解任务；（3）（赛博格时代）生物脑加上脑中的神经植入物一起以更高速度完成求解任务。那么，这三种认知存在实质性区别吗？克拉克和查尔默斯认为，第一，在三种情况下问题求解

---

① Wheeler, Michael. Reconstructing the Cognitive World, Cambridge: the MIT press, 2005, pp. 275-278.

② Hutchins, Edwin. Cognitive Ecology, Topics in Cognitive Science, 2010(2).

程序是一样的,都是通过移动游戏块寻找适当的匹配。如果说(1)是在大脑内部进行的,(3)也是。区别仅仅是在心理旋转游戏块,还是借助了加在大脑中的神经植入物对屏幕上的游戏块进行移动。第二,(1)(2)(3)解题的数学结构是同构的,差别仅在(1)和(3)是在大脑内部执行认知加工,(2)还执行了实际的物理操作,计算是分布在大脑内部和外部之间的,解题任务由大脑内部和外部资源共同分担。如果发生在头脑内部的认识活动(epistemic actions)和借助外部设备使物理世界发生改变的实际的活动(pragmatic actions)都能对问题求解有所贡献,为什么不承认它们都是认知活动呢? 我们能简单地按照头骨和肌肤的界限解释它们在认知的合法性上有实质的区别吗? 事实上,他们认为,在实际的认知情况下,人类有机体就是以这样交互的方式与外部实体相连接,共同创建了一个动态的耦合系统,"如果我们移去其中的任何一个部分,就像移去了大脑的一部分一样,相应的认知能力就会丧失"。因此,以往用头骨和体肤区分内部和外部界限来说明认知是智力上的不诚实。世界的一部分已经实质性地参与了认知过程,因此,"认知过程不局限在头脑中"! 分析一下克拉克和查尔默斯对延展认知的论证思路:如果任何物理事件参与了认知加工,它们就应是认知过程的一部分;而且作为外部环境一部分的物理事件参与了认知加工[如与(1)相比,在(2)和(3)情况下,借助物理设备计算机按钮、大脑中的神经植入物等发生了实际的认知行为],外部物理环境就应当成为认知过程的一部分,进而世界的一部分也成为认知过程的一部分。因此,认知过程不局限在头脑中,认知已经延展到了世界。[①]

总体而言,在涉身认知思想的主导下,当代认知科学研究呈现出了一种多维度的探索。例如,学术界开始整合大脑、身体、情境开展对认知的研究,其中有的结合可直接观察大脑活动区域及特点的脑成像技术(ERP、EMG、PET和fMRI)开始更深入研究脑结构认知功能,有的则是利用分子细胞生物学技术在分子生物学层面上研究大脑与身体的认知功能。英国生物技术和生物研究理事会开展了"大脑与行为整合分析"研究项目,力求从基因、蛋白质分子、细胞、神经系统、认知过程或神经网络建模等层面对认知进行整合性研究。目前,表征计算与涉身动力系统被看作关于心智的存在和活动方式的两个基本模型——前者是计算机模型,后者是生物有机体模型。这两个模型的问题、观念和方法衍生出了两大系列的新交叉学科,前者包括隐喻计算、神经计算、计算哲学、计算语言学等,后者则包括神经伦理学、神经心理学、神经经济学、神经管理

---

① 刘晓力:《延展认知与延展心灵论辨析》,《中国社会科学》2010 年第 1 期。

学、神经语言学、神经美学、神经哲学、神经宗教学等。① 有的通过生物体系统、行为及其自然与文化情境等因素来系统研究认知活动,例如我国中科院的脑与认知科学国家重点实验室将揭示认知的脑复杂系统与文化、社会的交互关系作为一个重点研究领域。整体看,除了传统表征计算与脑神经研究之外,注重生物机制、行为、情境等生物学与社会学方向的涉身认知研究已成为认知科学研究中不可或缺的构成。

目前,国际上关于涉身认知的研究机构逐渐建立并且其研究也日益多样化。例如,英国剑桥大学的"涉身认知与情感实验室"(the Cambridge Embodied Cognition and Emotion Laboratory),其科研人员尤其关注人们的身体因素对其内在状态和有关外部世界的判断的影响。美国亚利桑那大学的"涉身认知实验室"(Laboratory for Embodied Cognition),其科研人员主张人的所有认知活动都基于知觉、行为和情感的神经活动,具体研究语言理解如何依赖于行为和情感、行为如何将我们与他人相连、镜像神经元对语言和行为理解的贡献、涉身性理论如何用于提高青年人的阅读等。美国哥伦比亚大学的"涉身性实验室"(Embodiment Lab),其科研人员的研究集中于:情感体验和社会动力学的心理表征;身体活动及其心理表征与情感体验的连接机制;如何控制情感体验和社会交往的知识。美国加州大学圣迭戈分校的"涉身认知实验室"(Embodied Cognition Lab),其科研人员尤其关注概念系统、抽象和推理机制等高层认知现象如何通过大规模无意识的身体/心理活动而生成。美国得克萨斯大学奥斯丁分校的"涉身认知实验室"(Embodied Cognition Lab),其科研人员主要研究了人类的视觉和运动控制问题。澳大利亚墨尔本大学的"空间与涉身认知实验室"(the Spatial and Embodied Cognition Lab),其研究主题包括:我们的思想如何被身体塑造?是否可能通过人们身体的空间控制来影响其思想?大脑机制如何协调身体互动?人类复杂抽象思想的能力依赖大脑结构吗,这些结构从根本上是否决定了知觉与行为?数学、时间和空间认知受到我们与环境行为方式的影响吗?这些活动在各种临床患者那里如何变化?英国兰卡斯特大学的"涉身认知实验室"(the Embodied Cognition Lab),其研究聚焦于身体与环境对表征和行为的塑造,人类认知中语言和模拟系统的交互作用等。加拿大多伦多大学的"涉身社会认知实验室"(the embodied social cognition lab),其研究主题聚焦社会环境中的信息在社会互动中的加工和应用方式等问题。美国麻省理工学院的"计算机科学与人工智能实验室"(The Computer Science and Artificial Intelligence Laboratory, CSAIL)中的跨领域创新研究项目"机器人学研究中心"

---

① 黄华新:《哲学视角中的当代认知科学》,《中国社会科学报》2010 年 12 月 28 日。

(The CSAIL Robotics Center)。其研究目的是进行基础理论研究与机器人设计，这些机器人具有与人们、环境等进行互动的智能。德国比尔菲尔德大学的"涉身语言的神经生物学工作组"(Workshop on Neurobiology of Embodied Language, NOEL)，工作组的任务是整合语言学、心理学、神经科学、认知科学和哲学领域的研究者来共同探索大脑组织、认知和语言之间的功能关系。西班牙格拉纳达大学的"接地认知实验室"(The Grounded Cognition Lab)，实验室的目的是研究人类心灵的接地、嵌入、情境、延展和动态的本质。涉及的问题有：互动身体、语言和合作者与文化等在人类思想中发挥着什么作用？我们如何思考时间、数字、权力、信任等抽象概念？这些概念如何植根于与环境的互动之中？交流是如何从多模块互动中产生的？思想是如何通过文化和教育提供的材料得以构架的？涉身心灵是如何激发和限制交流系统的？意大利博洛尼亚大学的"涉身认知研究项目"(Embodied Cognition, EMCO)，其研究主要聚焦于心理学中的动允性(可供性)以及感官运动系统与范畴加工、感官运动系统与语言加工等主题。

第二节　涉身认知的研究纲领

　　涉身认知的理论研究纲领是在批判性反思认知主义与联结主义等经典认知研究的基础上发展起来的。与认知主义和联结主义相比，涉身认知更为注重身体体验和情境互动在认知生成上的作用(参见图3.1)。

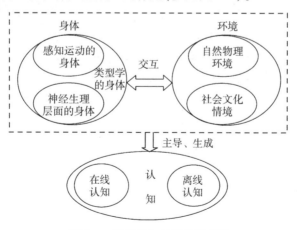

图3.1　涉身认知的发生模式①

---

① 姜孟、邹德平：《从"身体"与"环境"看认知的"涉身性"》《英语研究》2011年第4期。

概括而言,为了更真实地理解和再现人类认知现象,涉身认知强调了两个基本论题:一是知觉密合行动(perception is tightly linked to action);二是思维接地知觉(thinking is grounding in experience)。涉身认知纲领的两个论题与认知科学的实践研究密切相关。例如,布鲁克斯等人对于自主行为机器人的设计理念体现了第一个基本论题,他们所设计的与环境实时互动的机器人似乎能够更为灵活地知觉环境和应付环境,这表明知觉等认知现象可以通过行动而更好地表现出来;而语言学家莱考夫等人的认知语言学研究则更能体现第二个论题,他们主张思维和语言源于身体体验。

当然也有一部分研究者主张涉身认知与传统信息加工和联结主义理论并不是截然对立的,三种框架在形而上学的基础上可能有着根本的区别,但是在认知实现的实践层面可能并不冲突。例如,涉身认知一方面在探索交互式的认知实现方式,另一方面也可能包容着表征-计算主义认知实现方式。例如,戴维斯(Joshua Davis)指出,涉身认知并不拒绝计算理论和行为主义,它们仍有其价值,不过,涉身认知的确是一种我们正趋向的新范式。[1]

一、涉身认知的认知载体

基于涉身认知等当代认知科学的发展,以及梅洛-庞蒂等当代哲学家确立的新框架,诸如涉身认知、情境认知和生成认知等新的认知范式也产生了新的认知载体问题。正如威尔逊(M. Wilson)所说:"正在形成的涉身认知观主张:认知活动深深地植根于身体与环境的互动中。这个观点实际上容纳了许多不同的理解,其中有些甚至是极具争议的。"[2]可见,虽然在认知载体问题上存在着争议,但是总体上看,身体与环境共同确定的互动场才是新的认知科学可能的认知载体。哲学家普特南也试图超越唯物主义和二元论、实在论和反实在论来理解认知活动的载体问题,或者说确立一种基于身体与环境互动的新实在论。普特南说:"抛弃了'笛卡尔兼唯物主义'当然并不意味着回到笛卡尔式的二元论本身。我们不应当认为,如果我们拒绝了把心灵等同于大脑,我们就会被迫承认把它看作是我们非物质的部分;我认为,最好把心灵谈话理解为谈论我们所拥有的某些能力,这些能力取决于我们的大脑,取决于环境和有机体之间的一切各种相互作用,但又不能使用物理学的、生理学的、甚至是计算机科学的词汇加以还

---

① McNerney, Samuel. A Brief Guide to Embodied Cognition: Why You Are Not Your Brain, Scientific American, November 4, 2011.

② Wilson, M. Six views of Embodied Cognition, Psychological Bulletin and Review, 2002(4).

原地解释。"①可见,当代哲学为新认知科学范式提供了认知载体的实在论框架。但是,如何理解认知载体本身依然存在着不同看法,例如如何理解涉身认知中的身体、如何整合身体和情境等,这些需要认知科学与哲学的深入推动。

（一）身体载体的不同解释

在当代新认知科学研究范式中,身体主体或者说身体这一认知载体的作用被突出出来。但是,在认知科学研究中,甚至在哲学讨论中,关于身体自身的解释仍然存在着不同的看法。例如,在认知科学及其哲学研究领域,就存在着类型学身体、感官运动系统以及神经生理系统等等关于身体的不同解释。

类型学的身体主要指类人的身体。在认知科学研究中,特别是机器人学领域的研究中,类人的身体被视为理解认知活动的关键载体,也是构建新认知科学研究的关键。在涉身认知科学研究中,有一种类有机体涉身性(Organismoid Embodiment)的解释,即将类有机体的身体作为认知载体。这种类有机体的身体也就是在某种程度上具有同一或类似于活的身体的形式或感官运动能力的物理身体。类有机体涉身性中的身体,尽管仍然是一种机器,但是这种机器不仅具有感官运动能力,而且具有人的身体外形。还有一种有机体涉身性(Organismic Embodiment)的解释。有机体涉身性所理解的身体这一认知载体,不仅是兼有物理身体和类有机体身体的特征,而且这种身体更是具有有机体或者活的身体的特征。有机体涉身性的身体载体的关键在于,它是活的有机体,它是自主的和自创生的,而纯粹物理理解的身体或者说人造机器则是非自主的、受外界支配的和他创生的。认知科学家也意识到有机体身体载体在技术上实现是有困难的。例如,泽马克指出,"在当前技术条件的限制下,有机体涉身性事实上仍然局限于生物学生命系统的范围内,但是这并没有排除未来人工自生成系统的可能性,例如我们可能借助于所谓的自修复材料来实现这种可能"②。

当代认知科学研究也将感觉运动系统视为身体载体,但是在感觉运动系统的理解上也存在着争论。感觉运动系统可以指感觉运动的生理载体,例如感觉运动大脑皮层,或者指感觉运动系统的一种协调功能。在身体载体的理解上,部分认知科学哲学家认为感觉运动系统的身体理解最为合理,例如,威尔逊就

---

　　① Hilary Putnam. The Threefold Cord:Mind Body and World. 转引自江怡:《分析哲学》,载陈嘉明主编:《实在、心灵与信念》,北京:人民出版社 2005 年版,第 77 页。

　　② Ziemke, T. What's that Thing Called Embodiment? In Alterman,R & Kirsg, D. eds. Proceedings of the 25th Annual Conference of the Cognitive Science Society, Mahwah, NJ: Lawrence Erlbaum, 2003, pp. 1305 – 1310.

指出,将身体理解为感官运动系统并且通过感官运动系统来建构在线与离线认知,这种理解"最能得到支持和最有力的"①。也就是说,不仅在线认知活动基于身体的感官运动功能,而且离线认知也是如此,即众多的抽象认知能力实际上以一种隐蔽的方式利用了感官运动功能。

身体的认知载体的理解还体现在神经层面上,即通过神经层面的认知无意识、神经计算以及神经网络模拟等来理解身体活动,并从而建构认知活动。罗尔在神经层面上详细考察了身体载体以及相应的认知建构,身体载体体现为不同的物理规格的生理构成,而认知科学的理论建构及研究方法则是建基于这些不同的生理构成基础上。② 身体载体的神经层面的理解与类型学和感官运动的身体载体理解可以兼容,即其可以被视为一种对身体活动更加微观的理解和考察。莱考夫和约翰逊等学者在感官运动理解之外,尤其强调了神经生理系统在产生概念等语言认知形式中的重要作用。二人指出:概念的特定属性是大脑和身体的建构结果,其中,身体运动中的神经系统在概念产生中扮演了关键的角色。

(二)身体与情境的整合

如果说身体可以被认为是认知活动的载体,那么如果单纯只有身体载体是否就可以形成认知活动,并且由此可以产生人际之间的理解和交流呢? 答案是否定的,单纯身体主体必须整合情境因素,才能形成认知活动。在梅洛-庞蒂的现象学思想中,知觉活动被理解为身体的行动,诸如上下、左右、远近等知觉认识都是身体主体行为的展示,但是梅洛-庞蒂同样指出的知觉活动的身体载体是情境中的身体,是在行动中的、进化适应性活动中的身体。

安德森认为,身体状况的不同的确会导致体验性认知的不同,这证明了身体之于认知活动的载体作用。但是,身体的不同也有可能导致相同的认知,因为认知的形成还有可能依赖于情境的因素。例如,就"行走"概念的产生来说,尽管残疾人可能与正常人由于身体的不同产生不同的行走体验,但是由于"行走"概念处于与各种运动概念的逻辑与语义情境性网络联系之中,因此,残疾人通过交流依然能够形成与正常人同样的"行走"概念。他指出,行走"这个概念能够被置于逻辑与语义网中,这个网整体上植根于身体活动,即使是这个概念

---

① Wilson, M. Six views of Embodied Cognition, Psychological Bulletin and Review, 2002(4).

② Rohrer,Tim. The Body in Space:Embodiment, Experientialism and Linguistic Conceptualization. In Body, Langu age and Mind , vol. 2. Zlatev, Jordan; Ziemke, Tom; Frank, Roz; Dirven, René. eds. Berlin:Mouton de Gruyter, 2006.

本身没有相应的特定行走经验。任何人都能够通过想象、类比、论证和验证来理解他们从没有直接经验过的东西；在这一方面，身体上的残疾不会存在什么区别"①。

此外，涉身认知等当代认知科学研究在重申身体的认知载体作用时，通过将行为整合到认知活动的产生中，也强调了认知活动生成的情境性。产生认知活动并体现出情境性的这种行为也被称为一种"认识论行为"（epistemic actions）。克拉克说："我们应当承认克什（Kirsh）和马格利奥（Maglio）所提出的'认识论行为'的重要作用：也就是说，行为的目的不仅仅是改变世界从而在物理意义朝向某种目标（比如说铺砖走路），而且更是改变世界从而帮助我们利用解决问题所需要的有效信息。"②安德森则指出，哲学家埃文斯等人就论证了作为一种与世界交流的认识行为对于语言指称的重要意义。安德森说："我们所解释的是这样一个事实：实践的、身体行为具有认知的和认识论的意义；身体行为构成了一个特定问题求解过程的重要组成，例如在一个复杂除法运算中对纸的利用或者涉入当下的认知发展，再比如利用与环境互动和对环境控制去认识物体或者去领会这些物体概念内涵和意义。"③

与身体整合的情境因素一般包含：一是实时的物理和社会环境；二是社会文化历史情境；三是进化着的情境因素。

第一，实时的物理和社会环境。H.德雷福斯在《计算机不能做什么》一书中利用维特根斯坦后期语言思想论述了"情境"（"局势"）对于语义生成和理解认知的重要作用。布鲁克斯也将情境性作为基于行为的机器人学研究的重要因素，机器人的认知行为离不开当下的情境。克拉克将忽视情境的传统认知科学研究称为孤立主义（isolationism），其内涵在于，"环境仅仅是输入源和输出场所，身体仅仅是接受输入和施加输入（行动）的器官。前期认识过程就是使输入转化为一个充分丰富的内在世界模型，从而使得解决问题的活动能够依据内在模型得到界定"；与之相反，体现情境因素的反孤立主义（anti-isolationism）的内涵则在于，"我们要想真正地了解大脑的认知活动，那么，我们就必须足够重视身体和环境的复杂作用；我们必须认为心灵不是内在模型和表征集聚的特殊内在场所，而是一个大脑、身体和环境整合的、相互交织的复杂系统的活动过程，

---

①　Anderson, M. Embodied Cognition: A field guide, Artificial Intelligence, 2003(149).

②　Clark, A. Embodied, situated and distributed cognition, In Bechtel, W & G. Graham. eds. A Companion to Cognitive Science, Oxford: Basil Blackwell, 1999, p. 511.

③　Anderson, M. Embodied Cognition: A field guide, Artificial Intelligence, 2003(149).

这个系统抵制依据内在模型、表征和计算等传统概念所进行的信息分析"①。克兰西明确提出情境认知的主张。他指出，"概括地说，认知是情境性的，一方面表现在概念化与主体的感官运动协调密切相关，另一方面表现在概念化在有意识的存在那里涉及认知主体在社会中的角色、地位以及价值观"②。克兰西在情境认知理解中强调了认知主体与环境互动中呈现出主体性。他指出，"理解主体-环境之间的功能性互动需要一种特殊的涉及主体性的目标驱动概念。主体性并不是展现为理解或者误解关于世界的离散事实，就像在描述模型中那样；相反，主体性就是存在于如何知觉世界和如何认同自身之间的一种反馈形式。情境的概念化、提出问题以及选择性行为本质上就是知觉-概念机制中自我指涉的一种构成方面。也就是说，人们对于'正在发生什么'的理解实实在在就是'对我们来说正在发生什么'"③。克兰西的情境认知，一方面表明了认知离不开身体感官运动系统与环境的实时互动，另一方面表明了人类认知活动的主体性恰恰是在这种实时互动中呈现的。

第二，社会文化情境性。认知主体所处的社会文化情境也是身体载体得以生成认知活动的必要因素。安德森指出，对于高级哺乳动物特别是人类的认知活动来说，仅仅通过实时环境中的行为互动还远远不能充分理解其认知的形成，还需要把这种互动置于更加宽阔的社会文化情境中。如果说实时环境中的身体行为互动提供了一种对于当下认知的说明，那么还需要补充一种社会历史文化的说明，从而来解释更加抽象和复杂的人类认知形式。鉴于人类抽象认知形式的复杂性，社会文化的介入说明也就呈现为一种更加复杂的认知解释策略。安德森指出，社会-文化情境性至少具有两层内涵：互动不仅仅存在于认知主体和个体事物或者人造物之间，而且存在于认知主体和某种持续的社会文化结构之间；具体和抽象的行动不仅仅具有当下的环境影响，而且具有社会文化影响，即行动具有意义，这些意义在行动的展开中具有重要作用。例如，人类常识中的神龛概念不是通过神龛的客观属性得到界定的，相反，神龛概念是通过复杂的信仰、社会、制度和习惯等社会文化情境关系网得到界定的。任何接近和朝向神龛的合适的社会文化方式和行为都能够界定和说明神龛是什么。④

第三，进化意义上的情境因素。基于身体与情境的认知活动中的进化因素

---

① Clark, A. An embodied cognitive science? Trends in Cognitive Science, 1999(3).

② Clancey, W. Situated Cognition: On Human Knowledge and Computer Representations, Cambridge: Cambridge University Press, 1997, pp. 27-28.

③ Clancey, W. Situated Cognition: On Human Knowledge and Computer Representations, Cambridge: Cambridge University Press, 1997, p. 27.

④ Anderson, M. Embodied Cognition: A field guide, Artificial Intelligence, 2003(149).

涉及两个方面：一是认知活动的身体载体是进化的，包括人的大脑、大脑神经结构、感官运动系统以及形态学身体都处于不断的进化过程中，这种身体的进化与人类的认知活动也密切相关；二是人类的高级认知活动不是孤立的和非连续性的，高级的认知能力与人类的低级感官能力之间具有进化性和时间上的连续性。瓦雷拉等人主张的生成认知科学非常强调基于身体的真实进化生成来展开对认知活动生成的科学研究。在戈尔德倡导的"认知的动力学理论"中，他将身体主体称为一种动态和进化的"后笛卡尔主义主体"（post-Cartesian agent），并且指出，"后笛卡尔主体本质上就是时间性的，因为它与世界最基本的关系就是一种灵活的应对活动；由此，认知的动态框架也就是一种自然选择，因为它从一开始就基于时间因素"①。莱考夫和约翰逊也认可认知的身体载体的进化性，同时指出人类理性认知能力与感官运动能力的进化连续性。他们指出，"理性是进化的，因为，抽象的理性建基于并且利用了'较低等'动物具有的知觉和运动能力。这样，我们就得到了一种达尔文主义的理性或者一种关于理性的达尔文主义：理性，即使是最抽象的理性，也是利用而不是超越我们人类的动物本性。理性进化特征的发现，改变了我们同其他动物的关系，并且改变人类仅仅是理性存在的概念。这样，理性不再是把我们同动物割裂开来的本质；相反，理性把我们置于与动物的连续进化体中"②。

总之，以涉身认知等为代表的当代认知科学研究试图提出一种基于身体与情境互动的新实在论主张，即认知活动的载体不再是单纯的物质或者心灵，而是一种身体与情境的互动存在。梅洛-庞蒂在现象学中通过现象身体、身体含混性、身体主体、身体图式以及感官运动系统等概念试图描述这一新的实在，当然，对于这种超越唯物主义、唯心主义和二元论实体思维的新实在观的最佳说明就是含混性这一概念。正如梅洛-庞蒂所指出的："对行为的'中心区域'的研究证实了身体本性的这一含混性……身体绝没有哪一部分是纯粹的事物，也没有哪一部分是纯粹的观念。"③认知科学家汤普森和瓦雷拉则在认知科学层面上较为清晰地说明了这一新的实在观，即认知活动的形成涉及大脑-身体-环境这样一个整体系统，其中包含三个维度，即整个身体的机体管理圈、接合机体与

① Gelder, T. What Might Cognition Be, If Not Computation? Journal of Philosophy, 1992(7).

② Lakoff, G and M. Johnson. Philosophy in the Flesh. Philosophy in the Flesh: the Embodied Mind and Its Challenge to Western Thought, New York: Basic Books, 1999, p. 4.

③ ［法］梅洛-庞蒂：《行为的结构》，杨大春、张尧均译，北京：商务印书馆 2005 年版，第 302～303 页。

环境的感官运动圈、涉及行动的意向意义以及语言交流的主体交互作用圈。①
在关于基本层面概念的研究中,莱考夫和约翰逊则明确提出了涉身实在论
(embodied realism)的主张。他们指出,基本层面和非基本层面概念的划分依赖
于身体基础,笛卡尔主义的形而上学实在论是不正确的;基本层面概念揭示了
人与环境之间的最佳互动,因此基本层面的概念能够表明一种涉身实在论。这
种涉身实在论由下述主张构成:一是主张存在一个独立于我们理解的世界;二
是主张我们能够具有对这个世界的稳定知识;三是主张我们的概念和理性形式
不是外部世界的特征反映,而是与身体和环境之间的功能性互动相互协调。②
进一步说,在概念的生成问题上,"非涉身的科学实在论在处于'那里'的'客观
对象'以及处于'这里'的'主体性'之间制造了一道不能桥接的鸿沟……我们
所提出的涉身实在论则基于这样的事实:我们通过互动与世界处于耦合之中,
我们的直接的涉身概念(例如基本层面概念、空间关系概念等)可靠地适应着这
些涉身互动以及形成于其中的对世界的理解"③。

二、涉身认知中的表征解释

表征一般被理解为认知主体表征(represent)外部对象而产生的"内在"认
知符号(symbol)。莫顿·韦格曼(M. Wagman)根据知识表征的作用区分了表
征的5种内涵:表征根本上是一种关于事物本身的替代物,表征通过思维或者
推论而非行动来发挥作用;表征是用术语来思维世界的一组本体论承诺;表征
是某种理智推理所用的基本概念;表征是思维计算活动的媒介;表征是人类表
达所使用的一种语言。④ 认知科学研究中主要运用了韦格曼所提到的第一、第
三和第四种内涵。经典认知科学研究框架一般肯定表征的存在,而认知主义的
核心假设就是基于规则的表征计算。涉身认知等当代认知科学研究纲领则持
有一种非表征的基本立场,即表征可能并不存在或者表征并不是人类认知活动
的唯一呈现形式。在表征问题上,认知科学哲学家将在某种程度上认可表征存
在的观点称为温和的涉身性(meek embodiment),而将彻底否定表征的立场称为

---

① Thompson, E and F. Varela. Radical embodiment: neural dynamics and consciousness, Trends in cognitive science, 2001(5).

② Lakoff, G and M. Johnson. Philosophy in the Flesh. Philosophy in the Flesh: the Embodied Mind and Its Challenge to Western Thought, New York: Basic Books, 1999, p.90.

③ Lakoff, G and M. Johnson. Philosophy in the Flesh. Philosophy in the Flesh: the Embodied Mind and Its Challenge to Western Thought, New York: Basic Books, 1999, p.93.

④ 莫顿·韦格曼:《表征与心灵理论》,载高新民、储昭华编:《心灵哲学》,北京:商务印书馆2002年版,第557~558页。

激进的涉身性(radical embodiment)。

(一)温和涉身性的表征观

在表征问题上,一部分当代认知科学及其哲学研究者持有更为谨慎的看法,主张人类认知活动并不是无表征和反表征的,不仅知觉活动中可能存在具有行动导向的表征,而且抽象认知活动中更是需要表征的参与。

克拉克认为表征问题上存在激进涉身性和简单涉身性两种不同立场。简单论者仅仅主张限制内在表征理论,他们主张认知活动主要还是依赖内在表征及其计算转换。尽管他们也关注身体、环境以及行动等新的认知因素,但是他们更多是在方法论上考虑这些因素,其最终目的是合理地解释内在表征和计算活动。激进论者主张要对传统经典认知科学的研究主题和框架进行根本的转换。激进论者主张,内在表征和计算等传统概念不充分且不必需,对于大脑、身体和环境之间互动的认知理解需要新的分析工具和方法,认知科学需要重新考虑一种成熟的心灵科学,这种科学不仅需要研究智能的个体内在结构,而且还需要研究与智能相应的身体和环境的扩展结构。① 在简单论和激进论之间,克拉克更倾向于一种调和二者的温和涉身性立场。这种立场并不拒绝表征,而是认可一种局限的、行动导向的新表征;他同时主张,不仅知觉行动中可能存在表征,在抽象认知活动中可能更需要表征。

针对取消表征的反笛卡尔主义激进涉身性立场,克拉克提出了一种相应于表征修正立场的哲学观点,即最小程度的笛卡尔主义(Minimal Cartesianism)。尽管他意识到最小程度的笛卡尔主义"似乎有二元论之嫌",但是他辩护说,"这种说法并不是本体论上的说法,而是针对表征而言的。也就是说,把表征植根于涉身认知的互动构架中"②。克拉克不仅主张在知觉活动中可能存在行动导向的表征,而且,他认为抽象认知活动的研究可能更需要传统计算表征的解释模型。针对"涉身和嵌入式方法能不能够解决'渴求表征'(representation-hungry)的问题求解",克拉克指出,如果一定要贯彻涉身认知的研究框架,那么,"针对某些高级的智能活动,我们还需要等待经验科学提供更具说服力的成果"③。

① Clark, A. An embodied cognitive science? Trends in Cognitive Science, 1999(3).
② Clark, A. Embodiment and the Philosophy of Mind. In O'Hear. eds. Current Issues in Philosophy of Mind. Cambridge: Cambridge University Press. 1998, pp. 53-79.
③ Clark, A. Embodiment and the Philosophy of Mind. In O'Hear. eds. Current Issues in Philosophy of Mind. Cambridge: Cambridge University Press. 1998, pp. 53-79.

（二）激进涉身性的表征观

激进的涉身性一般持有无表征和反表征的立场。梅洛-庞蒂在现象学的知觉研究中指出了身体运动机能的意向过程是无表征的过程。激进涉身性思想不仅在身体运动的知觉问题上持有无表征立场，而且在概念等抽象认知活动上也认同无表征立场。

瓦雷拉和汤普森用一种非线性的突现理论来取代传统认知科学的表征模型。他们主张激进的涉身认知理论，即：（1）意识的神经基础表现为大规模的、突现的以及暂时的大脑动态活动模式，而不是表现为特定的神经元回路和分类；（2）意识的产生涉及大脑-身体-环境之间的互动，而不是局限于大脑内部的神经活动；（3）动力学系统理论，特别是非线性的突现理论是涉身认知科学的重要工具。① 激进的涉身性思想不仅提出了无表征的动力学系统和非线性突现理论，而且在研究对象上，也把无表征的涉身性从知觉扩展到抽象认知活动中。莱考夫和约翰逊认为，大脑中的神经生理活动通过身体感官运动系统不仅直接体现为知觉过程，而且其本身就蕴含着概念等思维形式的结构和意义。他们指出："涉身心灵的思想激进地削弱了知觉/概念之间的区分。在涉身心灵中，我们很容易理解，知觉活动（或者身体运动）中的相应神经系统在概念的形成中具有决定性的作用。"②奴兹也指出，所有的认知形式，不管是知觉还是语言或者数学推理等抽象认知都与身体活动直接相关，特定大脑和身体支撑的主观性身体体验能够解释人类心灵自身创造概念、观念、解释、逻辑形式以及理论等所有认知形式。

总体上看，表征问题在当代认知科学哲学中是一个有争议的困难问题。从实践层面上看，激进的涉身性较难以操作，而温和的涉身性则更具有可操作性。不过，要想从理论和实践上予表征问题一个系统性的合理说明，这需要哲学和科学的共同努力。

---

① Thompson, E and F. Varela. Radical embodiment: neural dynamics and consciousness, Trends in cognitive science, 2001(5).

② Lakoff, G and M. Johnson. Philosophy in the Flesh. Philosophy in the Flesh: the Embodied Mind and Its Challenge to Western Thought, New York: Basic Books, 1999, p.37.

第二章　介入意识视野下的在线智能

信息加工和联结主义理论在笛卡尔主义影响下对人类智能采用了表征计算的解释策略。在以第二代认知科学研究为代表的智能革命的视域下,在线智能的研究提出了与信息加工和联结主义不同的科学技术方案。针对知觉等在线智能主体,新的研究方案提出了知觉密合行动的纲领性主张,反对独立心灵观及其相应的表征计算主义知觉解释,确立了大脑-身体-环境的新型认知场域观,在理论和技术上落实了梅洛-庞蒂的介入意识主张。

第一节　知觉的介入性

在经典认知科学研究框架中,知觉活动的科学研究深受笛卡尔主义二元论模式的影响,知觉活动被理解为内在心灵对外部世界的一种直接或间接反映,也就是一种过对外部对象属性的表征计算建构。在涉身认知科学研究框架中,知觉的解释和建构不再依赖表征计算模式,而是依赖身体与外部环境的交互作用,从而展现出一种注重身体与情境交互的行动知觉观,展现出一种梅洛-庞蒂介入意识视域下的新型介入知觉观。

一、非介入知觉观及其质疑

知觉是人类在线智能的重要形式。传统的知觉理论在哲学和科学上可以归结为一种表征主义的知觉理论。表征主义的知觉理论将符号表征作为理解知觉活动的关键,并且以此来建构表征活动。因此也可以称之为一种非介入性的知觉解释。在认知科学发展过程中,表征主义的知觉理论在心理学和人工智能等领域长期占据主导地位。

（一）表征主义知觉理论

知觉的表征主义理论是近代主客二分认识论模式下的必然体现。在近代认识论中，主体和客体的分离假设导致了某种中间层面的认知成分的存在，而这种中间成分相应被视为理解知觉等认知活动的重要要素。正如哲学家洛克（Don Locke）所说，近现代以来的知觉理论有一个共同的前提，即将觉知材料作为知觉活动中心灵与外部对象之间的必要中介。[①] 表征主义知觉理论主张，作为中介的这些内在的觉知材料就是心灵对外部对象及其属性的内部表征或者反映，而这些表征或反映正是所谓感觉活动的结果，知觉活动则是在这些表征式感觉结果的基础上形成的。当代许多哲学家也坚持了这种所谓正统的知觉理论，福多和皮利辛也将这种正统知觉理论称为知觉上一种权威观点（"Establishment View" of perception）。这种权威的知觉观认为，知觉就是对以表征形式存在的感官信息的加工活动。具体来说，知觉就是指大脑或者大脑中的某种专门功能亚系统，将感官接受装置对相关环境属性的表征信息加以编码组合的活动。在这种知觉解释中，参与活动的感官生理装置是被动的，它们自身没有主动的介入性，知觉活动必须被理解为某种具有逻辑归纳推论的内在心灵活动。

经典认知科学研究长期接受了这种正统的知觉理论，表征主义知觉理论甚至主导着认知心理学和人工智能等经典认知科学领域中的知觉研究。例如，心理学家格列高里（Richard Gregory）利用表征主义知觉理论将知觉视为一种对外界信息的编码活动。人工智能学家马尔（D. Marr）在表征主义知觉理论框架下将人类视觉活动视为一种信息加工或者表征计算活动。联结主义者保罗·丘奇兰德则将感知觉活动理解为大脑表征的生理计算活动。针对感觉质等困难问题，丘奇兰德指出，人们当前视觉中"难以用语言表达的"粉红色，可以充分而准确地表达为一个相关的三元一组的大脑皮质系统中的"95Hz/80Hz/80Hz 的频率调和"。也就是说，知觉活动可以被理解为大脑中某种功能组织和模块的自主表征计算活动，这种表征不再是内在心灵中的观念，而是被查尔默斯等人称为"意识的神经共联"的大脑中的某些神经元活动。

总体而言，在经典认知科学研究框架下，表征主义的知觉理论包含下列构

---

① 这种觉知材料可称为觉象，也就是约翰·洛克所讲的观念（ideas），或者是贝克莱所讲的感觉（sensations）。参见 Locke, D. Perception, London: Routledge, 1967, p. 22.

成因素:知觉活动依赖于神经元等生理基础;知觉是大脑生理活动的某种自发活动;知觉是对感官信息的某种表征计算活动。不过,经典认知及其所依赖的表征主义知觉哲学始终面临着多方面的挑战。

从哲学层面上看,主客二分认识论模式下的表征主义知觉理论被视为一种客观主义知觉理论,其最大问题是知觉理解建立在主客二分的理论假设基础上。这种客观主义的知觉理论忽略了知觉认知的动态性、介入性和主体交互性等特点,从而造成对具有强烈主观性质的知觉活动的解释难题。具体来说,表征主义知觉理论很难解释内在观念与外部对象的关系,更不能解决传统二元论所面临的理论难题。表征主义知觉理论也很难解决感觉质或知觉现象学性质的理论难题。现代哲学通过语言逻辑分析对知觉理论的发展也不能很好地说明知觉本身的心理属性。从科学实践上看,表征主义知觉理论体现了一种典型的形式化和计算化特征,这种知觉研究是一种对人类真实知觉的人工建模,它不能真实地再现人类知觉活动。联结主义研究实践重视大脑等生理机制与知觉活动的关联,但是联结主义依然将知觉生理装置视为一种被动因素,这就很难解释大脑生理活动如何生成了更具个体性、丰富性的知觉体验。总之,在哲学与科学发展中面临的这些局限性迫切要求人们重新审视表征主义知觉理论。

(二)质疑表征主义知觉观

表征主义知觉观在哲学和科学上都受到了一些批评和质疑。著名哲学家维特根斯坦曾经讨论过这样一个例子。如图 3.2 中的这个立方体,如果按照表征主义的知觉理论,那么我们就很难理解为什么同样的这张立方体插图,既可以被理解为一个玻璃立方体,又可以被理解为一个铁丝框子。但是,如果我们用体验主义的主客体交互方式而非表征主义的客观方式来解释知觉,或者说,如果我们用梅洛-庞蒂的介入意识或者说介入知觉来看待上述现象,那么我们就可能更容易地解释对上述图形的认识差异。

维特根斯坦对此指出,“在这里是一个玻璃立方体,在那儿是一个倒置的开口盒子,在那儿又是具有这种形状的铁丝框子,在那儿是由三块平板构成的一个立体角。课文每次都为这插图提供解释……因而我们解释它,并且像我们所解释的那样来看它。这里,或许我们要这样来回答:通过一种解释对直接经验所进行的描述,即对视觉经验的描述,乃是间接的描述。‘我把这图形看作一个盒子’意味着:我有一种特定的视觉经验,我从经验中发现当我把这图形解释为一个盒子或当我看一个盒子时我总是有这种经验。但如果它就意味着这个,那么我就应当知道它。我应当能够直接地而不是仅仅间接地指称这种经验(正如我可以说到红色而不用把它称为血的颜色一样)"①。可见,维特根斯坦的这段论述表明,按照表征主义方式,知觉就是一种间接经验的表达,这是基于某种理论的知觉解释,如果我们要理解真实的直接知觉经验,那么这就需要放弃表征主义的客观知觉理论,就需要我们接受某种介入意识的知觉理论。

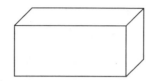

图 3.2　维特根斯坦的立方体

　　当代智能革命中出现的涉身认知科学技术研究,试图克服表征主义知觉理论所遇到难题或者瓶颈,从而尝试在科学技术层面落实维特根斯坦所说的直接知觉经验。涉身认知科学技术框架中的知觉理论,强调知觉上的介入意识特征,注重知觉与行动的紧密关联,这种知觉密合行动的介入主题表现了对表征主义知觉解释的质疑。

　　总体而言,知觉的介入性或者知觉密合行动的思想在涉身认知研究中存在两种针对表征的理解和处理。一是温和主义的主张,即知觉活动中存在某种表征,但是这种表征不是静态的,而是非中介的、动态的行动表征;二是激进主义的主张,即在知觉活动中根本不存在表征,不管是何种表征在基于行动的知觉活动中都不存在。

　　温和主义的涉身知觉观主张,知觉与行动的密切结合并不意味着表征的消失,而是体现为一种行动的表征对传统的中介性和静态性表征的替代。克拉克指出,涉身知觉理论并不拒绝表征,而是可能指向一种面向行动的表征(action-oriented representation)。克拉克说:"涉身模型中的表征并没有完全消失,并不意味着无表征。而是更经济的表征、更加受行动导向的表征。"②克拉克在哲学层面上将这种对传统表征知觉观的修正立场称为一种最小程度的笛卡尔主义。韦勒也指出,像布鲁克斯等人虽然明确了一种无表征智能的立场,但是其所进行的人工智能研究实质上也不是完全取消表征,而是立足身体与环境的交互作用展现了一种面向行动的表征思想,是一种随时反映情境变化的即时表征。布鲁克斯本人也指出,其人工智能研究所设计的由接受感觉输入、躲避物体、漫

---

　　①　[奥]维特根斯坦:《哲学研究》,李步楼译,北京:商务印书馆1996年版,第295页。

　　②　Clark, A. Embodiment and the Philosophy of Mind. In O'Hear. eds. Current Issues in Philosophy of Mind, Cambridge：Cambridge University Press, 1998, p. 40.

游、探索、映射、知觉变化、识别物体、相对于环境改变规划以及对物体行为作出推理等不同层面能力所构成的包容构架(subsumption architecture),表明认知活动不再求助于外部计算机控制的表征计算,而是依赖针对环境作出反应的行为模块,每一个模块都联结着感觉和行动。① 布鲁克斯的自主行为机器人设计不再需要场外计算机的指令(表征),但是它却需要一种面向行动与环境的包容构架,这意味着一种面向行动和面向情境的新表征。

布鲁克斯提出的基于行为的包容构架与按照感知-规划-行动过程的串行结构不同。包容构架是基于感知与行为之间映射关系的并行结构,其中上层行为包含了所有的下层行为,上层只有在下层的辅助下才能完成自己的任务,而下层并不依赖于上层,下层的内部控制与上层无关。例如,假设有一台扫地机器人,它的任务是要把整个房间打扫干净。如果采用感知-规划-行动模型设计机器人并试图完成扫地任务,那么这个机器人将按照预先设定的路径,从而将整个地面清扫完成,但是如果在扫地时环境中诸如一把椅子等因素在规划的时候被忽略了,那么这个机器人很可能就会不知所措,从而无法完成扫地的任务。如果机器人采用基于行为的包容构架模型,那么这台机器人就可以根据碰到的情况实时调整行走的路线,尽管这个机器人可能会乱走,但是它最终可以完成打扫房间的任务。这个例子表明,基于行为的包容构架的机器人并没有取消表征,而是采用了基于行为表征的包容构架。

在涉身认知的智能革命研究中还存在着一种激进主义的涉身认知观。这种观点主张知觉与行动的密切结合意味着知觉的无表征。在这种激进涉身认知研究中,认知动力学假设被视为建构无表征认知的代表性理论。动力学系统的认知理论提供了一种在知觉等问题上消除表征假设的分析工具和方法。例如,作为激进的涉身认知理论家的瓦雷拉和汤普森主张用一种非线性的突现理论来取代表征模型,他们将动力学系统理论特别是非线性的突现理论作为替代传统表征的涉身认知科学的重要解释工具。② 此外,戈尔德也认同用认知动力学假设来替代正统表征主义理论假设。在戈尔德看来,认知动力学假设主张心灵不是计算机,认知系统是动力学系统,认知活动不是计算活动而是不同认知系统在状态空间中的进化。③ 戈尔德将英国工业革命时期关于燃料自动控制器

① Brooks, R. Cambrian Intelligence: The Early History of the New AI, Cambridge, Mass.: MIT. 1999, p. 67.

② Thompson, E and F. Varela. Radical embodiment: neural dynamics and consciousness, Trends in cognitive science. 2001(5).

③ Gelder, T. What Might Cognition Be, If Not Computation? Journal of Philosophy, 1992(7).

技术设计的计算控制器和向心力控制器两种方案应用到认知科学研究中。他认为,计算控制器方案更近似于表征计算主义认知研究,而向心力控制器方案则是暗合了一种认知的动力学理论,认知系统在这种方案中成为一种动力学装置,其活动的完成不需要求助于复杂的表征计算。

在当代智能革命的大潮中,现代哲学与科学在针对知觉表征主义的质疑中相继产生了各种非表征主义知觉理论或者说介入知觉观的探索。这些非表征主义或者介入性知觉理论都可以归结为智能革命中涉身知觉理论发展过程中的构成部分。尽管这些革命性的知觉理论采取了不同的名称,其理论的关注点也不尽相同,有的关注知觉介入的情境构成因素,有的关注知觉介入的感官运动系统等,但是,这些理论的共通之处都是质疑知觉的表征主义和非介入性,它们在智能革命中都推动着一种更为成熟的介入性知觉理论研究的形成。

二、生态主义知觉观

吉布森在 20 世纪后半叶提出的生态主义知觉理论被视为对表征主义知觉理论的一种批判和突破,也是梅洛-庞蒂介入性知觉观在心理学等科学上的一种具现。

在吉布森看来,知觉并不是发生在知觉主体大脑中的一种事件,而是生物体整体的某种行为。知觉是指导主体探索环境的一种活动,知觉是主体与环境之间的一种介入性活动。20 世纪中期,詹姆斯·吉布森的妻子埃莉诺·吉布森(Eleanor Gibson)与理查德·沃克(Richard Walk)完成了一项实验研究——视崖实验。通过这个实验,吉布森等人试图提出一种生态主义的直接知觉理论。这个心理学史上的重要实验研究源于在农场接生山羊的经历。当吉布森完成第一头小山羊的清洗时,第二头就要生出来了。在她不知所措时,农场主说:"把它放在台子上。"那是一个高台,她此时担心"它不会摔下来吗",农场主向她保证不会。她把那只还湿湿的小东西放在台子上,小东西稳稳地站在上面,还不时环顾四周。看来,山羊有与生俱来的在悬崖边生存的能力。4 年后,二人产生了通过模拟"悬崖"来探究婴儿的深度知觉是先天的还是后天的实验构想。他们做了鸡、羊、狗、猫等的实验,结果发现它们天生能感知避免摔下人工的悬崖装置。他们又将人类婴儿作为实验对象。在实验过程中,当母亲从视崖的一边呼唤孩子时,大部分婴儿拒绝穿过视崖,他们远离母亲爬向浅的一侧,或因为不能够到母亲那儿而大哭起来。婴儿已经意识到视崖深度的存在,这一点几乎是毫无疑问的,或者说,婴儿也似乎天生能感知避免摔下悬崖。尽管这项实验的结果,即深度知觉的先天论受到一定的质疑,但是詹姆斯·吉布森试图从进化论视角提出一种针对视崖实验的生态主义解释。他认为,人类是两脚着地的动物,行动时头部离地面较远,一旦跌倒头部受伤较重。因此,为适应两脚着地这一生态环境的需要,长期以来,人类的视知觉系统中就进化出一种对三维空间的适应能力。这种能力是天生的,不需后天学习。吉布森的这种直接知觉理论也被称为视知觉生态论。

与表征主义的正统知觉理论相比,生态主义知觉理论的特点主要体现为以下方面。第一,生态主义知觉理论反对将知觉视为大脑某个单一功能组织参与的活动,相反,知觉是知觉主体整体参与的一种活动或者行动。第二,生态主义知觉理论主张,知觉不是在反映环境的有限感官意象的基础上,通过表征组合而形成的某种内在模型,相反,知觉是知觉主体与环境之间的一种直接关联或者直接介入,以及在此基础上对进一步行动的循环性和递进性的指导。第三,生态主义知觉理论主张,知觉是直接性的活动,知觉不需要感官表象或者表征作为中介。可用的知觉信息不是来自于视网膜等生理器官的一种反射,而是直接来自于生物体所探索的周围环境。知觉的直接性是吉布森生态主义知觉理论的核心假设,这一观念认为,基于生物体对周围环境结构的感受性使得知觉主体与环境发生了直接联系或者直接介入,这种直接联系或者直接介入就是知觉本质。

这样一来,与表征主义的间接知觉观不同,生态主义知觉观是直接性、介入性和行动性的。一方面,知觉是积极的,生物体通过眼睛、头和身体来直接感受环境并且在环境中移动和应对。所谓的视知觉不再是一种对静态物体的影像,而是某种动态视觉流。另一方面,在这种视觉流与环境的可见属性之间产生并存在着某种有规律的共联,由于知觉主体潜在熟悉这些有规律共联,因此它们就能够从环境中吸取特定内容,而不必通过信息加工从有限感官意象中重构环境。

三、生成主义知觉观

在涉身认知科学研究的当代智能革命进程中,马图拉纳和瓦雷拉等著名生物学家在认知问题上提出了一种自创生(Autopoiesis)的理论,并且由此提出了一种生成主义(The Enactive Approach)知觉观。马图拉纳和瓦雷拉都将活体细胞作为生命系统的基本自然构成。自创生意味着这种细胞的持续性地自我生产。在他们看来,生命系统就是认知系统,生命活动就是认知活动,所有的生命体都是如此,不管生命系统是否具有某种神经系统。基于这一思想,二人将生命系统的自创生运用于认知问题上,即认知的生物学研究。他们的理论也被称为"圣地亚哥认知理论",以他们为主也形成了"圣地亚哥学派"(Santiago School)。基于生命系统与认知系统的一致性,生命系统是自创生的,同样,作为生命系统功能的认知系统及其活动也是自创生的,它自我生成,自我组织。诸如石头等无生命系统则是不能自我生成的或者说它是被生产的(allopoietic)。概而言之,自创生系统意味着一种动态的系统,它是一个由部件生成的网络合成的实体,该实体满足:(1)通过相互作用迭代的再生产产生它们自己的网络;(2)该实体必须被认为是一个整体系统,并且它能够自我产生自身的边界。①

在知觉问题上,马图拉纳和瓦雷拉等人认为,生命体的神经生理系统并不是一种针对外部世界的内在表征所编码的输入-输出系统,相反,神经生理系统在自身自组织活动的基础上可以产生一种基于身体有机体的知觉-运动活动域,而这正是知觉等认知活动的生成之所。所谓有意义的知觉信息不是在头脑中以外部世界为模型而存在的一种内在表征,而是有机体与其所处环境之间结构耦合作用(structural coupling)的一种生成结果。例如,就颜色视觉而言,不同的生物体对于颜色的视知觉只能通过生物体与自身环境的知觉-运动耦合而生成,不存在普遍性和客观性的颜色知觉。这种基于自创生理论的视觉观就是一种生成主义的颜色视觉观。

瓦雷拉等人也将这种生成主义的知觉观称为一种涉身行动(Embodied Action)的知觉理论,意即将知觉理解为生物体身体与环境之间一种不断生成的行动。他们认为,传统的知觉观都是一种知觉的表征主义理论,即"都把表征作为理解视觉以及认知的核心概念:客观主义用表征来重现外部实在;主观主义用表征来投射内部状态"。而涉身行动的知觉理论则在知觉问题上摆脱了表征主义的弊端,并且超越表征主义知觉理论所依赖的"内在与外在的(I/O)区分模式",例如,基于涉身行动的颜色视觉观可以这样来解释,"颜色既不是独立于我们的知觉和认知能力的'外在存在'。也不是独立于围绕我们的生物和文化世界的'内在存在'。与客观主义观点相反,颜色分类是依赖于主观体验的;与主观主义相反,颜色分类又依赖于我们共同的生物和文化世界"②。瓦雷拉等人认为,所谓"涉身行动"就是"生成",这种"生成"知觉观包含两层含义:一是知觉就是被知觉地导向的行动;二是认知结构呈现于循环的感官运动模式中,正是这些感官运动模式使行动被知觉地导向。

---

① Maturana, Humberto R., Varela, Francisco J. Autopoiesis and Cognition: The Realization of the Living, Dordrecht: Reidel, 1980, p. 13.

② Varela, F, E. Thompson and E. Rosch. The embodied Mind: Cognitive Science and Human Experience, Cambridge, Mass.: MIT, 1991, p. 172.

瓦雷拉等人的这一知觉解释与梅洛-庞蒂现象学中的介入性知觉观不谋而合。正如梅洛-庞蒂所举的例子,在猎人捕捉动物的活动中,"当眼睛和耳朵追踪一只逃跑的动物时,在刺激与反应的交替中,要说出'哪一个先开始'是不可能"①。瓦雷拉等人的生成知觉观表明,知觉就是身体的行动,知觉体现了意识的介入性,知的过程就是身体行动在环境中的不断循环生成。在这个循环连续生成过程中,知觉不仅通过身体行动嵌入于环境,而且知觉还参与着环境的生成。

四、能动视觉理论

人工智能学家巴拉德(D. Ballard)等人基于认知科学实践,概括了一种质疑表征主义知觉模型的涉身知觉理论——能动视觉理论(Animate Vision)。

在巴拉德等人看来,表征主义视觉研究可称为"纯粹视觉"(pure vision)研究范式,这种知觉范式以静态的视网膜意象为表征存在,并且将这种表征存在进行抽象化操作,以此解释视觉系统如何导出某种客观世界的模型。纯粹视觉的传统理论将视觉活动分解为若干模块,这些模块与运动之间没有关联,因而它们的作用是消极的。反之,能动的视觉理论主张知觉活动不能脱离身体所处的场景,感官运动相关联的整体活动共同构成了知觉活动。能动视觉理论立足于眼动和注视等生理功能之间的感官运动循环,来解释知觉主体如何能够收集环境中的有意义信息。能动视觉以此将视觉活动分解为指导行动和探索活动的视觉运动(visuomotor)模块,这种基于行动的视觉理论也就不再需要某种传统的视觉表征。在巴拉德等人看来,如此理解的视觉的任务不再是建构一个针对三维空间的内在表征模型,而是依据实在环境和实时行动的需要,有效和经济地利用视觉信息并且相应指导行动的活动。他们指出,在这种基于身体行动的视觉研究范式中,行动的作用是首要的,而基于内在表征或者信息的形式化加工和计算则是次要的。② 克拉克对此评论说,巴拉德的"能动视觉"研究与马尔的视觉计算理论相比具有两个重要突破:一是身体行动(例如眼睛的扫视运动)承担了计算的重要功能;二是主体与环境的持续互动消除了创造通用、丰富内在表征模型的需要。③

---

① [法]梅洛-庞蒂:《行为的结构》,杨大春、张尧均译,北京:商务印书馆 2005 年版,第 27 页。

② Ballard, D. Animate vision, Artificial Intelligence, 1991 (48).

③ Clark, A. Embodiment and the Philosophy of Mind. In O'Hear. eds. Current Issues in Philosophy of Mind, Cambridge: Cambridge University Press, 1998, p.40.

五、感官运动随机理论

在批判表征主义知觉理论并且吸收现象学知觉思想的基础上,哲学家诺伊(Alva Noë)提出了关于知觉的感官运动随机理论(The Sensorimotor Contingency Theory)。

在诺伊看来,表征主义知觉观可被称为一种拍照式的知觉体验观。按照这一理论,视觉过程被视为眼睛对外部对象的一种拍照式反映,而大脑则将所获得的离散信息进一步整合为一种稳定的模型或者表征。马尔基于信息加工的计算主义视觉理论就是这种拍照式理论的典型。也就是说,大脑将视网膜上的离散信息转化为稳定的表征,而知觉则是对这些表征的进一步加工。在诺伊看来,这种在知觉问题上的表征主义解释值得怀疑,尤其与真实的知觉体验相去甚远。

与表征计算主义知觉理论不同,梅洛-庞蒂等人的现象学哲学对人类的真实知觉给出了一种体验主义的解释。诺伊等人指出,梅洛-庞蒂等人的现象学知觉理论主张,即使人们不能通过知觉获取对象的所有细节或者说信息,但是人们依然能够产生一个完整的知觉。例如,就手中的一个瓶子而言,即使我们不能知觉到瓶子的所有细节,但是我们仍然能够产生一个关于瓶子的完整知觉。而关于瓶子的这种知觉呈现不是通过推论或者概括等认知活动得出来的,而是通过体验获得的。再比如,对于一个西红柿而言,即使在购买的时候你仅仅看到了西红柿的正面,但是你依然可以获得这个西红柿的三维和圆形的知觉体验。正如丹尼特所说,尽管知觉意识活动自身可能是不连续的,但是在我们看来知觉意识活动却可以是连续性的。例如,视觉盲点的存在说明视觉是不连续性的,但是人们却可以将不连续的视觉体验整合为一个连续性的整体视觉体验。在丹尼特看来,现象学意义上的这种视觉体验可能仅只是一种幻象,它并不真实。但是,诺伊并不认同丹尼特将现象学意义上的这种视觉体验看作是一种视觉意识幻象的观点。在诺伊看来,丹尼特对现象学视觉体验的解释表明他看到了表征主义的局限,因为的确有对象(诸如盲点)无法呈现为表征,丹尼特由此肯定现象知觉的存在,这是合理的。但是,基于视觉盲点无法表征,从而将现象知觉看作是一种幻象,这却是不合理的。诺伊认为,如果按照丹尼特的这种理解,知觉意识似乎就成了一种虚假的、不真实的幻象,而视觉世界也相应变成了一个幻觉世界,那么我们将最终不可能理解知觉呈现的问题。

为了规避表征主义和丹尼特式的现象学知觉理论的缺陷,诺伊提出了关于知觉的感官运动随机理论。具体来说,知觉的感官运动随机理论可以通过两个步骤来解决知觉呈现问题。第一,必须承认,梅洛-庞蒂等人的现象学知觉理论对表征主义的修正是正确的,也就是说,人们对作为整体的物的知觉呈现并不是以表征形式存在的,相反,这种整体的知觉呈现就是人们的真实体验。第二,这种整体的知觉体验并不是一种幻象,相反,它们有着真实的产生基础,即这种整体知觉体验的现实基础是人们的感官运动技能。正是这类现实的感官运动技能产生了真实的知觉体验。

对此,诺伊与欧里根(Kevin O'Regan)作了如下描述,"我们对丰富世界的知觉体验呈现并不是我们在意识中对所有细节的一种表征。相反,这种知觉体验呈现就是我们当下对事物所有细节的感受(即海德格尔的'打交道'),也是我们对相应的能够'打交道'的知识的感受。这种知识是我们协调自身与当下环境关系的感官运动活动的一种流畅的掌握。我们对躲在篱笆后面的作为整体的猫的感觉,确切地说就是我的知识,是我的一种默会式的理解,也就是说,通过我的眼睛、头部或者身体的运动,我能够使得猫的片段形成为相应的猫的整体体验。这是关于知觉的生成进路或感官运动研究进路的核心论断之一"①。诺伊更为明确地指出,感官运动系统与知觉呈现事实上就预先存在着这种基础性关联,"我们与环境细节之间有一种特殊的打交道方式,只有这种活动方式由我们所熟悉的感官运动模式控制的时候,知觉世界才会呈现"②。

诺伊等人所主张的关于知觉的感官运动随机理论,试图融合现象学哲学与涉身认知范式下的知觉研究。这种做法既肯定了知觉的体验性特征,即知觉的现象学哲学意义,又为这种知觉体验提供了一种基于感官运动能力的物理主义科学解释。具体来说,这种物理主义的科学解释正是区别于经典认知的涉身认知解释,即视觉等知觉活动不仅发生在大脑内部,仅仅大脑神经活动自身不足以解释视觉的产生。视觉活动更是一种生物体通过感官运动系统在外部环境中的一种探索活动,或者说视觉更是某种探索环境的感官运动技能性活动。更进一步说,这种视知觉活动的发生离不开人际之间的活动环境,而非局限于某个个体的内部。正是由于诺伊等人提出的这种知觉理论具有异于经典认知的上述特点,知觉的感官运动随机理论也被他们视为等同于瓦雷拉的生成知觉观的一种知觉理论。

---

① O'Regan, J. K., and A. Noë. What it is like to see: A sensorimotor theory of perceptual experience, Synthese, 2002(29).

② Noë, Alva. Is the Visual World a Grand Illusion? Journal of Consciousness Studies, 2002(9).

六、小结

总体而言,智能革命背景下产生的介入知觉理论体现为一种不同于经典表征主义知觉理论的新认知框架。涉身知觉等介入意识理论都重视知觉与行动之间的密切关联,都强调身体感官运动器官及其技能对于知觉活动存在与发展的重要性。这些介入知觉理论都构成当代反笛卡尔主义哲学运动的一部分,它们都得到了当代涉身认知科学与梅洛-庞蒂等现象学哲学思潮的理论回应。

以梅洛-庞蒂为代表的现象学介入知觉理论受到以埃文斯(Gareth Evans)等为代表的当代心灵哲学家的关注,两者与涉身认知框架下的非表征主义知觉理论又形成了有效的哲学和科学互动。埃文斯就利用知觉-运动技能产生体验空间的思想来解释"莫邻诺问题"(Molyneux Question)。"莫邻诺问题"是指爱尔兰政治家威廉·莫邻诺(William Molyneux)在1688年7月7日给哲学家洛克的一封信中所提出的问题。这个问题是这样提出的:假定有一个人,他天生失明,再假定这个人附近有同样大小的一个球体和一个立方体,并且将它们放到他的手中。首先我们教他或者告诉他,哪一个叫球体,哪一个叫立方体。也就是说,通过他的触摸或感觉,这个人就可以区分它们。接下来把这两个球体拿开,将它们放到一张桌子上。然后,我们假定这个人恢复了视觉,那么他能否在触摸这两个球体之前,凭借他的视觉来区分哪一个是球体,哪一个是立方体?埃文斯对此给出了肯定的答复,在他看来,知觉主体所掌握的一整套知觉-运动技能,意味着有机体具有了掌握空间内容或者说表征空间的重要条件。因此,尽管触觉和视觉是两种不同的感觉模式,但它们获取的空间信息以及相应的形状概念可能是相同的,因此,如果说盲人能够凭触觉获取球形或立方形的概念,那么他就能够把相应的认识复制到视觉经验上去。

当代另一位哲学家泰勒也在梅洛-庞蒂等人的思想启示下通过身体体验活动本身来解释空间知觉等认知活动。泰勒指出:"我们的知觉场有一个定向结构、一个前景和一个背景、一个上和一个下……这个定向结构标志着这个知觉场是一个涉身主体的本质构成。这不是说知觉场视角的中心在于我的身体所处的位置——仅仅我身体的位置不能显示作为主体的我。以知觉场的上-下指向性为例。这一指向性的基础是什么?上和下并不是简单地与身体相关——上不仅仅是我的头的位置并且下也不仅仅是我的脚的位置。因为当我躺下、弯腰或者倒立的时候,在这些情况下,我知觉场中的上就不再是我的头的位置指向。同样,上和下也不能通过知觉场中的某些固定对象来界定,例如地面或者天空,因为地面也会倾斜……我们要说,上和下是与一个人在知觉场中运动和行动的方式相关的。"①

可见,梅洛-庞蒂的介入意识或者介入知觉理论对智能革命背景下的知觉观影响深刻,这种知觉观反对二元分离模式下的表征主义或结构主义的知觉思想,提出了主客体互动、耦合和连续的介入知觉观。这一观念对涉身认知等新的认知科学和技术探索带来有益的启示。

第二节　意识体验的介入性

意识(consciousness)在此不是指与自然相对的广义心灵概念,而是在狭义上指向一种体验性、个体性和主观性的心灵现象。作为一个棘手问题(hard problem),意识研究已经成为当代哲学和认知科学研究中一个重要的跨学科问题。意识研究不仅得到诸如塞尔、内格尔等当代哲学家们的强烈关注,而且许多心理学家、脑科学家等认知科学家也开始严肃对待意识现象的研究。塞尔曾经这样说,"今天的情况与 20 年前已经大大不同,许多严肃的科学家开始重视意识问题。如科泰瑞尔(R. Cotterill)、克里克(F. Crick)、达玛西奥、埃德尔曼(Gerald Edelman)、弗瑞曼、伽扎尼伽(Michael Gazzaniga)、利贝特(Benjamin Libet)与魏斯克兰茨(Lawrence Weiskrantz)等神经科学家都出版了关于意识问题的著作。就我所知,我们已经迈开了解决意识问题的步伐"②。作为人类心理活动的一种独特现象,意识活动具有鲜明的个体性、主观性和体验性特征。按照诺贝尔奖得主、美国生物学家埃德尔曼的描述,意识活动的特征可以概括出私密性、整体性和信息性等重要特点。意识的私密性即意识的个体主观性,指人类的每个意识事件都是某种仅仅具有单独个体主观视角的活动。意识的整体性与私密性密切相关,指主体在任何一个时刻都不能分解其意识状态。意识的信息性则指,在任何一个时刻人们都可以从无数可能的意识状态中选取出一个状态来。③ 带有上述特征的人类意识现象一直是哲学和科学研究的焦点难题,特别是意识问题的存在构成了对传统认知科学研究的重要挑战。在经典认知科学研究视野中,意识问题要么被视为主观构造的心理状态而被忽略,要么

---

① Taylor, C. The Validity of Transcendental Arguments, Proceedings of the Aristotelian Society, 1978–1979 (79), p.154.

② Searle, J. Consciousness, Annual Review of Neuroscience, 2000(23).

③ ［美］杰拉尔德·埃德尔曼、朱利欧·托诺尼:《意识的宇宙》,顾凡及译,上海:上海科学技术出版社 2004 年版,第 23、27 页。

与其他心理活动一样被视为一种信息加工过程,或者被视为仅只是大脑生理活动的一种功能体现。随着涉身认知科学及其与梅洛-庞蒂等现象学介入意识理论的互动发展,意识现象的解释试图突破传统哲学和科学的研究,出现了一种基于身体体验和情境互动的涉身意识理论(an embodied theory of consciousness),充分彰显了意识现象的介入性特征。

一、作为棘手问题的意识现象

功能主义哲学主张,意识活动是可以在任何生理物理装置上实现的一种功能。进而,信息加工理论或者认知主义等经典认知科学则将意识活动看作是类似于数字计算机的一种信息加工过程。经典认知进路中的联结主义将人类的意识活动视为大脑神经生理层面的变换和计算活动,这与认知主义对意识现象的解释没有本质上区别。认知主义将意识活动理解为物理机器的符号计算功能,而联结主义则是将意识活动理解为大脑神经结构的矩阵计算。正如人们对认知主义所批判那样,联结主义通过生物大脑来理解人类意识同样也"不涉及心理过程,而是涉及心理过程的神经实现方式"[1]。

上述看法都不能解释意识所具有的体验性、私密性等特征,这就造成了意识这一棘手问题。在哲学家塞尔看来,通过中文屋试验以及相应的论证,表面认知主义和联结主义以及功能主义等主张都没有说明意识等主观心理状态的本质,不能合理地解释人类的意识问题,或者说人类心灵意向性活动呈现的意义是不能通过符号操作和计算得以呈现的。诺贝尔生理学奖得主克里克在意识研究中明确反对受笛卡尔主义影响下的西方传统文化中的灵魂观念。克里克主张通过大脑生理活动来科学解释意识现象,并且将基于分子生物学的生理层面解释视为一种区别于传统观点的惊人假说。他指出,"惊人的假说是说,'你',你的喜悦、悲伤、记忆和抱负,你的本体感觉和自由意志,实际上都只不过是一大群神经细胞及其相关分子的集体行为"[2]。不过,克里克也清楚地意识到这种基于大脑分子生物学解释的局限。他指出,到目前为止还没有强有力的科学证据"能使我们得出这样一个清晰的假设,即大脑究竟干了些什么才使我们具有了意识。在这种突破到来之前,我们不大可能解决可感受性的特性(如蓝

---

① [英]博登编:《人工智能哲学》(导言),刘西瑞、王汉琦译,上海:上海译文出版社2001年版,第22页。
② [美]克里克:《惊人的假说——灵魂的科学探索》,汪云九等译,长沙:湖南科学技术出版社2004年版,第3页。

色的程度)这样一个令人困惑的问题"①。在此,可感受性就是感觉质或者说现象意识,即意识对象对主体的一种独特的个体性呈现。科学家埃德尔曼也指出,单纯求助生理物理活动来理解人类意识现象将会产生某种详谬,即"为什么当我们每个人在区分像亮和暗这样的不同现象时,我们说我们每个人都是有意识的,而一个简单的物理装置在作类似的区分时却显然和意识经验毫无关系?……这一详谬表明任何想根据某些神经元或某些脑区的内在特性来说明意识的企图都是注定要失败的"②。

如何解决可感受性或者说现象意识这一难题,受到当代哲学家们的普遍关注和讨论。塞尔采取了物理主义的立场来解释意识现象或感觉质,主张一种通过大脑活动就可以充分解释意识活动的方案——"生物学自然主义"(biological naturalism)。在意识解释问题上,塞尔批判了二元论和传统唯物主义的解决方案。塞尔指出,"二元论与唯物主义的传统框架都没能解释意识现象。二元论认为世界存在精神和物理两种现象;唯物主义则主张只有一种物理现象。二元论最终将世界分为彼此无关的两个部分,我们根本无法解释心理和物理现象之间的关系。而唯物主义则最终否定了不可还原的主体性的、质性的感觉或觉知状态的存在。总之,二元论不能解决主体性的意识问题,而唯物主义则否定研究对象的存在,进而否定了问题的存在"③。塞尔主张,应当将意识现象视为一种异于二元论和传统唯物主义的生物学现象,即"意识状态由大脑神经生物活动产生,并在大脑结构中得以实现,就像消化活动由胃及其它消化器官的化学活动产生并且在其中实现一样"④。不过,塞尔的这种物理主义解决方案,本质上也是一种生物学解决方案,这与克里克等人的想法基本一致。这样一来,塞尔也像克里克一样,仍然没有为现象意识提供一种可靠的说明,从而也不能将自身的立场与一般的物理主义立场明确区分开来。

在可感受性现象的解释上,哲学家杰克逊反对一般的物理主义解释方案。杰克逊肯定了可感受性现象的存在,并且他将可感受性现象视为知觉理论中的一个重要问题。杰克逊指出,可感受性体现了感知觉意识的主观性属性,其形式则表现为人们在品尝食物、倾听音乐以及遭受撞击等行为中形成的独特主观感受。针对物理主义的可感受性解释,杰克逊提出了一种知识论的反驳。

---

① [美]克里克:《惊人的假说——灵魂的科学探索》,汪云九等译,长沙:湖南科学技术出版社 2004 年版,中文版序言。
② [美]杰拉尔德·埃德尔曼、朱利欧·托诺尼:《意识的宇宙》,顾凡及译,上海:上海科学技术出版社 2004 年版,第 11 页。
③ Searle, J. Consciousness and Language, Cambridge: Cambridge University Press, 2002, pp. 47-48.
④ Searle, J. Consciousness and Language, Cambridge: Cambridge University Press, 2002, pp. 47-48.

杰克逊假定有一个人叫弗雷德,这个人具有比我们更强的颜色知觉能力。对于一堆成熟的西红柿而言,我们只能辨别一种西红柿的红色,但是弗雷德却可以分辨出更多的红色,或者说至少能够区分出一个我们不能分辨的红色(红$_n$)。杰克逊力图通过知识论的论证,来说明我们不能对弗雷德的红$_n$作出物理主义的解释。其论证过程如下:假定一位杰出的科学家玛丽精通一切关于视觉的神经生理学知识。如果假定玛丽一直待在一间黑白颜色的房间里并且只能通过一台黑白电视监视器去研究世界,那么当玛丽走出房间,并且被给予一台彩色监视器的时候,玛丽能够通过她的神经生理学知识解释她对新世界的感觉吗? 杰克逊认为,不能。这说明物理主义不能解释可感受性,即"可感受性是物理主义描述所遗漏的东西。知识论证的富于论战性的力量在于:要否认下述核心主张是很困难的,这主张是:人们可能有一切物理信息,而并没有一切应有的信息"①。

物理主义的确难以解释可感受性问题,但这是否有充分理由支持一种副现象理论呢,即将感觉质视为一种不同于物理现象的副现象? 杰克逊在这里所说的副现象与传统的副现象论所说的副现象略有不同。如果说主观特性假说陷入了副现象论的话,那么,这里的副现象论充其量只能说它是一种弱副现象论。传统的副现象论有三个要点:(1)有两类根本不同的状态或属性,一是物理的,一是心理的;(2)心理状态由物理状态所引起,是后者的结果;(3)心理的东西在因果上完全无用。但是,杰克逊等人的观点则是:心理状态的某些属性即感受性质是这样的东西,它们的有或无、出现或不出现,对物理世界都没有影响,不会导致世界的变化和差异。不过,感受性质的出现对其他心理状态会造成影响。也就是说,感受性质不是因果上完全无效力的。它们对物质属性没有作用,对行为也没有作用,但对其他心理属性和状态有作用。② 此外,还有一个问题,如果不能对可感觉性提供一种物理主义的因果说明,这会不会退回到某种形式的二元论立场呢?

对此,另一位哲学家内格尔曾经设想过一种可能的物理主义新解释方案。在他看来,在意识现象的合理解释上,或许问题的关键不在于推翻一切物理主义的方案,而在于能否寻找一种解释意识现象的更为合理的新物理主义方案。内格尔指出,如果我们能够找到一种物理层面,这个物理层面的"客观活动能够具有一种主观性特征";同时,作为认知活动的"主观经验能够具有一种客观的

---

① [澳]杰克逊:《副现象的感受性质》,载高新民、储昭华编:《心灵哲学》,北京:商务印书馆2002年版,第86页。
② 高新民:《主观特性假说与当代唯物主义发展的契机》,《华中师范大学学报》1999年第4期。

特征"，这样，我们是不是就可能通过一种修正的物理主义来解释可感受性呢？内格尔把这种方案展望为"一种不依赖移情或想象的客观现象学"，这一现象学的目标是"以一种使不具有那些经验的人能够理解的方式描述（至少部分地描述）经验的主体性特征"①。

内格尔这种意识解释方案的实质，就在于找到一种既具有主观性又具有客观性的实在层面。这种设想与涉身认知科学和梅洛-庞蒂介入意识的现象学思想不谋而合。涉身认知的认知科学研究进路引入了身体与情境来解释意识现象，即不单纯求助大脑，而是走出生物大脑的局限，将意识活动的主体扩展为大脑、身体与情境的整体互动系统，这种涉身认知的意识解释或许更为契合内格尔的设想，与梅洛-庞蒂的介入意识理论共同呈现出一种更为合理地解释意识现象的新物理主义理论框架。

二、意识何以具有介入性

梅洛-庞蒂等现象学哲学家提出的涉身性理念为意识问题的合理解释提供了某种启示。梅洛-庞蒂所阐述的介入意识、现象身体、身体-主体等思想，表明身体既具有物理生理特点又具有能动主体特点，表明意识是一种主客体互动的体验活动。这样一来，知觉意识活动就可能成为一种既具有主观性又具有客观性的身体性的介入体验活动。例如，在梅洛-庞蒂看来，空间知觉意识就不再是人们基于某种立场构造出来的客观空间认识，而是身体主体的一种特定介入的呈现，即"主动的身体在一个物体中的定位"②，一种忘我和无我状态下的介入式体验。

智能革命视野下产生的涉身认知科学，奠基于涉身性和介入意识等现象学哲学理念，可能对意识现象或者可感受性提供一种特殊的物理主义解释。身体主体是能动的和活的身体，这不同于纯粹被动的分子层面的物理生理身体，这种新的主体观可能为意识现象提供一种新的说明。鉴于此，一些涉身认知科学家对解释意识现象或可感受性保持着一定的乐观态度。正如涉身认知科学家皮菲弗尔等人所指出的，诸如"红性"（the redness of red）这样的主观感觉，与我们感官运动系统的物理、生理和形态学结构密切相关。埃德尔曼也指出，意识现象的解释不能完全局限于大脑生理活动，还应扩展到身体与情境等交互因素中去。埃德尔曼说："正如我们在前面提到过的那样，为了认识作为意识基础的

①　Nagel, T. What Is It Like to Be a Bat. In Block, N. eds. Readings in Philosophy of Psychology, London：Methuen, 1980, p. 166.

②　［法］梅洛-庞蒂：《知觉现象学》，姜志辉译，北京：商务印书馆2001年版，第140页。

知觉分类、运动和记忆的过程,我们必须考虑脑、身体以及来自环境的各种各样并行信号之间的相互作用的非线性方面。"①

(一)意识与身体

与经典认知科学研究不同,涉身认知科学和梅洛-庞蒂等的现象学意识理论,不赞同单纯将大脑视为意识活动的载体,而是主张将包含大脑在内的整个身体活动作为意识现象的生成之所。在解释意识活动的本质上,涉身认知科学和梅洛-庞蒂等的现象学意识理论,也反对将意识活动单纯理解为符号表征的计算活动,而是主张将意识活动更多理解为某种体验性和整体性地介入意识现象。当然,有些思想家主张意识现象可能由运动表征或者行动表征构成。

在意识的介入性理论研究中,有的学者在身体问题上主张一种构成性观点。这种观点认为,身体因素与意识的产生之间具有着一种明确的因果构成性关系。例如,诺伊等人提出的意识体验上的生成论思想就倾向于某种构成性立场。按照诺伊等人的看法,人类身体中的感官运动系统在意识体验中发挥着重要作用,而基于感官运动系统的运动表征以实质上的因果和构成性方式参与了知觉意识活动的生成。或者说,如果没有这种运动表征就没有知觉意识的存在,意识体验依赖于感官运动系统而产生。具体来说,这种介入性的意识理论主张,没有感官运动技能就没有意识活动的产生,缺乏相应的物理互动就没有诸如视觉等意识活动的进一步发展。也就是说,感官运动连续体的内在活动是意识知觉体验产生与发展的前提构成。可见,介入性的意识理论是在一种构成性意义上谈论感官运动系统如何产生知觉意识体验的。

有的学者则反对这种构成性主张,认为身体因素与意识的产生之间仅具有某种影响,而不是某种关键性的因果构成性关系。诸如普林茨(Jesse Prinz)等虽然赞同身体因素在意识体验生成上的作用,但是却反对上述构成性的主张。按照普林茨的观点,人们一般会同意感官运动系统对知觉意识的因果作用,但是如果将这种因果作用转化为一种构成性作用,这就很难得到经验上的支持。普林茨还进一步质疑了将意识的生理基础扩展到大脑之外身体因素的涉身意识理论。他指出,"我们从未发现任何大脑之外的细胞可以充当意识体验的相关物。这些细胞能够在内容和时间方面与意识状态的变化同步。我们能够体验的任何身体成分都是大脑的产物,当相关的大脑区域受损害,意识体验也就

---

① [美]杰拉尔德·埃德尔曼、朱利欧·托诺尼:《意识的宇宙》,顾凡及译,上海:上海科学技术出版社 2004 年版,第 55~58 页。

消失了。反过来说,即使身体受到损害,身体体验还能够延续,例如幻肢痛感。总之,没有理由认为意识体验的共联物超出头盖骨"①。

不过,在激进的介入意识理论看来,尤其是在当代延展认知的新框架中,意识的产生不仅关联着大脑之外的整个生物体及其情境,而且意识是上述这些因素的构成性作用下产生的。按照罗兰兹(Mark Rowlands)的观点,在延展认知的框架下,意识等心理现象应当得到如下理解。第一,意识等心理现象是涉身的,即意识的产生不仅涉及大脑活动,而且涉及身体结构和功能更广泛的因素。第二,意识等心理现象是嵌入性的,即意识的产生仅只涉及相关的特定外部情境。第三,意识等心理现象是生成性的,即意识的产生与发展不仅涉及神经活动,而且涉及有机体的互动。第四,意识等心理现象是延展性的,即意识的产生与发展一定涉及生物体的外部环境。② 如此一来,关于介入意识或者涉身意识理论的讨论还面临着一个是否延展的问题,即意识等心理现象是单纯大脑中感官运动系统的作用结果,还是大脑中感官运动系统乃至整个生物有机体的共同作用结果。

总体上看,在整个介入意识或者涉身意识的理论中还是存在一些共识的,即它们都反对关于意识现象的表征计算主义的解释方案,但是,在如何理解身体因素的问题上,以及身体因素如何作用于意识等心理活动机制上,各种介入意识或者涉身意识的理论研究方案还是存在差异的。

(二)意识与情境

情境与身体都是介入意识或涉身意识理论中解释意识现象的重要维度,在这些新的意识理论框架中,二者的作用是不可分割的。在智能革命的视野下,涉身认知等新的认知研究主张,身体与情境之间的互动是人类智能生成与活动的关键因素。情境与身体在认知活动中的作用是互补的。因此,在意识现象问题上,介入意识或者涉身意识理论在重视身体作用的同时,同样重视情境在意识现象生成与发展上发挥的交互作用。

在意识与情境的关系上,介入意识或涉身意识理论不是简单地将情境视为一种意识活动的外部信息来源,而是将情境视为生成意识状态的某种当下情境,是一种对意识现象的产生有着即时交互影响的外部因素。介入意识或者涉

---

① Prinz, Jesse. Is Consciousness Embodied? In P. Robbins and. M. Aydede (eds.) Cambridge Handbook of Situated Cognition, Cambridge: Cambridge University Press, 2009, pp. 419-436.

② Mark Rowlands. The new science of the mind: From extended mind to embodied phenomenology, Cambridge, Mass.: MIT Press, 2010, p. 51.

身意识理论当然也会赞同意识现象与情境之间存在着某种因果依赖,即意识体验以某种因果关系依赖于所处情境,不过,上述理论主张的这种因果关联是一种更加紧密的联结关系,或者说是一种意识状态与情境之间的某种因果耦合关系。例如,瓦雷拉和汤普森主张,意识的产生涉及大脑–身体–环境之间的因果耦合关系,同时,这种意识现象与情境之间的因果耦合是以一种动力学关系展现出来的,所以这不是传统的静态的因果关系。① 介入意识或者涉身意识理论更为鲜明的主张在于,意识现象构成性地依赖情境,也就是说,情境成为意识现象生成的一种介入性或者构成性的关键因素,是大脑及其延展情境的更大系统的动力学实现。基于情境的介入意识或者涉身意识理论,还能够更好地解释意识体验的丰富性,能够更好地克服表征意识的贫乏性和僵化性。

意识现象构成性地依赖情境,这一主张也同样受到了一些质疑。例如,普林茨认为情境主义的强立场,即情境构成意识的主张可能是错误的。人们做梦和幻觉等意识状态的存在,表明意识内容可能没有反映出其与外部环境之间的因果互动。人们在被剥夺感官能力时仍然可能具有丰富的意识体验,例如被剥夺感官能力的人们依然能够报告视觉幻觉,这表明很难假设这些幻觉的内容受到了所处情境的支配。在普林茨看来,情境的确影响着人们的意识体验,或者说人们的意识体验与情境的动态呈现之间具有因果关系,但是,当这种因果情境主义体现为一种强立场时,也就是说,如果主张没有情境参与就不会有意识现象,这种强立场在将会带来争议。正是基于这个立场,普林茨依然坚持通过大脑状态的神经科学解释来理解意识现象。他认为神经科学仍然处于发展过程中,任何意识现象属性似乎都有某种神经共联基础。尽管目前没有充分了解神经共联事件何以产生意识现象属性,也就是所谓的意识现象解释上的"棘手问题",但是这并不意味着情境构成性地产生了意识现象。普林茨指出,"我的基本主张是,现在没有任何严肃的理由使我们假设意识的神经共联将会包括头脑之外的任何因素"②。

(三)意识与神经进化

大脑神经的进化因素也被介入意识或者涉身意识理论纳入解释框架中。基于大脑神经进化的意识研究也被称为神经元群体选择理论,即运用神经元群

① Thompson, E and F. Varela. Radical embodiment: neural dynamics and consciousness, Trends in cognitive science, 2001(5).

② Prinz, Jesse. Is Consciousness Embodied? In P. Robbins and. M. Aydede (Eds.) Cambridge Handbook of Situated Cognition, Cambridge: Cambridge University Press, 2009, pp.419-436.

体的进化来解释大脑工作的一种整合意识理论。埃德尔曼将这种理论称为意识问题上的神经达尔文主义（Neural Darwinism）。

埃德尔曼认为，由于所处的环境不同，不同的个体有不同的遗传特征、不同的后天秩序、不同的肢体反应和对不断变化环境产生的不同经验，因此，这些结果将会导致在神经元化学物质、网络结构、突触强度、记忆和价值系统所控制的激励模式等方面都带来巨大的变异，从而最终使人与人之间在"意识流"的内容和类型上产生了明显的不同。按照埃德尔曼的神经达尔文主义或者神经元群体选择理论，意识解释由以下几个基本思想构成。

第一，意识现象的神经网络进化选择机制。在神经元网络结构确立的早期阶段，正在进化的神经元之间的联结模式中会发生后天变异，这些变异在每个由无数变异的回路或神经元群体组成的脑区中产生许多不同的神经回路。也就是说，一个物种个体发育的早期，大脑神经网络结构的形成开始受到基因和遗传的制约，但是，自胚胎发育的早期阶段开始，随着每个个体的进化，体细胞选择在各个层次的突触之间建立大量联结。此后，神经元根据它们放电活动的模式而加强或减弱彼此之间的联结，即一起放电的神经元串连在一起。最终，同一个群体中的神经元彼此的联结要比不同群体中神经元之间的联结密切得多。这样就形成了大量具有不同功能的神经元群体，这也是意识现象产生所依赖的进化神经网络基础。

第二，意识现象的后天经验的选择机制。这种选择交叠于进化选择的早期阶段，并会在此后延续至人类终身的活动之中。行为经验能够使得神经元群体活动中出现突触选择过程。例如，大脑中对应于手指触觉输入的映射区会随着使用的手指的数量多寡而改变其边界。之所以产生这种变化，是因为在局部联结起来的神经元群体内部以及这些神经元群体之间的突触强度有些得到加强，另一些则被减弱。也就是说，大量突触强度的积极与消极的变异源于通过行为输入的外界环境的变化。这种选择过程受到弥散性价值系统活动的制约，而弥散性价值系统是一种上行系统，它随时准备将发生的重要事件通知整个脑。

第三，意识现象的再进入机制。在神经网络进化过程中，大量的神经元交互联结被局部和全局性地建立，这就为映射区之间通过交互式纤维传递信号提供了基础。再进入就是大脑的各个分离映射区之间沿大量并行解剖联结（绝大多数都是交互的）不断进行着的并行、递归信号的传递过程。大脑各个映射区的选择性事件之间的相关性就是由再进入的动态过程产生的。再进入有助于不同脑区活动的时空协调，即再进入使得不同脑区内神经元群体的活动同步化，并把它们绑定成一些能给出协调一致的输出信息的回路。因此，再进入是使各种各样的感觉事件和运动事件的时空协调得以发生的核心机制。

简言之,神经元群体选择理论的这三个基本思想共同形成了针对意识现象的一个整体解释。神经网络的进化选择造成极其多种多样的神经回路集合,神经元通过紧密互联形成的神经元群体是脑内神经联结的结构和功能模式的选择性活动主体,也就是说,大脑的进化选择单位不再是个体的神经元而是神经元群体。经验性的选择能够使突触群体之间的联结强度发生变化。通过价值系统的约束,其中的一些路径比另一些路径更有优势。受价值系统约束的突触群体联结强度的变异选择源于作为输入信息的行为经验的变化。在再进入过程中,再进入的信号沿着分布各处的神经元群体之间的交互联结传递,以确保各个脑区中的神经元群体活动的时空相关性。由此可知,进化的选择和经验性选择为伴随着意识状态的分布式神经元状态的巨大多样性和分化性提供了基础,而再进入机制则使这些状态的整体性成为可能。通过对大脑神经网络结构的上述研究,埃德尔曼不只发现有些区域与意识的产生有关,而且更重要的是明确了,意识是一种过程,意识的产生需要这些区域的整体活动,尤其是再进入更是形成意识现象的关键机制。

埃德尔曼对于人类意识的上述研究,已经落地为一种人工意识体的实践研究项目。埃德尔曼的工作是尽量将大脑神经网络的细节模拟清楚,从而设计出理想的人工意识体。埃德尔曼所设计的人工意识体取得了较大成功。在美国国防部主办的赛格威足球赛中,其研究所生产的机器人打败了包括卡内基-梅隆大学等机构所研究的人工智能机器人。

第三章　介入意识视野下的离线智能

涉身认知科学范式和梅洛-庞蒂的介入意识理论,不仅为知觉、意识和情感等在线智能提供了一种不同于信息加工认知理论的新解释。在语言、思维和社会认知等离线智能问题上,涉身认知科学同样呼应了梅洛-庞蒂的介入意识理论,不仅尝试通过身体、情境等身体体验和行为来直接解释离线智能,而且尝试在离线智能与在线智能之间建立一种更为紧密的生成关系。

第一节　思维的接地性假设

涉身认知等新的智能研究理论范式不仅为知觉、意识和情感等在线智能提供了一种不同于经典认知的理论解释,而且它试图在思维和语言等离线智能问题上提供一种不同于表征计算主义的合理解释。在近代西方哲学传统中,按照笛卡尔的描述,思维被视为人类心灵实体的本质属性,思维是人类特有的本质属性,思维具有概括性、抽象性、普遍性等特征。此外,笛卡尔认为,思维是独立于身体感官的特殊属性,同时思维不能通过其他任何物理生理层面加以解释。法国哲学家帕斯卡尔(Blaise Pascal)更为鲜明地概括了笛卡尔对人类思维的这一理解。他说:"人只不过是一根苇草,是自然界最脆弱的东西;但他是一根能思想的苇草。用不着整个宇宙都拿起武器才能毁灭他;一口气、一滴水就足以致他死命了。然而,纵使宇宙毁灭了他,人却仍然要比致他死命的东西更高贵得多;因为他知道自己要死亡,以及宇宙对他所具有的优势,而宇宙对此却是一无所知。因而,我们的全部尊严就在于思想。"[1]梅洛-庞蒂的介入意识等现象

---

[1]　帕斯卡尔:《思想录》,何兆武译,北京:商务印书馆1963年版,第179页。

学哲学不同于笛卡尔主义传统,主张思维只是介入意识不同层次的表现,思维与感知有着更为密切的连续性或者接地性,思维并不是独立心灵实体或其属性。

一、表征计算主义的思维观

经典认知研究主要通过表征计算主义纲领来解释和研究思维现象,这一做法受到笛卡尔理性主义与现代功能主义哲学的影响,深刻体现了近现代西方理性主义哲学发展的影响。

近代以来,西方理性主义哲学家们普遍受到数学等科学知识形式的影响,在很大程度上形成了人类抽象思维活动是一种表征计算活动的认识。笛卡尔曾经提出过普遍数学(mathesis universalis)的主张,即宇宙包括人类认知现象都应被视为一种类似数学那样的有秩序的组合。笛卡尔是在一种形而上学意义上倡导普遍数学的方法论思想,正如笛卡尔的密友夏钮(Chanut)所描述的,"在那个冬季的闲暇中,将数学[的法则]与自然的秘密相对照,他大胆地希望,能够用同一钥匙揭开两者[的谜题]"①。还有学者指出,"关于'mathesis universalis'。从它与笛卡尔的形而上学的关系来看,我们更应该把它解释为是'普遍科学',因为无论是对他的方法基础的'mathesis universalis'来说,还是对他的新型的形而上学的思想来说,人的认识秩序都是非常重要的,可以说如果没有了秩序的思想,就完全不会有他的'mathesis universalis'的方法观,如果没有这种秩序的思想的话,人的认识就不能从领会最简单的概念出发来把握上帝和人的灵魂。因此,我们应该把'mathesis universalis'翻译和解释为'普遍科学'"②。不管怎样,笛卡尔设想的"普遍数学"是一种关于事物的秩序和度量的一般方法,数学是一种普遍的、可用于一切理性知识的构成方法。哲学家霍布斯在思维活动的理解上也提出"理性不过就是计算,就是普遍命名的加和减而已"的主张。莱布尼兹则提出了思维即推理的数理逻辑思想,并且成为现代数字计算机科学的理论先驱。现代功能主义哲学延续了近代理性主义的思维观,进而主张基于计算主义解释的思维不仅是大脑的功能,而且这一功能能够实现于类似的生理物理装置上。总之,这些哲学思想会聚形成了模拟现代数字计算机功能的经典认知观,思维也在这种经典认知研究中当然地被视为一种有秩序的计算活动。

---

① 钱捷:《笛卡尔"普遍数学"的方法论意义初探》,《哲学门》第六卷第二册,北京大学出版社 2005 年版。

② 贾江鸿:《笛卡尔的"mathesis universalis"与形而上学》,《世界哲学》2007 年第 9 期。

思维的表征计算主义研究与 20 世纪中期产生的以控制论为代表的现代系统论有着较为密切的关系。以控制论为代表的系统科学的诞生,为思维等心理活动的解释从行为主义和内省主义的争论中摆脱出来提供了新的路径。因此,现代认知主义或者表征计算主义的认知研究纲领可以溯源到控制论。控制论的基本思想对经典认知科学产生了巨大影响,这种影响尤其是表现在以下几个方面。一是数理逻辑开始被用于理解意识和思维之神经系统的活动;二是基于控制论的思想所产生的数字计算机等信息加工机器为人工智能的发展奠定了基础;三是思维被科学地理解为一种信息加工处理活动,并且合理地被实现于任何物理生理设置上。

此外,认知的表征计算主义解释也是计算机科学、心理学和语言学等各门学科共同推进的结果。尤其是 1956 年由许多领域的科学家所参与的达特茅斯会议,标志着经典认知科学研究中计算主义纲领在各个学科领域的研究中达成共识。在这一过程中,经典认知的代表性人物西蒙和纽厄尔等人明确提出了物理符号系统假设(physical symbol system hypothesis)并将其视为认知科学的核心假设。所谓物理符号系统假设是指:"符号是智能行动的根基,这无疑是人工智能最重要的论题……对一般智能行动来说,物理符号系统具有必要和充分的手段。所谓'必要的'是指,任何表现出一般智能的系统都可以经分析证明是一个物理符号系统。所谓'充分的'是指,任何足够大的物理符号系统都可以通过进一步地组织而表现出一般智能。"[1]物理符号系统假设表明,思维等认知活动是以符号表征形式存在的系统,同时符号表征系统又是可以物理实现的。这样,思维等认知活动就相应被等同于数字计算机的形式化计算活动。

数字模拟计算机等思维的科学技术研究的确推动了现代认知科学的产生与发展,同时,符号计算主义的思维理论也在认知科学研究中取得众多成就。这些成就甚至使西蒙等人作出预言,即在 20 世纪末数字计算机将成为国际象棋冠军,等等。但事实证明,西蒙的预言过于乐观,甚至可以说预言失败。不仅如此,基于海德格尔、梅洛-庞蒂及后期维特根斯坦等哲学家的思想,哲学家 H. 德雷福斯明确指出基于表征计算的思维解释不充分也不完备,这一解释忽略了许多与思维理解密切相关的其他因素。例如,H. 德雷福斯指出,在理解思维活动的时候,除了表征计算之外,还存在其他诸如躯体、当下情境、人的目的和需要等因素的作用。如果在对思维等认知活动的理解上这些因素都发挥着无可

---

① [英]博登编:《人工智能哲学》,刘西瑞、王汉琦译,上海:上海译文出版社 2001 年版,第 145、150 页。

替代的作用,那么西蒙预言的失败也就可以理解了,即"如果这种关于智能的现象学描述是正确的,那么原则上有理由认为,人工智能不可能全部实现"①。物理学家彭罗斯(Roger Penrose)也指出了经典认知对思维作计算主义理解上的缺失。他认为,思维活动不能仅仅理解为某种符号计算的能力,还应当包括着一种人类特有的理解力。符号计算的经典认知虽然可以通过计算机来证明一些复杂的数学定理,从而展现出"人类思维"的某种强大能力,但是机器本身并不能"理解"定理本身。因此,即使计算机可以不停地运转强大计算力来证明拉格朗日定理,但是机器永远不会自身洞察这些无休止的计算,也就是说"数学洞察力是不能够用一些我们明知正确的计算进行编码的"②。

二、思维何以接地

思维接地的认知理论假设,主张思维不是独立的而是植根于知觉基础的。思维与知觉活动之间是连续性的,或者说思维紧密地植根于知觉或者说身体体验中。思维的接地认知假设明显区别于经典认知科学对于思维的研究及其相应的笛卡尔主义二元论传统。思维的接地认知假设是涉身认知科学和梅洛-庞蒂介入意识理论的重要表现。思维的接地认知假设意味着,思维等认知形式产生于身体与环境的互动之中,思维活动源于具有特殊知觉和运动能力的身体体验之中,推理、记忆、语言等离线智能与感官运动能力具有不可分割的联系。

在现代认知科学中,认知语言学领域较早进行了接地认知研究。语言学中的思维接地理论反对认知革命以来主流的思维解释,尤其是质疑了乔姆斯基的普遍语法理论。思维接地假设更为重视身体、情境和感官运动模拟等因素在语言和思维活动中的作用,提出了抽象概念以隐喻方式植根于涉身和情境性体验中的观点,提出了自然语言的语法和语义、推理活动植根于空间关系和力的体验等情境结构中的立场。认知科学家巴萨罗(Lawrence W. Barsalou)等人还进一步提出了一种语言思维植根于身体体验的接地认知观。在他看来,这种接地认知观反对经典认知观,反对将认知理解为某种物理生理系统的符号计算活动,反对将认知理解为一种脱离知觉、行为和内省的大脑计算活动。与经典认知不同,接地认知认为感官运动模块模拟、身体状态以及情境行为才是认知活

---

① [美]德雷福斯:《计算机不能做什么:人工智能的极限》,宁春岩译,马希文校,北京:三联书店1986年版,第290页。
② [英]彭罗斯等:《宇宙、量子和人脑》,李宁等译,北京:中国对外翻译出版公司1999年版,第104页。

动的真正基础。① 总之,接地认知理论非常重视经典认知所忽视的情境互动行为以及身体体验活动等因素和机制的重要性。接地认知理论反对将认知理解为符号计算活动,重视知觉和行为在认知中的核心作用,主张将身体与情境作为认知机制的核心因素,主张通过知觉与行为相对于特定目标的耦合活动来理解思维等认知活动的形成。

总体来说,在思维的接地认知假设问题上,大多数认知科学家和哲学家认同思维不是独立活动而是植根于身体体验和情境互动的主张。但是,限于在介入意识和涉身认知研究上存在着不同的理解,因此在思维接地认知及其机制的理解上也相应产生了一些不同的看法。例如,在思维接地机制的理解上就存在着思维接地身体体验、思维接地感官运动系统、基于动力学系统的接地认知以及接地认知的模拟论解释等不同理论主张。

(一)思维接地身体体验

激进的涉身认知理论家普遍主张将身体体验视为所有认知活动的来源。在思维问题上,他们也赞同思维与身体体验的直接关联,赞同梅洛-庞蒂思维是一种介入意识表现形式的理论。

安德森在《涉身认知导论》一文中概括了一种物理接地假设(physical grounding hypothesis)的主张,阐述了思维接地身体体验的思想。在安德森看来,过去约50年的哲学和约15年的人工智能等认知科学研究中出现了一种重新思考思维等认知活动本质的思潮。这种新思潮不同于基于抽象符号的形式化加工理论。这种新思潮主张思维活动发生于非常特定的复杂情境中,并且思维活动往往服务于特定的实践目的或者说更加注重与特定情境之间的互动。这种新思潮突出强调认知是一种高度涉身或者情境化的活动,尤其主张思维存在应当首先和首要地被视为一种行为存在。②

安德森所揭示的这种新思潮正是在梅洛-庞蒂现象学思想影响下形成的一种新的思维认知观,这种思维的新认知观也被概括为物理接地假设。所谓物理接地假设,是指心灵的内容和活动都接地于或者说植根于认知主体的物理属性和涉身体验中。为了进一步强调思维所植根的身体体验性质,安德森指出,一方面,思维接地假设中的"接地"意味着一种身体体验与思维活动之间因果可能关系和实质影响;另一方面,物理接地假设所蕴含的物理主义不是还原性的神

---

① Barsalou, Lawrence. W. Grounded Cognition, Annu. Rev. Psychol, 2008(59).

② Anderson, Michael L. Embodied Cognition:The teenage years, Philosophical Psychology, 2006(20).

经科学理解,思维活动及其内容不能还原为神经活动。① 可见,物理接地假设强调,人类的身体体验实质性地影响了抽象思维的产生,这意味着物理接地假设是一种物理主义主张。但是,抽象思维又不能还原为神经生理活动,因为身体体验不等同于神经生理活动,因而物理接地假设又展现了一种非还原的物理主义的立场。

物理基础的接地假设在哲学上体现了一种从笛卡尔式的独立思维观向更加梅洛-庞蒂式的介入意识观和更加海德格尔式的体验与思维相互影响观的转变。笛卡尔主义将基于身体的感觉与基于心灵的思维对立起来,将感觉所依赖的身体物理性与思维和自由所依赖的人类理性相对立和割裂,将人类与具有感觉而缺乏语言和思想的动物之间的关系割裂开来。与这种笛卡尔主义不同,诸如海德格尔等的现代哲学家则强调了上述对立双方之间的连续性,尤其是当代涉身认知的科学设想力图将知觉与思维、动物与人类之间的关联凸显出来。在安德森看来,基于物理接地假设的涉身认知理论正是要将思维与知觉、语言与身体体验有效地结合起来。安德森指出,"涉身认知的核心主张不是要放弃GOFAI,而是说,为了将在专家系统中运行良好的推理整合进真实世界认知主体,必须找到某些方法来系统地将抽象推理的符号和规则与控制知觉和行动的进化原始机制联系起来"②。经典认知在思维研究上出现的问题,很大程度上是忽略思维知识与原始智能的联结,是否定思维知识存在着某种人类符号的接地物(human symbol grounder)所造成的结果。

安德森通过一个实例来说明这种物理接地假设。他指出,"椅子不是依赖一套客观属性得以界定的某种概念,而是对某种可坐事物的命名。所以,这就可能使得人们在面对树林中一个树墩时发问并且理解'你喜欢我的读书椅子吗'。一个已经实现'椅子'概念接地的认知主体就可以看到某种'坐'的事物,并由此看到一把椅子。仅仅储存椅子可坐的事实不足以形成椅子的概念。认知主体必须懂得何为'坐',并且能够系统地将'坐'的理解与被知觉到的场景联系起来,并且由此开展什么事物(即使非标准地)承载着'坐'的行动。在正常的活动中,这种知识通过掌握'坐'的技巧而获得,其中当然包括相关的走、站和两者之间的移动等技巧,还包括目的指向或者允许这些行为的知觉判断;也就是说,'椅子'概念的接地涉及到某种非常特殊的物理技巧和体验"③。可见,通过安德森的例子,"椅子"被人们理解并不依赖于这一概念的客观属性,而是

---

① Anderson, Michael L. Embodied Cognition: The teenage years, Philosophical Psychology, 2006(20).
② Anderson, M. Embodied Cognition: A field guide, Artificial Intelligence, 2003(149).
③ Anderson, M. Embodied Cognition: A field guide, Artificial Intelligence, 2003(149).

依赖于这一概念所依赖或者说"接地"的身体体验。也就是说,只有人们真正地去进行"坐"的行为,人们才能通过这一活动或者说身体体验获得对"椅子"这一概念的真正理解。

（二）思维接地感官运动系统

与通过身体体验来理解思维活动接地的主张略有不同,或者说与物理接地假设略有不同,马洪（Bradford Z. Mahon）和加拉马扎（Alfonso Caramazza）等认知科学家提出了一种更为中立的基于身体感官运动系统的互动接地假设。

在马洪和加拉马扎等认知科学家看来,基于身体感官运动系统的互动接地假设既不是一种强的涉身认知假设,即主张思维完全接地于身体体验,同时上述假设也不是一种反对思维接地的非涉身认知假设。介于二者之间,基于身体感官运动系统的互动接地假设更倾向于一种中间立场,即一方面主张概念在某种层面上是"抽象"和"符号化"的,另一方面又主张概念活动"例示"（instantiate）于或者接地于感官运动信息。

在马洪和加拉马扎看来,失用症①的经验研究就表明了在某种层面上"抽象"和"符号"概念对于感官运动系统的接地存在。失用症的研究成果表明,受到损伤而存在使用物体障碍的病人,依然能够对他不能使用的同一对象加以概念命名。事实上,假定与一位失用症患者进行一场关于锤子的对话,病人可以了解锤子甚至命名这个锤子,只是病人在如何控制和使用锤子上非常困难。这种困难并不是源于运动缺失,因为他还是可以完成对他人使用锤子的一种无意义姿势的模仿。可见,确实存在着一个有意义的表征层面,存在一个抽象符号的概念层面,但是这个层面并没有完全脱离感官运动系统的信息。另外,在特定感官运动信息构成概念内容的问题上,也不存在完全脱离特定感官运动事件的抽象概念。例如,就"狗"这一概念而言,假定一个人星期一看到一只猎犬,星期二看到一只哈巴狗,伴随着概念"狗"的例示的特定感官信息是不同的,那么,观察者星期一和星期二是否例示了相同的概念"狗"呢? 接地互动的理论认为,伴随着概念例示的特定感官运动信息并不一定完全构成相应概念的内容,但是这不改变特定感官运动信息对于特定时间点上的概念例示的重要性,更恰当地说,这表明感官运动信息只是部分构成概念内容的例示。

------

① 人类在发展过程中,基于模仿行为人们学会了各种生产活动和日常活动所必需的动作;后来这些动作由于长期运用而成为习惯并达到显著的自动程度;运动器官的本体感觉则对这些习惯性动作进行自动调节。失用症指的就是一种关于这些习惯动作的运行障碍,是指大脑损伤后引起的功能失调,表现为在不存在瘫痪等运动和感觉障碍的情况下肢体运用所发生的后天行为障碍。

总之,与思维完全接地身体体验的观点不同,接地互动观的主张更为温和。在接地互动观看来,概念在抽象层面上也有其表征,不过,概念的例示常常体现为特定的感官运动信息。当然,概念的上述接地认知解释既是一种革新,同时也面临着诸多挑战。正如马洪和加拉马扎所说,"概念活动是被某种'超越'相关'逻辑'条件的因素所激活,这是认知神经科学中的最重要洞见之一。这些成果引起了对心灵活动之传统观念的重大修正。我们认为,尽管这些修正受到人们的认同,但是所获得具体结论还是缺乏相关经验证据的有力支撑"①。

(三)思维接地与认知动力学

与经典认知理论不同,接地认知更加重视思维接地于身体和情境互动等因素。在如何理解身体和情境实质构成思维活动的接地认知机制上,认知动力学理论提供了一种概念等思维形式的动态生成机制。可以说,基于认知动力学理论的思维解释也成为涉身认知解释思维活动的一种重要形式。

在认知科学家波吉(Anna Borghi)和皮彻(Diane Pecher)看来,作为认知研究的新范式,涉身认知和接地认知在过去20多年间在认知科学研究领域产生了广泛影响并且取得了大量经验证据。这些新的认知科学研究范式主张认知活动植根于感官运动系统并且情境性地存在于特定场域中,尤其是语言、记忆和思维等离线认知活动植根于知觉和行为所发生的整体生理系统之中。尽管这些认知新范式取得一定成就,但是在如何理解思维接地的机制上仍然存在较大争议和挑战。例如,涉身和接地认知较好地研究了具体概念的发生,并且可以通过具体对象和行为来进一步说明抽象概念及其推理活动,但是,在关于抽象概念如何植根于或者接地于感官-运动系统的问题上,涉身和接地认知还存在着不同的理解。鉴于此,在涉身和接地认知的机制上,人们甚至质疑感官-运动系统对于理解认知生成的必要性,并且进一步讨论了诸如动力学模型、贝叶斯统计模型、联结主义模型、涉身计算模型、感官-运动性质的语义拓扑模型等各种可能的替代机制模型。②

由于认知动力学被视为涉身认知科学研究中的一种重要方案,因此,在这些接地认知的机制探索中,认知动力学理论也相应被视为一种理解思维活动接地于感官-运动系统的较好说明机制。

---

① Mahon, Bradford Z. Alfonso Caramazza, A critical look at the embodied cognition hypothesis and a new proposal for grounding conceptual content, Journal of Physiology - Paris, 2008(102).

② Borghi, Anna M. Diane Pecher, Introduction to the special topic Embodied and Grounded Cognition, Frontiers in Psychology, 2011(2).

认知科学家塞伦(Esther Thelen)等人通过讨论儿童发展心理学中著名的"A 非 B 错误"(The A-not-B error)现象的生成,论证了认知动力学理论可以更好地说明思维认知的接地机制。"A 非 B 错误"是皮亚杰在 20 世纪中期提出和加以讨论的一个儿童发展心理学中的现象,这个现象主要用于解释婴儿如何产生对于客观对象的知识。皮亚杰在研究过程中发现,婴儿在 7 或者 8 个月之前不会寻找藏起来的玩具,而 12 个月以后的婴儿则会努力寻找;但是,7~12 个月之间的婴儿却非常有趣,他们却展现了一种特殊的"不完整知识",即如果玩具从一个地方 A 转移并藏到另一个地方 B,在一段时间间隔之后,即使婴儿完全看到玩具转移到第二个地方 B,婴儿也不能够调整他们的搜索,依然会回到第一个地方 A 寻找;这一现象被称为"A 非 B 错误"。经典认知及其理论主张从对象知识、空间定位、记忆或者自身处境等方面能力的障碍或缺失来解释婴儿"A 非 B 错误"的发生,而塞伦等人则通过新的动态系统理论模型来解释"A 非 B 错误"的产生。

按照认知动态系统理论模型,"A 非 B 错误"并不意味着婴儿是否形成稳定概念,而是意味着他们所做的是不断地实现某种认识和行为的定位。由此而言,动态系统理论对"A 非 B 错误"的解释还意味着,"A 非 B 错误"并不是在 7~12 月这一特殊年龄段才会出现,而是在任何年龄段都可能出现。动态系统理论模型把从 A 到 B 的行为定位的心理现象视为一种普遍性的动态场中的激活。进一步,在塞伦看来,"A 非 B 错误"的动力学模型解释表明,感知觉与概念思维之间可能不存在绝对区别,我们可以在不同层级和时间的动力场中表现知觉、记忆、行动和思维等各种在线智能和离线智能。"A 非 B 错误"的认知动力学模型表明,动力场连续的参数变化能够非线性地产生出认知活动,皮亚杰所提出的婴儿何时获得对象概念的问题是错误的,因为不存在某种产生"对象概念"的特定因果结构,关于对象的"知识"实质上是嵌入于当下环境中以及类似环境的知觉和行动历史的动态场中的。塞伦还指出,动力学模型对知觉和思想的生成解释印证了詹姆士和梅洛-庞蒂等人的观点,即不存在"思想"此类的东西,而是仅存在动力学,也就是说,感知觉和思想不过是意识流中的呈现。①

(四)思维接地的模拟理论

在接地认知的解释中,还存在一种基于大脑模拟的思维接地认知假设。正如巴

---

① Thelen, Esther. Gregor Schöner, Christian Scheier, Linda B. Smith, The dynamics of embodiment: A field theory of infant perseverative reaching, Behavioral and Brain Science, 2001(24).

萨罗所概括的,接地认知理论主要表现为两种解释形式:一种接地认知理论聚焦身体体验或感官-运动系统的角色作用;另一种接地认知理论则聚焦大脑中特定装置及其功能的模拟作用。巴萨罗认为,接地认知应当将两种理论假设整合起来。

在巴萨罗看来,模拟意味着知觉、运动和内省等心理状态的再现。当然,这些状态的产生依赖于身体情境等因素,不过这些状态的产生更为直接依赖于大脑中的某种神经模拟装置及其机制。例如,当人们产生了诸如在椅子上放松等此类体验时,大脑中就相应产生了某些神经生理模块之间的一种状态,并且这些模块状态(例如这张椅子的样子和特定感受,坐的行为,舒服与放松的内省)等就被整合成为储存在记忆中的一种多模块表征。随后,当需要知识来表征椅子等范畴的时候,人们体验活动中产生的多模块表征就被激活从而产生了一种大脑的模拟表征。在巴萨罗看来,对于认知活动的理解就成为对表征系统的模拟机制的一种概括。而大脑中的模拟机制也正是接地认知所重视的关键因素,这种基于大脑模拟机制的接地认知理论可以用于解释各种认知形式,甚至可以用于解释情境行为和社会互动等社会认知形式。

按照信息加工理论与联结主义等经典认知理论,知识存在于某种语义记忆系统中,而这种语义记忆系统似乎与感官运动系统相关的大脑模块系统无关。接地认知理论反对这种与大脑模块无关的经典认知理论,反对经典认知理论有关非模块性的符号表征假设。接地认知聚焦神经表征的模拟机制,这是一种认知模拟的接地认知理论。按照这一理论,大脑模块的模拟支持着诸如高层知觉、隐性记忆、瞬时记忆、长期记忆以及概念知识等各种形式的认知模拟。接地认知的模拟还被用于提出社会模拟理论(Social Simulation Theories)。这种理论主张模拟在社会认知中也发挥着重要作用,例如,人们通过自身心灵的模拟来表征他人的心灵,为了感受他人的疼痛,人们需要首先模拟自身的疼痛。

接地认知在许多问题上也面临着争议和挑战。正如巴萨罗所指出的,这些问题包括大脑中包含非模块性的符号表征吗?大脑模块的模拟在认知中发挥着边缘作用,而非模块性的符号运行仍然发挥核心作用,这种说法正确吗?模拟和涉身性是否只是一种非模块性符号计算的附加现象?语言是如何接地的?镜像神经元系统是否参与了所有社会认知?[①] 等等。这些问题的解决,不仅需要介入意识的哲学创新,而且需要智能科学提供更多的经验证据。

---

① Barsalou, Lawrence. W. Grounded Cognition, Annu. Rev. Psychol, 2008(59).

第二节　语言意义的介入性

语言及其意义是人类离线智能的重要构成形式。在笛卡尔主义哲学影响下的信息加工认知科学研究,主张语言意义是一种符号表征计算的相关产物,或者被视为一种大脑生理活动的突现结果。不过,正如智能革命背景下的许多认知科学哲学家所批判的,上述经典认知理论实际上只是触及语言的形式系统及其生理基础本身,而没有真正触及语言所表达的意义。或者说,它们只关注"言"本身,而没有涉及"意"的内容。梅洛-庞蒂的介入意识理论和当代涉身认知科学对经典认知的批判导向了一种解决意义问题的新路径,尤其是基于思维接地假设的语言意义观,主张语言的意义植根于身体体验、身体与环境互动等基础活动之中。与涉身认知相伴随,甚至相应产生了一种区别于传统语义理论的涉身语义学(embodied semantics)。

一、涉身语义理论

从哲学发展来看,涉身语义学的基本思想在现象学运动中已经出现。例如,梅洛-庞蒂的介入意识理论较为明确提出了语言意义生成于人类身体体验的涉身语义学主张。

梅洛-庞蒂首先批判了西方近代以来传统经验主义和理智主义等非介入意识的语言意义理论。在他看来,经验主义将语言视为某种基于神经刺激或者联想获得的"词语表象",而理智主义则将语言视为基于内在意识的抽象思维表达,主张"语言取决于思维"。这两种理论本质上都接受了笛卡尔主义的二元论框架,都是非介入意识或者说旁观意识的语言意义理论。

梅洛-庞蒂的现象学介入意识理论,主张应当将语言意义置于主客体未加分离的人的存在活动中,也就是说,在表达抽象本质的语言意义之前还存在着更为原初的意义生成之所。按照梅洛-庞蒂的说法,"真正地说,使本质存在于分离中的语言功能只是表面的,因为经过分离的本质仍然建立在意识的前断言生活的基础上。在最初意识的沉默中,我们不仅看到词语所表示的东西显现,而且也看到物体所表示的东西,指称和表达活动围绕其展开的初始意义的内核显现"①。梅洛-庞蒂还区分了言语活动和语言活动,主张前者表达原初意义,而后者则表达

_____

① 　[法]梅洛-庞蒂:《知觉现象学》,姜志辉译,北京:商务印书馆 2001 年版,第 11 页。

对原初意义的反思,是根源于言语活动的"可支配意义"。前者是后者的基础,而语言的意义是在更为原本的言语活动中再次涌现出来的。也就是说,"知觉本身就是一种前断言的表达,一种无言的表达,语言表达只是派生的表达形式"①。或者说,在梅洛-庞蒂的语境中,知觉就是身体体验本身,也就是言语活动本身,身体体验已经是一种"表达",而言语活动就是这种"表达",而语言不过是把这种"表达"转化成了可以支配的形式,语言是源于并且派生于身体体验的知觉世界之中。

当代智能革命背景下的认知科学家,在语言学研究创新实践中将梅洛-庞蒂的现象学意义理论转化为一种有关语言意义的科学理论,即涉身认知的语言意义理论。在批判传统语义理论以及吸纳现象学等思想的基础上,乔治·莱考夫和马克·约翰逊等语言学家和哲学家共同在认知语言学研究中阐述了涉身语义学的主张。

在涉身语义学家看来,经典认知科学研究所接受的意义理论是一种关于意义的符合论(Correspondence theory of Meaning)。这种理论主张,当一个陈述符合事物在世界中的存在方式时,这个陈述就是有意义的或者说是真的,否则它就是假的或没有意义的。这种意义观也被称为客观主义的意义理论(Objectivist Theoryof Meaning)或者概念/命题意义理论(Conceptual/Propositional Theory of Meaning),其基本思想都假设了意义是符号与独立世界之间的一种符合。在马克·约翰逊看来,上述客观主义意义理论的基本要点在于它确立了一个客观理性结构的理论预设,即"不管人们对于世界的看法如何,世界只存在一种正确的看法——'神目观'(God's-Eye-View)。也就是说,存在着一个不依赖任何人特殊信念的关于实在的理性结构,并且只有正确的理性才能反映这个理性结构"②。

概括而言,客观主义意义理论主张:语句通过命题表达获得意义,而命题表达是意义和思想的基本单元;命题以及命题包含的概念构成了我们所有的言语活动;我们理解意义和推理的能力依赖于我们对符号表征的有意识使用,这些符号表征存在于心灵内部并且以某种方式与外部世界相关;这些符号表征通过句法形式规则组织成命题,这些命题则通过逻辑形式规则被组织成思想和论证;意义成为符号表征客观实在的一种抽象关系,意义理论的目的是解释符号串的意义;句法规则、逻辑关联以及命题自身与人类身体体验活动都不存在任

---

① 杨大春:《杨大春讲梅洛-庞蒂》,北京:北京大学出版社 2005 年版,第 87 页。

② Johnson, M. The Body In the Mind: The Bodily Basis of Meaning, Imagination, and Reason, Chicago: University of Chicago Press, 1987, p. x.

何内在关联。客观主义意义理论正是经典认知科学研究的意义理论基础。

在莱考夫和约翰逊等人看来,上述客观主义意义理论或者概念/命题意义观在意义本质的理解上并不正确。因为,即使人们不能否定命题思维的存在,但是人们需要正视命题思维所必然依赖的身体体验等涉身存在,也就是说,不能忽视身体体验与我们的语言和抽象思维所具有的本质关联。莱考夫和约翰逊指出,"理性是进化的,因为,抽象的理性建基于并且利用了'较低等'动物具有的知觉和运动能力。这样,我们就得到了一种达尔文主义的理性或者一种关于理性的达尔文主义:理性,即使是最抽象的理性,也是利用而不是超越我们人类的动物本性。理性进化特征的发现,改变了我们同其他动物的关系,并且改变人类仅仅是理性存在的概念。这样,理性不再是把我们同动物割裂开来的本质;相反,理性把我们置于与动物的连续进化体中"①。

莱考夫和约翰逊进一步概括了与客观主义意义理论或者概念/命题意义理论相对的涉身意义理论(Embodied Theory of Meaning)。涉身意义理论基于身体体验活动来诠释和理解意义,主张必须将人们把握世界的涉身和想象结构置于解释意义和理性的中心地位。在涉身意义理论看来,人类的感官-运动能力、大脑结构、文化环境等决定着我们的语言意义,而非某种客观理性结构决定和限制着对世界的理解。意义不是受客观理性结构制约的某种绝对意义,也不是受主观心灵支配的主观意义。涉身意义类似于生物有机体应付周围环境的有用信念,它们是"我们为了实在地生活或者说为了生存、获得成功以及获得有效的对所处环境的理解"②。正是基于这种看法,莱考夫和约翰逊将杜威和梅洛-庞蒂等人视为涉身意义理论的伟大哲学家。

概括而言,涉身意义理论的内涵包括以下方面:一是涉身意义理论主张意义涉及人类与其环境的互动特征和内涵;二是意义并非孤立和原子式的,意义是人类在世界中相互关联性的一种生成和发展;三是人类的意义可以是概念和命题式的,但是它们是人类对自身无意识过程的一种反思选择,概念和命题式的意义不是决定性和本质性的;四是涉身意义观将意义置于生物有机体介入环境活动的一种体验之流中,涉身意义观是一种自然主义的意义观,是一种非还原、非二元论的意义观。③

---

① Lakoff, G and M. Johnson. Philosophy in the Flesh: the Embodied Mind and Its Challenge to Western Thought, New York: Basic Books, 1999, p. 4.

② Lakoff, G and M. Johnson. Philosophy in the Flesh: the Embodied Mind and Its Challenge to Western Thought, New York: Basic Books, 1999, p. 7.

③ Johnson, M. Merleau-Ponty's Embodied Semantics - From Immanent Meaning, to Gesture, to Language, Euramerica, 2006 (1).

二、意义的涉身生成机制

涉身认知框架下的语义理论主张语言意义植根于身体体验之中,但是,在身体体验如何生成意义的问题或者说意义生成机制问题上依然存在着诸多探索。例如,目前在意义生成机制上,涉身语义理论家就讨论了身体体验的意象图式、表意动作以及隐喻投射等意义生成的涉身认知机制问题。

(一)意象图式

基于梅洛-庞蒂的介入意识和当代涉身认知研究,涉身语义学主张概念和命题等语言意义直接生成于身体体验与情境的互动活动中。莱考夫和约翰逊指出,"无意识"身体的感官-运动系统是人类概念化和推理能力的重要生成机制,人类的神经生理过程和身体体验活动就像一只"看不见的手",概念、意义、推理等大多数思维过程都生成于人类的无意识活动中。在意义生成机制问题上,他们提出概念归根结底是通过意象图式以及身体投射(bodily projection)等身体体验活动机制形成的。

就概念这一思维形式而言,莱考夫和约翰逊指出,"知觉和运动系统在塑成颜色概念、基本层面概念、空间关系概念以及时态概念等特定概念的过程发挥着重要作用"[①]。一是人类的范畴化的能力是涉身的和生成于情境互动中的。范畴化是人类生理结构的一种必然结果,例如"树"的概念分类并不仅仅源于客观对象的彼此不同,而是源于人类本身存在的神经范畴化能力。二是人类的概念源于主体与环境的互动。传统认知理论认为颜色概念是对特定波长的一种知觉,而涉身-交互认知科学研究则表明人类对颜色的概念认知产生于人类身体、大脑与对象反射属性以及电磁放射之间的互动。三是诸如基本层面概念(basic concept)直接依赖于身体体验活动。例如在家具-椅子-安乐椅、车辆-轿车-运动跑车等概念系列中,椅子和轿车等就是基本层面的概念或者范畴,它们直接源于人类身体体验活动,其他层面的概念是从基本层面概念演化而来的。四是空间关系概念也是涉身和交互产生的。例如上下、左右、前后等等空间关系概念直接源于人们的无意识身体体验活动。

在上述这些概念的意义生成机制上,意象图式是一种用来说明人类身体活动或者说涉身体验直接生成语言意义的机制。在约翰逊看来,在涉身认知视域

---

① Lakoff, G and M. Johnson. Philosophy in the Flesh: the Embodied Mind and Its Challenge to Western Thought, New York: Basic Books, 1999, p.16.

中,身体不是一般的肉体等生理物理装置,而是用来指意义生成的身体体验结构。身体体验活动生成意义的具体机制可概括为意象图式和隐喻投射。

意象图式用来说明意义最初生成于身体体验的机制,而隐喻投射则用于说明更为复杂和抽象的命题意义产生于身体体验活动的机制。例如,意象图式与身体感官运动能力密切相关,意向图式是人类身体体验本身,它不是某种观念的抽象概括。例如,在"从一个地方去另一个地方""把一个棒球扔给你的姐姐""用力推你的兄弟""给你的妈妈一个礼物"等抽象语句中,都隐含着"从哪里-去那里"(FROM-TO)的"路径"意向图式。在约翰逊看来,FROM-TO 意向图式就是身体体验的一种结构,而用其他抽象语言表达的不同事件都源于这一身体体验结构。

总之,意象图式就是人类身体体验的一种理解结构,并且意象图式生成人类原初的语言意义。约翰逊说:"当我们说一种特殊的意象图式存在的时候,我们就是在说我们理解体验的一种循环结构的存在……理解是我们'拥有世界'的方式,是我们把世界体验为一个可理解实在的方式。因此,这样的理解涉及的是我们的整个存在——我们的身体能力和技能、我们的价值、我们的情绪与态度、我们的整个文化传统、我们存在于一个语言共同体的方式以及我们的审美感受力等等。总之,我们的理解就是我们的'在世之在'的方式……我们更加抽象地理解行为仅仅就是'拥有世界'更基本层面上的理解的一种扩展。"①

(二)表意动作

在梅洛-庞蒂介入意识的现象学视野中,作为生成原初意义的言语活动本质上就是一种身体性的存在形式,或者说言语活动本身就表现为一种动作,或者说是一种表意动作。在梅洛-庞蒂看来,在言语活动中,身体把某种自身的运动转变为声音,把一个语词展开在有声的身体现象中,身体变成了一种自然表达能力。言语活动就是身体的意向性活动,因此"言语是一种动作"②。这样,作为一种传达意义的身体活动,言语活动就是一种基于身体姿势的表意动作。

表意动作本质上是人类身体意向性的一种表现方式。如果说空间知觉是人类身体(人的肢体、眼睛等器官的共同参与)与外部对象之间的一种意向性关系,那么言语活动也是人类身体(人的喉部、舌和嘴以及肢体等器官共同参与)与外部对象的一种意向关系。梅洛-庞蒂说:"人们始终注意到动作或言语改变

① Johnson, M. The Body In the Mind: The Bodily Basis of Meaning, Imagination, and Reason, Chicago: University of Chicago Press, 1987, p. 102.

② [法]梅洛-庞蒂:《知觉现象学》,姜志辉译,北京:商务印书馆 2001 年版,第 240 页。

了身体的面貌,但人们仅局限于说动作和言语显现或表现另一种能力,即思维或灵魂。人们没有看到,身体为了表现这种能力最终应成为它向我们表达的思想和意向。是身体在表现,是身体在说话,这就是我们在本章中学到的东西。"①

基于现代认知科学尤其涉身认知科学的发展,表意动作不断地受到重视,并被视为身体体验生成语言意义的一种结构与机制。尤其是在社会交流层面,表意动作成为理解社会互动的一种重要的意义生成机制。例如,加拉格尔在意义生成问题上提出了一种系统的表意动作整合理论(an integrative theory of gesture)。这一理论更全面考察了表意动作在意义生成中的作用,这种作用不仅体现在主体内部(intra-subjective),而且体现在主体之间(inter-subjective),即语言意义的产生不仅基于身体的感官运动能力,而且更重要的是基于主体之间的原初交流。

在加拉格尔看来,要充分说明语言意义的涉身性,就必须整合考察上述两个方面,即整合表意动作的运动理论和交流理论,从而形成表意动作的整合理论。运动理论体现出的是表意动作的内主体功能;而交流理论则体现出表意动作的交互主体功能。按照加拉格尔的概括,表意动作整合理论指:表意动作是我们理解语言涉身性思想的关键,表意动作的形成是前意向性的,表意动作的形成离不开主体交流实践活动的意义投射。总之,表意动作通过自身及主体间交流从而生成意义,"身体产生了一种表意动作的表达。不过,他人却发动、驱动和中介了这一过程。当我们说语言让我的身体动起来的时候,我们就已经在说,是他人让我动了起来"②。

(三)隐喻

在意义理论的涉身认知研究框架中,隐喻也被视为一种意义生成机制。隐喻尤其被用于解释概念和更复杂语言意义如何生成于身体体验活动。

20世纪七八十年代以来,伴随着认知语言学的发展,隐喻逐渐被明确为一种独立的认知机制。例如,在认知语言学研究中,莱考夫等人较早开始将隐喻视为一种普遍的理解原则和根本认知机制,主张隐喻的基础认知机制作用最终形成字面式和命题式的语言意义网。在莱考夫等人看来,就"时间就是金钱"这一著名隐喻来说,将"时间"与"金钱"联系在一起的隐喻并不是基于某种领悟、类比或者整体含义互动等,而是源于人们的认知体验,尤其是源于人们对时间

---

① [法]梅洛-庞蒂:《知觉现象学》,姜志辉译,北京:商务印书馆2001年版,第256页。
② Gallagher, S. How the Body Shape the Mind, Oxford: Oxford University Press. 2005, p. 129.

和金钱交易两个不同领域的情境体验的理解。鉴于此,约翰逊说:"隐喻不仅仅是一种语言表达方式;相反,它是一种认知结构,通过这种认知结构,我们就可以形成能够推理和理解的连贯和有序的经验。通过隐喻,我们利用通过身体体验获得的模式来组织更加抽象的理解。"①

约翰逊还通过 IN-OUT 图式来说明意象图式和隐喻投射等认知机制在意义生成中的作用。就 IN-OUT 图式来说,一方面可以通过意象图式来说明"out"一词在具有空间意义的语句中运用;另一方面,在约翰逊等人看来,对于"out"在没有空间意义的语句中的运用,可以通过后一类语句及其意义对前一类源于身体活动的语句的隐喻投射来实现意义生成。在英语中,除了在"Mary got out of the car"语句中运用"out"一词,还在下列语句中使用"out"一词:(1)Tell me your story again, but leave out the minor details;(2)I give up, I'm getting out of the race;(3)Whenever I'm in trouble, she always bails me out,等等。在这些语句中,"out"没有了相对于身体运动的空间意义,但是,"out"却是在另一种情境中对于原有空间意义的一种运用。约翰逊指出,"在这些例子中,诸如 IN-OUT 这样的基本图式被扩展到不再严格地具有空间意义的实在事件上"②,但是,后面这些语句之所以产生意义,就在于隐喻投射的根本认知机制,它可以将根源于我们身体体验的意象图式表达的意义从一个领域投射到另一个更加远离身体体验的领域中去。

莱考夫和约翰逊将隐喻在涉身语义学中的意义生成机制作用概括为"抽象概念大多是隐喻性的"这一命题。至于抽象概念是如何通过隐喻机制生成,二人指出,隐喻可以区分为根隐喻(primary metaphor)和复杂隐喻(complex metaphor),这两种隐喻形式分别是意义生成的初级和次级机制。在意义生成的认知活动中,根隐喻通过身体感官运动能力的主观体验向其他领域映射或者投射意义,或者说从原初域向目标域投射意义,这是意义生成的初级机制。复杂隐喻则是在此基础上,通过对各种根隐喻的组合,从而形成更为复杂和抽象的概念及其意义,这是意义生成的次级机制。

在根隐喻如何构成复杂隐喻以及相应意义的问题上,莱考夫和约翰逊通过下述例子加以说明。语句"有目标的生活就是旅行"(A Purposeful Life Is A Journey)是一个复杂隐喻,它是通过根隐喻的组合而形成的。形成这一复杂隐

---

① Johnson, M. The Body In the Mind: The Bodily Basis of Meaning, Imagination, and Reason, Chicago: University of Chicago Press, 1987, p. xv.

② Johnson, M. The Body In the Mind: The Bodily Basis of Meaning, Imagination, and Reason, Chicago: University of Chicago Press, 1987, p. 34.

喻的过程如下：(1)我们具有这样的文化信仰，即"人们假定生活中有目标，并且人们假定我们通过行动去实现这些目标"；(2)基于我们身体活动与体验领域的映射形成根隐喻，即"生活目标就是行动的目的地，实现生活目标的行动就是身体位置移动的完成"；(3)根隐喻与我们所具有的文化信仰结合，即"人们假定生活中有目的地，并且人们假定我们通过运动去达到这些目的地"；(4)结合一个简单事实，即"达到一系列目的地的运动过程就是一场旅行"；(5)最终形成一个复杂的隐喻及其隐喻映射。复杂隐喻即"有目标的生活就是旅行"。语句"有目标的生活就是旅行"所体现的复杂隐喻是通过根隐喻的组合而形成的，即"生活"与"旅行"这两个不同领域的概念和认知通过隐喻而发生意义映射。

莱考夫和约翰逊指出，所有复杂和抽象的概念、命题等语言意义都是隐喻投射机制的作用结果，"我们最重要的抽象概念，从爱、因果关系到道德性，都是通过复杂隐喻被概念化的。这些隐喻是这些概念的本质构成，并且如果没有这些隐喻，那么这些概念就只剩下骨架从而被剥夺了几乎所有的概念和推理结构"①。

第三节　科学知识的介入性

在当代西方科学哲学的发展中，基于主体认知活动来诠释科学知识与勾画科学形象，这展示出一种人类认知科学研究成果可以用于解释科学知识及其发展的新理论进路。对人类认知活动的理解关系着对于人类知识的理解。人类认知活动的客观主义解释，即一种基于神目观的认知解释，可能意味着一种客观主义的人类知识观；而基于身体与情境的人类认知的互动解释，亦即"认知生于互动"的命题则可能意味着人类知识是一种基于人类互动的实践性知识。事实上，当代涉身认知、情境认知和生成认知等认知科学新范式的形成和发展正在佐证着上述"认知生于互动"的命题，与之相应，知识的形象也在发生着一种重要的变化。新的认知科学范式的提出为一种实践知识以及实践性科学新形象奠定了新的基础。

一、心理认知进路的知识观

自现代科学哲学产生以来，对于知识乃至科学知识的理解可以概括为许多

---

① Lakoff, G and M. Johnson. Philosophy in the Flesh: the Embodied Mind and Its Challenge to Western Thought, New York: Basic Books, 1999, p.73.

不同的进路。在科学哲学的各种发展进路中,科学哲学不仅通过不同的进路和立足不同侧面解释科学知识的本质,描绘着科学的各种形象。同时,在对科学知识的理解中,科学家的心理认知因素也在这些研究进路中以不同程度展现,并且一种基于心理认知的知识论和科学哲学进路也逐渐明晰起来。

对于心理认知因素的研究在科学知识的各种研究进路中一直以各种形式存在。在科学哲学的发展历程中,逻辑主义进路被视为科学哲学的发端。逻辑主义进路的代表是逻辑实证主义和批判理性主义,二者都不隐讳对心理认知因素的重视。逻辑实证主义以经验命题为科学的构成要素,以逻辑分析为手段,目的是将科学知识理解为一种符合逻辑规则要求的命题组合,将科学知识理解为按照逻辑规则合理组织起来的一种知识形态。按照逻辑实证主义的观念,人类的认知被理解为一种理性的活动,这种理性是一种经验的获取和逻辑的分析活动,因此,科学也便被视为一种可以被经验证实并且符合逻辑规则的知识形象。批判理性主义在批判逻辑实证主义的过程中则是更加突显了科学发现的非理性因素,主张科学知识的获得更多基于一种理性和非理性因素的多重作用,由此,科学知识更多呈现为一种假设、猜想的形象。从逻辑实证主义和批判理性主义的发展中,可以看到心理认知因素已经引起了科学哲学家的重视,他们都意识到这些认知因素对于理解科学知识的本质以及勾画科学的形象有着重要的作用。

如果说在逻辑实证主义的科学知识理解中,认知因素在逻辑分析的背景中还没有凸显,那么对逻辑实证主义进路形成较大挑战的科学哲学中的历史主义进路则是明确了主体认知的重要性。一方面,历史主义进路更为注重通过科学史自身的发展来理解科学;另一方面,历史主义进路将科学知识本身作为一个历史发展中的整体,在对作为整体的科学知识的发展与变革的研究中明确了科学家心理认知的重要性。也正是通过对科学史的研究,历史主义科学哲学更为实证地将科学家共同体视为科学发展中的决定因素,尤其是揭示了科学家共同体的一种集体心理认同对于科学知识革命的决定性。这样,在科学形象的勾勒中,历史主义不仅通过动态历史因素的引入改变了逻辑实证主义进路中静态的科学知识形象,而且通过科学家共同体的集体心理认知因素的引入,使得科学知识成为一种相对主义色彩浓厚的主观知识形式。正是在阐述科学的历史演变的过程中库恩等历史主义者对科学家心理认知因素的揭示,为心理认知进路的科学哲学的产生奠定了基础。

除了逻辑主义和历史主义之外,科学哲学中较为有影响的是 20 世纪 80 年代左右产生的社会学进路。科学知识的社会学研究力图将科学知识看作是一种社会建构的结果,科学知识社会学将历史主义的相对主义倾向扩大化。科学知识社会学尤其强调科学研究中社会学因素对于科学知识的作用,主张科学知识是各种社会因素共同建构的结果,这表明了科学哲学发展中一种社会学进路的出现。社会学进路的科学哲学重视社会因素在科学知识获得中的关键作用,强调科学知识是一种科学家团体商谈、沟通和协调等社会活动的建构产物,因而一种社会建构意义上的科学知识和科学形象呈现出来。在科学知识社会学的解释中,科学家共同体的心理也是知识建构的社会因素之一,这一社会学进路也表明科学知识理解中心理认知因素作为社会建构中的一种必然构成得到确认,这就更进一步明确认可了心理认知因素对于理解科学知识的重要性。

可见,科学哲学发展的逻辑主义、历史主义和社会学等几种重要进路都涉及了心理认知对于理解科学知识的作用,并且它们逐次推进了一种心理认知进路科学哲学的出现。按照托马斯·哈克(Thomas Hickey)的理解,20世纪的科学哲学发展进路可以概括为浪漫主义、实证主义、当代实用主义和心理计算科学哲学等四种。在他看来,后者就是一种独立于学院科学哲学传统的进路,它由创造科学知识理论的一种计算机系统所构成,这种认知心理学等领域中的计算机系统替代了符号逻辑等实证主义的工具。① 也就是说,按照哈克的看法,与更为思辨的传统研究不同,一种基于认知科学家的人工智能或认知心理学研究,或者更明确地说是基于一种计算主义认知观的科学知识观正在成型。可见,在非理性与理性、逻辑与历史、个体与社会等因素的矛盾作用中,心理认知进路的科学哲学以心理认知为核心,它可能整合这些矛盾因素,从而不仅可以推动科学哲学发展,而且能够更为全面地展示出一种新的科学形象。如果上述论断可以成立,那么对于认知的解释就可能影响心理认知进路的科学哲学,就可能产生不同的科学知识观和勾画不同的科学形象。具体来说,心理计算的认知解释可能产生哈克倡导的心理计算科学哲学,而如果认知是非计算的,那么这种非计算主义的认知观就可能产生一种新的科学知识观或科学哲学。

二、交互认知与科学知识

在当代认知科学的发展中,总体上出现了互动主义与非互动主义(客观主义)两种不同的认知科学研究纲领,这意味着可能产生对于科学知识的两种不同理解。

---

① Thomas Hickey, History of Twentieth-century Philosophy of Science, London: Routledge, 2005, p. 4, 8.

在认知科学发展史上产生最早且影响最大的是表征计算主义研究纲领及其客观主义和非互动的认知观。按照表征计算主义认知观,人类认知活动的本质被理解为一种基于表征的计算活动。由于表征被理解为一种客观性的认识结果,这种认知观也可称为一种客观主义认知观。由于表征在内涵上被理解为符号,因此这种表征-计算主义纲领的认知科学研究也被称为符号主义或者认知主义的研究纲领。按照表征计算主义的认知观,既然认知本质是一种表征计算,当然科学知识相应被理解为一种更加系统的基于内在表征的计算活动,这种科学知识应是普遍性的、通用性的和客观的。

表征计算主义纲领及其客观主义认知观在被广泛接受的同时也不断受到各种领域的尖锐批判。在这种批判过程中,心理学、语言学、人工智能和哲学等领域中不断发展出了一种基于互动的新认知观。这种认知观也被称为情境认知、涉身认知、嵌入认知以及梅洛-庞蒂的介入意识,等等。新的认知观研究表明,可以立足与环境的实时互动来建构自主行为智能体。知觉等认知现象可以摆脱表征计算的理解通过行为和实践而更好地表现出来。语言等思维形式源于身体在环境中的体验及其基础上的基础隐喻。这种更加注重情境、身体和社会文化因素的认知观念可以被概括为一种互动认知。

与表征-计算主义认知观相比,互动认知观的主要特征是更为贴近人类真实的认知活动。具体来说,第一,互动认知观更为注重认知的体验性。认知体验是在认知主体与环境的互动中生成的,这种体验与认知主体的身体活动密切相关。例如,在概念的理解上,互动认知认为诸如"凳子"等这一类的概念并非基于心理表征,其产生源于身体与树墩等真实环境的互动,正是在坐在树墩等可坐物的原初互动行为中生成了"凳子"的概念。第二,互动认知观更为注重认知的实践性。互动认知观与表征计算等传统认知观的关键区别在于,它主张认知活动与认知主体的行为和实践密不可分,认知直接生成于认知主体与环境的实践活动之中。第三,互动认知观更为注重认知的情境性。由于互动认知与认知主体的实践行为密不可分,因此,互动认知的产生与当下的自然物理情境以及社会文化情境也就有了更为直接的关联。总体而言,互动认知的实践性是其更为核心的特征,这种实践性表明认知与认知主体的实践活动密不可分,同时也正是在这种实践活动中展现了认知活动的身体性与情境性。当代认知科学中的各种认知观蕴含着不同的知识观和科学观。如果说表征计算主义认知观更多体现为一种逻辑主义、内在主义的知识观和科学观,那么互动主义的认知观则更倾向于一种实践主义、交互主义的知识观和科学观。

三、实践论的科学知识观

近代以来,以实验和数学为主要工具的科学知识长期是一种清晰的形象,但是在当代科学哲学各种进路的反思中,科学的形象却变得愈益模糊了。这种状况的出现也许意味着,在"大科学"时代中关于"科学"的理解在不断变化和发展,人们视野中的"科学形象"也变得愈益多面。科学知识本质上是一种人类认知活动的成果,认知科学的发展对于人类认知活动本质的探索是理解科学知识的一种途径,这种探索也同样使科学的形象以更为多面或者更为真实的面貌呈现出来。

当代认知科学及其哲学关于人类认知的理解相应蕴含着关于科学知识的解释模型。在各种基于认知解释的科学观中,较有影响的是一种与表征计算主义认知观相应的计算主义知识模型与客观主义科学观。总体来看,表征计算主义认知观受到传统理性主义和逻辑主义的影响,计算主义将认知视为一种知识推理,由此科学知识可以视为某种逻辑推理模型。表征计算主义长期是认知科学发展中的主流形态,基于认知心理学和人工智能两大认知科学学科的发展,计算主义将认知活动理解为一种计算系统,这种计算系统能够用于创造和理解新的科学知识。可以说,这种知识的计算主义模型是关于知识的逻辑语言分析传统进路的发展,是理性主义和客观主义知识观的发展。

与逻辑实证主义等客观主义科学知识观不同,西蒙等人则是在现代认知科学研究的实证基础上提出了这种科学知识的新理解。他们通过专家系统等计算机科学和人工智能的研究,将人类认知活动理解为一种内在符号表征的逻辑加工,从而将知识形态概括为一种抽象的专家知识,进而还勾画了诸如人工科学等新的科学形象。此后,在这种注重心理计算的客观主义解释进路中,加拿大哲学家萨加德等人更是明确倡导了一种"计算主义科学哲学"(computational philosophy of science)的观念。萨加德指出,计算主义的科学哲学就是依据计算和心理结构的发展来解释科学知识的结构和发展的一种尝试。[①]

与客观主义认知及其相应的知识观不同,互动主义的认知观反对将科学知识理解为一种基于表征的抽象专家知识模型,他们批判了认知解释上的极端逻辑主义、理性主义和客观主义的倾向,在人工智能、语言学等领域倡导一种基于人类实践活动的互动认知观。

互动认知不同于客观主义认知,互动主义的认知科学家和哲学家提出了

---

① Paul Thagard, Computational Philosophy of Science, Cambridge, MA: MIT Press, 1988, p.2,9.

"无表征智能""涉身理性"等新的认知观念,进而他们更概括提出了"情境知识""涉身知识"等理解科学知识的新观念。与专家知识模型相比,互动认知在实践的基础上重构了认知模型,明确指明了认知的体验性、实践性和情境性等更为本质的特征。按照互动认知观的理解,科学知识既不单纯是内在的,也不单纯是外在的,而是内在与外在的互动产物。或者说,科学知识既是内在主义的,即知识的形成离不开大脑的内在生理活动,因而科学知识可以表现为一种逻辑的推理结构,科学知识最终也会形成一种体系化的形态。同时,科学知识又是外在主义的,即科学知识与外部自然环境、社会历史文化因素有着更为直接的关联。

在语言学等领域的互动认知研究的基础上,莱考夫等人就阐述了一种基于交互实践的知识观。这种知识观不再把科学知识看作一种主观反映客观的表征体系,而是把科学知识视为一种活动和实践过程的结果。同时,这种知识论也通过互动主义来着力避免被视为某种极端相对主义的知识观。莱考夫和约翰逊等指出:"尽管涉身实在论确实把知识看作是相对的,但是,这种相对针对的是我们的身体、大脑以及与环境的互动。这不是极端的相对主义,因为,涉身实在论解释了:我们在科学中和日常生活中的真知识和稳定的知识是如何真和可能的。"①针对后现代主义把科学知识看作是一种相对主义的叙事,莱考夫等也明确指出,承认科学知识的相对性,承认科学知识是一种社会性的、文化性的以及历史性的实践,这并不必然就应当把科学看作是一种极端主观的叙事,"这并不意味着就不存在可靠的、稳定的科学和持久的科学结论"②。可见,在互动认知实践的基础上,莱考夫等人更为深刻地揭示了人类知识的一些重要特征,即与身体环境互动的相关性、知识的非表征性、知识的自然进化性而非客观不变性、知识的相对性而非不稳定性等等。这种基于身体与环境互动的知识观念正是一种基于实践的知识观念,与其相应的科学观亦可称为一种实践论的科学知识观。

国内外学术界已经较为系统地关注和探索一种科学实践哲学,这种科学哲学思想赋予了科学实践以更为丰富的新内涵。③我国有学者还进一步将科学哲

---

①　Lakoff, G and M. Johnson. Philosophy in the Flesh: the Embodied Mind and Its Challenge to Western Thought, New York: Basic Books, 1999, p. 96.

②　Lakoff, G and M. Johnson. Philosophy in the Flesh: the Embodied Mind and Its Challenge to Western Thought, New York: Basic Books, 1999, p. 89.

③　吴彤:《科学实践哲学视野中的科学实践:兼评劳斯等人的科学实践观》,《哲学研究》2006年第6期。

学的研究概括为逻辑经验主义进路、历史主义进路、实践论进路和语境论进路①,更加明确了科学实践在理解科学知识这一哲学谱系中的地位。如果往前追溯,我国有学者更早就已经在皮亚杰发生认识论和马克思主义认识论的研究中指出了实践性认识的重要性。即在发生认识论的视野中,如果从一个更为根本和原始的角度来理解认识与实践,二者的关系可能更为紧密。其研究所得出的结论是,"我们越往前追踪人类认识的历史,实践和认识的联系就越是明显、密切,有时二者甚至就是一个东西"②。可见,从实践与认知这种更为紧密的关系来看,不仅在哲学层面上重新界定实践与认识的关系以及相应一种互动认知观是可能的,而且一种科学实践哲学视野中的新科学知识观也许也将是可以勾勒和构想的。

纵观20世纪科学哲学的发展,在科学知识本质的理解上出现了各种观点和进路,人们对科学文化的反思也在理性与非理性、逻辑与历史、自然与人文、内在与外在、封闭与开放、精英与大众等的二元对立中不断深入发展。从当代认知科学及其哲学对于人类认知的研究来看,认知的理解呈现出一种更为系统和全面的发展趋向,尤其是互动认知的出现使得人们在认知活动的理解上更为贴近实现非理性与理性的统一、逻辑与历史的统一、个体与社会的统一。这种新的认知观也预示着一种更加合理的科学形象和科学文化。从科学哲学自身的发展来看,在逻辑主义、历史主义、社会学等研究进路之外,基于认知心理的进路也正在成为一种更为清晰的规划。伴随着心理学、人工智能、语言学等认知科学对于人类认知活动的深入研究,科学哲学的认知进路也将会获得更为坚实的基础,而基于互动认知的知识观或科学观也会更加合理和完善。

第四节　社会认知的介入性

社会认知(social cognition)是人类的一种高级和复杂智能表现形式。哲学领域中的交互主体性问题可以视为社会认知的重要理论基础。在认知神经科学和发展心理学等当代涉身认知领域出现了一些新的研究成果,这些新成果推动了人们对于社会认知的研究,出现了一种涉身的社会认知(embodied social cognition, ESC)研究进路。

---

① 成素梅:《科学哲学的语境论进路及其问题域》,《学术月刊》2011年第8期。
② 李景源:《实践和思维主体的形成》,《人文杂志》1985年第5期。

一、作为介入意识的情感与移情

情感(emotion)与移情(empathy)问题向来是哲学和科学研究领域中的一项重要课题。鉴于情感心理现象的独特性质以及兴奋、焦虑、愤怒等各种复杂的情感表现形式,因此对情感问题的研究尤其是科学地研究情感现象始终是困难和具有挑战性的。在认知科学的发展过程中,信息加工认知理论的成功使得科学家们提出了一种关于情感的认知主义等经典研究模型。基于"心灵是一台数字计算机"的隐喻,经典认知的情感理论模型主张,各种感官模块获取的信息首先以抽象符号的形式储存于记忆中,这些符号信息独立于产生它们的生理神经系统基础,而情感等相关心理活动则是这些感官信息的进一步加工活动。经典认知模型对情感的研究,不仅没有体现出情感与知觉等其他心理活动的独特差异,而且容易使得情感成为另一种形式的抽象性认知活动。

(一)情感的介入性

涉身认知科学的发展使得人们可能在情感研究中引入一种涉身认知的新理论框架,从而更可能从身体与情境互动的物理层面为情感的独特性质提供一种介入性的新解释。

在涉身认知理论家们看来,情感体验不等于某种信息的抽象加工,情感活动一定涉及身体生理、身体体验和身体运动等整合因素。例如,对于一只咆哮的熊,人们会产生一定的情感刺激,例如产生看、听和害怕等意识活动,而这一意识活动的产生一定涉及神经活动、身体活动等状态的整合。人们感官、运动和情感系统模块中的神经元团块的紧密连接及其激活,支撑着对于熊的各种情感体验,并且在此后的过程中,同一系统中神经元模式通过层叠式地推进,从而使得原有的情感体验得以再现和加强。这种基于人的身体体验、神经元系统等涉身生理基础来理解情感生成的理论被称为一种涉身情感(Embodied emotion)理论。

认知科学家们通过研究还表明,除了感官运动系统和其他神经元等生理层面的作用之外,人们面部表情和身体姿势也会诱发情感乃至影响情感信息的加工。例如,尼丹瑟(Paula Niedenthal)通过几个认知科学实验试图说明面部表情和身体姿势对于情感的作用。

【实验一】让两位受试者做出一种工作时的标准姿势,即背部挺直而肩部向后并抬高,此后告诉受试者成功通过了这次测试。其中日常保持懒散姿势的受试者听到这个好消息并没有表现出更多的兴奋,甚至还报告说此时的心情较差,而日常保持标准姿势的受试者则心情不错。

【实验二】实验者在电脑屏幕上展示能够典型引起积极和消极情绪的不同图片,当图片出现的时候,实验者要求被试者通过快速移动控制杆作出指示。其中,部分被试者被要求向身体外部移动控制杆,另一部分被试者则被要求向自身怀里拉控制杆。实验结果表明,向身体外部拉控制杆的被试者对于引起消极性情绪的图片反应更快,而向自身怀里拉控制杆的被试者对于引起积极性情绪的图片反应则更迅速。

【实验三】假装让被试者去研究不同耳机的功能,要求被试者通过点头来表示同意,通过摇头来表示不同意。当他们通过这两种动作来"测试"耳机的时候,实验者将一支钢笔放到他们面前的桌子上供其使用。此时,另一位实验者取来一支新笔给他们,点头的被试者更愿意选择用过的那支笔,而一直摇头的被试者则更愿意选择那支新笔。

通过上述实验,尼丹瑟指出,情感的身体表达与情感信息的理解方式之间应当存在着一种互动关系,或者说,诸如身体姿势等人类身体参与了人类主观态度和偏好的产生与使用。具体而言,当个体接收到某种特定的身体姿势,他们会报告体验到了相关的情感。当个体接收到了某种面部表情或者可以产生情绪的肢体语言时,他们的偏好和态度将会受到影响。当个体的身体运动受到抑制的时候,他们的情绪与情感信息加工也会受到干扰。①

总之,涉身的情感理论表明,人们的面部表情和身体姿势等与某种特定情感的产生有着某种直接的关联,或者说人类的情感本质上是介入性而非单纯内在独立的。

(二)移情的介入性

"移情"与"情感"相关,二者都是某种情感现象,并且都是区别于人类理性认识能力的独特心理现象。同时,二者也有区别,"移情"主要涉及人际之间的情感交流。移情主要体现为一种社会认知现象,而"情感"则主要涉及个人的独特心理体验。如同情感现象,移情也受到当代哲学家和科学家的关注,并且出现了基于涉身认知和介入意识的移情理论。

西方哲学史上很早就出现了关于移情问题的研究。英国道德哲学家和经济学家亚当·斯密(Adam Smith)提出了人们理解他人的这种移情能力并对此进行了初步探讨。19世纪后半期的心理学领域也开始关注移情问题,例如,德

---

① Niedenthal, Paula M. Embodying Emotion, Science, 2007(316).

国心理学家和现象学家利普斯（Theodor Lipps）将移情理解为一种情绪、感受和思想的内在模仿。现象学家胡塞尔进一步发展了移情概念，将移情视为构建客观世界的个体之间存在的一种"共享体验"。胡塞尔还指出，自我和他人的身体是这种共享体验的原初装置，这就触及了涉身移情的理论。胡塞尔的学生斯坦因（Edith Stein）在《关于移情问题》（On the Problem of Empathy）一书中进一步指出，移情并不是简单地理解他人的情感，其更根本意义在于自我和他人通过一种共同行为体验而达成的结合。梅洛-庞蒂更明确说明了涉身的移情理解，即人机之间的移情不依赖于视觉表征等为基础的认知活动，而是依赖于与行为相关的感官-运动系统活动，也就是说移情本质是一种介入意识的表现。

20世纪90年代以来，镜像神经元的发现在科学上进一步推动了涉身认知的移情理论研究。20世纪90年代初，意大利帕尔马大学的一个研究小组意外发现，在短尾猿猴的大脑皮层的前运动部位以及人类的大脑皮层前运动部位前侧的F5区以及布洛卡区存在着一种镜像神经元。当这些猴子有目的地做出某种动作的时候，其大脑中的这种神经元就会处于激活状态，而且当这只猴子看到同伴做出同样动作的时候，这些神经元也会被激活。由于这种神经细胞能够直接在观察者的大脑中映射别人的动作，这种作用就像一面镜子，因此被研究者们称为镜像神经元。研究小组在进一步的研究中还发现，这种镜像神经元的分布十分广泛，在两个大脑半球的重要区域都有分布，例如视听镜像神经元等。此后，研究者们又对人类大脑中是否也存在镜像神经系统进行了研究，他们借助检测运动皮质活性变化的技术设计了一系列实验，的确证实了人脑中镜像神经系统的存在。镜像神经元的科学发现也被用于解释移情等人际情感交流，这进一步强化了涉身的移情理论。

也就是说，镜像神经元可能是理解社会认知的神经生理学基础，是理解他人行为、意图或情感的生理基础。这种镜像机制或许是人与人之间进行多层面交流与联系的桥梁。假设存在这样一个生活场景：小军看见小梅的手伸向一朵花，小军知道小梅要摘花，可是不知道小梅为什么这样做？小梅朝着小军莞尔一笑，小军明白小梅可能要把这朵花送给自己。在这个转瞬即逝的生活场景中，小军能立即领会小梅的意图。那么为什么小军能不费力地理解小梅的行为和意图呢？按照经典认知科学理论家们的观点，人们对他人意图的理解是通过一个类似于逻辑推理的快速推理过程完成的。也就是说，小军大脑中的复杂认知结构通过详尽分析感官所采集到的信息，然后将这些信息与先前储存的经历加以比较，从而就理解了小梅的行为和意图。然而，镜像神经元的研究者们则指出，在某人行为难以理解等特定情况下，这种复杂的推理过程或许确实存在。

但是当人们看到某些简单行为而迅速作出判断的时候,这似乎意味着存在更直接的理解机制,而镜像神经元系统似乎就充当了这一功能机制。正是由于镜像神经元的作用,人们可以不假思索地理解他人的意图与行为,而不需要通过复杂的推理过程。小军之所以能够领会小梅的行为,这是因为小梅的动作不仅发生在他眼前,而且也在他的大脑中进行着实时模仿。也就是说,人类大脑中的镜像神经元在自己做出动作和看到别人做出同样动作的时候都被激活,而镜像神经元的这种激活正是人们理解他人意图和行为的涉身基础。

镜像神经元的研究者们进一步指出,镜像神经元能够将基本的肌肉运动与复杂的动作意图对应起来,从而构建起一张巨大的动作–意图网络,由此个体不需要通过复杂的认知系统就能直截了当地理解其他个体的行为。此外,镜像神经元不仅能帮助人们理解他人的意图,而且在人类的社会生活中,镜像系统能够让人们在理解他人行为的同时也能理解他人的感受,或者说镜像系统也是移情现象的涉身基础。

在经典认知科学研究看来,当观察者看到他人表现出的某种情绪状态时,他首先会对这些感官信息进行分析,然后通过逻辑推理推断出别人的感受,从而貌似完成了"移情"。不过,在镜像神经元研究者看来,经典认知科学对于"移情"的解释表明,观察者只是推断出了别人的感受,他们实际上无法体验对方的这种感受,也就是说根本没有实现"移情"。在镜像神经元的研究者看来,观察者获得关于对方情绪的感官信息之后,他们基于这些信息投射到自身的镜像神经元结构上,从而直接创造出类似的情绪体验。

在镜像神经元的移情研究中,观察者不是通过推理而是通过自身机制直接体验到这种感受,也就是说镜像神经元机制使观察者产生了同样的情绪状态。例如,镜像神经元研究者通过功能性磁共振成像技术对厌恶情绪的移情进行了研究。结果发现,被试者看到他人脸上的厌恶表情引发相应的厌恶情绪的时候,二人都激活了大脑中相同的神经结构。也就是说,当被试者经历某种情绪或者看到别人表现出这种情绪时,他们大脑中的镜像神经元都被激活。观察者与被观察者经历了同样的神经生理反应从而启动了一种"移情"的直接体验。对于镜像神经元的研究者来说,镜像神经元的激活使得人们在看到别人的表情或者情感状态的时候同样能体验到他人的真实感受,它们的作用首次为人际关系的形成提供了神经科学基础,这些人际关系可能形成更加复杂的社会行为。①

---

① [意]里佐拉蒂、福加希、加莱塞:《镜像神经元:大脑中的魔镜》,赵瑾译,《环球科学》2006 年第12 期。

当然,移情的涉身解释仍然有待于进一步发展。即使目前已经确认,情感的涉身神经机制中镜像神经元发挥着重要作用,但是由于镜像神经元研究自身还有待于发展,诸如镜像神经元的定位等问题依旧存在争议,因此关于移情的涉身科学研究也并不稳固,涉身移情的研究也有待于人们提出更为充分的理论构架。

二、身体体验与交互主体性

在西方哲学史上,以笛卡尔、康德和黑格尔等为代表的理性主义一直支配着交互主体性的研究。正如梅洛-庞蒂所指出的,理性主义依赖于某种普遍的意识,从而使得诸如"皮埃尔的意识"和"保尔的意识"等个体意识统一起来,最终完成了一种先验主义、设计主义、抽象主义的交互主体性。正是在对理性主义的现代反思过程中,以多元性、交互性、原初性、非理性为特征的交互主体性理论成为现代西方哲学中交互主体性研究的一种理论趋势。基于身体体验的交互主体性思想正是在这一背景下产生的。

在对客观主义和理性主义交互主体性思想的反思过程中,现象学运动中出现了一种基于身体体验的原初交互主体性思想。基于身体体验的交互主体观,尽管承认主体之间的交互作用存在着一种理性关系,不过主体之间的交互更根本地依赖于一种非理性的身体体验关联。在胡塞尔所提出的"动感"思想基础上,梅洛-庞蒂系统提出了一种基于身体体验的交互主体性思想。梅洛-庞蒂不仅用身体意向性概念重新诠释了主体与外部世界之间的认识关系,而且进一步通过身体性的交互主体性(bodily intersubjectivity)观念替代了传统的意识交互主体性。也就是说,在与他人的社会互动关系中,更为根本的是,通过我的身体产生了对他人身体的知觉,同时通过他人的身体产生了对我自身身体的知觉。我与他人的这种身体性共在才是主体交互的原初存在。正是在这个意义上,梅洛-庞蒂推进了胡塞尔的交互主体性观念,"梅洛-庞蒂在他人问题上的思考是对胡塞尔后期相关思想的一种去理智化或去笛卡尔主义化,他力图把胡塞尔的主体间性理论从意识间性转变为身体间性(intercorporeality)"①。对此,加拉格尔也针对梅洛-庞蒂等现象学的思想指出,"我们最初和通常的在世方式是一种实践的互动(也就是一种行动、介入或者基于环境因素的互动),而不是心理主义或者概念式的沉思(基于心理内容的解释或者预知)"②。

---

① 杨大春:《杨大春讲梅洛-庞蒂》,北京:北京大学出版社 2005 年版,第 85 页。
② Gallagher,S. How the Body Shape the Mind, Oxford:Oxford University Press, 2005, p. 212.

　　基于身体体验的交互主体性思想主张,交互主体性本质上是身体行动的相互作用,而非基于抽象意识的相互认知。交互主体性的实质载体是现实的身体体验,而非某种客观的普遍意识。基于身体体验的交互主体性思想的产生,不仅基于胡塞尔、海德格尔、萨特以及梅洛-庞蒂等现象学家对交互主体性思想的推动,而且更直接受到当代认知科学中的涉身认知研究框架的影响。例如,镜像神经元的研究就有力地佐证了基于身体的交互主体性的思想。针对镜像神经元的科学研究成果,加拉格尔指出,"镜像神经元最有趣的事情是,它们不只是涉及个人身体,而是涉及梅洛-庞蒂所说的身体间性,即一个人的身体如何与另一个人的身体相关"①。

　　在当代哲学家的视野中,基于身体体验的交互主体性解释还有待深入探讨。在扎哈维(Dan Zahavi)看来,基于身体行为的交互主体性不能将身体理解为单纯的生理身体,而应理解为某种心化身体(minded body)。扎哈维认为,这种缺乏心理属性的身体依然是某种行为主义者或笛卡尔主义的观点。交互主体性的身体基础仅只是某种物理属性及其变化,这就导致人们不能认识到身体行为的真实本质,并且产生了一种将心灵视为头脑中存在的内在事件的错误心灵观念。总之,基于身体的交互主体性决不能将身体等同于无生命的东西,而应当将身体及其行为理解为一种活的东西或者说理解为身体主体。② 此外,加拉格尔也深入讨论了涉身的交互主体性理论。在他看来,非涉身交互主体性理论都预先假设存在一个笛卡尔主义的内在心灵,人际之间的互动基于某种对他人心灵的知识。涉身交互主体性理论框架则主张,对他人的理解不是基于某种理论知识,而是基于某种互动性的涉身实践。③ 具体来说,涉身的交互主体性表明,主体交互原初是一种身体读解(body-reading)而非一种心灵读解(mind-reading)。不过,更充分说明交互主体性的互动理论,这不是要否定基于知识的交互主体性,而是将基于知识的交互主体性或者理论交互主体性视为一个重要层次,同时将作为基于身体的交互主体性视为前理论的、原初的交互主体性。理论的交互主体性只是对身体交互主体性的反思结果,是身体交互主体性的附属产品而已。

　　涉身交互主体观念体现了现代哲学从基于意识的交互主体性向基于身体

① Ramsoy, Thomas. An interview with Shaun Gallagher on How the body shapes the mind. Science and Consciousness Review, http://www.geocities.com/science_consciousness_review. 19-Jan-2006.

② Zahavi, Dan. Killing the straw man: Dennett and Phenomenology, Phenomenology and the Cognitive Sciences, 2007(6).

③ Gallagher, S. How the Body Shape the Mind, Oxford: Oxford University Press, 2005, p.208.

行动的交互主体性的一种转换和拓展。与西方交互主体性的哲学发展相适应，当代心理学、生理学与人工智能等认知科学中也在社会认知领域出现了一种基于身体行动的交互主体性研究探索。同时，在智能革命的背景下，交互身体的认知观也成为一种认知科学和智能技术的探索前沿。

三、社会认知介入性的实证研究

社会认知的介入性和涉身交互性的观念正在得到了当代认知科学诸多领域的经验支持。在神经生理学和儿童发展心理学等领域的实证研究尤为引人关注。在此基础上，在关于社会认知的介入和涉身交互哲学和科学研究的基础上，人们也开始初步整合新的社会认知理论。

(一)社会认知介入性的经验研究

神经生理学领域中的镜像神经元研究不仅是认知神经科学领域中的新发现，而且在认知科学家看来是解释人类社会认知的重要经验成果。

镜像神经元发现者之一的加莱塞就探索了镜像神经元与社会认同(Social identification)之间的关联。在加莱塞看来，社会认同是所有社会性物种的核心概念。[1] 人们天生生活于一种交互主体的空间中，而社会认同则是将人与人之间的行动、感受、情感和情绪整合起来的纽带。镜像神经元和人类大脑中其他镜像机制的发现则表明，社会认同的基础正是这些共享神经环路的激活。概而言之，镜像神经元就是社会认同的神经基底。依据镜像神经元及其机制的发现，社会认同和人际互动的理解不再仅仅依赖视觉和内在思维的分析，而是更需要考虑镜像神经元等特定神经系统的功能。当然，镜像神经元并非某种"魔力细胞"，它们对于社会认同的形成还依赖于它们与大脑其他区域的功能整合，尤其在于与运动系统的整合。正是基于镜像神经元与其他运动系统的整合，镜像神经元才具有了社会整合功能，从而推动了自我与他人之间的社会互动。进一步说，作为社会认同活动中重要构成的行为意向也决定于镜像神经元的作用。在人类社会互动中，人们在理解他人时需要明白他人的行为意向，按照经典认知科学的理论主张，人们在理解他人的行为意向时需要假定他人具有内在心理状态，并且通过这种内在心理状态来解释他人的行为意向。但是在镜像神经元研究者看来，从人类发展史和发生学上看，人们之所以能够理解他人的行

---

① Gallese, Vittorio. Mirror Neurons, Embodied Simulation, and the Neural Basis of Social Identification, Psychoanalytic Dialogues, 2009(19).

为意向,可能存在着一种更加根本的功能机制,这种功能机制可能就在于包含镜像神经元的大脑皮层中存在的一种前运动神经回路活动。

镜像神经元的发现为涉身交互主体性提供了神经生理学基础,这也是人们了解他人意图、行为的根源。在镜像神经元研究者看来,镜像神经元产生人际之间的互动可能还需要一种涉身模拟(embodied simulation)的机制,或者说以镜像神经元为核心的神经基底是通过涉身模拟这一功能机制实现社会认知的。涉身模拟与依赖内在表征的模拟理论不同,后者通过假设他人的心理状态去命题式地理解他人的行为。与此不同,涉身模拟是一种前理性的、非内省的、前语言、非表征的功能过程。涉身模拟反对通过符号表征的命题态度来理解人际之间关系。涉身模拟不同于读心的模拟理论。当人们看到他人的意向行为时,涉身模拟会产生某种特定的"意向协调"状态,这种状态反过来产生一种对他人的特定认同。意向协调是通过人们与他人行为和感受基础的神经系统的激活实现的。在这一激活过程中,与行为、情绪和感觉相连的身体内在的非语言"表征"在人们内部得以唤醒。这似乎就像人们与他人一样也实施着相同的行为或者体验着类似的情绪或感觉,从而最终产生了人们与他人的社会认同。在加莱塞看来,涉身模拟机制中的"表征"不是经典认知科学主张的符号表征,而是某种特殊类型的表征。这种表征的内容是前语言和前理论性的,并且源于人们身体系统与他人世界之间的情境互动。涉身模拟的意向协调也不是主体与对象之间的意向关系,而是在神经层面上的镜像机制映射。① 涉身模拟的机制提供了一种通过镜像神经元活动来理解人与人之间互动关系的机制模型,当然这并不意味着它是产生社会认知的唯一功能机制。

镜像神经元及其模拟机制为涉身交互主体性理论提供了一种经验科学说明。在发展心理学领域中,关于新生儿模仿(neonate imitation)的涉身科学研究也为涉身的社会认知理论提供了一种较为有力的经验科学说明。新生儿模仿是儿童发展心理学中的一个重要研究课题,涉身认知为新生儿模仿行为提供了一种不同于经典认知的涉身解释。

按照皮亚杰的观点,新生儿模仿行为也称"不可见的模仿"(invisible imitation),是儿童心理发展过程中存在的一种客观现象。所谓"不可见的模仿",是指新生儿看不到自身身体的某些部位,同时却可以对他人相关部位的动作进行模仿。例如,新生儿看不到自己的脸,却可以模仿他人的脸部表情和动

---

① Gallese, Vittorio. Mirror Neurons, Embodied Simulation, and the Neural Basis of Social Identification, Psychoanalytic Dialogues, 2009(19).

作。不过,皮亚杰认为,这种"不可见的模仿"是新生儿出生之后逐渐产生的,8~12个月之前的新生儿没有这种行为。不过,20世纪70年代以来,梅尔佐夫(Andrew N. Meltzoff)与摩尔(M. Keith Moore)等发展心理学家进行的新生儿模仿研究表明,新生儿模仿似乎是一出生就具有的能力。进一步说,新生儿可能天生就具有通过模仿和情感协调与抚养人沟通的社会生存能力。在近20年的研究中,梅尔佐夫和摩尔通过一系列实验说明新生儿具有"不可见的模仿"能力。在这些实验中,他们选择了大量正常新生儿作为被试,其中最小的仅出生42分钟,模仿的动作包括伸舌头、张嘴、努嘴和转动头部等。实验结果表明,所有这些被试都能够模仿成人的这些动作,即使是最小的被试新生儿也显示了很强的模仿效应。[①] 进一步,大脑科学领域中的认知科学家们为这种先天的新生儿模仿理论提供了一种涉身说明。在他们看来,新生儿在大概22周左右的胎儿阶段就已经表现出了运动模式,而这为与意向行为的后续兼容提供了可能。如果胎儿的运动系统得到进一步发展,那么胎儿控制嘴和手的行为运动中心与接收视觉输入的大脑某些部位之间的关联也可能得到发展,或者说,胎儿的感官-运动神经系统得到了发展,而这种关联的发展在胎儿出生后就可能显示出新生儿模仿行为。[②]

可见,作为一种原初的社会互动,新生儿模仿行为得到了一种涉身和介入性说明。或者说,通过新生儿模仿行为的涉身和介入性说明,人类的社会互动也得到了一种涉身和介入性说明。

(二)社会认知介入性的理论整合

基于认知科学不同领域中的经验研究以及涉身认知科学的不断进展,社会认知领域出现了涉身社会认知的各种不同理论解释。其中,加拉格尔结合梅尔佐夫和摩尔的研究提出了一种较为完整的涉身的社会互动理论。

在加拉格尔看来,梅尔佐夫和摩尔关于新生儿模仿行为的研究证明了一种先天的身体图式的存在,这是诸如新生儿模仿行为等人际互动行为的根本基础。他批判了皮亚杰的看法,即将身体图式作为儿童发展过程中后天习得的观

① Meltzoff, A. and M. Moore, Imitation of facial and manual gestures by human neonates, Science,1977(198); Meltzoff, A. and M. Moore, Newborn infants imitate adult facial gestures, Child Development, 1983(54); Meltzoff, A. and M. Moore, Imitation in newborn infants:Exploring the range of gestures imitated and the underlying mechanisms, Developmental Psychology, 1989 (25); Meltzoff, A. and M. Moore, Imitation, memory, and the representation of persons, Infant Behavior and Development, 1994(17).
② Zoia, S., Blason, L., D'Ottavio, G., Bulgheroni, M., Pezzetta, E., Scabar, A., et al. Evidence of early development of action planning in the human foetus: a kinematic study, Experimental Brain Research, 2007(176).

点。梅尔佐夫与摩尔的新生儿模仿研究与此不同,其成果表明身体图式是先天存在的。加拉格尔说:"如果我们接受传统观点,那么我们就会认为新生儿模仿需要一个后天发展出来的身体图式;但是,(梅尔佐夫和摩尔的)研究表明:人类一开始就具有一个原初的身体图式。新生儿出生后,这个身体图式获得了充分发展,由此,我们可以解释新生儿能够恰当地移动身体,从而对环境特别是他人的刺激做出反应;这是一个先天的身体图式,并且通过发展了的身体图式我们才得以解释新生儿做出不可见模仿的能力。"①

除了先天身体图式的作用外,新生儿模仿行为的完成还需要身体意象的配合。在加拉格尔看来,在新生儿模仿行为中,完好的身体图式需要结合身体意象才能完成人类最初的这种模仿认知行为。身体意象是指在新生儿模仿行为中新生儿对自身身体的一种觉知。例如在脸部动作模仿中,新生儿首先对自己看不到的脸具有一种觉知。不过,这种觉知不是通过视觉对自身身体的有意识觉知,这种觉知是一种无意识的本体感受性觉知(proprioceptive awareness)。②新生儿通过本体感受性觉知形成最初的身体意象。与身体图式相比,这种身体意象则是后天形成的。这样一来,在加拉格尔看来,新生儿模仿实验不仅表明新生儿具有一种无意识控制和协调行为的原初身体图式系统,而且表明新生儿具有一种本体感受性觉知。新生儿模仿行为正是身体图式和身体意象两者共同作用的结果。

此外,另一些认知科学经验科学研究也阐述了不同的涉身的社会认知理论。例如,古德曼和维尼蒙(Frederique de Vignemont)提出了一种身体格式(bodily formats)的社会认知理论。③身体格式的社会认知理论不同于基于身体生理解剖结构或者身体姿势活动的理解。身体格式的理论将影响社会认知的身体因素归结为某种身体表征,例如,人们身体效应器官、肉体感受、情感等都可能表现为某种身体表征或者身体格式。这些不同的身体格式都参与了社会认知的形成。例如,人们观察到其他人的恶心表情从而可以诱发自身的某种恶心情绪,而这种恶心情绪所涉及的身体格式可能参与了恶心情绪的移情。当然,身体格式表征的损害也会反过来妨碍了人际之间的行动和情感的社会认知。

在涉身的社会认知理论中,巴萨罗提出了一种知觉符号系统理论。这种理

---

① Gallagher, S. How the Body Shape the Mind, Oxford: Oxford University Press. 2005, pp. 72-73.

② Gallagher, S. How the Body Shape the Mind, Oxford: Oxford University Press. 2005, pp. 46-47.

③ Goldman, Alvin. Frederique de Vignemont. Is social cognition embodied? Trends in Cognitive Sciences, 2009(4).

论主张,身体状态以及在与知觉、行为和内省相关的大脑特定模块系统中的模拟等涉身因素参与了社会信息加工过程,这也是一种社会认知的涉身构架(Embodied Architectures)方案。这种理论的涉身构架主要聚焦于大脑特定模块系统,其中包括知觉当下处境的感官系统、与行为相关的运动系统以及与情绪、动机和认知活动的有意识体验相关的内省系统,等等。其基本主张是:认知表征和活动植根于认知活动的生理场域中,认知活动不是单单依赖于独立于生理基础的非模块抽象,包括概念性认知活动在内的所有认知活动都依赖于大脑特定模块系统和实际的身体状态。① 在巴萨罗等社会心理学家看来,这种涉身构架能够为社会认知现象提供一种新的解释。任何社会认知现象都存在着在线的涉身性和离线的涉身性,前者表现为对于外部现实刺激的反映,例如对他人快乐的面部表情的模仿;后者则表现为对于现实符号刺激的反映,例如大脑特定模块系统对于"快乐"语词的理解和对快乐体验的回忆。巴萨罗提出的知觉符号系统理论主张,大脑特定模块状态不仅表征着知觉、行动和内省等在线认知活动,而且也表征着记忆、语言和思想等离线认知活动。在这些社会认知现象的形成上,认知系统都运用了大脑特定模块状态的再现或模拟机制。②

对于理解社会认知现象来说,涉身认知理论提供了一种不同于经典认知的理论框架。当然,目前存在着各种对于涉身的社会认知理论的解释,如何结合经验科学的发展提出一种更具说服力的统合理论,这是涉身的社会认知科学研究未来所面临的重要挑战。

---

① Niedenthal, Paula M. Lawrence W. Barsalou, Piotr Winkielman, Silvia Krauth-Gruber and François Ric, Embodiment in Attitudes, Social Perception, and Emotion, Personality and Social Psychology Review, 2005(3).

② Barsalou, L. W. , Niedenthal, P. M. , Barbey, A. K. , & Ruppert, J. A. Social embodiment. In B. H. Ross (Ed.), The psychology of learning and motivation, San Diego, CA: Academic Press, 2003(43).

第四编
现象学的认知科学研究

基于现象学以及当代认知科学的互动，现象学认知科学研究范式的建构也成为一个值得探讨的问题。现象学认知科学研究范式可以分为两个方面：一是当代认知科学对认知主体、表征问题、非概念内容、意向性、他心等现象学认知问题研究的借鉴，对胡塞尔、海德格尔、萨特和梅洛-庞蒂等现象学家的存在论和认识论等思想的吸收；二是当代认知科学哲学研究对现象学哲学方法的吸收，即在意识等重要问题上对现象学研究方法以及现象学与自然科学关系重新界定等方面的深入探讨。

　　现象学在认识论上的新发现、实用主义的认识论以及日常语言哲学等新理论的发展，因其对笛卡尔主义的反思，因其对介入意识等新智能理论的研究，因而与涉身认知等当代认知科学前沿研究之间存在了交融与共通之处。诸如 H. 德雷福斯、莱考夫等基于涉身认知科学研究的哲学家，较早体察到胡塞尔、梅洛-庞蒂、海德格尔、杜威、后期维特根斯坦以及波兰尼（Michael Polanyi）等人在认识论层面的研究对于涉身认知理论的哲学意义。鉴于涉身认知等更为关注自然智能主体意识的体验性和情境性等特征，这使得第一人称与第三人称视角、体验与科学实证研究方法、现象学直观与心灵哲学的论证等方法论之间的矛盾更为直接地暴露出来，也使得人类认知现象的研究方法问题成为一个重要主题。

第一章　现代西方哲学与当代
智能科技革命的互动

　　以涉身认知等为代表的当代认知革命或智能革命与西方哲学的历史发展息息相关。就强调认知活动的身体和情境生成因素而言,这一思想可以追溯到古希腊原子论者的自然哲学。据艾修斯记载,"留基波和德谟克里特说感觉和思想都是身体的变形"①。原子论者已经素朴地猜测到心灵活动嵌入于身体活动的思想。近代以来西方哲学的认识论转向及其现代深化与涉身认知等智能革命直接相关。一方面,涉身认知源于近代以来尤其是现代哲学对笛卡尔主义为代表的理性主义认识论和意义理论的批判;另一方面,涉身认知发端于近代以来各种反笛卡尔主义科学和哲学认识论与意义理论的研究。

　　总体来说,涉身认知等智能革命所依赖的哲学思想主要表现为:一是反对将经验与理性严格对立,主张经验与理性之间存在着连续性,尤其是主张将抽象理性密切植根于身体与情境的互动之中;二是主张将行动与认识密切联系起来,正如梅洛-庞蒂的介入意识思想,以行动和对环境的适应性行为来理解认识;三是将行动的主体概括为身体的行为,重视身体与情境在认识和意义上的构成性作用。正是基于这种理解,现代哲学史上的杜威、梅洛-庞蒂、海德格尔、后期维特根斯坦以及波兰尼等人都深受当代智能革命的青睐。

---

① 北京大学哲学系外国哲学史教研室编译:《西方哲学原著选读》(上卷),北京:商务印书馆1982年版,第50页。

第一节　笛卡尔主义智能观

当代认知科学哲学家们普遍认为,笛卡尔主义与经典认知科学研究之间关系密切。笛卡尔主义的实体二元论框架及其感觉与思维的二元分立思想深刻影响了以信息加工理论等为代表的经典认知科学研究。当代智能革命背景下的涉身认知、情境认知、嵌入认知等科学研究,与梅洛-庞蒂的介入意识观、实用主义的经验观和意义观等消解二元论的哲学思想相配合,共同形成了对经典认知科学研究及其哲学理论的挑战。

一、人类智能研究的二元分立模式

笛卡尔主义在实体问题上主张心灵与物体的二元论主张,在认识论上则体现为一种主客二分的认识论模式。

笛卡尔主义的实体二元论主张把心灵和身体或心灵与物体看作分属于两个独立和不同世界的实体。心灵的本质属性是思维,物质的本质属性是广延。人自身也一分为二,即身体的我(具有广延属性的物质的我)和心灵的我(具有思维属性的精神的我)。在笛卡尔看来,我的本质就是思维,而肉体只有广延属性而不能思维。尽管人类的想象功能和感觉功能来自于身体,但是,感觉功能只能在思维与广延之间做出非此即彼的选择。这样一来,"所有这些饥、渴、疼等等感觉不过是思维的某些模糊方式"①,也就是说它们像思维,但是却与思维有着本质的不同,并要接受思维的主导。为了突出思维作为心灵本质的思想,笛卡尔只能作出思维绝对主导感知的解释。梅洛-庞蒂指出:"笛卡尔的最初念头是抛弃哲学实在论引入的超心理事物,为的是回到对于人的经验的清算和描述,而无须首先假定从外部对它说明的任何东西。就知觉而言,笛卡尔主义的根本原创性就在于立足于知觉本身的内部,不把视觉和触觉分析为身体的功能,而是'关于看和触摸的独一无二的思想'。"②

笛卡尔主义的理论中存在着某种张力。特别是在理解动物智能的问题上,笛卡尔将动物的感知活动又视为与人类的思维存在本质区别的智能活动,提出了"动物即机器"的哲学命题。这样一来,一方面,笛卡尔认为感知就是思维的

---

① [法]笛卡尔:《第一哲学沉思集》,庞景仁译,北京:商务印书馆1986年版,第82~83、85页。
② [法]梅洛-庞蒂:《行为的结构》,杨大春、张尧均译,北京:商务印书馆2005年版,第286页。

一种形式,思维主导着感知,从而突出了人类心灵本质即思维的理论需要;另一方面,笛卡尔又认为诸如动物的感知活动与思维活动存在着本质的区别,这又严格区分了思维与感知、人与动物的区别。可见,笛卡尔的思想是有着内在张力的。正如安德森所指出的,在笛卡尔主义哲学中存在着一种心身交感与心身二元的理论张力,即我们既需要身体(感觉离不开身体作用),同时又不需要身体(感觉是不可靠的,思想是可靠的,思维主导者感觉)。这种理论张力最终导致把抽象思维和感官能力对立起来,并且忽略了二者之间的连续性以及这种连续性的重要性。而这正是笛卡尔主义的理论实质,并且由此成为经典认知科学的哲学基础。[①] 可以说,笛卡尔主义的心身二元论造成的结果就是思维与感知的二元论倾向,以及由此造成的对人类感知活动的贬抑。思维成为人类认知的本质,对人类认知的研究重点就是对思维的研究。经典认知科学正是如此理解人的智能,并且将对思维作为重点对象,将思维的研究与感知的研究割裂。

此外,笛卡尔所持有的主客二分认识论模式将人类认识理解为思维主体对外部客体的反映,这就为现代表征计算主义认识论奠定了基础。尤其是笛卡尔主义者普遍认为,在主体和客体之间存在着作为认识基本构成成分的观念。按照理性主义的观念,人类的认识或者知识正是这些观念的组合或联结。这种理性主义的哲学认识论观念正好适合现代认知计算主义的立场。同样,近代以来的经验主义也接受了这种二分模式的认识论思想。经验主义者霍布斯在认识论上就表达了"理性不过就是计算,就是普遍命名的加和减而已"的思想,而这与经典认知的表征计算主义极其相近。另一位经验主义者洛克也将人类的思想看作是观念的联结,而观念则是主体对外物的一种原子式的表征,这种关于认识的联想主义心理学主张无疑与经典认知的信息加工认知理论一脉相承。

二、二元分立模式主导的表征计算主义

现代认知科学哲学家普遍意识到,笛卡尔主义的二分认识论模式正是以信息加工理论为代表的经典认知科学研究的哲学基础。

查尔斯·泰勒在整个近现代哲学变迁的视野内概括了近代笛卡尔主义的这种二分认识论模式。他指出,笛卡尔、洛克和康德等人的传统认识论都可以视为一种内在/外在(Inside/Outside,简称I/O)图景下的中介认识论。这种"中介认识论"主张,"我们对外在于心灵/智能主体/有机体的外部事物的认识,只

---

① Anderson, Michael L. Embodied Cognition: A field guide, Artificial Intelligence, 2003(149).

有通过某种内在于心灵/智能主体/有机体的边界条件、心理意象或概念图式才能发生。通过心灵的综合、计算或者构型作用,输入才能形成对于外部事物的认识"①。显然,在泰勒看来,不管是理性主义还是经验主义,它们都可以称为以笛卡尔主义为代表的近代二分认识论模式的表现形式。

当代认知科学哲学家都看到了二者之间的联系。戈尔德将信息加工认知科学研究归结为计算主义研究,并且指出"计算主义典型体现了笛卡尔主义的心灵观念"②。认知科学哲学家韦勒则全面概括了笛卡尔主义与经典认知科学研究之间的关联。韦勒指出,作为表征计算主义认知科学研究的基本理念可以称为一种笛卡尔主义心理学。这种笛卡尔主义心理学主导了认知科学研究中的经典研究。在韦勒看来,笛卡尔主义心理学的理论框架包含一系列原则。

第一,笛卡尔主义心理学主张,主客二分是人类智能主体所处的认识论情境的首要特征,主客二分是理解一切认知活动的首要前提和预设框架。第二,笛卡尔主义心理学主张,主客二分的前提直接导致了表征的存在,而心灵、认知和智能的解释正是依赖于对上述表征状态的管理和转化等。第三,笛卡尔主义心理学主张,人类大多数的智能行为都呈现为一种通用推理活动,这些活动通过检索与当下行为处境密切相关的心理表征,进而通过管理和转化这些表征并由此决定了相应的人类行为。第四,笛卡尔主义心理学主张,人类知觉本质上是推论性的,是思想主导的;这种推论性的知觉解释是以主客二分模式作为理论前提的。第五,笛卡尔主义心理学主张,知觉引导的人类智能行为展现为一种感官-表征-计划-活动的循环模式,而这正是经典人工智能研究的理论框架。第六,笛卡尔主义心理学主张,在典型的知觉引导的人类智能行为中,环境的作用仅仅表现为诱发智能主体解决问题的外部因素,仅仅表现为通过感觉活动向心灵提供信息输入的外部来源,仅仅表现为产生和输出推理等一系列预先计划的外部背景。也就是说,环境在认知活动中的作用是被动的,而这正是经典认知科学研究的普遍认识和通用做法。第七,笛卡尔主义心理学主张,尽管人类身体感知所携带的信息内容以及某种原初知觉状态可能必须通过身体的特殊状态和机制才能得以详细阐述,但是,对于人类智能主体产生可靠和灵活智能行为的活动原则的理解,现代认知科学在概念和理论上仍然没有提供与人类智能主体物理涉身性相关的科学解释。也就是说,经典认知科学研究仅仅只是考虑身体状态的被动性,而基本上没有考虑身体状态在人类认知活动中表现出来

---

① Taylor, C. Merleau - Ponty and the Epistemological Picture. In Taylor, C&M. Hansen. eds. The Cambridge Companion to Merleau-Ponty, Cambridge: Cambridge University Press, 2005, p. 27.

② Gelder, T. What Might Cognition Be, If Not Computation? Journal of Philosophy, 1992(7).

的积极主动性。第八,笛卡尔主义心理学主张,人类认知活动本质上是一种静态静观,因此笛卡尔主义心理学不可能、也不能对随时间灵活变化的人类认知心理活动提供具有说服力的科学解释。[1] 在韦勒看来,尽管在认知科学研究的具体实践中,认知主义和联结主义等经典认知科学研究者未必全部接受了笛卡尔主义心理学的这些原则,但是无可否认,这些原则事实上却潜在影响和主导着经典认知科学的研究。韦勒就此指出,"正统认知科学(我们所知道的大多数认知科学,古典的和联结主义的)都是笛卡尔主义的,具体地说,正统认知科学就是笛卡尔主义心理学的现代变种"[2]。

可见,以笛卡尔主义为代表的近代认识论思想确实为信息加工的现代认知主义理论提供了哲学依据。以笛卡尔主义为代表的主客二分的近代认识论模式,笛卡尔主义的静态的内在心灵观、感知与思维的分立模式以及动物智能与人类智能的分立模式等思想,都与经典认知科学研究之间构成了一种理论暗合。显然,现代哲学中对笛卡尔主义的哲学反思和批判,尤其是实用主义和现象学等对笛卡尔主义哲学的反思和批判,也同样受到了当代智能革命深入背景下对经典认知科学研究的反思者和批判者的深度认同。

第二节　实用主义智能观

现代哲学中的实用主义无疑是批判反思笛卡尔主义的重要思潮,因此它也成为当代智能革命中反思批判经典认知科学以及开展智能科学创新研究的重要哲学基础。以皮尔士(Charles Peirce)、詹姆士和杜威为代表的传统实用主义在概念、逻辑、经验等认识论问题上更加注重行动因素的作用。以后期维特根斯坦为代表的具有实用主义色彩的日常语言哲学重视常识语言的重要性,提出了语言的意义在于其用途的主张。

不管是传统的还是当代的实用主义思潮,它们的主张都指向了对近代二分模式认识论的批判,都指向了对经典认知科学研究的反思,都构成了涉身认知等当代智能革命的重要推动力。正如我国学者所说,"在超越西方传统形而上学,特别是近代形而上学认识论思维模式而转向以对人的现实生活和实践的关注为核心的 20 世纪西方哲学家中,最明确和突出的也许要算美国实用主义最

---

[1]　Wheeler, Michael. Reconstructing the Cognitive World, Cambridge: the MIT press, 2005, pp. 23-53.

[2]　Wheeler, Michael. Reconstructing the Cognitive World, Cambridge: the MIT press, 2005, p. 55.

重要的代表人物杜威……作为存在者的有机体(例如人)是在其与环境的相互作用中存在的,而环境虽然具有自在性,并不以人的存在为转移,但它们同样是相对于与有机体的作用而获得环境的意义。因此,对认识物质和精神的存在及它们的关系来说,最重要的是认识二者的这种相互作用、或者说贯通作用。这种相互作用实际上表现为人的生活、行动、实践。离开人的生活、行动、实践,物质和精神的存在都将失去其现实意义。后者也正是现代哲学所理解的哲学上的存在论意义。而杜威在这点上与维特根斯坦和海德格尔等最有代表性的现代哲学家在基本路线上是一致的。不过,由于杜威通过对近代哲学的二元论,特别是康德的二元论的批判,在实践的基础上强调了理论与实践、主观与客观、感性与知性、知识与信仰(理论理性与实践理性)等的统一,他的哲学较之维特根斯坦、海德格尔等人的哲学也就具有了更多的现实意义和现代意义"①。

杜威等实用主义者的思想长期以来受到许多领域的重视。不过,人们关注到其对当代心灵和智能哲学的影响则是近年来的事情。正如加拉格尔所说,"令人奇怪的是,尽管人们在情境学习理论中常常引用杜威的思想,但是在杜威在心灵哲学领域中关于情境认知的思想则几乎完全被忽视了。杜威明显就是他那个时代的丹尼特,至少我们看到了他对心灵哲学表现出的热情以及对笛卡尔主义的批判"②。

一、经验本质上是行为

在反思笛卡尔主义二分模式以及表征主义等认识论的过程中,许多现代哲学家主张在主客不分的新认识论模式下思考人类的认知问题。

在主客不分的认识论模式中,感官运动系统或者说身体在人类认知活动中至为关键的主动作用展现出来。现代过程主义哲学家怀特海指出,应当摆脱将身体视为纯粹物质范畴的、惰性被动主体的陈旧观念,应当还原身体这一能动性和主动性中介在人类认识活动中的主体地位。在知觉问题,怀特海批判了表征主义的解释。他主张身体在知觉活动中扮演着一种更为基础性的地位,或者说"一切感性知觉都不过是我们的感性经验对身体活动的依赖的一种结果"③。

实用主义者杜威预设了"有机体与环境间的相互作用"这一主客不分的状态,进而由此重新诠释人类的感知经验。杜威尤其指出了感官运动系统在人类

① 刘放桐:《从认识的转向到实践的转向看现当代哲学的发展趋势》,《江海学刊》2019年第1期。
② Gallagher, S. Philosophical antecedents to situated cognition. In Robbins, P. and Aydede, M. (eds). Cambridge Handbook of Situated Cognition, Cambridge: Cambridge University Press, 2009, pp.35-53.
③ [英]怀特海:《思维方式》,刘放桐译,北京:商务印书馆2004年版,第135页。

感知经验认知活动中的主动性和基础性作用。杜威认为,经验不是二分认识论模式下的主体对客体的机械反映,而是人类感官与运动系统在有机体与环境的相互作用中相互协调互动的生成结果。杜威说:"经验首先是做的事情……有机体按照自己的机体构造的繁简向着环境动作。结果,环境所产生的变化又反映到这个有机体和它的活动上去……这个动作和感受(或经历)的密切关系就形成了我们所谓的经验……经验的'真资料'应该是动作、习惯、主动的机能,行为和遭受的结合等适应途径,感官运动的相互协调。"①将人类的经验首先理解为"做"的事情,理解为生物体与环境之间的互动,这就摆脱了二分认识论模式下的客观主义经验解释,摆脱了将经验视为一种静态的、原子式的和内在观念的主张。

如果人类的感知经验首先是一种行为,那么这恰恰意味着对笛卡尔主义内在心灵观的一种批判。人类的心灵活动不可能脱离自身的行为和所在的情境,这正是梅洛-庞蒂的介入意识理论所想要表达的立场。或许正是基于这一理解,艾耶尔指出梅洛-庞蒂的思想是一种实用主义的主张。杜威主要立足生物进化论等科学和哲学思潮的研究,主张心灵不是一个笛卡尔主义的封闭盒子。所谓的心灵或者心理生活不是一种在真空中发展的个体性、孤立性和封闭性的事情,人类的精神生活应当是一种依据所有生命规律而发展的整体和开放的有机体活动。在杜威看来,人类认知不是一种抽象、孤立和内在的思维活动。人类的认知作为一种生物体在环境中的活动,认知是面向具体环境解决特定问题的实践活动形式。当生物体处于混乱、扰动、不确定性的环境中时,认知就成为一种探究和解决这些问题的形式,这种形式首先是一种实践活动。

所以,生物有机体的认知活动首先不是一种纯粹的内在精神现象,而是一种有机体和环境之间的互动呈现。作为一种实践行为,认知总是情境性的,即心灵的认知活动离不开所处的物理和社会情境。认知行为不仅是生物有机体与自然情境的互动,而且是生物有机体与社会情境的互动。也就是说,人们不仅通过基于感官运动系统的人与自然互动获得认知成果,而且还通过观察他人行为、与他人交流以及模仿从他人等社会性互动活动获得认知成果。这也正是梅洛-庞蒂的介入意识所要表达的思想。

二、语言的意义在于其使用

与追求语言客观意义的传统认识论不同,与现代分析哲学通过逻辑分析来

---

① [美]杜威:《哲学的改造》,许崇清译,北京:商务印书馆1958年版,第46页。

澄清语言客观意义的做法也不同,实用主义者主张,概念的意义是其使用中所呈现出来的效果,语言的意义在于语言在具体情境中的使用。正如梅洛-庞蒂所理解的,语言意识也具有介入性的本质特征。

经典认知科学研究更倾向于接受以逻辑实证主义为代表的理想语言哲学思想。也就是说,理想语言哲学研究致力于消除日常语言使用的混乱,主张依据逻辑规则来澄清语言使用上的混乱,从而通过建构符合普遍语法逻辑规则的人工理想语言,进而呈现客观意义。当代智能革命背景下的涉身认知等新的智能科学理论研究则更倾向于实用主义的主张。也就是说,新的理论主张不可能建构符合所谓普遍逻辑规则的人工语言系统,因而也不存在所谓抽象和客观的普遍意义。语言使用上的混乱不应当被消除,人们应当正视语言的使用。追求语言的意义不在通过消除语言使用的混乱,而在于正视这种混乱,在语言的日常"混乱"使用中寻找语言的真实意义。

实用主义理论的奠基者皮尔士最早表达了概念的意义在于使用效果的命题,提出了著名的情境意义理论——"皮尔士原则"。这一原则主张概念和命题等逻辑元素的意义都不是由所谓的某种客观内容决定的,而是由它们所引起的行动效果所决定的,即意义就是行动的效果。在皮尔士看来,人们常说物体是硬的,这并不意味着物体自身具有硬的客观性质,也不意味着硬的性质是主观能力的体现,而是意味着物体相对于人们主观能力而言具有一种抓不破表层的效果。同样,人们说物体是重的,这意味着一种需要花费气力支撑而使其不会落下的效果。

后期维特根斯坦的语言哲学也体现了实用主义的思想倾向。在他看来,语词或语言的意义并不是某种语言体系的内生产物,不是来源于对外部世界中事物的某种一对一的客观反映,相反,语词的意义产生于语词被使用的具体活动。在语词的具体使用过程中,不存在某种预先假定的储存于头脑中的客观概念,相反,语言及其意义产生于各种场景、实践和活动的体验中。例如,当某人去商店买"五个苹果"时,店主如何理解这一语言表达的意义呢?维特根斯坦指出:"现在,请想一想下面这种语言的使用:我派某人去买东西、我给他一张写着'五个红苹果'的纸条。他把纸条交给店主,这位店主打开标着'苹果'的抽屉,再在一张表上寻找'红'这个词,找到与之相对的颜色样本;然后他念出基数数列——我假定他能背出这些数——直到'五'这个词,每念一个数就从抽屉里拿出一个与色样颜色相同的苹果。人们正是用这样的和与此类似的方式来运用词的。但是,他怎么知道在何处用何种办法去查'红'这个词呢?他怎么知道对于'五'这个词他该做些什么呢?好吧,我假定他会像我在上面所描述的那样去行动。说明总要在某个地方终止。但是，'五'这个词的意义是什么呢？这里根本谈不上有意义这么一回事，有的只是'五'这个词究竟是如何被使用的。"可见，"五"这个词的意义并不是客观的，而是源于其自身的使用方式与情境。就此，维特根斯坦明确指出，"一个词的意义就是它在语言中的使用"①。

语言的意义在于其用途，这表明语言的意义有赖于其使用的具体环境，表明语言意识或者语言意义具有行动性和介入性特征。按照后期维特根斯坦的看法，对语言的使用类似于参与一种具有特定规则的游戏活动。语言的任何一种使用都可以看作是参与一种不同的游戏。各种游戏不存在所谓的普遍性规则，而是依据各自不同的游戏规则进行。维特根斯坦指出，"'语言游戏'（language games）一词的用意在于突出下列这个事实，即语言的述说乃是一种活动，或是一种生活形式的一个部分"②。这样一来，私人语言（即一种主张内在心灵存在，并且由此来表现和获得意义的个体语言）就不可能被外人所理解或者习得，甚至可能根本就不存在所谓的私人语言。

在维特根斯坦看来，任何语言都是一种处于社会互动中的主体之间的交流系统。通过描述一个建筑工人及其助手共同实施一项工作的实践活动，维特根斯坦说明了语言的这种社会性。例如，建筑工 A 用各种建筑石料盖房子：有石块、石柱、石板、石梁。助手 B 必须按照 A 的需要依次将石料递过去。为此，他们使用一种由"石块""石柱""石板""石梁"这些词组成的语言。A 叫出这些词，B 则把他已经学会的在如此这般的叫唤下应该递送的石料送上。在这项实践活动中，语言的意义可以通过清晰的指称得以创造。尽管活动场景的范围很狭隘并且限定了二人之间的交流情境，但是这并没有改变他们的工作任务仍然存在于特定的情境中。语言和概念系统依然是通过情境中的特定目标得以创造的。

通过上述这个例子，维特根斯坦力图说明，语词或者陈述的意义依赖于语词使用的社会环境。知道某件事情的意义并不单单等同于处于某种心理状态中，遵循语言游戏的规则也不是要求对我们头脑中某种规则的认知性理解。相反，这些都是一种社会实践的能力，都是我们在特定情境中进行调整的能力。概念的意义并不是普遍性和客观性的，因为概念的意义依赖于其在特定历史情境中的使用。概念的意义是介入性、互动性、情境性的。语言意义的情境性观点明显异于概念的表征性理解。也就是说，"石板"等语言概念不是简单地复制

① ［奥］维特根斯坦：《哲学研究》，李步楼译，北京：商务印书馆 1996 年版，第 3~7 页。
② ［奥］维特根斯坦：《哲学研究》，李步楼译，北京：商务印书馆 1996 年版，第 7 页。

外部对象,不是一种主客体之间的客观存在。当建筑工人说"石板"的时候,其助手不需要形成关于石板的心理意象,其助手只需要体会到建筑工人对于"石板"的使用,就可以完全实现语言交流和意义传达。

与经典认知的表征主义意义理论不同,实用主义的意义理论对行为、实践和情境的重视确实激发了涉身认知等新的研究路径。正如莱考夫和约翰逊所指出的,梅洛-庞蒂和杜威堪称"两位最伟大的涉身心灵哲学家",他们都看到"我们的身体体验是我们所有意义、思想、知识以及交流的原初基础"①。

第三节　现象学的智能观

现象学在英美国家中对哲学的影响相对弱于其对自然科学发展的影响。现象学家施皮格伯格曾说:"在像美国这样的国家,现象学对这些外围领域(科学)的影响也许比对哲学本身的影响更显著更富有成效。"②正如莱考夫和约翰逊等人的理解,现象学与实用主义都受到了涉身认知等新的智能科学研究的关注。这不仅在于它们共同体现了对洛克、笛卡尔等近代二分认识论模式及其左右的认知解释的质疑和批判,而且在于它们共同体现了心灵的体验性、身体主体和认知的情境性等新的思想。在现象学哲学家中,诸如胡塞尔、海德格尔、梅洛-庞蒂、舍勒、舒茨(Alfred Schutz)以及伽达默尔等都受到了涉身认知科学等新的智能科学研究的关注。

一、认知的无表征性

经典的认知科学和哲学研究在感知等问题上一般持有原子式的表征解释,而大多数现象学家则普遍反对这种表征式的感知解释。经典认知的表征式感知解释基于主客二分认识论模式,主张人们的感知或知觉是以原子式符号化表征的形式反映外部世界,这一思想也成为现代信息加工等经典认知科学研究的理论基础。

作为现象学哲学的开创者,胡塞尔通过对感知的现象学描述,主张感知并不是原子式的表征计算活动。相反,胡塞尔认为,任何感知活动都是对感知对象的一种整体性呈现。与传统认识论对感知现象的孤立和原子式解释不同,胡

---

① Lakoff, G and M. Johnson. Philosophy in the Flesh: the Embodied Mind and Its Challenge to Western Thought, New York: Basic Books, 1999, p. xi.

② [美]施皮格伯格:《现象学运动》,王炳文、张金言译,北京:商务印书馆1995年版,第10页。

塞尔更加认同格式塔心理学的研究成果,更加强调了感知的整体性,或者说感知的视域性本质。感知的视域本质是指任何感知活动都不是对事物某一方面性质的简单和孤立呈现,而是对事物某一方面性质及其相关没有被直接呈现的所有性质的呈现。正是在此意义上,感知被理解为一种整体性的活动。例如,对一张桌子的视觉而言,人们通过某种透视映射看到桌子的一个侧面或者某一方面性质,这个直接呈现的侧面就是原子式表征主义所感知的"桌子"。在胡塞尔看来,人们之所以能够感知到这是一张桌子,仅仅依赖针对某一侧面的透视映射是不够的,还有对桌子其他侧面的透视映射所构成一种"视域"。这个视域与某一侧面的透视映射共同构成对"桌子"的完整感知。直接呈现与潜在的共现、直接显现的侧面与未被直接给予的侧面或者单方面透视与多重透射的视域,这些共同构成了意向认识活动的感知层面。施皮格伯格也就此指出,如果没有视域,那么"甚至连一个单个的知觉也不能说明"①。

梅洛-庞蒂进一步批判了在感知问题上的原子式表征解释,批判了经验主义、实验心理学、行为主义、理性主义甚至格式塔心理学等为代表的近代感知觉理论。梅洛-庞蒂力图消除感知觉的任何理论前提,从而将感知觉还原为人类一切认识活动的存在前提。近代以来的经验主义知觉理论普遍持有原子主义的立场,即认为知觉由红色、圆形等个别独立的感觉印象或表征构成。梅洛-庞蒂批判了这种经验主义的知觉理论。在梅洛-庞蒂看来,根本不存在孤立的感觉材料,人们所获得红色、圆形等感知印象或表征都不能脱离它们的背景。经验主义知觉理论所设想的"物体确定性质"也不存在,因为感觉对象本身是变化的。所谓物体的"确定性质"只是一种理论设想。知觉也不是基于感觉表征材料的"联想",因为"联想"所依赖的相似性和邻近性也只是一种理论分析的结果。此外,梅洛-庞蒂还批判了近代以来理性主义的知觉观。他认为,理性主义利用"注意"等心理能力来说明知觉,而引入"注意"这一主体能力来解释知觉恰恰排斥了真正的"知觉"体验。梅洛-庞蒂也批判格式塔心理学的知觉解释也过于强调主体性的作用。总之,经验主义和理性主义的知觉理论都基于某种理论前提的构造,或者说是一种科学的构造,这不是真正的知觉解释。对梅洛-庞蒂来说,知觉就是一种原初的体验,"知觉不是关于世界的科学,甚至不是一种行为,不是有意识采取的立场,知觉是一切行为得以展开的基础,是行为的前提"②。

---

① [美]施皮格伯格:《现象学运动》,王炳文、张金言译,北京:商务印书馆1995年版,第217页。
② [法]梅洛-庞蒂:《知觉现象学》,姜志辉译,北京:商务印书馆2001年版,第5页。

在对认知上的理解上,诸如海德格尔和梅洛-庞蒂等现象学家都主张认知活动原初是无表征性的思想。

梅洛-庞蒂尤其在知觉问题上主张知觉的无表征性,即知觉活动不需要内在心灵及其反思的建构,知觉活动原初基于身体与外部对象的直接关联。梅洛-庞蒂尤其在空间知觉问题上指出了身体的空间知觉活动本质上是无表征性的。在梅洛-庞蒂看来,空间知觉存在着客观空间与身体空间之分。客观空间是一种反思推论意义上的空间,是一种机械性的"位置的空间性",也是一种基于科学理论前提所建构的空间。身体空间比客观空间更为原始和根本,它是存在论意义上的空间,是不依赖于反思意识就可以产生的一种物体之间的"上""下"等空间关系意识。在梅洛-庞蒂看来,身体空间所表现的是身体在环境世界中的一种"侵入",是一种身体相对于不同处境的"情境空间性"。从根本上说,"位置空间性"的知觉依赖一种需要表征中介的反思或者推断的介入,而"情境空间性"的知觉则体现为一种不需要表征的体验或者直觉。梅洛-庞蒂举例说:"如果我站着,手中紧握烟斗,那么我的手的位置不是根据我的手与我的前臂,我的前臂与我的胳膊,我的胳膊与我的躯干,我的躯干与地面形成的角度推断出来的。我以一种绝对能力知道我的烟斗的位置,并由此知道我的手的位置,我的身体的位置,就像在荒野中的原始人每时每刻都能一下子确定方位,根本不需要回忆和计算走过的路程和偏离出发点的角度。"①

认知是无表征,这源于身体运动意向的无表征性。梅洛-庞蒂说,"身体的运动就是通过身体朝向某物体的运动;就是让身体对物体作用作出回应,而这一回应是独立于任何表征的"②。这种身体意向性的无表征性,就像人们把汽车开到一条路上时,不需要比较路的宽度和车身的宽度人们就能知道"能通过",也像人们通过房门时不用比较房门的宽度和我的身体的宽度一样就可以通过。H.德雷福斯从熟练应付活动等方面的研究上也明确指出了梅洛-庞蒂的智能无表征思想。他说,"主流认知科学主张智能行为必须基于心灵或者大脑中的表征,与之相反,梅洛-庞蒂认为,作为最基本的智能行为,熟练应付能够并且必须无需求助表征加以理解"③。

---

① [法]梅洛-庞蒂:《知觉现象学》,姜志辉译,北京:商务印书馆2001年版,第138页。

② Merleau-Ponty, M. Phenomenology of Perception, trans. C. Smith, London: Routledge& Kegan Paul, 1962, p.139.

③ Dreyfus, H. Merleau-Ponty and Recent Cognitive Science. In Taylor, C&M. Hansen. eds. The Cambridge Companion to Merleau-Ponty, Cambridge: Cambridge University Press, 2005, p.129.

二、认知的介入性

在感知的现象学研究中,现象学哲学家还进一步展开了心理学中的动感的理论。动感理论是一种基于行动的感知解释,是一种介入认知或者介入感知的表现形式,是认知与行为和情境的一体化的认识论主张。

在心理学家看来,动感是指身体运动的一种感知能力或活动。例如,在人们的跑步、跳舞等日常身体活动中都会有动感的参与。与动感相关的概念还有本体感受性或者本体感觉(proprioception),这一概念由诺贝尔奖得主查尔斯·谢灵顿(Charles Sherrington)提出。本体感受性是指人们身体的肌肉、肌腱和关节等构成处所具有的某种感觉功能,后来被用于泛指身体及其器官对于运动、位置和方向的一种感知能力。心理学家由此将动感看作是本体感受性的重要构成。胡塞尔吸收了同时代心理学家所提出的动感概念,在对认知的现象学描述中明确了动感的基础作用。按照现象学家黑尔德的解释,动感指"感觉"和"身体运动"的"统一"。胡塞尔的动感理论表明了感觉的原初状态,表明了一种基于行动的感觉观,同时在哲学上导向了对笛卡尔主义的批判。胡塞尔指出,"感觉从一开始就包含着世界,因为它始终包含着行为、包含着基本的主动性",可见,动感理论力图消除由意向主体和意向对象所构成的意向性关系中不彻底的二元论嫌疑。①

动感强调了身体行为与感知活动的统一性,揭示了一种区别于生理身体的活的身体的现象身体观,从而强调了身体在认知活动中的主体性作用,强调了认知的介入性特征。加拉格尔对此指出,"胡塞尔已经大体勾勒出了一种区别于笛卡尔客观身体观(身体被视为一种处于空间中具有广延性的对象,或者被视为一种生物科学的研究对象)的涉身性观念,以及一种我体验和借以行动的活的身体(Leib)观念。正是这种活的身体调整着我们与世界的互动承载,并且按照胡塞尔的看法,这一身体的活的性质就体现为'我能'(I can)。我通过我所有可能的身体运动和行为来接近外部世界。我通过一种我的身体所决定的自我空间框架来体验外部世界"②。

在同时代心理学和胡塞尔现象学动感理论的影响下,梅洛-庞蒂更为系统和明确地表达了身体-主体的思想,从而充分拓展了胡塞尔的动感理论。在批

---

①　[德]胡塞尔:《生活世界现象学》,黑尔德编,倪梁康、张廷国译,上海:上海译文出版社 2005 年版,第 16 页。

②　Gallagher, S. Philosophical antecedents to situated cognition. In Robbins, P. and Aydede, M. (eds). Cambridge Handbook of Situated Cognition, Cambridge: Cambridge University Press, 2009, pp. 35–53.

判传统主客二分模式的知觉理论时,梅洛-庞蒂尤其批判这一模式下对人类身体的单纯物理和生理意义的解释,从而在视觉等感知活动中揭示了活的身体的作用。梅洛-庞蒂指出,在视觉或者说"看"的知觉活动中,人们常常忽略了作为身体组成部分的眼睛的主动作用,眼睛往往被理解为一种内在心灵反映外在对象的被动生理装置。在梅洛-庞蒂看来,上述理解并不正确,知觉活动不是内在心灵的主导的结果,作为活的身体组成部分的眼睛自身就是能动的,它才是知觉活动的真正主体,不存在内在心灵。梅洛-庞蒂解释道,就我们能够看到一个事物而言,"视觉连接着运动,这也是真的。人们只能看见自己注视的东西。如果眼睛没有任何运动,视觉将会是什么呢?"①正是活的身体在知觉活动的主体性作用,使得梅洛-庞蒂提出了一种以身体行为为核心的行动知觉观念,阐述了一个以行为为核心的介入意识观念,即"意识最初不是'我思……',而是'我能……'"②。

从人类存在的意义上来理解认知活动,改变了认知是内在主体的一种抽象的和孤立的活动的观念,这也相应展示了一种与情境密切联系的认知观。或者说,原初认知活动具有情境性,情境性表明了认知的介入性特征。现象学家海德格尔和梅洛-庞蒂都认同认知的情境性特征,尤其是海德格尔更为强调认知的情境性,其情境认知的思想也颇受认知科学及其哲学家的关注。例如,人工智能科学家布鲁克斯说,"我们的研究的确与德国哲学家海德格尔所激发的某些研究具有某种相似性"③。韦勒则将与经典认知理论不同的涉身-嵌入式认知新范式概称为一种海德格尔式的认知科学(Heideggerian cognitive science)研究。

在海德格尔看来,以情境性为本质的认知活动也称一种不同于反思性认知的反思前的认知。这种反思前的认知活动真正描述了人们认知的原初本质,因此这种认知也被称为日常认知。情境性是这种日常认知的本质特征,或者按海德格尔的说法,日常认知表现为一种人与环境之间的"上手"状态。这种状态不是一种静观和反思的活动,而是一种"用我们的身体以合适的方式熟练地掌控事物"的原初介入状态。例如,当人们走进办公室的时候,人们一般不会思考办公室的门有多大,是否能够让自身进入。人们只是打开它,也不会沉思桌子或者椅子的尺寸,而是会心不在焉地自然坐下,并且带着对诸如某个问题或者某

---

① [法]梅洛-庞蒂:《眼与心——梅洛-庞蒂现象学美学文集》,刘韵涵译,北京:中国社会科学出版社1992年版,第129页。

② [法]梅洛-庞蒂:《知觉现象学》,姜志辉译,北京:商务印书馆2001年版,第183页。

③ Brooks, R. Cambrian Intelligence: The Early History of the New AI, Cambridge, Mass.: MIT, 1999, p. 97.

个信件的关注开始工作。办公室的门、桌子、椅子和电脑等就是以一种人们与其自然互动或介入的方式潜在存在，它们就处于预备上手的(ready-to-hand)的状态。日常认知也就是人们与这些物品打交道的存在状态。

在描述此在的这种原初存在时，海德格尔还通过人们对锤子的使用形象说明了这种原初"上手状态"或者介入状态。海德格尔指出，在人们使用锤子的过程中，"对锤子这物越少瞠目凝视，用它用得越起劲，对它的关系也就变得越原始，它也就越发昭然若揭地作为它所是的东西来照面，作为用具来照面。锤子本身揭示了锤子特有的'称手'，我们称用具的这种存在方式为'上手状态'"①。人们使用锤子的这种状态揭示了日常认知的介入性、情境性和非反思性的特点，这不同于笛卡尔主义的孤立性、静观性、反思性的认识解释。加拉格尔说，按照海德格尔的看法，"在我们大多数应付环境的日常活动中，我们都不是首先认知性的遭遇对象，并且由此决定这些对象是什么并且它们能够被用作什么。认知是一种依赖于我们与事物之间的原初实践互动的一种在世之在的'根本模式'，也就是说，在我们思考事物或者照其样子知觉它们之前，我们已经沉浸在这些事物的实践意义之中"②。

对于日常认知的上述理解表明，海德格尔揭示了日常认知活动中原初认识主体就是一种介入性或情境性存在。按照海德格尔的描述，"此在"是一种情境性存在，是一种"在世之在"。此在(智能主体)本身与世界处于一种牵引或者因缘(involvement)关系中，任何一种认知活动都处于这种牵引或者因缘整体性之中，或者说任何一种认知活动都不能脱离其情境性背景。正如有学者指出，"总的说来，海德格尔总是将那些由境域引发的和相互牵引的认识方式看作是更原本的和更在先的；而视那些以主客相对为前提的和依据现成的认知渠道(比如感官)的认识方式为从出的和贫乏化了的"③。可见，在海德格尔那里，人类日常认知首先并且本质上是一个共享的世界，或者说是一种介入性的、情境性的、与他人"共在"的、不能脱离社会文化背景的认知活动。与这个共享世界相比，任何个体的主观世界都只能看作是一种次级现象，因为它们首要地都奠基于、介入于和嵌入于更为根本的自然与社会文化情境中。

事实上，当梅洛-庞蒂在批判经验主义和理性主义的感知观以及在表达感

---

① ［德］海德格尔:《存在与时间》，陈嘉映，王庆节译，北京：三联书店1999年版，第81页。

② Gallagher, S. Philosophical antecedents to situated cognition. In Robbins, P. and Aydede, M. (eds). Cambridge Handbook of Situated Cognition, Cambridge：Cambridge University Press, 2009, pp.35-53.

③ 张祥龙:《海德格尔思想与中国天道——终极视域的开启与交融》，北京：三联书店1996年版，第97页。

知与行动不可分割的思想时,就已经蕴含了感知的情境性本质的思想。例如,梅洛-庞蒂所描述的知觉含混性特征就表明了知觉活动的情境性特点。在梅洛-庞蒂看来,知觉活动本质上就是含混的,而非如笛卡尔主义者所追求的那种明晰性。知觉本身的这种含混性在很大意义上源于知觉对象等所决定的知觉情境性。一方面,知觉活动的形成依赖于知觉对象所处的背景,而不是依赖于孤立的知觉对象;另一方面,知觉活动不仅是对知觉对象的可见性质的知觉,知觉活动也离不开对知觉对象的不可见性质的知觉。梅洛-庞蒂以缪勒-莱尔错觉来例证知觉的含混性,即缪勒-莱尔错觉所体现出的两条直线的相等与不等的交替变化,就体现了这种知觉对象的含混性。缪勒-莱尔错觉表明,知觉不仅是对对象呈现面的知觉,而且是对这个物体朝向其他事物的任何面的知觉。知觉不仅是对知觉中心事物的认识,而且是对其背景事物的知觉。知觉不仅是对可见性质的知觉,同样也是对不可见性质的知觉。可见,缪勒-莱尔错觉的形成离不开知觉对象的整体性背景,这表明情境正是知觉活动的构成因素。或者说,人们自身所处的世界和情境塑造了人们的知觉,知觉在构成上就是介入性或情境性的。正如梅洛-庞蒂所指出的,"事实上,不同于外部对象的空间性或者'空间感知'的空间性,我的身体空间性并不是某种'位置的空间性'(positional spatiality);相反,它是某种'情境的空间性'(situational spatiality)"①。

　　基于认知介入性或情境性本质的理解,加拉格尔如此概括了笛卡尔主义及其经典认知科学研究与现象学及其情境认知研究之间的关系。他说:"由于情境性的存在在一定程度上常常没有被察觉,因此我们对自我存在的感受常常是令人奇怪的不完备并且可能被误导——这种感受基于古典认知科学以及强人工智能遇到的问题而展现出来。与此同时,这种不完备性就是我们存在意义的构成,并且与我们理解的局限性密切相关。海德格尔也表明对下述哲学的某种警觉,即任何一种首先将世界理解为广延的东西——笛卡尔所理解的一种具有广延和占据空间的事物——的世界哲学,或者是任何一种首先将心灵理解为思维东西的心灵哲学,即主张心灵是一种思维实体或者存在。笛卡尔主义本体论所忽视的恰恰就是海德格尔所描述的某种情境性。对于笛卡尔来说,事物(不管是广延或者思维的)都是一种实体,海德格尔则将其解释为一种上手存在,并且明确不是那种使得我们一直处于情境中的(预备上手)的那种形式的存在。实际上,对于笛卡尔来说,基于一般形而上学以及自然科学,事物的那种存在,

---

　　① Merleau-Ponty, M. Phenomenology of Perception, trans. Donald A. Landes. London: Routledge, 2012, p.102.

包括人类存在的实体,就是我们通过清晰的(第三人称)观察态度获得理解的存在,并且就是通过认知公开分析的存在,这种认知就是'我们通过数学和物理学获得的那种知识意义上的理智认识'。海德格尔存在主义的分析意图揭示,人类存在明确不是某种上手之物,不是某种处于他物中的对象,而是在世之中,也就是说,人类存在总是以世界首先预备上手的方式而情境性地存在。"①

三、移情的身体间性

在现象学运动中,梅洛-庞蒂特别提出了身体意向性观念来解释知觉的无表征性和主体之间的交互性。这种身体意向性观念源于胡塞尔的意识意向性关系理论,不过,梅洛-庞蒂是在存在论的意义看待身体意向性。这种身体意向性表明的是身体主体与世界的最初的感知联合体(a unity of sensations)②,因此相比较胡塞尔的主体交互性更加彻底。这种从胡塞尔的意识意向性向身体意向性的创造性改造,更为有力地论证了作为原初活动的知觉是无表征性的思想,也论证了主体之间原初的身体交互性思想。

现象学家还提供了对情感和移情等主体交互性认知活动的一种在身体交往层面上的解释。这种身体交往层面上的解释既反对笛卡尔主义基于独立心灵的反思性解释,也不同于基于经验主义感知观的反思性解释,这种基于身体体验的现象学解释为情感和移情等社会认知活动的涉身认知研究提供了重要哲学启示。

梅洛-庞蒂将移情等社会认知在身体交往层面上的解释概括为一种"身体间性"的思想,并且利用儿童发展心理学研究成果来说明身体间性的思想。例如,梅洛-庞蒂指出,如果我们把一个15个月大婴儿的一个手指放在我们嘴里,并且装出要咬的样子,那么这个孩子也会张开嘴。孩子做出这个动作,既不是出于某种"先验意识"(比如思考之后的行为),也不是出于"某种类比"(比如通过镜子映射之后的行为),而是因为婴儿从内部感觉到,自己的嘴和牙齿一开始在他看来就是咬东西的器官,因为从外面看到的我的下颌,一开始他就已经明白同样的器官具有同样的意向。所以,对于这个婴儿来说,"'咬'直接有一种主体间的意义",这种主体间的意义首先呈现于我与婴儿的身体意向的交互之中,即"他感知到在他的身体中的他的意向,和他的身体在一起的我的身体,并由此

---

① Gallagher, S. Philosophical antecedents to situated cognition. In Robbins, P. and Aydede, M. (eds). Cambridge Handbook of Situated Cognition, Cambridge: Cambridge University Press, 2009, pp.35-53.

② Marito Sato. The Incarnation of Consciousness and the Carnalization of the World in Merleau-Ponty's Philosophy, Immersing in the Concrete: Analecta Husserliana, 1998(58).

感知到他的身体中的我的意向"①。在梅洛-庞蒂看来,他人的存在真正成为问题是在成人阶段才会出现的问题。如同皮亚杰所主张,孩子后来才开始出现与自我分离的他人问题。尽管在成人阶段,身体意向性及其身体的主体间性依然存在,但是不可否认,反思性的意识意向性也开始出现并逐渐居于主导地位。社会认知也从基于身体意向的阶段进入到更为复杂的甚至是受到意识意向性所主导的阶段。

现象学运动中的马克思·舍勒也为移情现象提供了一种基于身体间性的现象学阐释。舍勒反对利用模仿论等反思性理论来解释移情这一社会认知形式,主张将移情等社会交流现象理解为一种本质性的、不可还原的意向性形式。这种意向性形式直接指向他人的体验,其借助于面部表情和手势等表达方式,这些表达方式是直接、非推论地朝向他人体验生活的通道。总之,这种产生移情的意向性是一种基于身体活动的意向性。另一位重要的现象学家舒茨更全面地拓展了舍勒关于移情等认知活动的解释。舒茨引入了认知的情境或背景因素,更全面拓展了基于身体意向性的社会认知理论。他认为,舍勒在解释直接通达他人体验时仅仅关注了表达动作,这是不充分的。实际上,除了表达动作(没有任何沟通意图)之外,还应关注表达意图等更大范围内的表达行为。舒茨更进一步指出,人际理解包含着对他人行为的理解,包含着对他人的所为、意义以及动机的理解。而为了充分揭示这些方面的人际理解,简单地观察表达动作和表达行为依然是不够的,还必须诉诸高度结构化的意义背景或情境。当代哲学家扎哈维非常重视舒茨对舍勒思想在移情等问题上的反思,尤其分析了舒茨观点对于当代涉身的社会认知科学研究的意义。总体而言,舒茨主张人际理解具有多种样态和形式,单一的模型不能恰当地处理所有多样性。人际理解的最基本形式,即在面对面的相遇中呈现的人际理解,是一种无需理论中介的类感知能力。该能力直接将其他生物识别为有灵魂的生物,而且这意味着一种不可还原的独特的意向性。当涉及理解他人行为时,舒茨主张,在那些他人和我们在身体方面共现的情况下,我们完全无须依赖想象、记忆或者理论(虽然三者都可能偶尔参与),鉴于我们在一个共有的世界里彼此相遇,更为富有成效的是关注共有的动机背景和情境。②

---

① [法]梅洛-庞蒂:《知觉现象学》,姜志辉译,北京:商务印书馆2001年版,第443页。
② [丹]扎哈维:《同感、具身和人际理解:从里普斯到舒茨》,陈文凯译,《世界哲学》2010年第1期。

第二章　现象学对智能科学 研究的方法论挑战

与信息加工认知科学研究相比,当代智能革命背景下的涉身认知科学研究更为注重对于人类自然智能的研究。自然智能带有主观性、体验性、介入性和情境性的典型特征。因此,随着涉身认知科学研究的进展,针对自然智能研究的方法论基础也随之成为一个引人关注的焦点话题。意识现象也是自然智能的重要构成。当代认知科学哲学在意识研究等自然智能研究的方法论上出现了许多争论,尤其是出现了第一人称与第三人称视角、体验与科学实证研究方法、现象学直观与心灵哲学的论证等方法论之间的争论。

第一节　经典智能研究对现象学方法的反思

认知科学研究的方法论是认知科学哲学领域中探讨的重要问题。综合在线智能和离线智能的理解,与经典认知科学研究中的认知主义、联结主义等相应,认知科学研究的经典方法论也体现为信息加工、联结主义等主张。经典认知科学研究方法总体上体现了分析哲学对现象学的一种排斥态度。

一、认知的信息加工研究方法

信息加工的认知理论研究在理解人类智能问题上存在诸多不足,但是这并不影响此种方法在理解思维等抽象认知现象上的相对有效性。相比较而言,信息加工理论的方法在理解意识等自然智能问题上受到的质疑更为强烈。

信息加工研究方法主要倡导者为西蒙与纽厄尔,二人提出了"通用问题求解程序"(General Problem Solver)这一信息加工方法的标志成果。"通用问题求解程序"是信息加工研究方法的体现。"通用问题求解程序"的关键在于找到并且利用某种算法来实现问题的求解,从而基于这种算法功能实现人类"智能"。"通用问题求解程序"的基本思想是把人类的大脑看作是与电脑相似的"处理器",二者都能执行相同的输入-输出运算结果。这样,基于某种算法的计算机求解过程也就相应被视为人类大脑的认知过程。粗略而言,西蒙和纽厄尔创造的"通用问题求解程序"包括三种算法:并行为主的宽度优先搜索法、串行为主的深度优先法以及分析为主启发式搜索法。西蒙和纽厄尔并不满足于仅仅让计算机程序能够正确地求解问题,而是更关心计算机程序算法及其功能实现与人的智能的比较问题,即对程序算法的推理与人对同一个问题的求解之间的比较。通过人工智能的计算机算法模型与心理学实验技术的结合,从而创立一种理论方法来精确反映和检验人类的思维活动。

在认知科学的研究历史上,信息加工等传统认知理论研究方法更利于解释人类的成熟智能,尤其是倾向于研究更容易被计算和形式化的思维等反思性智能形式。艾卡尔蒂特(Barbara Von Eckardt)将信息加工认知理论所易于研究的思维等反思性智能称为"标准和典型的成人化认知"(the human adult's normal, typical cognition,简称 ANTCOG)[①]。鉴于此,基于信息加工研究方法的认知科学研究更多注重于思维计算等活动,并且这一方法的运用也取得了众多成就。

信息加工认知理论方法运用于在线智能研究的时候往往会出现较大的质疑。例如,对人类自然视觉的研究,信息加工认知研究框架通过表征计算主义的方式来研究视觉,并以此设计建造相应的人工视觉系统。但是,这种计算视觉(Computational vision)研究及其设计的计算视觉装置与人类真实视觉具有较大差距,尤其不能体现出人类自然视觉活动中的许多背景性和体验性特点。此外,基于信息加工理论方法设计的机器人也缺乏人类对客观对象掌控的熟练性和自然性。尽管按照这一方法所建造的机器人具有强大的搜索和计算能力的支撑,但是它们却始终更为机械和笨拙,很难达到人类感知和运动能力的灵活性和自主性。还有,信息加工理论方法也不能很好地处理人类的自然语言研究。信息加工理论按照规则、程序及其相应的搜索活动实现语言活动,但是这并不是现实生活中人类自然语言的运用。在现实生活中,即使人们通常都不知道将要用到哪些词,但是当人们说话的时候,他们大致都知道要说些什么。一

---

① Eckardt, B. V. What is Cognitive Science? Cambridge: MIT press, 1993, p. 6.

旦人们需要,就可以找到所需的词汇,能够在确切时间将词汇用在确切的地方,用确切的声音表达出确切的意思。人们不需要在每一步语言使用中都有意识地去搜索每一个词,或者有意识地检查自身的语法。如果人们的语言使用按照信息加工认知理论的方法,那么人们的交流就不可能实现,反而会出现更多的交流歧义和障碍,为人类的生活增加不堪忍受的重荷。20 世纪 80 年代,勒奈特(Douglas Lenat)等人利用信息加工理论方法来实现常识语言的形式化工作,即建造了人类常识的知识库系统(Commonsense Knowledge Bases)。但是,面临自然语言的多义性,这种形式化操作产生了不可想象的计算爆炸,从而曾经一度使完全常识知识库计划的建造走入困境。

不可否认,信息加工理论方法是一种认知科学研究的重要方法,人类智能的某些表现形式可能需要这种方法,但是,对于整体智能的研究而言,我们应当正视这种方法运用的局限性。

二、认知的大脑模拟研究方法

基于联结主义认知科学研究的理论框架,大脑模拟成为联结主义认知科学的重要研究方法。模拟大脑的"结构"是指模拟各种神经元通过神经突触连接而成的复杂神经网络,区别于信息加工方法所使用的对大脑思维等的"功能"模拟。作为经典认知科学研究的一种重要方法,联结主义的大脑模拟方法的产生与发展更多是为了克服信息加工形式化方法的局限性。与信息加工方法的历史发展类似,联结主义也试图对在线智能和离线智能进行一种整合研究。

大脑模拟的联结主义与信息加工理论方法同根同源,但是两种方法却在其后的发展过程中更多体现了一种竞争态势。20 世纪中期,联结主义就已经提出,大脑本身不存在类似数字计算机的中央逻辑处理器,也不存在所谓的表征信息的确定存储,因此,信息加工理论研究方法是有问题的。与之相反,大脑可以视为一种分布式的大规模互联活动,因此,利用大脑生理"联结"活动可能会更好地解决认知研究问题。1958 年,计算机科学家罗森布拉特(Frank Rosenblatt)利用联结主义方法建造了能够通过神经元联结变化展现某种认知能力的"感知机"。20 世纪 80 年代,随着信息加工方法的运用中出现诸如运算爆炸等瓶颈问题,联结主义研究方法又再次得到认知科学家们的青睐,20 世纪 80 年代认知科学家鲁梅哈特等人提出的基于神经网络的并行式分布处理研究就是具有重要影响的代表。

联结主义的大脑模拟方法,其主导思想是将认知活动视为人类生物大脑神经网络活动的模拟。从结构上看,联结主义方法设计的模型与人类大脑结构非常类似:联结主义模型的基本单元类似于大脑的神经元;单元联结的权重类似于大脑的轴突和突触;大脑和联结主义模型都有着类似的层级结构;大脑的学习活动也是通过突触权重的调节实现的;大脑与联结主义模型类似都展示为一种并行分布式的活动。在研究对象上,联结主义方法可以用于研究作为大脑功能体现的在线智能和离线智能,例如知觉、回忆、大多数语言加工、直觉推理和思维学习等都能够通过并行分布式活动加以呈现。

在实际运用上,大脑模拟的联结主义方法克服了符号计算方法对智能进行形式化处理的困难,较好地处理了传统方法所棘手的快速认知、联想记忆以及范畴概括等问题,同时也能较好地处理视觉研究、言语识别、语言学习等心理活动。例如,美国加利福尼亚大学生物学教授塞诺斯基(Terrence Sejnowski)和罗森伯格(Charles Rosenberg)设计的 NETtalk(网络发音器)就是联结主义研究方法的较好运用。NETtalk 的设计目的是实现机器阅读功能,具体说是为了实现机器对书面英语的阅读学习,即通过不断地接受对英文单词的正确拼读和文本的正确阅读以及持续的训练,从而使这个模型能够不断地调整其拼读来适应预先设计的教学标准。从静态的角度看,NETtalk 构架的基本构成单元一共有 309 个,并且分成输入、输出和隐匿三个层面;其基本的联结方式则体现为每一个层面与下一个层面相联结,这种联结是一种反馈-前进的关系,即激活由输入单元开始,向前流向隐匿单元,并且继续流向输出层面。NETtalk 采用了联结主义的表征。首先,每一个层面的单元都表征特定内容,例如输入单元中的每组 29 个单元分别表征 26 个英文字母、发音和单词边界,输出单元中的每组 26 个单元分别表征 21 个发音特征和 5 个重音和音节边界标志。其次,表征方式一方面是局部的,另一方面则是分布式的。局部表征是指每一个单元表征一个字母或者一个发音特征;分布式表征则是指单词的输入和发音不只涉及一个字母和发音特征。从动态的角度看,NETtalk 的计算可以这样实现:输入单元的激活与隐匿单元权重相乘产生隐匿单元的激活,隐匿单元的激活与输入单元相乘产生输出单元的激活。同时,从单元到系统都遵从某种联结程序,并且系统的学习和训练也遵从一定的程序。NETtalk 是联结主义的一个很成功的应用例子。这台机器能够通过网络的修复和不断的反复学习,从而"大体上正确地读出书写的文字"[①]。

三、艾耶尔对现象学方法的反思

经典认知科学研究方法所依托的分析哲学等哲学思潮对现象学总体上是

---

① 潘笃武:《电脑能胜过人脑吗》,上海:华东师范大学出版社 2003 年版,第 152 页。

持有批判立场的。著名分析哲学家艾耶尔在其《20世纪哲学》一书中就代表了分析哲学家对现象学的基本态度，即一种总体上的批判态度。至少，艾耶尔对现象学体现了一种不理解的态度。例如，胡塞尔的现象学源于对意识过程的还原，即通过悬隔二元论等本体框架的本质还原，而面向事实（意识活动这一现象）本身。艾耶尔在分析哲学的立场上主张，胡塞尔关于还原、本质直观等"语言是令人陌生的"，并且胡塞尔的"这种本质直观却不见得与摩尔的概念分析有多大的区别"①。可见，现象学对艾耶尔等分析哲学家来说是难以理解的，即使可以理解，也无非是一种类似摩尔的直觉主义认识论罢了。

　　胡塞尔之后的现象学走向了两个发展路向：一是胡塞尔的先验唯心主义的路向；二是海德格尔、梅洛-庞蒂等存在主义的路向。艾耶尔特别考察了梅洛-庞蒂的认知思想。艾耶尔主要参考了史密斯（Collin Smith）在1962年出版的《知觉现象学》英译本对梅洛-庞蒂的思想进行研究，他将梅洛-庞蒂作为现象学与存在主义哲学潮流的最好代表。② 在艾耶尔看来，哲学史的进步性不如自然科学，哲学史往往体现为对一些循环出现的问题的争论。但是，哲学史上"最主要的也许就是客观性问题"，即"我们是否并且在何种程度上有可能不依赖事物与我们的关系而按照事物的本来面貌描述事物"③。这一问题不仅涉及实在论和唯心论，而且涉及经验论、唯理论、怀疑论等人类认识能力问题。经验论者的障碍在于解释逻辑和数学，"因为逻辑和数学似乎具有一种非由感觉观察赋予的可靠性"；而理性主义则走向将"实在"完全等同于理性判断体系的境地，从而否定了任何实在的可能性。可见，在艾耶尔看来，如何理解"实在"是一个关键哲学问题，同时也是现象学与分析哲学的重要分歧所在，可能更是艾耶尔和梅洛-庞蒂的重要分歧所在。

　　艾耶尔主要围绕以下方面的问题探索了梅洛-庞蒂关于"实在"问题的思想。

　　第一，关于感觉材料的实在性问题。梅洛-庞蒂基于格式塔心理学，批判了经验主义的感觉理论，体现出了放弃感觉经验实在性的立场。梅洛-庞蒂主张，理解感觉经验需要放弃原子式等感觉对象理论，也需要放弃格式塔理论体现出了的理性主义感觉理论，应当回到和探索前对象的体验领域的现象学立场。艾耶尔认为，虽然感觉经验具有不确定性，但是这并不足以支持一种放弃感觉对象实在性的立场。艾耶尔如此为坚持感觉材料具有实在性作理论辩护，"一个

①　［英］艾耶尔：《20世纪哲学》，李步楼译，上海：上海译文出版社1987年版，第244页。
②　［英］艾耶尔：《20世纪哲学》，李步楼译，上海：上海译文出版社1987年版，第2页。
③　［英］艾耶尔：《20世纪哲学》，李步楼译，上海：上海译文出版社1987年版，第7页。

坚信某种形式的感觉材料理论的人没有理由必得去否认他的原始材料是感知域的组成部分,或否认即使是最简单的感知域也有一种结构。他也无须拒不承认,某些感觉性质是不确定的。他倒是可能会反对一块色斑的每一部分'会唤起对超出它所包含的东西的期望'这种说法,如果这是被假定为独立于任何以往的经验而发生的话。他可以这样来反对说,他并不理解一个感觉因素本来就是具有意义的这种说法是什么意思"①。

第二,关于语词意义的实在性问题。艾耶尔反对将语词活动视为一种原初意向活动,反对梅洛-庞蒂消除语词意义实在性的做法。艾耶尔指出,"无论梅洛-庞蒂把感觉现象想成是什么东西,他都无法假定语词具有独立于我们所给予它们的意义之外的意义"②。艾耶尔坚持了传统哲学在语词问题上的立场。在他看来,一是语词的意义至少离不开当下指向的对象,语词具有经验的内容或者所指;二是语词的意义离不开思想,"很难想象一个现象未被概念化怎么会有意义"③,即语词不仅具有概念的抽象形式,而且具有抽象的思想意义。语词所指称的对象和反映的思想意义,正是语词的实在性所在。当然,梅洛-庞蒂是反对这种语词解释的,特别是梅洛-庞蒂认为原初的语词表达是没有所谓的经验内容和思想意义的。

第三,关于身体行动的实在性问题。梅洛-庞蒂认为,意识先于理性思维,并且意识可能是首先表现为一种身体行动。梅洛-庞蒂指出,"意识首先不是'我思'这回事,而是'我能'这样一回事"。在艾耶尔看来,感觉依赖于理性主体,"感觉因素是呈现在发展着理论的观察者面前的,甚至是由于依赖观察者而再现在理论中的";而"意识是后出场的",意识是身体某个关键部位的功能,或者说"中心身体和别的身体之安排,必是先已设定的"。艾耶尔认为,梅洛-庞蒂所讲的"意识首先不是'我思'这回事,而是'我能'这样一回事",只有在肯定意识主体在先存在的意义上才是正确的,即"如果这不过是说,我们既是作为一个观察者,也是作为一个行动者而介入到世界中去的","那么,我看是没有理由不同意的"④。在我们看来,艾耶尔与梅洛-庞蒂所要争论的是,他不反对"我能"的存在,但是艾耶尔坚持某种笛卡尔主义的观点,即从与意识相区别的意义上来解释身体,即明确一种生理身体的立场。艾耶尔指出:"我所要争辩的是,中

---

① [英]艾耶尔:《20世纪哲学》,李步楼译,上海:上海译文出版社1987年版,第246页。
② [英]艾耶尔:《20世纪哲学》,李步楼译,上海:上海译文出版社1987年版,第247页。
③ [英]艾耶尔:《20世纪哲学》,李步楼译,上海:上海译文出版社1987年版,第247页。
④ [英]艾耶尔:《20世纪哲学》,李步楼译,上海:上海译文出版社1987年版,第248页。

心身体和别的身体之安排,必是先已设定的,甚至还是与意识的属性同步的。"①显然,这依然是一种笛卡尔主义的身体观,即身体与意识具有不同属性的传统观点。

第四,关于他人的实在性问题。梅洛-庞蒂反对主张存在某种先验主体的客观唯心主义思想。在他看来,如果存在某种先验主体,那么经验的普遍性就将难以解释,即"我"如何与"他人"具有共同的经验就将成为一个难题,也就是"没有解决人们把经验归属到自己以外的他人上去的权利这个问题"。这种客观唯心主义将会导致进一步的问题:即"我"的身体将成为一个经验的对象,而不是"我"的密不可分的部分,即"一个具体的自我的形之于外";同样,"他人"的身体也成为一部机器,而不是某种"包容着别人的自我";进而,"他人"的知觉也不是"真正地是他人的",而是先验主体的推理结果。② 艾耶尔认为,梅洛-庞蒂所批判地承认"在先主体"的观点将会导致对"他人"经验的推理性结果,以及对身体的误解,这一点的确"真正是棘手的"。不过,艾耶尔始终反对梅洛-庞蒂将感觉与身体作用等同,并且将其作为某种前反思活动的现象学立场,而是主张通过某种已在先主体为前提的修正的理论说明来解决梅洛-庞蒂的质疑。艾耶尔也承认自己的辩护不那么有力,"这倒是真正棘手的。对此,我也一直没有找到更好的解决办法,而只能说,若要承认一种由于相信他人是有意识的以使我能以此去说明他人的行为的全部理论,则要看这种理论的说明性力量了"③。

梅洛-庞蒂是唯我论吗? 艾耶尔质疑梅洛-庞蒂的解决方案是一种唯我论。在我们看来,艾耶尔误解了梅洛-庞蒂的这段话:"他人或许是在我面前的一种自在,不过,他人或许自为存在,为了能被感知,他人需要我的矛盾活动,因为我既应该把他人和我区分开来,把他人放到物体的世界中,也应该把他人设想为意识,也就是设想为没有外面和没有部分的这种存在,仅仅因为这种存在就是我,因为思者和被思者在这种存在中合在一起,我才能进入这种存在。"④反之,在梅洛-庞蒂的视野中,艾耶尔的立场可能才是一种"唯我论"。按照梅洛-庞蒂的说法,这种"唯我论"就是一种客观主义,即"在客观思想中就没有他人和多数意识的地位。就我构造了世界而言,我不能想象另一个意识,因为它也一定会构造世界,而至少对于这种他人眼中的世界,我不能代为构造的主体。即使

① [英]艾耶尔:《20世纪哲学》,李步楼译,上海:上海译文出版社1987年版,第248页。
② [英]艾耶尔:《20世纪哲学》,李步楼译,上海:上海译文出版社1987年版,第248~249页。
③ [英]艾耶尔:《20世纪哲学》,李步楼译,上海:上海译文出版社1987年版,第249页。
④ [法]梅洛-庞蒂:《知觉现象学》,姜志辉译,北京:商务印书馆2001年版,第440页。

我能认为它构造了世界,那也一定是我构造了这个意识本身,而我就再次成了唯一的构造主体"①。

梅洛-庞蒂是一种实用主义的"实在论"？艾耶尔意识到,梅洛-庞蒂对身体的理解显然不是物理生理的身体观。他指出,梅洛-庞蒂的身体观是一种试图摆脱笛卡尔主义甚至萨特区分自为和自在存在意义下的身体。在梅洛-庞蒂这里,身体"处于模棱两可之中,既不是事物,亦不是意识"②。梅洛-庞蒂从这种现象身体出发理解空间问题。他主张,"我在世界中的存在是由我的身体方面的形象表达出来的",或者说表达了一种身体体验的空间观。艾耶尔对此表示不能认同。一方面,艾耶尔承认,"人的空间概念在某些方面说是从他的运动的经验中引出来的",但在另一方面,他又极度怀疑梅洛-庞蒂关于"要是我没有身体,那么对我来说就根本没有空间"的这一说法。艾耶尔指出,"这是我所不敢苟同的。我看不出有什么充分的理由说,一个不觉察自己身体处境并被剥去动觉感的人,就会不只是知觉到物理对象之间的空间联系,而且还会在他的视域中分出不同的位置来"③。可见,在空间问题上,艾耶尔主张客观空间的存在,这深刻反映了他与梅洛-庞蒂在形而上学上的意见不同。艾耶尔坚持笛卡尔主义的传统立场,而梅洛-庞蒂则在现象学的影响下要消除或者悬隔这种笛卡尔主义的形而上学。在此基础上,艾耶尔深刻地看出了梅洛-庞蒂思想中的"唯心主义倾向",甚至看出了梅洛-庞蒂可能蕴涵和走向一种实用主义的形而上学立场。针对梅洛-庞蒂的下述说法,"当我们说,没有在世界中的人的存在就没有世界,这实际上是指什么意思呢？这绝不是指世界是由意识构成的,恰恰相反,意识总是发现自己已经是在世界中活动着。想来想去,只有一点是确实的:这就是存在着一个自然,这不是科学中的那个自然,而是知觉向我们呈现出来的那个自然,甚至意识之光,如海德格尔所说的自然之光,也是对它自己的馈赠"④。艾耶尔批判说,"很难知道该把这当作是什么。这既不是正好回到绝对唯心论,又不是正好回到主观唯心论。例如,在接下去的段落里,梅洛-庞蒂承认事物实存于人自己的经验之外的可能性。他把'我的活生生的现在'说成是向着我的生活经验之外的时间状态的敞开和去获取一种社会的地平线——这种社会的地平线是'我的世界扩张到为我个人的生存所采纳并发扬下去的共同的历史这一度中去的结果'。但是这种观点虽然避免了唯我论,却依然是人类

① [法]梅洛-庞蒂:《知觉现象学》,姜志辉译,北京:商务印书馆2001年版,第349~350页。
② [英]艾耶尔:《20世纪哲学》,李步楼译,上海:上海译文出版社1987年版,第250~251页。
③ [英]艾耶尔:《20世纪哲学》,李步楼译,上海:上海译文出版社1987年版,第252页。
④ [英]艾耶尔:《20世纪哲学》,李步楼译,上海:上海译文出版社1987年版,第256~257页。

中心论的。的确,据此而得出的一个似乎最能使人接受的结论是:现象学一个令人较为吃惊的结果是同实用主义的合流"①。

可见,作为分析哲学家,艾耶尔难能可贵关注梅洛-庞蒂的现象学思想,并且给予了诸多肯定。但是,在实在问题上,艾耶尔毫无疑问对梅洛-庞蒂保有微词。在艾耶尔这样的科学主义者或者正统分析哲学家那里,不可能设想没有物质或者思想的客观实在性。关于实在的问题,也成为包括梅洛-庞蒂在内的现象学家和诸如艾耶尔这样的分析哲学家或科学主义者的争论焦点。

四、塞尔的生物学自然主义

在当代智能科学革命中,现象学的体验方法对认知科学的研究形成了挑战。这一方法论挑战隐含着艾耶尔在实在问题上与梅洛-庞蒂的不同理解。为了因应这些挑战,有些学者并不反对现象学及其方法在认知科学中所发挥的作用,但是在意识等认知现象的解释上,他们主张限制现象学的作用,并且支持某种新的自然主义框架。其中,塞尔就持有这种看法,并且提出了生物学自然主义的立场来解释意识等现象,在实在问题上作出了一种回应。

塞尔一方面肯定了现象学对于人类体验性心理事实的揭示,但在另一方面,他认为研究这类现象的现象学方法应当要受到某种限制,尤其是现象学方法必须受到承认某种基本事实(basic facts)存在的自然主义框架的限制。在塞尔看来,现象学的作用只能在接受基本事实存在以及心灵依赖于基本事实的前提下才能发挥出来。不仅如此,现象学作用的发挥还需要受到其他一些限制,例如,现象学的作用只能以对日常体验的调查为起点,而此后日常体验的逻辑结构则需要逻辑分析等反思形式的补充。现象学对日常体验的调查还需要受到某些条件的限制,否则,现象学就不能摆脱对某些错误东西的调查。

塞尔将现象学意义上所体验到的现象存在称为"现象学幻象"(Phenomenological Illusion),即未加以条件限制的现象学存在。塞尔指出,"现象学幻象"是指,在心灵哲学研究中都认可的某种存在,在现象学上却被悬隔或者假定为不真实,这些存在在现象学家所揭示的意向性活动中没有地位;同时,如果某种事情在现象学上是真实的,那么这种事情就被看作是足够真实的。②例如,就语言意义问题而言,塞尔认为意义问题最重要的形式就是去解释言说的物理过程与语言意义之间的关系,或者说,我口中的声音气流怎样变成了一

---

① [英]艾耶尔:《20世纪哲学》,李步楼译,上海:上海译文出版社1987年版,第256~257页。
② Searle, John. The Phenomenological Illusion, John Searle (eds.) Philosophy in a New Century: Selected Essays, Cambridge: Cambridge University Press, 2008, p. 323.

种言语行为。意义问题这种做法的实质就是如何通过基本事实的存在来解释人类意识等问题。但是,现象学并不这样看,例如,胡塞尔就认为意义是强加于无意义现象的东西,海德格尔则认为所有言语的意义源于体验。塞尔认为,这些现象学的主张无视声音气流的物理事实,无视我在实施有意义言语行为的事实,无视声音气流与言语行为关系的事实,因而这些主张是错误的,而造成这一状况的原因,就在于现象学家受到现象学幻象的困扰。

在塞尔看来,自然主义是对现象学方法的必要补充,尤其是在当代心灵哲学中普遍接受物理主义的方法更是现象学方法的必要限制条件。这种自然主义补充正是当代心灵哲学中反笛卡尔二元论趋向的构成,或者说现象学方法只有纳入反笛卡尔主义的物理主义方法中才有意义。塞尔指出,这种自然主义是指,"如果任何形式的笛卡尔主义二元论或者其他形式的形而上学二元论出现问题,那么我们怎样在一个完全无心和没有意义的蛮横物理粒子世界中理解作为有意识、意向性的、理性的、实施言语行为、伦理和自由意志活动、政治和社会性的我们自身"①。物理世界也可称为基础实在(basic reality),而意识世界则可称为人类实在(human reality)。自然主义的方法就是指,基础实在的理解需要通过原子物理学、进化生物学和大脑神经生物学等自然科学理论加以描述。由此,任何现象学的方法必须肯定以下基本实在和基本事实:宇宙的基本结构是由粒子构成;我们以及所有生物系统是通过上亿年进化而来的;所有人类和动物的心理生活具有其神经生物学基础。现象学家没有认同这一立场,因而会产生现象学幻象。现象学家没有将基本事实作为思考起点,他们将人类实在视为比基本事实更根本的东西,诸如胡塞尔、梅洛-庞蒂和海德格尔等现象学家都否认基本事实的存在。

此外,塞尔认为现象学方法与逻辑分析方法也存在本质上的不同,他的生物学自然主义支持的是一种分析的方法。例如,在意向性活动的分析中,塞尔所使用的是逻辑分析方法,也就是在陈述某种满足条件,就像理解一个信念必须理解这个信念成真的条件。现象学方法不同,它体现为一种对意向性结构的直观,这种直观不是获取某种满足条件。塞尔指出,"胡塞尔现象学的方法是通过直观呈现其本质结构来描述意向对象。而逻辑分析的方法则是陈述条件,即真值条件、实施条件以及构成条件等等"②。

---

① Searle, John. The Phenomenological Illusion, John Searle (eds.) Philosophy in a New Century: Selected Essays, Cambridge: Cambridge University Press, 2008, p. 318.

② Searle, John. The Phenomenological Illusion, John Searle (eds.) Philosophy in a New Century: Selected Essays, Cambridge: Cambridge University Press, 2008, p. 322.

　　总体来说,塞尔一方面没有完全否定现象学的思想,他承认了意向性心理现象的存在,这与有些分析哲学家是不同的。但在另一方面,在对意向性心理现象的解释方法上,塞尔坚持了一种自然主义的解释方法,这一方法与现象学的方法是不同的。这是一种物理主义的方法,是一种借助于现代生物学的方法,或者说是一种生物学自然主义的方法。塞尔指出,"不像胡塞尔使用内省和超验的方法,我的意向性观念是自然主义的。意向性是一种世界的生物学属性,它甚至基于消化和光合作用。意向性通过大脑产生并且在其中实现"①。这就是生物学自然主义,即把主体性的意识现象看作是一种生物学现象,研究意识等体验现象问题的正确途径就是把意识问题看作为一个生物学问题,意识就像消化、生长和光合作用一样是一个生物学现象。一方面,意识状态由大脑神经生物活动产生并在大脑结构中得以实现,就像消化活动由胃及其他消化器官的化学活动产生并且在其中实现一样;另一方面,主观意识是一种生物学现象,但是它自身却是不可还原的,这是生物学自然主义与心脑同一理论等物理主义之间的区别。塞尔指出,"我认为应当拒斥所有这些传统范畴。我们关于世界的科学知识已经足以让我们做出结论:意识是大脑活动产生的生物学现象,并且在大脑结构中实现。意识是不可还原的,这不是因为意识是不可言传、神秘的,而是因为意识是第一人称本体现象,不能还原为第三人称本体现象。在传统哲学与科学中所犯错误的原因,在于假定如果我们拒斥二元论(我认为必须这样),我们就必须选择唯物主义。但按我的理解,唯物主义与二元论一样糊涂,唯物主义首先就否定了主体性意识的本体论存在。如果要给否定二元论和唯物主义后的这一观点一个称谓的话,那我可称之为生物学自然主义"②。

第二节　智能研究对现象学方法的借鉴

　　经典认知主要体现为一种计算主义研究方法。作为经典认知科学的研究纲领,同时也是其建构认知活动的方法,表征计算主义取得了一定成功同时也受到一些强有力的质疑。形式系统的意义获取问题(how formal system can have meaning)就是表征计算主义研究纲领和方法所面临的一个难题。当代智能革命背景下出现的涉身认知科学等体现了一种非计算主义的研究方法。例如动

① Searle, John. The Phenomenological Illusion, John Searle (eds.) Philosophy in a New Century: Selected Essays, Cambridge: Cambridge University Press, 2008, p.322.
② Searle, John. Consciousness, Annual Review of Neuroscience, 2000(23).

态系统分析方法和情境主义的研究方法,等等。在意识等自然智能和认知现象的解释上,一直存在着注重体验的现象学方法和注重条件的分析方法的争论,而涉身认知科学的发展以及基于涉身能力的方法则提供了一种解决这一争论的路径。总体而言,现象学的方法注重对意识等在线认知活动的体验,而分析的方法则注重揭示意识等在线认知活动的因果条件。当代哲学家凯利提供了一种消除现象学方法与分析方法对立的途径,即立足涉身能力的一种涉身认知分析方法。这一方法既是现象学意义上的,即承认第一人称视角认知现象的存在,肯定现象学方法对知觉体验的揭示,同时,这一方法也是分析的,即它试图超越对于主观和客观等传统因果条件的分析,聚焦于涉身认知所揭示的身体与情境等涉身能力因素。也正是在这一意义上,现象学方法与分析方法同等重要,即现象学与逻辑分析在意识等认知现象的研究上具有同等不可替代的作用。

一、理解计算主义的三个维度

计算主义植根于西方哲学的理性主义传统,尤其与近代认识论转向中的理性主义有着紧密的关系。计算主义一度是现代认知科学研究的主流范式,而现代认知科学对人类心智的研究的背景依然是近代认识论转向,这就不难理解现代计算主义何以与近代理性主义存在紧密的关联。

正如理性主义在发展过程中呈现出形而上学或本体论、认识论和方法论等不同维度的重叠,对认知的计算主义纲领的理解在国内外论争中也基本再现了这三个维度。一是本体论或形而上学维度的计算主义,即主张"心灵即计算机""世界是一种计算装置"等本体论命题。总体上,形而上学的计算主义试图建构计算主义的世界观,主张宇宙、生命乃至认知整体是一种计算装置,并且认为这是当代科技发展背景下的机械论新版本。[①] 二是认识论层面或者在心灵功能理解上的计算主义,即主张心灵的本质功能就是计算,其基本主张是"认识活动即计算"或者"认知即计算"。三是方法论或者技术设计与实现维度的计算主义,即主张心灵的认知功能可以并且需要通过计算方式来实现,诸如语言、思维等离线智能和知觉、情感等在线智能都可以并且需要通过某种计算技术来实现,其核心论题是"认知是可以且需要通过计算方式实现的"。总体上,三个维度的计算主义的关系是密切相关、前后相依的。形而上学的计算主义统摄了认识功能和技术设计层面的计算主义,同时,技术实现上的计算主义又会对前者的主

---

① 郦全民:《机械论与哲学化的机器》,《自然辩证法通讯》2008 年第 3 期。

张产生强化作用。

实际上,人们往往主张不同形式的计算主义立场,对上述三个维度的不同支持程度往往体现出人们在计算主义和非计算主义之间持有的各种立场。

强计算主义整体支持这三个维度的论题,即认可"心灵是一种计算装置"的形而上学主张、"心灵的本质功能是计算活动"的认识论主张和"心灵的认知功能只能通过计算技术实现"的方法论主张。弱计算主义所坚持的计算主义纲领,在这三个维度上持有的立场则并不系统和彻底。例如,弱计算主义可能在形而上学上采取一种弱化主张,即"心灵可以主要看作是一种计算装置,但是这种观点是一种假设,或者这种观点是不完全的"。在认识论维度上,弱计算主义可能主张"认识功能可以主要理解为计算活动,但是这并不能涵盖对认知活动的全部理解",例如萨加德(Paul Thagard)将把思维活动理解为"心智中的表征结构以及在这些结构上进行操作的计算程序"的认知科学中心假设修正和扩展为"生物学-社会学的对心智的计算-表征理解"。① 在方法论维度上,弱计算主义可能主张"心灵的认识功能主要通过计算技术实现,但是计算技术并不是唯一的和完备的"。

非计算主义的立场也比较复杂。强的非计算主义在形而上学、认识论和方法论上都排斥计算主义的主张。例如,莱考夫和约翰逊的涉身心灵的第二代认知科学的基本主张是:心灵本质上是涉身的;思想大部分是无意识的;抽象概念大多是隐喻的。戈尔德也全面提出了一种基于时间的动态非计算的认知理论。他指出,认知动力学假设主张心灵不是计算机,认知系统是动力学系统,认知活动不是计算活动而是不同认知系统在状态空间中的进化。在认知的技术实现上,戈尔德叙述了一种非计算的动态方案,即瓦特(James Watt)在蒸汽机控制器上的向心力控制器(the centrifugal governor)设计方案。戈尔德说:"如果向心力控制器不是表征性的,那么它也不是计算的,至少在特定的意义上,它的活动不是基于规则的符号表征的管理控制。"②弱的非计算主义一般来说反对计算主义在形而上学上的极端解释,但是在认识论和方法论层面上则有所保留。一方面,弱的非计算主义主张心灵的认知活动具有其他非计算的认识功能和属性,主张它们并不与所具有的计算功能相排斥;另一方面,它主张认知活动本质上不能通过计算方式真正实现,但是,这也不排斥可以对认知活动实施计算主义的方案,也不排斥部分的认知活动或者诸如思维等离线智能活动的最佳实现方

---

① ［加］萨加德:《认知科学导论》,朱菁译,合肥:中国科学技术出版社 1999 年版,第 8 页。

② Gelder, T. What Might Cognition Be, If Not Computation? Journal of Philosophy, 1992(7).

式可能依然是表征计算。

计算主义在形而上学、认识论和方法论上的立场表现可能是重叠的,也就是说,人们介于强计算主义和极端反计算主义之间可能持有各种不同的中间立场,要么是一种弱计算主义,要么是一种弱的非计算主义,甚至可能出现一种模糊难以辨别的中间立场。相比较在形而上层面上的难以调和,在认识功能上乃至在技术设计层面上,计算主义与非计算主义可能存在的争议更少,也更容易走向一种相互趋同的中间立场。目前看来,计算主义或多或少承认存在着某种非计算的认知活动,同时,非计算主义也认可计算技术仍是心灵认知功能的最佳设计和实现途径之一。正视计算主义和非计算主义的这种相互趋同,可能是计算主义和非计算主义各自未来发展的基础。

二、关于计算主义难题

计算主义的确面临着许多理论难题和挑战,例如,形式系统的难题以及诸如"中文屋"论证所表现出来的形式系统的意义获取难题,现象学与涉身认知、嵌入式认知、生成认知、延展认知以及情境认知等当代认知科学研究纲领带来的挑战,意识这一"棘手问题"给计算主义带来的挑战,等等。

计算主义所面临的这几种难题恰好体现了上文所描述的形而上学、认识论和方法论三个维度。第一,意识的难问题表明了形而上学层面存在着计算主义所难以刻画的意识现象。瓦雷拉正是在这种本体论意义上将意识描绘为一种功能主义未加解释的额外成分(extra ingredient)。[1] 第二,现象学与涉身认知、嵌入式认知、生成认知、延展认知以及情境认知等当代认知科学研究纲领主要是一种对认知观的重构,这一纲领强调了认知与身体、情境等因素的直接关联,主张认知是以嵌入、生成和延展的方式与身体情境发生直接关联,认知活动不能独立于身体、情境而孤立地被形式化操作。总之,现象学与涉身认知、嵌入式认知、生成认知、延展认知以及情境认知等当代认知科学研究纲领反对认知本质的计算主义解释,而是更倾向于一种体验主义的认知观。第三,形式系统的不完备性以及形式系统的意义获取难题指向的是认知的形式主义设计和实现等方法论意义上的挑战。形式系统难题指出,在认知技术设计与实现层面上形式系统本身是不完备的,因此形式系统不足以再现复杂的认知活动;而诸如"中文屋"论证所表现出来的形式系统的意义获取难题,则表明形式系统不仅自身

---

① Varela, Francisco J. Neurophenomenology: A Methodological Remedy for the Hard Problem, Journal of Consciousness Studies, 1996(4).

不足以再现认知活动,而且形式系统自身就没有意义,或者说形式系统自身不能再现真实的人类认知活动。这些理论难题对于计算主义纲领来说都是难以解决的,不过,这三个层面理论难题的解决程度之间还是存在差异的。

形而上学在西方哲学理论的逻辑体系中处于核心地位,因此对于计算主义来说,形而上学维度的难题或者挑战也是最难以解决的,这也正是意识问题被公认为"棘手问题"的原因之一。进而,对计算主义辩护的最难之处也正是在形而上学层面上。与之相比,认识论层面上难题的解决似乎相对容易,例如,即使我们不完全赞同现象学与涉身认知、嵌入式认知、生成认知、延展认知以及情境认知等当代认知科学研究纲领的认知理解,但是至少也可以像萨加德那样对表征计算主义进行生物学-社会学上的补充和扩展。国内有学者指出,"在不同形式的心理相互作用的大框架之下(心与脑,心与身,心与环境),'4E+S'认知(指涉身认知、嵌入式认知、生成认知、延展认知以及情境认知)应该被看作是标准认知科学的补充。因为标准认知科学的研究注重的是脑内的信息加工和计算,而忽视了身体与环境对认知的作用,而'4E+S'认知对身体和环境作用的强调正好能弥合以往认知科学的离身缺陷。因此,只有将'4E+S'认知与标准认知科学相结合,才能达到对认知的全面理解"①。与形而上学和认识论相比,计算主义在方法论层面上或者说技术设计与实现上的辩护是最为容易的。上述学者亦指出,"计算主义诸多问题或难题可以归纳为两个问题——形式与意义问题,而这两个问题其实是互相关联的,具体指的是形式系统中的意义获取问题,所以,本研究拟解决的主要问题就是形式系统及其意义获取问题。这一问题包含两层含义,一是分离开来的'形式问题'和'意义问题';二是相互关涉的形式系统的意义获取问题"②。可见,这些问题归纳起来主要体现为两个方面:一是形式系统自身是否完备;二是单单形式系统能否获取意义。这两个问题都是形式化这一认知实现方式层面的问题。

总体上看,聚焦形式系统问题主要是体现为方法论层面并连带触及认识论层面,这对于形而上学的计算主义是一种回避。当然,从计算主义的发展来看,这种从强计算主义辩护的回避也是一种以退为进的策略,这或许将获得一种更为稳固的计算主义,同时也可能是一种更为合理的形而上学计算主义辩护的前奏。

---

① 李建会、赵小军、符征:《计算主义及其理论难题研究》,北京:中国社会科学出版社 2016 年版,第 207 页。

② 李建会、赵小军、符征:《计算主义及其理论难题研究》,北京:中国社会科学出版社 2016 年版,第 92 页。

三、关于形式系统意义获取问题

针对形式系统的意义获取问题这一难题,计算主义为了自身的辩护试图提供一种计算主义的解决方案。例如,《计算主义及其理论难题研究》一书中提供了一种对形式系统的意义获取难题的计算主义修正解决。这种计算主义的修正方案表现在两个方面:"一是澄清计算、形式与意义概念及其三者的关系。关于计算与形式概念,认为计算系统并不等于纯粹的形式系统,一旦从计算系统不等于纯粹的形式系统的观点出发,计算主义批评者的论证就不成立了。关于形式与意义概念,认为形式与意义不可分,因此,在形式与意义之间不存在不可逾越的鸿沟。也就是说,形式系统中是可以产生出意义的";"二是对意义获取难题的问题,主要是通过引入侯世达的层次区分和同构理论来回答形式系统的意义获取难题……侯世达主张,意义的产生需要形式系统和符号与世界的'同构'。这是意义产生的两个条件。第一,同构是意义产生的关键。形式系统与现实世界之间存在同构关系是形式系统产生意义的原因。形式系统中的符号在开始时是不含有意义的,但是当受规则支配的符号与现实世界存在同构关系时,意义就产生了。第二,在侯世达看来,计算机有硬件和软件系统,人也如此,心灵是符号构成的高层次的软件层,大脑则是由神经元缠结而成的硬件层。大脑或者心灵、思维是一个分层系统,最底层是形式系统层面,具有刻板性;越往上,形式系统的严格性等特征就越弱,非形式系统的特征就越明显,最顶层就是一个非形式的系统。侯世达认为,形式系统是可以产生意义的,层次间的相互作用以及同构是意义产生的根源。"[①]

将计算主义难题归结为形式系统及其意义获取问题,这一策略无疑是现实和高明的,但是由此对其进行的计算主义辩护方案仍是尝试性且有待于补充发展的。第一,计算系统不等于形式系统,这一判断是正确的,但是我们不能否认的是,形式系统是计算系统乃至计算主义的重要表现形式,因此,对形式系统的质疑可能导致对计算主义的质疑。第二,侯世达的"同构"与"层次区分"理论方案也面临着几个有待澄清之处。一是侯世达的"同构"类似于维特根斯坦的早期主张,即语言与世界之间存在着逻辑同构的关系,但在事实上,后期的维特根斯坦放弃了这一思想,这种逻辑同构更像是一种形而上学的预设,侯世达的"同构"理论如何回答后期维特根斯坦对前期思想的挑战呢?二是侯世达的"层

[①] 李建会、赵小军、符征:《计算主义及其理论难题研究》,北京:中国社会科学出版社 2016 年版,第 23~24 页。

次区分"理论也难以说清形式系统产生意义的难题,其"层次区分"理论更容易被理解为通过物理层面来说明心理层面的相互作用理论,这无疑可能为形式系统赋予物理系统等可能受到挑战的新内涵。

尽管计算主义自身的修正方案有其价值和意义,但这并不是否认可能还存在其他解决形式系统产生意义的方案。形式系统是可以产生意义的,或者说形式系统至少是可以产生意义的。我们并不否认"中文屋"论证在形而上学意义上对形式系统产生意义的批判,也就是说,形而上学层面上可能存在着意识、意向性或者主观体验性等现象,这些可能是意义的来源,而形式化信息加工的确难以处理这些形而上学意义上的现象。但是,这并不意味着形式系统在认识论和方法论层面上不可能成为产生意义的一种途径。就在认识论和方法论上说明形式系统产生意义而言,形式系统也许并非是侯世达所言处于物理层面或者低级层面,相反,形式系统可能是高层认知活动的一种表现。同时,这种作为思维活动的高级形式系统本身也可能产生意义,不过,这种意义获取机制未必是基于符号与世界的"同构",而有可能基于一种形式系统的所处情境。

四、意义获取的情境主义方法

情境对于意义获取的重要性已经在许多领域得到研究。例如,在教育学领域,美国学者伊丽莎白·埃尔斯沃思指出,"任何对媒体的理解活动都发生在一种情境之中,这种情境包括了嵌入于文本的各种社会建构的、不均等的以及相互竞争的对现实活动的理解,以及包括了产生和接受这种理解的各种制度与参与者的社会历史"[①]。在哲学领域,情境在认知活动中具有主动作用的观念也已为胡塞尔和梅洛-庞蒂等现象学家所指出。胡塞尔指出,任何感知活动都不是对于事物某一面性质的孤立呈现,而是由事物此一面性质及其没有直接呈现性质的整体性呈现。在胡塞尔看来,之所以能够感知到一张桌子,是由对桌子一个侧面和其他侧面的共同透视映射构成的。胡塞尔指出,"从意向活动方面来看,感知是一种真实的展示(它使被展示之物在原本展示的基础上直观化)与空乏的指示(它指明可能的新感知)之间的混合。从意向相关项方面看,被感知之物是这样一种以映射方式显现的被给予之物,以致各个被给予的面指明了其他未被给予的东西,这些未被给予的东西被当作是同一个对象的未被给予的面。

---

① 埃尔斯沃思:《教学媒体、意识形态与大众文化的知识表征》,载保罗·弗莱雷、亨利·吉鲁编:《学校教育、大众文化与日常生活》,孟伟译,长春:东北师范大学出版社 2014 年版,第 68~69 页。

这一点必须理解"①。显然,这已经指出了情境在认知活动中的积极作用。梅洛-庞蒂也曾经指出,当注视桌子上的台灯时,不仅对台灯的感知源于可以直接看到的性质,而且源于壁炉、墙壁、桌子所不能直接看到的其他性质。正是由于物体所组成的系统,正是由于每一个物体在其周围都有作为其隐藏面的目击者和作为其隐藏面的不变性的保证的其他物体,所以人们才能看见"台灯"这一物体。②

这种情境主义对认知活动理解的补充,还导源于维特根斯坦在《哲学研究》中对前期语言与世界的逻辑"同构"说的自我反思和批判。维特根斯坦的主旨是要说明:语词的意义不能单单通过所谓的逻辑"同构"关系的外部对象来获取,语词的意义在于语词如何被使用以及被使用的活动。例如,就"买五个苹果"这一语句而言,维特根斯坦指出,"五"这个词在这里根本谈不上有意义这么一回事,有的只是"五"这个词究竟是如何被使用的。③ 可以说,维特根斯坦对"同构"理论的批评是合理的,但如果由此将其等同于实用主义意义理论也值得商榷,因为"语言的意义在于用途"这一说法可能更多强调的是语言意义的情境性,即语词符号等形式系统的意义可能决定于其所处的情境,这种情境性也正是维特根斯坦在语言意义上强调"游戏规则"乃至于"生活方式"的目的所在。

可见,维特根斯坦的哲学反思说明可以从情境性角度补充关于形式系统的意义获取难题的解决。塞尔的"中文屋"论证基于形而上学的意向性否定了问题的解决,而维特根斯坦则通过"游戏规则"或者"生活方式"的思想可能以新的视角解决"中文屋"难题,即在不考虑塞尔所强调的心理意向性等形而上学现象前提下,通过附加情境的因素可能使形式化系统产生意义。这种基于形式系统所处情境理解意义产生的理论可称为一种情境主义的意义获取观,也就是说,一种符号或形式化语言的意义,可能产生于其所处的语言情境,这种情境可能由一种形式化系统的预设规则、其所处的更大形式化系统等构成。当然,关于情境主义的意义获取是一个复杂理论,其将涉及基本概念的产生、形式系统内部概念的意义获取、人际交流中的意义获取等多方面问题。这一理论的核心思想是,表面看似没有意义的符号以及符号的计算操作,是如何在概念语词的产生与交流情境中具有意义或者说为我们和他人所接受和理解的。这里的关键在于符号及其形式化操作具有各自特定的情境,如果没有情境,那么符号及

---

① [德]胡塞尔:《生活世界现象学》,黑尔德编,倪梁康、张廷国译,上海:上海译文出版社 2005 年版,第 48 页。
② [法]梅洛-庞蒂:《知觉现象学》,姜志辉译,北京:商务印书馆 2001 年版,第 101 页。
③ [奥]维特根斯坦:《哲学研究》,李步楼译,北京:商务印书馆 1996 年版,第 4 页。

其形式化就可能是没有意义的符号。这种情境主义的意义获取理论也可能应用于诸如计算机科学和人工智能等领域中,例如,如果想让机器人的语言能够表达意义,可能的方案之一是我们预设机器人所要表达意义的情境语言,如此一来,就可以让机器人在此种特设情境中表达我们所需要的"意义"(当然,这依然不是表达某种心理意向或者意识的形而上学层面上的"意义"),并且可以让它与同处相同特设情境中的"他人"进行意义的交流。安德森关于新智能体的描述接近于这一想法,他指出,动力学和相关性问题推动着我们接受一种情境性的目标导向的更为积极并与认知主体相关的真实世界行动模型。梅洛-庞蒂的现象学则在更大范围内描述了这种情境,"意识生活——认识的生活,欲望的生活或知觉的生活——是由'意向弧'支撑的,意向弧在我们周围投射我们的过去,我们的将来,我们的人文环境,我们的物质情境,我们的意识形态情境,我们的精神情境,更确切地说,它使我们置身于所有这些关系中"[1]。

当然,作为与涉身认知、嵌入式认知、生成认知、延展认知以及情境认知等当代认知科学研究纲领相匹配的一种研究方法,情境主义的意义获取理论是一种有效挑战表征计算主义的可能方案,但是,这种方案在形而上学、认知理解和认知实现上也同样面临着一些挑战。例如,在形而上学上,针对延展认知论将作为情境的外部物理环境和社会因素视为延展心灵的构成部分的做法,有国内学者就明确指出这一做法似乎过分激进。[2] 此外,在情境因素如何构成认知成分的问题上也面临着过分激进的质疑;在情境因素如何使形式系统产生意义的方法论上,我们也同样面临着建构一种"情境逻辑"的挑战。可见,如果要使情境成为建构认知的一种有效方法,还需要大量的理论反思和实践研究工作的探索。

五、认知的动力学方法

在反思经典认知研究的过程中,认知动力学研究方法和理论框架逐渐受到认知科学及其哲学家的重视。例如瓦雷拉、格罗布斯(G. Globus)、罗伯特森(S. Robertson)、塞伦、史密斯(Linda Smith)、伊莱斯密斯(C. Eliasmith)、冯·戈尔德和波特(R. Port)等人在一系列论著中明确提出了认知科学的动力学研究方法,并且这种研究方法甚至被升华为某种与符号主义、联结主义并列的认知科学研究新范式,即一种新的动力学范式。

---

① [法]梅洛-庞蒂:《知觉现象学》,姜志辉译,北京:商务印书馆2001年版,第181页。
② 刘晓力:《延展认知与延展心灵论辨析》,《中国社会科学》2010年第1期。

　　认知动力学理论研究方法将动力学系统理论作为认知科学研究的重要理论工具,尤其主张用一种非线性的动态突现模型来取代经典认知科学倡导的表征计算模型。在动力学理论看来,意识活动的神经科学基础是大规模的、突现的以及时间性的大脑动态活动模式,由此非线性的动态突现理论就可以用来研究意识活动。认知的动态理论研究方法反对认知的表征计算主义纲领。例如,塞伦与史密斯在婴儿运动能力的研究方面运用了动力学方法,他们主张婴儿的运动能力依赖于神经状态、腿部生物学机制以及局部环境参数之间的复杂互动,这种观点反对表征主义的解释,即反对将儿童行走视为一种在不同遗传时间阶段上接受某种外部指导的表现。[①] 再如,戈尔德结合英国工业革命时期关于燃料自动控制器的设计,指出计算控制器方案的核心特征是对表征的依赖,而向心力控制器方案的本质属性则是非表征的,机械臂的角度与引擎速度之间的协作,不需要我们对其进行表征(形式的描述),机械臂的角度和引擎速度的协作只是一种相对于不同状态空间的实时自我调整,它们的成功运行不需要表征或解释的参与。向心力控制器方案意味着一种认知动力学理论,认知系统的活动不需要求助于复杂的数学计算。具体而言,戈尔德以动力系统理论为基础,利用状态空间、吸引子、轨迹、决定性混沌等动力学基本概念来解释认知主体的内在认知过程,用微分方程组来表达处于状态空间中的认知主体的认知轨迹。这样一来,认知就是作为认知主体所有可能的思维和行为构成的多维空间,认知主体的思维和行为以非线性微分方程加以描述,系统中的变量是随时间不断进化的,而通过对一定环境下的认知主体思维轨迹的分析就可以考察整个认知活动。

　　认知的动力学模型研究得到了不少认知科学家的认同。埃德尔曼在《意识的宇宙》中利用动力学方法考察了意识现象。他明确提出,意识是涌现于集群系统动力学并且是由环境激发的。在埃德尔曼看来,对意识经验有贡献的神经元集群的某个子集必须既具有高度的整体性,又具有高度的复杂性,这种子集随时间变化而变化,这种神经元集群子集被称为"动态核",而作为意识现象基础的神经过程就发生在这种动态核上。埃德尔曼还对"动态核"的整体性和复杂性提供了两个定量指标,一个是功能簇指数(functional cluster index),另一个是神经复杂度(neural complexity),意识的产生可以通过研究这些分布在不同脑区的指标的动态变化的时空模式来理解,这系统而明确地定量刻画了作为意识

---

　　① Thelen, E. and Smith, L. A Dynamic Systems Approach to the Development of Cognition and Action, Cambridge, Mass. : MIT Press, 1994, p. 113.

基础的神经过程。①　总之,埃德尔曼认为,人的意识和心智活动是在动态的达尔文过程中产生的,人类的认知活动是脑、身体与环境相互作用时通过部分神经系统的动态分布式活动实现的,意识和心智活动是大量神经活动中"胜者为王"的模式选择的结果。

总之,动力系统理论模型对人类认知行为的连续性、突现性和复杂性提供了一种随时间变化的自然主义的说明。动力系统理论方法的特点还在于,它也是一种经验可检验的理论,是一种定量的分析,是一种理解认知的确定性的研究进路。不过,动力系统理论的认知解释也包含着一些理论困难,例如动力系统模型的变量和参数如何作出恰当的选择,如何解决系统的稳定性和可靠性问题,认知动力系统模型的定量性描述的选择基于什么原则,等等,这些问题依然有待于更好地解决。

六、逻辑分析与现象学方法的融合

在认知科学哲学方法论的讨论中,塞尔和 H. 德雷福斯之间的争议颇为引人注目。塞尔基于生物学自然主义的立场反对现象学方法,而 H. 德雷福斯则认同现象学方法,主张逻辑分析方法不足以研究意识等认知现象。作为 H. 德雷福斯的学生,凯利立足涉身认知讨论了消除二人分歧的一种可能路径。在凯利看来,塞尔和 H. 德雷福斯在现象学与分析哲学方法论上的争论各有道理,不过,二者之间的差异并没有表面上那样不可调和,二者是可以结合甚至融合的。

第一,塞尔和 H. 德雷福斯都强调了第一人称视角的重要性。塞尔的汉语屋论证着眼于对功能主义和信息加工认知理论等认知科学研究的批判,尤为强调了第一人称视角的重要性。凯利说:"就我跟随塞尔多年的研究而言,我认为塞尔全部研究的一个重要特征就是,他勇敢直面主流的当代分析的心灵哲学,他不断地强调第一人称视角的根本意义。"②而作为信息加工认知的理论批判者、作为现象学家以及作为涉身认知的提出者和倡导者之一,H. 德雷福斯无疑也非常重视人类智能的第一人称视角的性质。基于此,凯利认为,塞尔与 H. 德雷福斯都认同第一人称视角在各自哲学中的重要性,但是,在第一人称视角应当发挥何种作用上二人才产生了分歧。

---

①　[美]杰拉尔德·埃德尔曼、朱利欧·托诺尼:《意识的宇宙》,顾凡及译,上海:上海科学技术出版社 2004 年版,第 56~57 页。

②　Kelly, Sean. Closing the Gap: Phenomenology and Logical Analysis, Harvard Review of Philosophy, 2005(2).

第二,塞尔和 H. 德雷福斯在本体论上的争论源于某种误解。在塞尔看来,其生物学自然主义避免了唯心主义倾向,而现象学家的思想则是一种唯心主义或者说是一种视角主义,这是他与现象学家之间的一个重要差别。不过,凯利认为,既然双方都认可第一人称视角意识体验的存在,那么双方都可能被对方认定为一种唯心主义。客观地说,现象学与唯心主义之间没有必然的联系,塞尔对 H. 德雷福斯的现象学进路存在某种程度的误解。在更为普遍的意义上看,现象学理论本身也不应被视为一种唯心主义,不应接受塞尔对现象学忽略基本事实的这种批判。凯利说:"早期的胡塞尔是一位实在论者,尽管海德格尔以某种语气似乎否认宇宙的独立存在,但是就海德格尔的文献来看他是实在论者还是唯心主义者仍然没有定论。众所周知,H. 德雷福斯对海德格尔提供了一种强实在论的辩护,这一实在论辩护表明他与塞尔在本体论层面上一致而非对立的,两人都对宇宙本质提供了一种实在论的辩护。"①

第三,塞尔和 H. 德雷福斯关于现象学与逻辑分析的冲突更多指向了一种对意识内容分析方法上冲突。即塞尔认为现象学方法忽略了各种意向状态的满足条件的分析,而逻辑分析则着重于此。在凯利看来,这种冲突是真实的,但是这一冲突也是可以解决的,因为,这种在塞尔看来存在于现象学与逻辑分析之间的冲突,实质上就是塞尔哲学自身中的一种冲突。

基于塞尔在意向性理论中的讨论,凯利分析了塞尔哲学自身中的这一冲突。塞尔认为,因果自我指称性(causal self-referentiality)是知觉状态的一个满足条件,也就是说,与仅仅似乎看到一个对象不同,为了真实地感知到对象,这个对象必须作为条件而能够使我产生对这个对象的视觉体验。例如,假如我具有了关于一辆卡车的视觉体验,但是再假如这个表面看到的卡车并不是使我产生上述体验的那辆卡车,那么,这一视觉体验的条件就没有得到满足。凯利指出,塞尔的因果自我指称表明,如果没有与我存在因果联系的对象,或者如果与我存在因果联系的对象不同于我表面看到的对象,那么世界就不是我所体验到的世界,因此,因果自我指称就是塞尔关于知觉内容分析的一种本质构成。在现象学家看来,知觉体验内容就不需要因果自我指称,即如果接受现象学对于知觉内容的一种描述,那么因果自我指称条件就不再属于知觉内容,知觉体验当然可以摆脱条件的限制。但是在凯利看来,塞尔虽然一再主张因果自我指称不是现象学视觉体验的构成,但是,他并没有将因果自我指称从体验内容中排

① Kelly, Sean. Closing the Gap: Phenomenology and Logical Analysis, Harvard Review of Philosophy, 2005(2).

除,而只是空洞地指责现象学是贫乏的。在凯利看来,"如果塞尔的计划仅仅是将知觉看作是需要某种满足条件的第三人称分析对象,那么塞尔关于现象学贫乏的论断是可以得到辩护的",但是"问题在于,当塞尔强化因果自我指称对于知觉意向内容的限制的时候,他自身在分析意向性过程中的这种取向与其对第一人称视角重要性的承诺便产生了一种内在冲突"①。凯利认为,塞尔哲学中的这一矛盾并不是不可以解决的,解决问题的关键在于,需要认同任何必须满足知觉状态的条件就是属于知觉状态内容的条件。总之,在凯利看来,塞尔关于逻辑分析与现象学存在区别的观点并没有错,现象学的确不能给出知觉的因果条件,但是,现象学在知觉状态内容以及其他各种意向状态内容的逻辑分析上的确也发挥着重要作用,塞尔不应当忽视这一点。②

单纯就方法论而言,现象学与逻辑分析在意识研究上具有同等不可替代的作用,关键在于如何运用这两种方法。塞尔曾经指出,"非常简单的是,我们应当在合适的地方运用现象学方法,并且在合适的地方运用分析的方法。如果给予恰当地理解,那么分析哲学与现象学之间没有冲突。它们提供了非竞争性和互补的调查方法,任何准备严肃研究的人都应当准备运用这两种方法"③。凯利也指出:我曾经不时听到塞尔说正确的哲学方法就是对任何发挥作用方法的使用……由于塞尔主义的分析和 H. 德雷福斯的现象学都对第一人称视角具有某种理论的敏感性,因此两种方法都是发挥作用的哲学方法。④

凯利基于当代涉身认知科学的研究,主张造成塞尔和 H. 德雷福斯争论的似乎并不是在方法论层面,双方争议的焦点似乎是在形而上学层面,或者说是双方对于第一人称视角认知现象的理解存在不同。这就涉及如何理解自然智能的问题。在凯利看来,人类的这种自然智能既不是一种纯粹的内在主观体验,同时也不是一种简单的生理物理装置的属性。这种自然智能是一种现实的能力,但同时又是逻辑方法和现象学都能加以研究的自然能力。正如凯利所指出的,"直接针对世界作出调整的能力,针对环境的诱发因素自我马上行动的能力,这在我看来是我们人类的最基本能力",而聚焦这种能力就能够使我们避免将人类认知能力看成是某种魔力,塞尔的中文屋论证应当认识到的就是这种基

① Kelly, Sean. Closing the Gap：Phenomenology and Logical Analysis, Harvard Review of Philosophy, 2005(2).

② Kelly, Sean. Closing the Gap：Phenomenology and Logical Analysis, Harvard Review of Philosophy, 2005(2).

③ Searle, John. The Phenomenological Illusion, John Searle（eds.）Philosophy in a New Century：Selected Essays, Cambridge：Cambridge University Press, 2008, p. 323.

④ Kelly, Sean. Closing the Gap：Phenomenology and Logical Analysis, Harvard Review of Philosophy, 2005(2).

础能力,而 H. 德雷福斯对传统人工智能的批判也应当更加清晰地分析这种能力。① 如果塞尔和 H. 德雷福斯都基于这种涉身能力来理解所谓第一人称视角对象,都强调这种涉身能力对于人类的原初性,那么二人立足现象学和分析哲学的争议也就更容易解决了。

① Kelly, Sean. Closing the Gap: Phenomenology and Logical Analysis, Harvard Review of Philosophy, 2005(2).

第三章　融合现象学视野下的认知科学研究

在扎哈维等当代哲学家看来,20 世纪后期的西方哲学出现了从反自然主义(anti-naturalism)向自然主义的转向。"尽管二十或三十年以前,人们或许会倾向于用语言学转向即从主体性哲学到语言哲学的转向来刻画 20 世纪哲学发展的特点,但是现在人们可能更倾向于将哲学发展描述为从反自然主义到自然主义的转向。"①自然主义或者自然化的哲学理论主张两个基本命题:一是形而上学层面上的自然化,即一切心理现象归根结底都可以还原为生理物理现象;二是在认识论或方法论上的自然化,即一切心理现象的解释都必须还原为生理物理解释,进而一切认识都应当自然科学化。在扎哈维等人看来,这种反自然主义向自然主义的转向相应具有两个方面的意义:一是形而上学的意义,即如果不选择自然主义就等于选择某种形式的笛卡尔主义二元论;二是哲学与实证科学之间关系的意义,即自然主义意味着一种自然科学导向。在这种背景下,现象学似乎也要对这一转向作出回应,而现象学自然化(Phenomenology Naturalization)正是这种回应的一种表现。

此外,20 世纪 90 年代以来,涉身认知对现象学资源的利用使得现象学开始深入介入认知科学研究。随着 H. 德雷福斯引入现象学思想批判认知主义等认知科学实践,进而随着莱考夫等人将梅洛-庞蒂等视为涉身认知研究纲领的思想基础,乃至韦勒等提出海德格尔式的认知科学主张,现象学的思想开始得到认知科学研究的肯定。认知科学理论家认识到,认知科学与心灵哲学不应排斥

① Zahavi, Dan. Phenomenology and the project of naturalization, Phenomenology and the Cognitive Sciences, 2004(3).

现象学,现象学在认知科学与心灵哲学研究中应当具有积极作用。扎哈维也提出:"心灵哲学如果漠视现有的哲学资源,这将损害心灵哲学的初衷,是反生产性的,一种更加开放的交流将会使分析哲学与现象学实现双赢。"①同时,在心灵哲学研究中,随着对于意识等自然智能"棘手问题"的研究,认知科学家和心灵哲学家也开始重视第一人称视角的方法,也已经开始主动结合现象学资源。此外,当代神经科学等认知科学研究领域中产生的新实验科学范式开始尝试运用现象学方法,即在运用大脑活动成像技术等客观方法之外,还结合了被试对象自身体验的相关报告。由于现象学开始走入认知科学及其哲学研究的视野之中,现象学如何可能积极介入认知科学与心灵哲学研究也成为一个不可回避的问题,这实质上推动了现象学自然化或者自然化现象学(Naturalized Phenomenology)的研究。

第一节　现象学自然化的理论框架

现象学理论由胡塞尔奠基,同时它也包含了舍勒、海德格尔、萨特、梅洛-庞蒂以及舒茨等人作出的不同解释与发展。意图积极介入认知科学研究的自然化现象学实质也是这场现象学运动的构成部分,也是对现象学理论的一种深入扩展。认同现象学自然化或者自然化现象学主张的加拉格尔与扎哈维等人认为,现象学理论的两个方面的核心主张对于现象学积极介入认知科学至为关键。一是消除任何理论预设而回归主观体验本身的这一现象学基本主张;二是可以视为一种主体间性的客观方法的现象学对主观体验的描述方法。对现象学内容与方法两个方面核心主张的扩展解释可以被视为现象学自然化或自然化现象学的理论基点。

一、现象学自然化的界定

总体看来,现象学自然化就是一种立足现象学的任务与方法、实现现象学与实证科学相结合的研究路径。现象学的自然化是现象学与自然科学之间的交互启蒙,不仅涉及形而上学的调整,而且涉及认识论和方法论上的调整。正是在这个意义上,扎哈维认为现象学自然化真正面对的问题是自然主义对于科

---

① Zahavi, Dan. First-person thoughts and embodied self-awareness: Some reflections on the relation between recent analytical philosophy and phenomenology, Phenomenology and the Cognitive Sciences, 2002(1).

学主义和形而上学实在论的承诺。这样一来,现象学的自然化就可以被理解为现象学与科学、哲学与科学关系的一种重新调整,即"现象学与科学形成有效互动,前者质疑和阐释经验科学的基本理论假设,而后者则呈现具体的科学发展,它们有助于我们提炼、修正甚至放弃一些习以为常的哲学假设"①。

基于这种认识,扎哈维区分了两种现象学自然化。一种是激进的现象学自然化,即将现象学视为自然科学的一部分,或者至少是自然科学的一种扩展。这种激进的现象学自然化否认了现象学哲学的特有方法和质疑,一旦实施这种策略,将会完全舍弃现象学的哲学旨趣。另一种则是温和的现象学自然化,即现象学的自然化意指现象学与自然科学之间进行的一种有意义和生产性交流。现象学可以质疑和澄清经验科学的理论假设,可以辅助提出新的实验范式,而经验科学则可以为现象学提供一些有益的具体发现,现象学通过接纳这些证据可以提炼或者修订自身的分析。

加拉格尔和扎哈维等人不认同自然化现象学的激进看法。在他们看来,自然化现象学不是意指只能立足自然或者说只能通过客观自然科学来进行关于心灵的研究,如此理解的自然化现象学只是一种非技术的使用,这种现象学的非技术使用将现象学体验完全等同于神经生物学过程。自然化现象学更应当关注的是现象学的技术性使用,或者说一种温和的现象学自然化,即对体验这一自然构成部分进行现象学与科学的共同研究。正如加拉格尔与扎哈维所指出的,技术性的现象学自然化意味着,"一种自然化的现象学应当承认,它所研究的现象就是自然的构成部分,并且由此是对实证研究是开放的"②。可见,温和的现象学自然化主张在现象学与自然科学之间建立一种有效的互动,同时维护各自的相对独立性。正如扎哈维对两者关系的表述,"正如现象学也许在发展新的实验范例时提供帮助一样,现象学能够对经验性科学作出的基本理论假定发问并进行说明。经验性科学可以给现象学提供它不能简单忽略而必须能够调和的具体的研究结果,以及也许会促使现象学提炼或修改它自己的分析的证据"③。

二、现象学自然化的内容

"回归事实本身"是现象学运动的起点,这一起点的实质在于,现象学的目

---

①　Zahavi, Dan. Phenomenology and the project of naturalization, Phenomenology and the Cognitive Sciences, 2004(3).

②　Gallagher, Shaun and Zahavi, Dan. The Phenomenological Mind: An Introduction to Philosophy of Mind and Cognitive Science, London: Routledge, 2008, p. 30.

③　[丹]扎哈维:《自然化的现象学》,符鸽译,《求是学刊》2010 年第 5 期。

的是通过悬隔二元论、还原主义、消除主义等各种理论预设,从而回归真正实在的主体体验本身。如果说在现象学与经验自然科学之间使二者能够发生有效互动的话,那么对于主观体验的认同以及相应对于人类认知的这种揭示是自然化现象学的一个基本内容。

以视知觉研究来说,现象学要求对内在心灵、大脑活动或者外部刺激主导等传统视知觉理论预设加以悬隔,从而回归主观体验和介入意识本身来解释视知觉现象。这一点与涉身认知等当代智能科学对于视知觉的研究是相通的。在现象学家们看来,意识活动的意向性就是主观体验的基本结构,即主体体验可以被描述为一种意识(知觉、记忆、想象、判断等)与某物之间的一种意向性原初介入和互动关系。诸如知觉、记忆和想象等意识活动本身就是一种处于各种情境之中的体验活动,就是处于各种物理、社会环境甚至虚拟文化对象之中的体验活动。正是基于不同的情境,所形成的视知觉等意识活动也就相应展现了一种丰富性。加拉格尔与扎哈维说:"知觉意向性就是异常丰富的。就对街上汽车的视知觉而言,知觉不仅仅是接收信息,相反,知觉涉及到一种理解,这种理解经常随着环境而改变……现象学家将会主张,知觉体验嵌入于实用的、社会的和文化的场景中,并且大多数语义活动(知觉内容的形成)源自于我所遭遇的对象、安排和事件。在某一特殊场合,我可以将对象视为一种我用来达到某地的实践工具。在另一个场合,我可以将同一对象视为我必须清洁、必须出售或者出某种故障的对象。我对汽车的视知觉方式将依赖某种处境背景,这可以通过现象学加以探究。将我的汽车视为驾驶的对象,就是将汽车视为我能爬进去的对象,就是将汽车视为能够实现运动功能定位的对象。我的知觉体验最终是由身体能力和拥有的技巧诱发的。我们已经习惯于说知觉具有表征或概念内容。但是,这种谈论方式没有能充分说明知觉体验的处境性本质。不是说我将这部汽车表征为可以驾驶的,更好的说法是,假定汽车设计、我的身体形状与行动能力以及环境状况的条件下,汽车是可以驾驶的,并且我将知觉到汽车是可以驾驶的。"[①]

实质上,现象学自然化并不否认大脑活动与外部环境产生知觉活动的因果机制,不过,现象学自然化并不试图提出一种对意识活动的自然主义解释,其所根本关注的是能够理解和正确描述我们精神/涉身生活的体验结构。在加拉格尔与扎哈维看来,正是现象学所揭示的主观体验可以成为涉身认知科学等自然

---

① Gallagher, Shaun and Zahavi, Dan. The Phenomenological Mind: An Introduction to Philosophy of Mind and Cognitive Science, London: Routledge, 2008, pp. 7-8.

主义解释的对象。他们说:"我们现在已经逐渐意识到,如果我们不能清楚地认识我们想要表述什么,那么我们就不能深入地了解对于意识和大脑关系的科学解释。换句话说,任何对于将意识还原为神经元结构可能性的评估,任何对意识的自然化是否可能的评估,都将要求一种对意识体验层面的详细分析和描述。"①

三、现象学自然化的方法

尽管当代认知科学家与哲学家普遍认识到现象学所揭示的体验结构有助于认知科学对于主体认知现象的研究,同时这也使得意识现象学与心理学实证研究产生了相互推动的可能,但是,传统现象学与认知科学在研究体验结构上所使用的不同方法也明显成为实现二者结合的一种障碍。

人们普遍认为,现象学在意识研究上采用了第一人称路径的研究方法。例如,现象学通过主体体验来理解知觉,而对于知觉活动的体验理解无需大脑生理物理活动。而认知科学等自然科学研究则采取了第三人称的路径,即研究者作为外部观察者而非体验主体,立足大脑状态及其功能机制等客观层面来解释知觉等意识活动。正是第一人称和第三人称路径的这种方法论区分造成了意识"棘手问题"等认知现象解释上的鸿沟。人们一般认为,如果坚持第一人称与第三人称路径的严格区分,那么将会导致两种不能调和的认识。现象学将会坚持第一人称视角,主张第三人称术语不能解释第一人称的体验等现象。而自然科学则基于客观性要求坚持对观察对象的第三人称视角,主张第一人称视角不可能提供对于意识的正确解释。这将导致现象学与认知科学等实证研究的相互否定,最终将导致根本不存在任何关于意识现象的科学研究。可见,如果我们认为存在主观意识等体验性认知现象,如果想要对意识活动进行研究,那么这就需要对第一人称和第三人称路径进行再认识,或者说对现象学方法与自然科学方法的关系加以再认识。

现象学对于涉身认知科学研究的建设性介入,要求对第一人称路径与第三人称路径方法的一种重新认识。在现象学自然化看来,第一人称视角的现象学研究不能仅仅被看作是一种对于主观体验的描述,不应当将其理解为一个给定主体自身完全封闭和私人的"主观"体验。同样,第三人称路径的科学解释也并不是完全客观的,因为其本身也不是完全独立于第一人称视角的,相信一种纯

---

① Gallagher, Shaun and Zahavi, Dan. The Phenomenological Mind: An Introduction to Philosophy of Mind and Cognitive Science, London: Routledge, 2008, p. 9.

粹第三人称视角的存在无异于陷入一种客观主义的幻觉。

基于上述认识以及现象学自然化的做法,加拉格尔和扎哈维重新诠释了现象学方法,意图使现象学方法与自然科学客观方法实现有效的结合。在他们看来,现象学方法并不是第一人称的"主观"方法,它也是一种"客观性"的方法。或者说,现象学能够使主观体验以"客观的"形式呈现出来。二人指出,现象学对于主观体验结构的揭示可以说由四个基本方面构成:一是现象学方法要求对各种理论立场的自然主义态度加以悬隔;二是现象学方法要求对体验对象和体验自身共联的意向性结构加以现象学还原;三是现象学方法要求对意向性结构加以共时与历时的本质直观;四是现象学方法要求对意向性结构本质进行一种主体间的确证(Intersubjective corroboration),以此来实现现象学对体验描述的"客观性"呈现。①

依照二人的概括和理解,现象学的第一人称视角一方面是"主观的",因为任何一种获知方式都是主观性的。另一方面,现象学的第一人称视角也是"客观的"。由于自我与他人具有相同的获知对象方式,而所谓的第三人称视角实质上是至少两个第一人称视角的相遇,所以现象学最终将会导致一种对于对象的主体间性获知,而这种主体间性的获知就是"客观的"。进而,如此理解的现象学自然化"客观"方法不同于19世纪末以来詹姆士等人在心理学研究中所使用的内省方法,不同于在当代认知科学研究中一些人运用于实验科学研究中的内省方法。

在加拉格尔和扎哈维看来,内省的方法不同于自然化现象学的客观方法。首先,内省的方法是一种纯主观方法,它并不是一种客观的方法。例如,如果两个实验个体的内省资料出现矛盾,那么人们将没有办法解决这种矛盾,或者说不会产生认识上的主体间共识。再者,内省的方法是一种基于笛卡尔主义心理学的方法,因为内省的目的不是揭示体验,其实质是对原本体验的一种笛卡尔意义的"我思"或者自我反思。现象学自然化如同其传统一样,所关注的是对自身体验的觉知。这不是一种反思意义上的觉知,而是一种在运用精确内省之前就已经存在的觉知自我的体验。这种觉知意识不是基于对我们体验的反思性或者内省性的注意,相反,觉知意识就是我们体验的本质构成,并且觉知意识明确将我们的体验限定为意识的体验。

可见,现象学自然化着眼于体验的与实证科学研究的结合,在方法上可以

① Gallagher, Shaun and Zahavi, Dan. The Phenomenological Mind: An Introduction to Philosophy of Mind and Cognitive Science, London: Routledge, 2008, p. 28.

提供一种对于意识现象的可控制研究。现象学自然化方法可以像科学方法一样避免偏见性和主观性的解释。现象学自然化对意识现象的研究方法,既是一种对体验的主观性解释,因为它源于和依赖于主观体验,同时,现象学自然化也是一种对主观体验的客观解释,因为它并不否定主观体验,甚至试图将主观体验转化为第三人称的主体间性的理解。正是现象学自然化对于现象学方法的这种再认识,使得现象学在 20 世纪后期反自然主义向自然主义的转向中重新焕发生机,为现象学积极介入认知科学研究奠定了强有力基础。

四、现象学自然化的挑战

现象学自然化的最大挑战在于如何理解现象学自然化与胡塞尔自然主义批判之间的关系,如何在这种自然化的取向中不会丧失其作为现象学哲学的本质属性。

在现象学的发展历程中,胡塞尔现象学思想的起点就是对自然主义的批判。他所批判的这种自然主义也可称为一种古典还原论的自然主义观念,其内涵可以概括为形而上学实在论和科学主义方法论。这种还原论的自然主义接受了两个命题:一是形而上学承诺,即具有自然属性事物的一元论立场;二是方法论承诺,即自然科学提供了合理性的正当标准。在胡塞尔看来,自然主义导致了许多有问题的认识。例如,观念性自然化导致了逻辑观念的心理主义立场,这种对观念的还原最终将会倒向怀疑主义。而意识的自然化则将意识当作客观物质实体加以对待,这将忽视意识的超验维度。自然主义的科学主义倾向还导致将科学知识完全看作是客观的,这种客观主义忽视了科学知识的主体性。在胡塞尔看来,自然主义实质是一种消解哲学本身的科学主义态度。在扎哈维等人看来,胡塞尔通过对自然主义的批判以及现象学还原"恰恰维系了哲学反思和其他思想模式之间的激进区别"[1]。从维系哲学自身地位的这个角度来看,现象学的反自然主义是合理的。

正是由于胡塞尔对于自然主义的这种批判,使得人们认为,现象学自然化的论题是否能够成立,这种做法是否将会导致胡塞尔所担心的对哲学的消解,这也构成了现象学自然化所面临的重大理论挑战。

对扎哈维等现象学自然化论题的支持者来说,尽管胡塞尔批判了自然主义,但是这并不意味着现象学自然化是不可能的。扎哈维指出,在胡塞尔现象

---

① Zahavi, Dan. Phenomenology and the project of naturalization, Phenomenology and the Cognitive Sciences, 2004(3).

学思想本身之中就蕴含着自然化的可能。总体来看,胡塞尔的现象学思想中包含着两种不同的意识研究进路:一是超验现象学进路;二是现象学心理学进路。现象学心理学对意识的研究不同于超验现象学的研究。现象学心理学"以非还原方式考察意向性意识,即以突出意识的独特性和殊异性特征。现象学心理学是一种描述的、本质直观性、意向性的心理学,它严肃地采用了第一人称视角,只是它仍然囿于自然主义的态度",而超验现象学则是"一种更大抱负的整体事业。它关注主体性的构成性维度,即关注意识作为意义、真理、有效性和表象的可能性条件"①。扎哈维认为,现象学自然化在胡塞尔的超验现象学那里是走不通的,但是,在其现象学心理学那里却是可能的。超验现象学是反对自然化的,而现象学心理学则不然。这样一来,推动现象学自然化的一种途径就是去放弃超验维度的现象学,而去接受某种现象学的心理学。例如,扎哈维认为人们在主体性问题上大多误解了胡塞尔主张的超验的主体性概念。这种超验主体性常常被视为某种超尘世的、幽灵似的内在小人(homunculus)。可以在自然化现象学的立场上对主体性概念作出现象学心理学的一种解释,从而修正这种错误看法并且消除对其的神秘化解释。扎哈维认为,在基于现象学心理学的现象学自然化研究看来,"经验主体与超验主体并不是两个不同的主体,而是对同一主体的两种思考方式。经验主体是将主体理解为某种因果性的、经验世界中的被解释对象,而超验主体则是某种正在认知的主体,也就是维特根斯坦所说的世界的限制。总之,两者之间的不同在于是将主体视为某种世界中的对象还是将主体视为主动的自我。这样一来,超验主体性并不是一个完全异在于当代分析哲学的概念"②。

不过,扎哈维也指出这种做法面临的风险和挑战,即放弃超验维度之后的现象学自然化或许只是一种心理学的现象学,"这不再是被理解为某种哲学学科、传统或者方法的现象学"③。总之,在扎哈维看来,现象学自然化本质不是放弃超验现象学或者说放弃哲学,而是修正超验现象学或者说实现哲学形而上学及其相应认识论和方法论的修正。扎哈维指出,"如果人们真的希望将现象学自然化,我强调我个人仍然认为这个目标是否根本可行仍是一个开放问题,所采取的方式不是忽视现象学的超验维度,而是重新考察和修正经验和超验的二

---

① Zahavi, Dan. Phenomenology and the project of naturalization, Phenomenology and the Cognitive Sciences, 2004(3).

② Zahavi, Dan. Phenomenology and the project of naturalization, Phenomenology and the Cognitive Sciences, 2004(3).

③ Zahavi, Dan. Phenomenology and the project of naturalization, Phenomenology and the Cognitive Sciences, 2004(3).

元对立"①。

第二节 异质现象学的尝试

在现象学所肯定的意识或者主体体验的解释上,现象学自然化试图结合现象学的研究方法与自然主义研究方法,试图结合解释意识的第一人称视角与第三人称视角的方法。这种做法也受到众多认知科学理论家的关注。哲学家丹尼特尝试提出了一种异质现象学(heterophenomenology)的设计,即在肯定第一人称的视角及其报告的前提下,通过第三人称视角对于第一人称视角资料的描述和分析来实现对于意识的合理研究。这种做法与现象学自然化具有异曲同工之妙。

一、异质现象学的理论背景

丹尼特之所以提出异质现象学,目的是解决在意识现象上的两种理论解释的冲突,即解决第一人称视角和第三人称视角的方法论冲突。

在丹尼特看来,现象学就是研究意识现象学的理论,即现象学的原初意义就是"必须解释某种前理论性现象集的理论"②。在丹尼特看来,现象学实质上是对精神现象的一种宽泛研究,或者说是一种"宽泛现象学"。也就是说,胡塞尔的现象学只是这种泛现象学中的一种形式,"我们可以遵照近来的做法,把现象学这一术语(phenomenology,首字母小写)用作我们必须解释的有意识经验中的各项内容的通名。而胡塞尔的现象学(Phenomenology,首字母大写)只是所有现象学中的一种"③。在丹尼特看来,所有的现象学研究都没有找到一种所有人都认同的、唯一的固定方法来研究意识。就目前来看,在意识现象学研究中存在着两种方法。一是第一人称视角方法,即对我的意识的主观描述方法,进而这一方法形成第一人称复数视角,即设想读者和作者对意识具有同样的理解的一种方法。不过,这种方法论因其内省主义的不科学倾向而受到广泛批判,最终导致了行为主义意识研究进路的产生。二是第三人称视角方法,即通过外部

① Zahavi, Dan. Phenomenology and the project of naturalization, Phenomenology and the Cognitive Sciences, 2004(3).
② Dennett, D. Who's on first? Heterophenomenology explained, Journal of Consciousness Studies, 2003(10).
③ [美]丹尼特:《意识的解释》,苏德超、李涤非、陈虎平译,北京:北京理工大学出版社 2008 年版,第 50 页。

客观观察来描述意识现象的一种方法。行为主义所采取的就是这种方法,但是,行为主义的这种做法却受到还原主义的困扰,因而受到人们的指责。正如内格尔所批判的,"世界、生命和我们自己的某些东西,是不能从一个最大的客观立场出发得到充分理解的,不管这个立场可以把我们的理解从我们开始的地方推到多远。许多东西都同特定视角或视角的类型有着本质的联系,试图用与这些视角脱离的客观术语对世界给出一个完整的论述,这会导致各种错误的还原或粗暴的否定,否认某些可能实在的现象是存在的"①。

二、异质现象学的特征

丹尼特立足于意向性哲学的立场,主张"将一个实体(人、动物、人造物、其他任何东西)看作似乎是一个理性的自主体,它通过考虑自己的'信念'与'愿望'来对'行动'加以'选择'"②。这意味着,他首先肯定存在着某种第一人称主观意识现象。与此同时,丹尼特赞同一种物理主义的观念,即承认物理世界的存在及其相应自然科学研究的合理性。这样一来,他又同情某种第三人称视角方法。这似乎产生了在意识研究方法上的一种矛盾。在他看来,第三人称视角是科学的,但是却存在否定主观意识现象的倾向。而第一人称视角认可主观意识现象,但却具有基于内省而与科学相抵触的倾向。基于这种状况,丹尼特试图找到一种异质现象学方法。这种方法既具有科学性,又认可意识现象或者说与意向性立场相兼容。

丹尼特这种异质现象学的新方法称为一种"中立的方法"。在泛现象学的理解中,丹尼特也将这种中立的方法称为一种现象学方法,不过这是一种特殊的现象学即异质现象学的方法。这种方法之所以是中立的,就在于"它从客观的自然科学及其所坚持的第三人称视角出发,走向一种现象学的描述方法,该方法(原则上)可以公正地处理最私密的、最不可言传的主观经验,而同时又决不放弃科学在方法论上的审慎"③。概括而言,异质现象学之所以是中立的,原因在于:(1)异质现象学在形而上学上未必承认意识实体或者神秘内在世界的存在,但是却以中立的态度接受主体的第一视角意识经验的存在;(2)异质现象学未必承认客观世界的存在,但是却在方法上主张可以以第三视角来客观地描

---

① Negal, T. The View from Nowhere, Oxford: Oxford University Press, 1986, p. 7.

② [美]丹尼特:《心灵种种——对意识的探索》,罗军译,上海:上海科学技术出版社 1998 年版,第 21 页。

③ [美]丹尼特:《意识的解释》,苏德超、李涤非、陈虎平译,北京:北京理工大学出版社 2008 年版,第 81 页。

述主体第一视角的意识体验。按照丹尼特的理解,"这种方法是说,从(貌似)说话的受试提取和纯化文本,并运用这些文本生成理论家的虚构,生成受试的异现象学世界。这个虚构的世界住着受试(貌似)真诚地相信存在于他或她(或它)的意识流中的所有东西:图像、事件、声音、气味、直感、预感和情感。经过最大程度的扩展之后,这个世界其实就以中立的态度,描绘出做那个受试是什么样子——而且是用受试自己的语言,而这就是我们所能掌握的最好诠释了"①。例如,存在四种科学实验的做法:(1)针对被麻醉动物实施的实验;(2)针对清醒动物实施的实验;(3)针对以被动行为对象身份存在的人类主体所实施的实验,即实验主体尽可能作为诸如实验室小鼠;(4)实验者与被试人类主体以合作方式实施的实验,他们之间可以提建议、言语交流,相互告知对方体验。丹尼特指出,在这四种科学实验的做法中,最后一种方法更为严肃注重人类的主体性。表面看来,这是一种第一人称视角方法论,但是实际上如果正确实施,这是一种第三人称的方法论,或者说就是异质现象学的做法。总之,作为一种中立的方法,"异质现象学并不是什么新东西;它不过是心理物理学家、认知心理学家和临床神经心理学家所使用的一种方法"②。

异质现象学的中立性集中表现为它自身只是一种解释方法。在丹尼特看来,异质现象学就是以第三人称视角科学处理第一人称视角语言表达的方法论。"异质现象学是意识科学的开始,而不是结束。它是对资料的组织,是对必须解释的资料集合的组织,它自身并不是一种解释或者理论。"③针对意识研究上产生的查尔默斯为代表的神秘主义理解和与之相反的以丘奇兰德为代表的物理主义理解,异质现象学尝试在两种解释之间给出一种中立解释。正如丹尼特所概括的,异质现象学就是"一种桥梁,这是一种沟通人类意识主体性和自然科学的桥梁"。作为桥梁,异质现象学不解决意识的形而上学地位问题,它悬隔了意识的形而上学问题。丹尼特说,"笛卡尔主义观点,笛卡尔的唯物主义或者原本的二元论是绝对令人信服的,一旦我们看到没有'笛卡尔主义剧场'(a Cartesian Theater),那么我们就必须找到一种容纳我们所有强力信念的安全之所。确实似乎存在笛卡尔剧场。但是我们找不到这种笛卡尔剧场。两者都是事实,在我们能够详细解释这一事实之前,异质现象学的目的就是尽可能中立

① 　[美]丹尼特:《意识的解释》,苏德超、李涤非、陈虎平译,北京:北京理工大学出版社 2008 年版,第 111 页。

② 　Dennett, D. Who's on first? Heterophenomenology explained, Journal of Consciousness Studies, 2003 (10).

③ 　Dennett, D. Who's on first? Heterophenomenology explained, Journal of Consciousness Studies, 2003 (10).

地正视这一事实"①。这一做法类似于胡塞尔的悬隔方法,中立的异质现象学就要悬隔对意识的各种形而上学理论,"就我而言,这是与胡塞尔的加括号或悬隔类似的第三人称方法,这种方法将自身的主观体验的标准假定和推论悬置起来,从而尽可能将核心的体验中立化而不受理论的影响"②。这种对意识形而上学理论的悬隔还表现在,丹尼特主张只有主观的意识体验的语言表达才是异质现象学的真正出发点。丹尼特指出,"人类意识的研究涉及到一些不同维度的现象:私密的、主观性的、'第一人称'维度的现象,任何人都同意这是我们的出发点",但是,异质现象学的真正出发点是以言说形式表现的主体意识体验,对于异质现象学家来说"原初资料"就是各种言说表达(utterances)。③

三、异质现象学的批判

异质现象学受到了扎哈维等更倾向于现象学立场的哲学家的批判。在扎哈维看来,异质现象学做法最大的问题就在于它偏离了现象学的精神,因此与现象学自然化的做法存在差别。

第一,扎哈维认为,丹尼特主张异质现象学通过第一人称视角方法来说明意识体验,这实质是一种不科学的内省主义,而现象学并不是一种内省主义。在扎哈维看来,丹尼特的做法实质上是将现象学理解为一种内省主义,而实际上胡塞尔对于心理主义的批判、对于意义理念和逻辑不可还原性的辩护都表明他并不主张内省主义。如古尔维奇、海德格尔和梅洛-庞蒂等现象学运动中的其他主要人物都明确主张现象学不是内省主义。扎哈维指出,"重要的是要意识到,古典现象学恰恰不是另一种形式的心理自我观察,相反,必须将现象学视为一种特殊的超验哲学,这种哲学寻求对于体验和认知可能性的条件。现象学是一种哲学事业;它不是一种经验学科"④。而这正导致了梅齐格(Thomas Metzinger)的结论,即现象学的第一人称视角在概念的使用上不能与第三人称视角衔接。⑤

第二,在悬隔等现象学方法问题上,扎哈维等人也认为丹尼特对此存在误

---

① Dennett, D. Heterophenomenology reconsidered, Phenomenology and the Cognitive Sciences, 2007 (6).

② Dennett, D. Who's on first? Heterophenomenology explained, Journal of Consciousness Studies, 2003 (10).

③ Dennett, D. Who's on first? Heterophenomenology explained, Journal of Consciousness Studies, 2003 (10).

④ Zahavi, Dan. Killing the straw man: Dennett and Phenomenology, Phenomenology and the Cognitive Sciences, 2007(6).

⑤ Metzinger, T. Being No One, Cambridge, MA: MIT Press, 2003, p. 591.

解。丹尼特等人认为,胡塞尔通过现象学还原的现象学方法将实在世界加以悬隔,从而聚焦内在意识。扎哈维认为,这种对现象学方法的理解是错误的。因为,在胡塞尔那里,"悬隔和还原的目的不是怀疑、忽视、放弃或者排除对于实在的考虑,相反,正如胡塞尔不断强调的,它们的目的是悬隔或者中立化某种关于实在的教条态度,从而让我们更为仔细和直接地聚焦给予的实在。总之,悬隔要求一种针对实在的态度的变化,而不是一种对实在的排除"①。进一步说,现象学还原在胡塞尔那里具有维系现象学作为哲学独立性的作用,现象学还原意味着使我们维持哲学反思与其他思想形式之间的严格区别,而丹尼特对现象学的泛化和中立解释却存在着取消现象学的危险。

第三,按照丹尼特的理解,传统现象学似乎表现为一种唯我论。扎哈维指出,在胡塞尔的思想中,主张自我的知觉体验就是对于我们共同存在的交互主体性体验。由于我所体验到的对象、实践和行为都是公共而非私人的,因此,胡塞尔引入了超验交互主体性(transcendental intersubjectivity)的概念。这表明胡塞尔并不是唯我论者。在胡塞尔看来,超验主体最终就是交互主体性的事务。如果希望理解超验主体的意义,那么就必须考虑交互主体性,这也就是为什么胡塞尔有时将自己的哲学描绘为一种社会学的超验哲学(a sociological transcendental philosophy)。胡塞尔的诠释者梅洛-庞蒂也认可交互主体性的先验地位,并且进一步通过对知觉的分析澄清了交互主体性的可能。这表明现象学主张不存在纯粹的自我体验,自我体验一定是在交互主体性的背景或场域中产生的。原因在于,我不是某种纯粹的非涉身的私人存在,而是某种世界中的涉身存在,所以,我能够遭遇和理解以同样方式存在的他人。在扎哈维看来,"心理状态的第二(和第三)人称理解不同于第一人称理解,这并不是一种缺陷,相反,这种区别恰恰是一种构成";换句话说,尽管我们不能进入他人的第一人称体验,但是,这种不可入性或者说这种局限正是我所能够体验的对他人的体验,正是它使体验产生问题。② 可见,即使现象学描述的这种交互体验具有不确定性,但正是这种对他人体验和信念的不确定性,在打破唯我论的同时确认了他人及其体验的存在。

---

① Zahavi, Dan. Killing the straw man: Dennett and Phenomenology, Phenomenology and the Cognitive Sciences, 2007(6).

② Zahavi, Dan. Killing the straw man: Dennett and Phenomenology, Phenomenology and the Cognitive Sciences, 2007(6).

第三节　认知科学融合现象学的探索

现象学自然化和异质现象学在内容与方法上提出了应对意识等主观认知现象研究的一种路径,尝试将现象学与认知科学等自然科学整合起来。不过,现象学自然化和异质现象学的理念能否有效,关键在于能否提出和设计一些体现这一理念的有效的具体途径。扎哈维和加拉格尔等人提出了神经科学现象学(neurophenomenology)、形式化(formalization)、预装现象学(front-loaded phenomenology)等实践路径。形式化途径是将现象学分析的结果翻译成自然科学能够清晰理解的数学语言,例如动力系统数学就能够应用于心灵,从而提供一种整合现象学第一人称资料和实验科学第三人称资料的形式化解释框架。[1]预装现象学是将源于胡塞尔、梅洛-庞蒂的现象学洞察用于指导相应实验的设计。如果说现象学自然化和异质现象学的理念为现象学认知科学研究奠定某种理论的基础,那么在这些理念指导下的实践则是现象学认知科学研究实质发展的重要表现。

一、神经科学现象学

认知科学哲学研究中出现了一些现象学自然化的实践方法,其中,神经科学现象学就是一种将现象学与神经科学研究相结合的实践路径。针对查尔默斯等人所主张的"现象学的第一人称的意识现象是不可还原的,是不能通过第三人称的自然科学来加以解释的",瓦雷拉等人提出了神经科学现象学的实践进路,其目的是从方法上找到一种实用工具来实现关于意识这一棘手问题或者说这一功能主义没有解释的额外剩余(extra ingredient)的研究。

在瓦雷拉看来,现象学进路的出发点是意识体验的不可还原的本质。瓦雷拉指出,"现象学的阿基米德支点就是去悬隔这些习惯性论断并且促成某种新的考察。这就是胡塞尔的著名口号'回到事物本身!'与第三人称对象化的不同之处,这个口号意味着回到当下体验的世界。这是胡塞尔的希望,也仍是现象学研究的基本抱负,即一种真正的体验科学将持续建立,它不仅立足于自然科

---

[1]　Gallagher, Shaun and Zahavi, Dan. The Phenomenological Mind: An Introduction to Philosophy of Mind and Cognitive Science, London: Routledge, 2008, p. 32.

学,而且为其提供基础,因为所有知识必然突现于我们的鲜活体验"①。当然,承认这种进路并不意味着认同笛卡尔主义二元论和神秘主义的立场。瓦雷拉认为,现象学的方法即现象学直观表明,"我们不再关注私人内省,而是关注某种现象领域,其中主观和客观、主体和对象都自然地从所运用的方法及其场景中突现出来,而这一点还原主义与功能主义都忽视了。体验明显是某种个体事件,但是这并不意味着它是某种私人的,不意味着它是存在于之前赋予的客观世界中的某种孤立主体。这是现象学运动中最令人印象深刻的发现之一,这让人们很快意识到对人类体验结构的某种调查必然会转向这样的层面,即我的意识与他人意识缠绕在一起以及某种移情之网的现象世界"②。由于现象学并不是一种神秘主义意识理论,因此,在方法论上主张"第一人称与第三人称的解释之间的对立是令人误导的。这让人们忘记了所谓的第三人称客观解释实际上是某种具体人的共同体做出的,他们与第一人称解释一样处于社会和自然世界中"③。

既然现象学不是一种神秘的主观主义,那么,在意识解释的方法论问题上就没有必要区分第一人称和第三人称解释。应当做的是,提出某种新的主张来实现现象学与自然科学在方法论上的综合。正如瓦雷拉所说,其主张不能归于任何特殊的现象学学派或者思潮,而是表现了其自身依据现代认知科学和其他聚焦人类体验的传统而做出的现象学综合。瓦雷拉认为,神经科学现象学试图将三个因素整合起来:对体验的现象学分析、动态系统理论以及对生物系统的实证实验。神经科学现象学力图使现象学可以直接应用于科学实验。具体来说,实验主体在实验中不依赖任何强加的理论范畴来描述自身的体验,这些现象学报告中描述的不同主体性参数,联结着先于刺激的各种动态神经符号,并且这些动态神经符号随着对刺激的行为和神经反应的不同而不同。这样,在神经科学现象学做法中,现象学体验、动态系统理论以及生物学实验就可以被整合起来说明意识等人类认知活动。

在瓦雷拉看来,神经科学现象学就能够做到这一点,能够实现自然科学客观分析与现象学主观体验方法上的一种循环。这也是神经科学现象学的一种工作假设,即"体验结构的现象学解释与认知科学中的自然主义解释通过相互

---

① Varela, Francisco J. Neurophenomenology: A Methodological Remedy for the Hard Problem, Journal of Consciousness Studies, 1996(4).

② Varela, Francisco J. Neurophenomenology: A Methodological Remedy for the Hard Problem, Journal of Consciousness Studies, 1996(4).

③ Varela, Francisco J. Neurophenomenology: A Methodological Remedy for the Hard Problem, Journal of Consciousness Studies, 1996(4).

约束达到彼此结合"①。经过这种结合,现象学可以从两个方面有效地补充自然科学解释。(1)如果没有现象学,那么第一手的体验性质将会消失,或者将会变成一种不可解释的谜;(2)现象学对体验结构的解释可以限制对其进行的客观观察,弥补其不足。在瓦雷拉看来,"其建议的新颖之处在于,规范性的第一人称解释应当成为某种神经生物学解释有效性的组成部分,它们不应仅仅是偶然或者隐喻式的信息"②。这种神经科学现象学的结合及其对意识主观性的探索将会是有效的,这比塞尔的突现解释要合理,比弗拉纳甘(Owen Flanagan)的反思的平衡理论以及威尔莫斯(Max Velmans)的意识投射理论都要合理。

作为现象学认知科学研究的一种实践进路,神经科学现象学体现了综合现象学与自然科学研究的方法论融合。当然,这种现象学自然化的做法也受到了一些质疑。从现象学自然化的一般理解出发,现象学自然化的做法一方面应当是"给出一种关于意识的自然主义解释",从而避免任何在理解心灵上的神秘主义剩余。但在另一方面,现象学自然化也意指现象学"必须被整合进一种解释框架,其中任何被现象学理解的属性都可以与自然科学接受的相应解释保持连续性"③,也就是说还要维护现象学的独立性。但是在扎哈维等人看来,瓦雷拉等人的神经科学现象学并没有严肃地对待胡塞尔的反自然主义主张,这一做法主张现象学可以数学化而没有顾及胡塞尔在现象学中限制性运用数学的主张。对于体验意识进行数学描述,这将会造成"一旦我们拥有一种关于现象学描述的数学重构,那么唯一的问题就是去通过相关的低层自然科学工具去解释这些重构,尤其是神经生物学的工具",而其结果将是作为超验哲学的现象学被消解。④

二、自我觉知的涉身研究

除了凯利等人更倾向于站在现象学的立场上去结合分析哲学的方法之外,在现象学认知科学的研究中,分析哲学家伯姆德兹(Jose Bermudez)关于非反思性的或者涉身的自我觉知(embodied self-awareness)的讨论则更多体现了一种

---

① Varela, Francisco J. Neurophenomenology: A Methodological Remedy for the Hard Problem, Journal of Consciousness Studies, 1996(4).

② Varela, Francisco J. Neurophenomenology: A Methodological Remedy for the Hard Problem, Journal of Consciousness Studies, 1996(4).

③ Petitot, Jean., Francisco Varela, Bernard Pachoud, and Jean-Michel Roy, Naturalizing Phenomenology, Stanford: Stanford University Press, 1999, p. 1-2.

④ Zahavi, Dan. Phenomenology and the project of naturalization, Phenomenology and the Cognitive Sciences, 2004(3).

立足分析哲学去结合现象学的探索。

　　长期以来,分析哲学家较为忽视对于现象学以及现象意识的关注。在扎哈维看来,造成这种现象的主要原因是:第一,分析哲学家与现象学家展开有效对话很困难,因为分析哲学家们往往都不熟悉现象学特有的方法、主题和术语;第二,在长期的哲学发展中双方彼此具有的偏见与成见阻碍了两者的交流,例如塞尔认为大陆哲学似乎更像是一种文学,而分析哲学的目的是寻求真理,更像科学,注重清晰与谨慎的论证。但从当代哲学的发展趋势看,双方的交流已经是大势所趋。当代的分析哲学家已经开始真正关注现象学家们的思想,并且开始严肃地对待主体性、现象意识的研究。塞尔和内格尔等分析哲学家关注意识研究,并且认可必须严肃对待第一人称和体验维度的意识研究。因此,"就分析的心灵哲学的近期发展来看,如果继续漠视现象学对于意识的丰富和精致的解释,这将是反生产性的。事实上,主体性一直是现象学家的核心关注,并且他们一直着力于一种对于第一人称视角、体验结构、时间意识、身体觉知、自我觉知、意向性等现象的详查,这一事实将使现象学参与到与分析哲学的对话中去"[①]。

　　伯姆德兹关于自我觉知的研究体现了一种与现象学对话的积极成果。伯姆德兹对自我觉知的研究起源于对于贝克(Lynne Baker)自我觉知理论的批判。在贝克看来,所有具有感知能力的生物体都是体验的主体,他们都能从自身独特视角来体验世界,贝克将此称为弱的第一人称现象(weak first-person phenomena)。但是,仅仅具有这种弱的第一人称体验并不意味着主体具有自我觉知。也就是说,具有第一人称态度不足以区分自我与非我,或者说,只有具备强的第一人称现象(strong first-person phenomena),人们才能够将自身思考为自身,也才能够将自我与非我的这种区分概念化。贝克指出,"一个人是自我意识的,仅当这个人能够将自身构想为自身,并且具有语言能力来使用第一人称代词指称自身"[②]。可见,贝克明显将自我觉知看作是一个生物体发展过程中的一种突现,这种突现依赖于生物体概念和语言能力的获得。

　　伯姆德兹批评了贝克将自我觉知依赖于一种强的第一人称现象的观点。在伯姆德兹看来,贝克的这种自我觉知理论堪称是一种自我觉知的基于语言的狭隘哲学解释。这种观点主张人们是通过一种语言自我指称机制的学习具有了自我觉知的能力。但是,这种观点只是表明掌握第一人称代词假设了自我意识的存在,或者说,语言自我指称只是表明了一种自我觉知,而没有充分地说明

①　Zahavi, Dan. First-person thoughts and embodied self-awareness: Some reflections on the relation between recent analytical philosophy and phenomenology, Phenomenology and the Cognitive Sciences, 2002(1).
②　Bake, Lynne. Persons and Bodies, Cambridge: Cambridge University Press, 2000, p.68.

语言自我指称能够产生自我觉知。因此,这就需要给予自我觉知一种更为充分的解释。伯姆德兹指出,基于这一状况,人们需要认识到一种非概念和前语言自我觉知形式的存在。相比贝克等人的哲学所关注的高级形式的自我意识或觉知,这些前语言的自我觉知形式在逻辑和个体发生的意义上可能更为原初。①

伯姆德兹的目的就是论证某种先于语言掌握、理性判断与命题态度能力的自我觉知形式的存在。基于认知科学的研究成果,伯姆德兹概括说明了人类所具有的前概念自我觉知形式。一是从发展心理学角度看,儿童早期的知觉活动都具有一种对于自身运动和姿态的觉知,有些知觉活动也涉及了一种弱的非概念的自我觉知。二是就当下的成人心理活动而言,在他们的肉身本体感受中也发现了一种非概念的自我觉知形式。例如,任何一种触觉体验都是外部感知和本体感受性的,它都要求一种区分自我和非我的觉知,并且最终都要求一种弱的自我觉知形式。三是人们的心理活动中具有的一种自我觉知,这是在与其他心理主体的互动中产生的一种非概念的自我觉知。概括而言,伯姆德兹批评了将自我觉知视为依赖语言自我指称的思想,并且区分了假定掌握第一人称代词的反思性自我觉知与没有假定掌握任何语言或概念的原初自我觉知的形式。进而,伯姆德兹论证了在儿童早期、外部感知和本体感受中以及社会互动中都存在前语言、非反思性自我觉知的形式。

伯姆德兹对于前语言、非反思性自我觉知形式的阐述引起了现象学家的关注。例如,在扎哈维看来,伯姆德兹的观点与现象学之间就存在着一致性,"实际上,这明显就是我希望表述的意义,我认为伯姆德兹的思想对于熟悉现象学传统的人来说不是陌生的。相反,所有这些思想以各种形式反映在胡塞尔、萨特、梅洛-庞蒂和米歇尔·亨利的思想中"②。

伯姆德兹的自我觉知理论反映了一种现象学的自我觉知思想。现象学主张存在着一种非反思性的自我觉知,它不同于反思性或概念性的自我觉知,并且,前反思性、默会的和非概念的自我觉知相比较反思性的自我觉知形式更加源本。在扎哈维看来,自我觉知的现象学思想能够与分析哲学所处理的一些主题很好地结合起来。一方面,现象学家的自我觉知思想与佩里(John Perry)、内格尔等分析哲学家的主张一样,即明确主张第一人称视角的自我指称具有某种独特性。这种对自身主体性的熟悉完全不同于对对象的认识,第一人称视

---

① Bermudez, Jose. The Paradox of Self-Consciousness, Cambridge: Cambridge University Press, 1998, p. 274.

② Zahavi, Dan. First-person thoughts and embodied self-awareness: Some reflections on the relation between recent analytical philosophy and phenomenology, Phenomenology and the Cognitive Sciences, 2002(1).

角的自我指称完全不同于第三人称视角的自我指称。另一方面,现象学家的自我觉知思想也同样关注德雷斯克(Fred Dretske)、利康(William Lycan)等分析哲学家提出的问题,例如心理意识状态如何而来或者自身主体性如何表明自身等。在扎哈维看来,现象学的这种原初前反思性自我觉知与当前分析哲学中对于现象意识的讨论具有密切关系。他指出,"事实上,现象意识明确被理解为一种原初的自我觉知形式。经历一种体验必然意味着具有这种体验对于主体来说有某种'像什么'的东西。但是,由于具有这种体验对于主体来说有某种像什么的东西,因此一定有这种体验自身的某种觉知,总之,一定有某种最小形式的自我觉知。拥有这种自我觉知最终仅仅是意识到自身当下的体验。并且很明显,这种自我觉知并不是反思性或者语言类型的自我觉知"[①]。在很多问题上,分析哲学的理解都接近现象学家对所谓的自我觉知的反思理论范式的批判。[②]

伯姆德兹批判了立足分析哲学传统的一种理解自我觉知的高阶表征理论。在高阶表征理论看来,对于一种自我觉知状态而言,它一定伴随着某种适当的高阶表征,也就是一种对于当下心理状态的高阶思想或者知觉。基于这种认识,卡卢瑟斯(P. Carruthers)等人指出,动物与3岁以下的婴儿都不具有现象意识,都没有主体性,[③]因为他们缺乏对于高阶表征认知的能力。在扎哈维看来,现象学与伯姆德兹都不赞同高阶表征理论的自我觉知理论。因为,第一人称体验并不是某种高阶表征、反思、内在控制或者内省的结果,相反,原初的自我觉知应当被视为某种内在质的体验。当然,反对将现象意识理解为高阶表征的结果,这并不意味着高阶表征不存在,并不意味着意识不能将自身意识状态作为关注的对象。这种批评的目的是要表明反思的自我觉知是次生的,一种在先的非主题化、非对象化和前反思性的自我觉知才是更根本的,它们是反思性自我觉知自身可能性的条件。

现象学与伯姆德兹的思想对于自我觉知的理解都认可前语言和非概念自我觉知的存在,二者在对高阶表征理论的批评上也是一致的,二者在自我觉知的研究上产生了有效的结合与互动。不过,在扎哈维看来,尽管现象学与伯姆德兹都关注非概念的自我觉知形式,不过二者的理解似乎还有不同。例如,伯

①　Zahavi, Dan. First-person thoughts and embodied self-awareness: Some reflections on the relation between recent analytical philosophy and phenomenology, Phenomenology and the Cognitive Sciences, 2002(1).

②　Zahavi, Dan. First-person thoughts and embodied self-awareness: Some reflections on the relation between recent analytical philosophy and phenomenology, Phenomenology and the Cognitive Sciences, 2002(1).

③　Carruthers, P. Natural theories of Consciousness, European Journal of Phiosophy, 1998(2).

姆德兹将非概念自我觉知视为一种将自我作为对象的当下非概念觉知,而现象学家似乎将前反思自我觉知视为某种非对象性的主体性给予。①

在扎哈维看来,伯姆德兹的前反思自我觉知思想与当代涉身认知科学领域中的研究相呼应。例如,心理学家吉布森等人就主张外部感知和本体感受涉及到了某种弱的自我觉知。由于这种原初的前反思自我觉知是在主体身体和情境互动的层面发生的,因此可称为一种涉身的自我觉知形式。

涉身的自我觉知思想在现象学文献中最为丰富。在扎哈维等人看来,胡塞尔在知觉分析中就开始关注身体的功能,并且已经提出了涉身自我觉知的思想。胡塞尔尤其强调了眼动、手的触摸、身体移动等身体运动在空间体验和对象体验中的重要性。胡塞尔主张知觉一定伴随着对于自身运动身体的自我感受和觉知。例如,当我们触摸苹果表面时,苹果是在一种对于自身手指运动的感受中被给予的;当我们观察飞鸟时,飞鸟是在对于自身眼动的感受中被给予的。这表明,在胡塞尔看来,主体能够知觉对象,因为主体运用了身体的自我觉知。例如,当我坐在饭馆里想要进餐的时候,我拿起叉子,为了拿起叉子,我需要知道叉子与我自己位置的关系;这就是说,我对于对象的知觉必须包含某种关于自身的信息,否则我不能做到这一点。所以,身体的自我觉知就成为对于空间对象的知觉和互动的一种可能性条件。胡塞尔的这些观点同样得到了梅洛-庞蒂和萨特等现象学家的呼应。

在扎哈维看来,当代分析哲学与现象学的自我觉知研究表明二者之间存在着一致性。即使存在一些差异,这些差异也能够为彼此带来有益的推动。现象学对于自我觉知的研究更注重关注空间性、涉身性、时间性、交互主体性等。而当代分析哲学结合认知科学等经验科学的研究,也开始放弃仅仅通过概念分析等传统分析哲学做法来研究心灵现象,转而更加关注主体性、涉身性和环境等认知因素。在此基础上,这些分析哲学家对于前语言自我觉知形式、自我体验的身体根源以及外部感知与本体感受关联等因素的关注,就与现象学思想体现出了强烈的类似和相通之处。总之,现象学不仅能够助益分析哲学意识研究,而且分析哲学也能够让现象学受益。

三、现象学认知科学的未来

客观地说,现象学介入认知科学哲学研究仍然存在争议。但是在 20 世纪

① Zahavi, Dan. First-person thoughts and embodied self-awareness: Some reflections on the relation between recent analytical philosophy and phenomenology, Phenomenology and the Cognitive Sciences, 2002(1).

西方哲学更为趋向交融的大背景下,同时基于当代认知科学中涉身认知理论框架的发展,现象学认知科学哲学研究的范式已经出现,现象学传统已经与分析传统中的认知科学哲学研究发生了交流与融合。总体来看,基于当代认知科学哲学的研究,现象学与分析传统的认知科学哲学可能并且可以实现融通,一种现象学认知科学哲学的范式必然有其未来发展的生命力。

(一)本体论层面的可能

在本体论层面上现象学、认知科学和心灵哲学都有其形而上学诉求。尽管现象学对于意向性认识关系的现象学还原要求一种对笛卡尔二元论形而上学的悬隔,不过这种现象学还原类似于笛卡尔的普遍怀疑,它似乎更是一种方法和手段,并没有完全否定形而上学的意义。

胡塞尔通过现象学还原确立了意向性认识关系,进而提出了超验意识或者主体性的形而上学。海德格尔赞同对笛卡尔主义二元论的批判,反对胡塞尔的先验唯心主义,但是却在现象学运动中对于意向性关系作了存在论的转化,即将行动的上手关系这一"此在"存在结构作为更为基础的形而上学。梅洛-庞蒂进一步将基于身体行为的知觉关系作为首要存在,后期更是提出了一种非心非物的"肉身"形而上学。对此,H. 德雷福斯指出,现象学并不完全反对自然科学的实在论主张,它们也有着自身的实在论诉求。

基于此,现象学、认知科学以及心灵哲学的结合也具有一定的本体论基础,现象学与心灵哲学中的非还原的物理主义等主张都存在产生理论交集的可能。结合当代涉身认知科学等智能科学的研究,瓦雷拉也明确说明了梅洛-庞蒂的涉身性观念等现象学思想在本体论层面上与当代智能科学研究的结合。瓦雷拉指出,"我将我的研究看作是梅洛-庞蒂研究在现代的连续……对我们来说,梅洛-庞蒂的涉身性思想具有双重含义:身体既是一种鲜活的体验结构,又是一种认知机制的背景和发生场所。不管是哲学讨论还是具体科学研究,当代的认知科学都缺乏这种双重含义的涉身性思想。我们之所以讨论梅洛-庞蒂,原因是:如果不把双重含义的涉身性思想作为关注的焦点,我们就不能研究认知科学与人类体验之间的循环"①。瓦雷拉的分析表明,现象学体验结构能够充当认知机制的本体论背景,现象学所揭示的体验恰恰构成了人类认知机制的科学解释和说明的形而上学基础。

---

① Varela, F, E. Thompson and E. Rosch. The embodied Mind: Cognitive Science and Human Experience, Cambridge, Mass. : MIT,1991, p. xv, xvi.

(二)认识论层面的可能

现象学与认知科学和心灵哲学都揭示了现象意识或者主体体验性认知现象的存在,这为当代智能科学的进展提供了现象学认识论的基础。

从近代以来哲学史的发展来看,现象学的起点和中心依然是认识论。在现代认识论的发展理路中,胡塞尔将批判的矛头指向了近代的经验主义和理性主义的认识论。尤其是胡塞尔批判了在逻辑观念上的心理主义主张,指出逻辑与数学观念的客观真理性不能奠基于经验主义的心理建构,而是应当有更为根本的意向性认识关系基础。逻辑观念是通过意向性关系得到明证性的。这种意向性关系实质上是一种主体性的体验意识,或者说是一种现象意识。海德格尔进一步将这种意向性关系发展为一种行动的上手关系。萨特将其称为一种原初的反思前的我思。而梅洛-庞蒂则将其进一步剖析为基于身体活动的我能或者知觉关系,这些理解都认同对于原初认知活动的体验性和主观性的描述。

从认知科学与心灵哲学的发展来看,分析传统的认知科学哲学研究在认识论上也肯定了现象意识的存在,并且对其进行了研究。可见,现象学、心灵哲学乃至认知科学对于现象意识及其问题的认同,这就在认识论上为二者的可能结合提供了一个重要的理论切入点。

(三)方法论层面的可能

尽管现象学描述与科学解释之间在方法论上的确存在差别,但是古典的现象学家与当前的认知科学理论家基于现象意识的研究都表达过现象学描述与科学解释并非绝对对立且存在结合可能的立场。

海德格尔在讨论此在的存在论分析与人类学、心理学和生物学等科学分析的关系时,就表述了科学分析需要奠基于存在分析的抱负。他说:"当今之时,上述各学科的科学结构——并非促进这些学科的工作者的'科学态度'——极端地成问题,它们需要新的动力,而这种新动力只能来自存在论问题的提法。"①在韦勒看来,海德格尔的这一提法实际上展示了对此在的两种不同解释方式:一是作为对此在的现象学解释的构成性(constitutive)解释策略;二是作为对此在的科学解释的经验性(empirical)解释策略。二者存在着密切的联系。尽管构成性解释不能还原为经验性解释,但是构成性解释却奠基和塑造了相应的经

---

① [德]海德格尔:《存在与时间》,陈嘉映、王庆节译,北京:三联书店 1999 年版,第 54 页。

验性解释。① 加拉格尔等人也主张,现象学家并不排斥科学解释,而且现象学描述往往是揭示甚或奠定科学解释发生与发展的根源与基础。在加拉格尔看来,现象学描述并不等同于彻底的内省,后者可能导致恶意的怀疑论和极端的唯我论,而现象学描述则具有建设性的科学解释力。就胡塞尔的现象学方法来说,现象学还原本身就是具有建设性的一种谨慎的和方法论的现象学。纯粹现象学内省排斥科学解释,完全消除客观性,而方法论的现象学揭示的则是一种具有建设性的体验。透过这种体验,人们可以讨论体验的形成和再现机制。加拉格尔说:"一种认真和方法论的现象学能够告诉我们:当我们听到愤怒的声音时,我们通常的反应是不是涉及了一种解释的形成或者对于这个人将如何做的预知。"②

在人类意识现象的研究上,加拉格尔深入分析了现象学与科学解释之间结合的路径。就现象学运动中的解释学来说,加拉格尔指出,解释学和现象学包含着主体的和社会历史的维度,而心理学等自然科学则用客观的机械因果关系来说明问题。长期以来,这种区分造成了"如果我们用解释学,就不能用科学,反之亦然"③的对立印象。实际上这只是一种印象,深入考察就会发现,解释学与认知科学之间并没有那种截然区分和对立。第一,自然科学研究并不是纯客观的,其本身包含着主体维度或者说也是适用于描述性方法的。加拉格尔指出,科学实践本身就是解释学的。换言之,科学家所做的就是解释,就他们隶属的科学传统和他们提出的特定问题来说,他们的揭示就是一种偏见,只不过是以非常具有生产性的方式表现出来的。第二,解释学的主张也并不是完全主观的,其中也蕴含着客观的科学说明。例如,解释学中的解释学循环就主张,人们理解一个文本需要将其置于本身包含主体的社会历史情境中,只有在我与情境的理解循环中才能达到对文本的理解。可见,就解释学对于解释的社会性、过程性和循环往复性来说,这种客观性的主张"正好和认知心理学中的'图式理论'和'协议理论'相一致",所以,在认知科学和解释学之间没有对立。④ 瓦雷拉等人也分析了现象学体验与生成认知科学之间在方法上融通。他主张在现象学体验和自然科学研究之间存在着一种循环,这种循环能够在关于涉身心灵

---

① Wheeler, Michael. Reconstructing the Cognitive World, Cambridge: the MIT press. 2005, pp. 125–126.

② Gallagher, S. How the Body Shape the Mind, Oxford: Oxford University Press. 2005, pp. 212–213.

③ [美]加拉格尔:《解释学与认知科学》,邓友超译,《华东师范大学学报》(教育科学版)2004 年第 1 期。

④ [美]加拉格尔:《解释学与认知科学》,邓友超译,《华东师范大学学报》(教育科学版)2004 年第 1 期。

的研究中发挥积极作用。他说:"新的心灵科学研究的扩展,需要包容鲜活的人类体验及其内在的可能变化。另一方面,人类的体验也需要通过心灵的科学研究所提炼的洞察和分析而丰富。"[①]当然,现象学与分析传统的认知科学哲学在关于意识等自然智能认知现象的研究方法上依然存在争议,但是两种研究方法已经发生的融通和可能的结合也是不争的事实。

总体上看,现象学与分析传统的认知科学哲学研究的结合和融通的深入推进,一种现象学认知科学哲学范式的发展,这些都需要现象学与分析传统的认知科学及其哲学的共同发展以及二者同时对强硬立场的修正。以涉身认知、情境认知和延展认知等为代表的当代智能科学及其哲学的发展,梅洛-庞蒂介入意识的现象学思想及其与当代智能科学哲学的互动,现象学运动中的现象学自然化的理论与实践的发展,这些成果都为两种传统的结合以及一种现象学认知科学及其哲学的发展提供了难能可贵的契机和动力。

---

① Varela, F, E. Thompson and E. Rosch. The embodied Mind: Cognitive Science and Human Experience, Cambridge, Mass. : MIT, 1991, p. xv.

结语　现象学融入智能革命的新胜境

　　马克思说:"理论一经掌握群众,也会变成物质力量。理论只要说服人,就能掌握群众,而理论只要彻底,就能说服人。所谓彻底,就是抓住事物的根本,而人的根本就是人本身。"①习近平总书记也指出:"我国哲学社会科学要有所作为,就必须坚持以人民为中心的研究导向。脱离了人民,哲学社会科学就不会有吸引力、感染力、影响力、生命力。"②这些论断表明,尽管哲学是一门专业的知识,哲学是时代精神的精华,但是,任何抽象的哲学一定要表达人们所能理解的时代精神,一定要彻底科学地表达真理。只有这样,哲学才不是空中楼阁,才不会孤芳自赏,才能真正抓住人心,才能说服人,才能真正变成物质的力量。

　　在近代哲学史上,晦涩的德国哲学也并不是脱离实际的空中楼阁,德国哲学不过是对理性和自由精神的一种隐晦而又强烈的表达。贺麟先生说:"黑格尔的《精神现象学》是当时时代精神的反映,同时也通过哲学的方式表达了他自己在那个时期内的政治态度和阶级立场。"③这一态度表现在:第一,"把'知识'当作'唯一救星'"的理性精神,"这是与'精神现象学'以寻求'绝对知识'为意识发展的最后目的思想相符合的"。第二,对于国家发展和法国革命的认识,"主要依靠对于他从客观唯心主义出发所发现的历史发展的必然性和对世界精神,具体来讲,即日耳曼民族精神的认识与激发"④。正是黑格尔哲学中蕴含的强烈理性主义精神以及对社会历史的规律性把握,尽管他的哲学是抽象、晦涩

---

　　①　中共中央马克思恩格斯列宁斯大林著作编译局编译:《马克思恩格斯文集》第一卷,北京:人民出版社 2009 年版,第 11 页。

　　②　习近平:《在哲学社会科学工作座谈会上的讲话》,北京:人民出版社 2016 年版。

　　③　[德]黑格尔:《精神现象学》(上),贺麟译,商务印书馆 1979 年版,译者导言,第 3 页。

　　④　[德]黑格尔:《精神现象学》(上),贺麟译,商务印书馆 1979 年版,译者导言,第 4~5 页。

甚至是隐晦的，但是他抓住了人心，抓住了马克思等当时先进知识分子的心。

作为现代西方哲学中的重要思潮，现象学如果想要开辟思想的胜境，真正成为智能革命不可或缺的一分子或者变成当代智能革命的物质力量，那么现象学中的何种理想抓住了人心呢？何种彻底性能够说服人呢？或者说，如同黑格尔的精神现象学，胡塞尔等人同样艰深晦涩的现象学在表达何种理想呢？或者说，这种理想在现象学运动中是如何对智能革命产生影响的呢？或者直接地说，什么是现象学的精神和理想呢？

现象学表面看来是由胡塞尔所开创的，但是对现象学的真正理解，却需要超出胡塞尔本人，需要在整个现象学运动的历程中去整体性地考察。也就是说，何谓现象学，这需要对包含胡塞尔、海德格尔、梅洛-庞蒂、马克思·舍勒等人思想在内的现象学运动作出一种整体解释。

从整体上看，现象学始终将自身作为一种哲学变革。这种哲学的变革是为了奠定自然科学和心理科学等科学研究的基础，是为了开创更加美好的科学研究的未来胜境。胡塞尔说："'现象学'这一术语或概念意指两件事情：一是指一种推动世纪之交哲学变革的描述性的新方法，二是指从这种新方法中产生的一种先验科学，这种先验科学的目的是为一种严格科学的哲学提供基本的方法和工具，从而为所有的科学提供一种方法论的变革。与这种哲学现象学密切相关，在方法和内容上产生了一种并行相应的新的心理学学科，即一种先验纯粹或者'现象学的'心理学，这种先验纯粹心理学要求一种革命性的方法论基础，从而在此基础上建立一种科学的严格的经验心理学。这种心理主义的现象学，如同对客观世界的自然主义研究，都是理解哲学现象学的一种前提。"[1]

现象学无疑首先是一种方法。"何为现象学？它首先是一种哲学方法，也就是人理解世界和人生根底的观察方法。"[2]但是，承认现象学首要的方法论意义，这并不意味着现象学是反形而上学的。现象学同样有其形而上学的诉求。现象学的形而上学是奠基于现象学的"悬隔"方法论基础上的，所以，这一形而上学根本上就决定了自身不属于任何传统的形而上学。现象学的形而上学既不是自然主义的，也不是心理主义的。它是一种新型的形而上学，是"先验意识""先验交互主体性""生活世界""存在""知觉世界""肉身"等等。现象学的形而上学是所有科学的实在论基础。例如，在贺麟看来，胡塞尔的现象学就是一种区别于黑格尔客观唯心主义的主观唯心主义形而上学。"黑格尔的精神现

---

① Husserl. "Phenomenology," Edmund Husserl's Article for the Encyclopaedia Britannica (1927), revised translation by Richard Palmer, Journal of the British Society for Phenomenology, 1971 (2).

② 张祥龙：《什么是现象学》，《社会科学战线》2016 年第 5 期。

象学与现代以胡塞尔为创始人的资产阶级主观唯心主义流派'现象学'的区别有其现实的意义。首先,胡塞尔的现象学是主观唯心主义的,他自称他的现象学为'先验的、现象学的唯心主义',他认为'现实世界诚然存在,不过就本质来说,它的存在是相对于先验的主体性,只有作为先验主体性的意谓和意向的产物它才具有意义'。"①

　　在实施"悬隔"和"面向事实本身"之后现象学所设想的形而上学是怎样的? 胡塞尔将其归结为先验意识,而"人类意识的本性就是此内时间意识流",或者说,"对现象学视野或现象学观察方法的理性最终辩护""在于对人的内时间意识的揭示"。所以,"胡塞尔和海德格尔都根据直观或实际生活的切近现象,比如对旋律、恐惧、死亡的感知,揭示出其发生源头——现象学的时间"②。海德格尔的形而上学则表现为"历史的或时机情境化的及实际生活"。"我们就活在、缘在于这种活生生的可能性中或相交状态中,永远行走在任何现成状态之前,所以我们感知世界乃至世中事物和人物的方式永远是可能性、境域性、发生性(时晕、使用场、感知流、理解域、意蕴网)在先,现实性、对象性、规则性在后。因此,我们不可能将锤子先感知为一个对象,而不是感知为在使用时与我交融的锤打着的锤子,也不会将讲台先感知为立方体,而不同时或首先感知为一张在各种可能情境中被使用着的讲台。同理,我对他人的感知也不会首先是那与我相似的人形对象,然后再通过同感、移情赋予它与我类似的思想、感情和人性,而是直接就将其感知为与我从存在论上相通的'同存在'(Mitsein)者;于是我在日常生活中也首先不是一个孤立的主体,而是一个已经与'大家伙儿'(das Man)融通而可以神聊起来、沆瀣一气的缘在者。"③而梅洛-庞蒂则是提出了"根本上的场域含糊性或场晕性"的形而上学。"梅洛-庞蒂则是以胡塞尔后期的发生现象学、内时间意识流域的思想为出发点,结合海德格尔关于缘在与世界互构的'同存在'思想,将它们创造性地运用于对身体的理解,使得现象学的'时间晕'思路被转化成了'身体空间晕'。"④"这证明身体场的在先性,它不可还原为肉体或心理,而具有更原本的场晕空间的真实存在。"⑤

　　当代哲学家加拉格尔有一段话这样描述梅洛-庞蒂的形而上学。"在梅洛-庞蒂《知觉现象学》前言中,他提出了'什么是现象学'的问题……梅洛-庞

---

① 　[德]黑格尔:《精神现象学》(上),贺麟译,北京:商务印书馆1979年版,译者导言,第11页。
② 　张祥龙:《什么是现象学》,《社会科学战线》2016年第5期。
③ 　张祥龙:《什么是现象学》,《社会科学战线》2016年第5期。
④ 　张祥龙:《什么是现象学》,《社会科学战线》2016年第5期。
⑤ 　张祥龙:《什么是现象学》,《社会科学战线》2016年第5期。

蒂对此问题的回答仍然具有重要意义,即现象学是'一种将本质至于存在的哲学,并且是一种主张人类和世界只有在二者的实是性(facticity)基础上才能获得理解的哲学'。在这部著作中,梅洛-庞蒂力图揭示身体的实是性,即我们存在的中介或者将我们置于世界的一种存在,这是理解人类存在的核心所在。正是以此方式,梅洛-庞蒂的文本持续影响着当代思想,不仅影响着现象学、心灵哲学和科学哲学,而且在更广泛的意义上影响着伦理学。"[1]

为什么会产生现象学?现象学要达成的主要目标是什么?在我们看来,现象学的意义主要还是在认识论上,尤其表现在对近代以来认识论转向的不满和由此带来对西方认识论传统的现代变革。因此,现象学的主要目标是认识论意义上的,是要重构人类的认识论,从而为社会人生提供一种认识论和方法论的基础。

理性主义始终是西方哲学的主流认识论,这一点在近代以来的认识论转向中达至顶峰。现象学试图重构西方传统的这一认识论,试图将理性奠基于感性、情感基础上,从而重新梳理理性和非理性的关系。现象学努力在西方哲学史上以一种严肃、认真和科学的态度"重塑感性和情感在认识论中的基础地位",并且在此基础上重塑感性和情感与理性和思维之间的关系。"许多西方哲学方法都不满足于现象,要冲出或'通过'现象去抓住超现象的本质、实体或理式。现象学不反对向上的飞翔或向下的沉潜,但拒绝从思想逻辑上超越我们凭之出发的东西,以至于让现象沦为一个无关紧要的起点和通道。这也就是说,无论思想如何变形,都不能扯断它的现象'脐带',因为现象本身的丰富、微妙和生动远超出了一切对它的抽象、重构和超越。抽象与超越是我们构想出来的,或概念化的,如果它们不是服务于对现象的体验和理解,而是要管制和规定现象的话,那么就必将导致哲思品质的萎缩。"[2]马克思·舍勒进一步提出了"道德情感的意向活动",揭示了"情感感受""价值直观""伦理明察"等是如何非对象性地构成"羞感""怨恨""价值""人格性"等,说明了"人格(Person)是活在原意识和时间流之中的,因而是绝不可被对象化和实体化的意义源头"[3]。"正如胡塞尔讲的感知和所有意向行为都在时间流造就的权能场中活动,于是必带有此流和场的晕盈余的特点,舍勒所讲的所有价值直观和情感感受的行为也都是人格的不同体现。"[4]

---

[1]　Shaun Gallagher, Merleau-Ponty's Phenomenology of Perception, Topoi, 2010(29).
[2]　张祥龙:《什么是现象学》,《社会科学战线》2016年第5期。
[3]　张祥龙:《什么是现象学》,《社会科学战线》2016年第5期。
[4]　张祥龙:《什么是现象学》,《社会科学战线》2016年第5期。

如果说现象学试图重塑认识论,提出一种感官、情感奠基思维理性的新的认识论模式,那么这就为当代智能革命中的认知和智能研究提供了可能的思路。许多研究者肯定了现象学与人工智能等智能科学的正向关联。"人工智能是研究机器思维的,也就是研究计算机如何可以模拟人的思维。既然要模拟人的思维,对思维全过程的从细节到整体的研究必然是它的基本任务之一。在此基础上,才可以谈得上模拟这个过程。胡塞尔搞现象学研究三十多年,目的也正是要弄清思维一般过程的细节和整体,只不过他没有将这个过程通过机器模拟下来的想法。所以胡塞尔的认识论工作与人工智能研究有内在的联系。"①此外,当代智能科学研究中的涉身认知和涉身人工智能科学也可能会受惠于现象学。"具身 AI(embodied AI,又称行为主义 AI)的很多灵感源自现象学对经典 AI 的批判。现象学关于人类智能的洞见——非表征性、具身性、在世界中的存在,都转化为了具身 AI 的设计原则。具身 AI 的发展和成熟,不仅是对现象学哲学的实证,也是对现象学实践的重大发展。蒙在现象学脸上的神秘面纱,通过具身 AI 的工作得到了一定的揭示。"②当然,许多学者对于现象学的功能还是相对谨慎的。"需要指出的是,现象学仅仅是对待经验的态度,是一种指导心理学家看问题的观点、立场(方法论),它永远不能代替具体的实证方法,离开了实证方法的支持,现象学将是空洞的,不能产生任何确定的结果。有了现象学这一武器,还必须进行深入、细致的实证研究,所以,倡导现象学只是对那些掌握了心理学基本训练的工作者才有意义。现象学并不排斥实证方法,恰恰相反,两者的关系是相互依存的。此外,我们最终要面对一些重要的心理学理论问题,比如,如何保证通过现象学构建令人信服的、适合心理学发展的更好框架?如何实现在现实生活中研究真实体验和活动着的人的心理,同时又保持研究方式的科学性?等等。正由于存在上述诸多问题,作为非主流心理学的现象学心理学在整个心理学中的地位仍需拭目以待。"③

从胡塞尔乃至现象学运动中哲学家们对现象学的乐观态度,对于现象学为科学奠基的自信,到一部分认知科学和智能科学的研究者们开始接触、信任和发掘现象学思想,再到相当多的哲学工作者对现象学正向反馈科学的谨慎乐观,我想其中是有着可能达成的共识的。"自从胡塞尔发现意向性必带有和必依据的晕流和滚烫的原意识出发,产生了一波又一波的现象学新开展,呈现出

---

① 靳希平:《现象学对 20 世纪西方哲学的影响》,中国现象学网,https://philosophy. sysu. edu. cn/phaenomenologie/xzzl/xzjxp/3628. htm。

② 徐献军:《具身人工智能与现象学》,《自然辩证法通讯》2012 年第 6 期。

③ 费多益:《认知研究的现象学趋向》,《哲学动态》2007 年第 10 期。

多样又深邃奇特的思想盛况……这正表明现象学哲理的潜力还远远没有耗尽，因为它从头就活在可能性而非可被摧毁的现成性里。只要涉及人性和生命性的现象，现象学就能开启出那些概念化、分析化的哲学方法乃至自然科学方法无法达到的思想胜境，说出让人可心领神会而不是被从思想上肢解的话语。"①鉴于现象学仍旧展现出的生命力，我们也期待现象学能够也必将为认知和智能科学技术研究带来意想不到的新胜境。

① 张祥龙：《什么是现象学》，《社会科学战线》2016 年第 5 期。

参考文献

一、中文文献

[1] 中共中央马克思恩格斯列宁斯大林著作编译局编译:《马克思恩格斯文集》第一卷,北京:人民出版社 2009 年版。

[2] 习近平:《在哲学社会科学工作座谈会上的讲话》,北京:人民出版社 2016 年版。

[3] [美]埃德尔曼、托诺尼:《意识的宇宙》,顾凡及译,上海:上海科学技术出版社 2004 年版。

[4] [英]艾耶尔:《二十世纪哲学》,李步楼等译,上海:上海译文出版社 1987 年版。

[5] 北京大学哲学系外国哲学史教研室编译:《西方哲学原著选读》(上下卷),北京:商务印书馆 1982 年版。

[6] 北京大学哲学系外国哲学史教研室编:《古希腊罗马哲学》,北京:商务印书馆 1982 年版。

[7] [英]博登:《人工智能哲学》,刘西瑞、王汉琦译,上海:上海译文出版社 2001 年版。

[8] [英]布宁、余纪元编著:《西方哲学英汉对照辞典》,北京:人民出版社 2001 年版。

[9] 陈嘉明:《实在、心灵与信念》,北京:人民出版社 2005 年版。

[10] [美]丹尼特:《心灵种种——对意识的探索》,罗军译,上海:上海科学技术出版社 1998 年版。

[11] [美]丹尼特:《意识的解释》,苏德超、李涤非、陈虎平译,北京:北京

理工大学出版社 2008 年版。

[12] [美]H. 德雷福斯:《计算机不能做什么:人工智能的极限》,宁春岩译,马希文校,北京:三联书店 1986 年版。

[13] [法]笛卡尔:《第一哲学沉思集》,庞景仁译,北京:商务印书馆 1986 年版。

[14] [法]笛卡尔:《指导心灵探求真理的原则》,管震湖译,北京:商务印书馆 1991 年版。

[15] [美]杜威:《哲学的改造》,许崇清译,北京:商务印书馆 1958 年版。

[16] [美]弗莱雷、吉鲁:《学校教育、大众文化与日常生活》,孟伟译,长春:东北师范大学出版社 2014 年版。

[17] 高新民、储昭华编译:《心灵哲学》,北京:商务印书馆 2002 年版。

[18] [德]海德格尔:《存在与时间》,陈嘉映、王庆节译,北京:三联书店 1999 年版。

[19] [德]黑格尔:《精神现象学》(上),贺麟译,北京:商务印书馆 1979 年版。

[20] [美]怀特海:《思维方式》,刘放桐译,北京:商务印书馆 2004 年版。

[21] [德]胡塞尔:《现象学的观念》,倪梁康译,上海:上海译文出版社 1986 年版。

[22] [德]胡塞尔:《纯粹现象学通论》,李幼蒸译,北京:商务印书馆 1996 年版。

[23] [德]胡塞尔:《欧洲科学危机和超验现象学》,张庆熊译,上海:上海译文出版社 1988 年版。

[24] [德]胡塞尔:《哲学作为严格的科学》,倪梁康译,北京:商务印书馆 1999 年版。

[25] [德]胡塞尔:《生活世界现象学》,黑尔德编,倪梁康、张廷国译,上海:上海译文出版社 2005 年版。

[26] [德]胡塞尔:《现象学的方法》,黑尔德编,倪梁康译,上海:上海译文出版社 2005 年版。

[27] [美]怀特海:《思维方式》,刘放桐译,北京:商务印书馆 2004 年版。

[28] [美]克里克:《惊人的假说——灵魂的科学探索》,汪云九等译,长沙:湖南科学技术出版社 2004 年版。

[29] 李建会、赵小军、符征:《计算主义及其理论难题研究》,北京:中国社会科学出版社 2016 年版。

[30] 刘文英:《中国古代意识观念的产生和发展》,上海:上海人民出版社1985年版。

[31] [美]罗蒂:《哲学和自然之境》,李幼蒸译,北京:商务印书馆2003年版。

[32] 潘笃武:《电脑能胜过人脑吗》,上海:华东师范大学出版社2003年版。

[33] [英]彭罗斯等:《宇宙、量子和人脑》,李宁等译,北京:中国对外翻译出版公司1999年版。

[34] [法]梅洛-庞蒂:《哲学赞词》,杨大春译,北京:商务印书馆2000年版。

[35] [法]梅洛-庞蒂:《知觉现象学》,姜志辉译,北京:商务印书馆2001年版。

[36] [法]梅洛-庞蒂:《知觉的首要地位及其哲学结论》,王东亮译,北京:三联书店2002版。

[37] [法]梅洛-庞蒂:《行为的结构》,杨大春、张尧均译,北京:商务印书馆2005年版。

[38] [法]梅洛-庞蒂:《眼与心——梅洛-庞蒂现象学美学文集》,刘韵涵译,北京:中国社会科学出版社1992年版。

[39] [法]帕斯卡尔:《思想录》,何兆武译,北京:商务印书馆1963年版。

[40] 钱捷:《笛卡尔"普遍数学"的方法论意义初探》,《哲学门》第六卷第二册,北京:北京大学出版社2005年版。

[41] [加]萨加德:《认知科学导论》,朱菁译,合肥:中国科学技术出版社1999年版。

[42] [法]列维-斯特劳斯:《野性的思维》,李幼蒸译,北京:商务印书馆1987年版。

[43] [美]塞尔:《心、脑与科学》,杨音莱译,上海:上海译文出版社1991年版。

[44] [美]施皮格伯格:《现象学运动》,王炳文、张金言译,北京:商务印书馆1995年版。

[45] [奥]维特根斯坦:《哲学研究》,李步楼译,北京:商务印书馆1996年版。

[46] 肖红娟:《华生的行为主义》,参见叶浩生主编:《心理学理论精粹》,福州:福建教育出版社2000年版。

[47] 熊哲宏:《你不知晓的 20 世纪最杰出心理学家》,北京:中国社会科学出版社 2008 年版。

[48] 亚里士多德:《灵魂论及其他》,吴寿彭译,北京:商务印书馆 1999 年版。

[49] 亚里士多德:《形而上学》,吴寿彭译,北京:商务印书馆 1959 年版。

[50] 杨大春:《杨大春讲梅洛-庞蒂》,北京:北京大学出版社 2005 年版。

[51] 柏拉图:《斐多》,杨绛译,沈阳:辽宁人民出版社 1999 年版。

[52] 杨适:《哲学的童年——西方哲学发展线索研究》,北京:中国社会科学出版社 1987 年版.

[53] 张祥龙:《海德格尔思想与中国天道——终极视域的开启与交融》,北京:三联书店 1996 年版。

[54] 赵敦华:《西方哲学简史》,北京:北京大学出版社 2000 年版。

[55] [法]巴尔巴拉:《梅洛-庞蒂:意识与身体》,张尧均译,《同济大学学报》2009 年第 1 期。

[56] 陈巍、丁峻、陈熙:《共享身体表征:心智阅读起源的具身匹配论》,《科学技术哲学研究》2010 年第 5 期。

[57] 陈自富:《炼金术与人工智能:休伯特·德雷福斯对人工智能发展的影响》,《科学与管理》2015 年第 4 期。

[58] 成素梅:《科学哲学的语境论进路及其问题域》,《学术月刊》2011 年第 8 期。

[59] 成素梅:《技能性知识与体知合一的认识论》,《哲学研究》2011 年第 6 期。

[60] 成素梅、姚艳勤:《哲学与人工智能的交汇——访休伯特·德雷福斯和斯图亚特·德雷福斯》,《哲学动态》2013 年第 11 期。

[61] 费多益:《认知研究的现象学趋向》,《哲学动态》2007 年第 10 期。

[62] 冯晓虎:《论莱柯夫术语"Embodiment"译名》,《同济大学学报》2010 年第 1 期。

[63] 高新民:《主观特性假说与当代唯物主义发展的契机》,《华中师范大学学报》1999 年第 4 期。

[64] 贾江鸿:《笛卡尔的"mathesis universalis"与形而上学》,《世界哲学》2007 年第 9 期。

[65] [美]加拉格尔:《解释学与认知科学》,邓友超译,《华东师范大学学报》(教育科学版)2004 年第 1 期。

[66] 姜孟、邬德平:《从"身体"与"环境"看认知的"涉身性"》,《英语研究》2011 年第 4 期。

[67] [法]雷诺·巴尔巴拉:《梅洛-庞蒂:意识与身体》,张尧均译,《同济大学学报》2009 年第 1 期。

[68] 李恒威、肖家燕:《认知的具身观》,《自然辩证法通讯》2006 年第 1 期。

[69] 李建会、于小晶:《"4E+S":认知科学的一场新革命?》,《哲学研究》2014 年 1 期。

[70] 李景源:《实践和思维主体的形成》,《人文杂志》1985 年第 5 期。

[71] 郦全民:《机械论与哲学化的机器》,《自然辩证法通讯》2008 年第 3 期。

[72] [意]里佐拉蒂、福加希、加莱塞:《镜像神经元:大脑中的魔镜》,赵瑾译,《环球科学》2006 年第 12 期。

[73] 刘放桐:《从认识的转向到实践的转向看现当代哲学的发展趋势》,《江海学刊》2019 年第 1 期。

[74] 刘晓力:《交互隐喻与涉身哲学——认知科学新进路的哲学基础》,《哲学研究》2005 年第 10 期。

[75] 刘晓力:《延展认知与延展心灵论辨析》,《中国社会科学》2010 年第 1 期。

[76] 莫伟民:《意识是"我能"——梅洛-庞蒂的"我能"现象学探究》,《复旦学报》2008 年第 6 期。

[77] 吴道平:《自然? 使然? 皮亚杰与乔姆斯基的一场辩论》,《读书》1995 年第 12 期。

[78] 吴彤:《科学实践哲学视野中的科学实践:兼评劳斯等人的科学实践观》,《哲学研究》2006 年第 6 期。

[79] 肖巍:《身体与缘身性:结合神经科学新发展的探索》,《妇女研究论丛》2014 年第 5 期。

[80] 徐献军:《具身人工智能与现象学》,《自然辩证法通讯》2012 年第 6 期。

[81] 燕燕:《梅洛-庞蒂:具身意识的身体》,《世界哲学》2010 年第 4 期。

[82] 杨大春:《含混的散文诗学:梅洛-庞蒂与语言问题》,《南京社会科学》2003 年第 6 期。

[83] [丹]扎哈维:《同感、具身和人际理解：从里普斯到舒茨》,陈文凯译,

《世界哲学》2010 年第 1 期。

[84]［丹］扎哈维:《自然化的现象学》,符鸽译,《求是学刊》2010 年第 5 期。

[85] 张祥龙:《什么是现象学》,《社会科学战线》2016 年第 5 期。

[86] 朱志方:《认知科学与涉身实在论》,《哲学研究》2002 年第 2 期。

[87] 黄华新:《哲学视角中的当代认知科学》,《中国社会科学报》2010 年 12 月 28 日。

[88] 靳希平:《现象学对 20 世纪西方哲学的影响》,中国现象学网,https://philosophy. sysu. edu. cn/phaenomenologie/xzzl/xzjxp/3628. htm。

二、英文文献

[1] Alterman, R. & Kirsg, D. eds. Proceedings of the 25th Annual Conference of the Cognitive Science Society, Mahwah, NJ:Lawrence Erlbaum, 2003.

[2] Alvin Goldman,Philosophical Applications of Cognitive Science, Colorado:Westview Press, 1993.

[3] Audi, R. The Cambridge Dictionary of Philosophy, Cambridge: Cambridge University Press, 1999.

[4] Bake, Lynne. Persons and Bodies, Cambridge: Cambridge University Press, 2000.

[5] Beakley, B & P. Ludlow. eds. The Philosophy of Mind: Classical Problem and Contemporary Issues, Cambridge,Mass. : MIT press,1992.

[6] Bechtel, W, G. Graham. eds. A Companion to Cognitive Science, Oxford:Basil Blackwell, 1999.

[7] Bermudez, Jose. The Paradox of Self – Consionsness, Cambridge:Cambridge University Press, 1998.

[8] Block, N. eds. Readings in Philosophy of Psychology, London: Methuen, 1980.

[9] Brooks, R. Cambrian Intelligence: The Early History of the New AI, Cambridge, Mass. : MIT press,1999.

[10] Brooks, R. , Breazeal, C. , Marjanović, M. , Scassellati, B. , and Williamson, M. The Cog project: building a humanoid robot. InComputation for Metaphors, Analogy, and Agents, C. Nehaniv, ed. , New York: Springer, 1998.

[11] Clancey, W. Situated Cognition: On Human Knowledge and Computer

Representations, Cambridge: Cambridge University Press, 1997.

[12] Damasio, Antonio. The Feeling of What Happens: Body and Emotion in the Making of Consciousness, New York: Harvest Books, 2000.

[13] Dreyfus, Hubert L. Alchemy and Artificial Intelligence, Santa Monica: RAND Corporation, 1965.

[14] Dreyfus, Hubert. Refocusing the question: Can there be skillful coping without propositional representations or brain representations? Phenomenology and the Cognitive Science, 2002(1).

[15] Dreyfus, Hubert. What Computers Still Can't Do: A Critique of Artificial Reason, Cambridge: The MIT Press, 1992.

[16] Eckardt, B. V. What is Cognitive Science? Cambridge: MIT press, 1993.

[17] Gallagher, Shaun. How the Body Shape the Mind, Oxford: Oxford University Press, 2005.

[18] Gallagher, Shaun, Dan Zahavi. The Phenomenological Mind: An Introduction to Philosophy of Mind and Cognitive Science, London: Routledge, 2008.

[19] Gibson, James J. the Ecological Approach to Visual Perception, New Jersey: Lawrence Erlbaum Associates, 1986.

[20] Goldman, Alvin. Philosophical Applications of Cognitive Science, Colorado: Westview Press, 1993.

[21] Harnish, R. Mind, Brains, Computers: a Historical Introduction to the Foundations of Cognitive Science, Malden: Blackwell Publishers Inc, 2002.

[22] Hickey, Thomas. History of Twentieth-century Philosophy of Science, London: Routledge, 2005.

[23] Hill, C. S. ed., Philosophical Topics, the Philosophy of Hilary Putnam, Arkansas: University of Arkansas Press, 1993.

[24] Johnson, M. The Body In the Mind: The Bodily Basis of Meaning, Imagination, and Reason, Chicago: University of Chicago Press, 1987.

[25] Lakoff, G & M. Johnson, Philosophy in the Flesh: the Embodied Mind and Its Challenge to Western Thought, New York: Basic Books, 1999.

[26] Locke, D. Perception, London: Routledge, 1967.

[27] Longuet-Higgins, H. C. Comments on the Lighthill Report and the Sutherland Reply, inArtificial Intelligence: a paper symposium, Science Research

Council, 1973.

[28] Maturana, Humberto R., Varela, Francisco J. Autopoiesis and Cognition: The Realization of the Living, Dordrecht: Reidel, 1980.

[29] McNerney, Samuel. A Brief Guide to Embodied Cognition: Why You Are Not Your Brain, Scientific American, November 4, 2011.

[30] Merleau – Ponty, The Structure of Behavior, trans., Alden L. Fisher, Boston: Beacon Press, 1963.

[31] Merleau – Ponty, M. The Visible and the Invisible, trans. A. Lingis. Evanston: Northwestern University Press, 1968.

[32] Merleau – Ponty, M. Phenomenology of Perception, trans. C. Smith. London: Routledge & Kegan Paul, 1962.

[33] Merleau – Ponty, M. Phenomenology of Perception, trans. Donald A. Landes. London: Routledge, 2012.

[34] Merleau – Ponty, Sense and Non – sense, trans. Hubert L. Dreyfus & Patricia Allen Dreyfus, Evanston: Northewestern University Press, 1964.

[35] Metzinger, T. Being No One, Cambridge, MA: MIT Press, 2003.

[36] Negal, T. The View from Nowhere, Oxford: Oxford University Press, 1986.

[37] O' Hear. eds. Current Issues in Philosophy of Mind, Cambridge: Cambridge University Press, 1998.

[38] Petitot, Jean., Francisco Varela, Bernard Pachoud, and Jean – Michel Roy, Naturalizing Phenomenology, Stanford: Stanford University Press, 1999.

[39] Pinker, Steven. The Blank Slate: The Modern Denial of Human Nature, New York: Viking Penguin, 2002.

[40] Robbins, P. and Aydede, M. (eds). Cambridge Handbook of Situated Cognition, Cambridge: Cambridge University Press, 2009.

[41] Ross, B. H. (Ed.), The psychology of learning and motivation, San Diego, CA: Academic Press, 2003.

[42] Rowlands, Mark. The New Science of the Mind: From Extended Mind to Embodied Phenomenology, Cambridge: MIT Press, 2010.

[43] Searle, J. Consciousness and Language, Cambridge: Cambridge University Press, 2002.

[44] Searle, J. eds., Philosophy in a New Century: Selected Essays,

Cambridge：Cambridge University Press，2008.

［45］Shapiro，Lawrence A. Embodied Cognition，London：Routledge，2010.

［46］Taylor，C & M. Hansen. eds. The Cambridge Companion to Merleau－Ponty，Cambridge：Cambridge University Press，2005.

［47］Thagard，Paul. Computational Philosophy of Science，Cambridge，MA：MIT Press，1988.

［48］Thelen，E. and Smith，L. A Dynamic Systems Approach to the Development of Cognition and Action，Cambridge，Mass.：MIT Press，1994.

［49］Toadvine，Ted and Leonard Lawlor（ed.），The Merleau－Ponty reader，Evanston：Northwestern University Press，2007.

［50］Varela，F，E. Thompson and E. Rosch. The embodied Mind：Cognitive Science and Human Experience，Cambridge，Mass.：MIT press，1991.

［51］Weiss，G & H. Haber. eds. Perspectives on Embodiment，London：Routledge. 1999.

［52］Wheeler，Michael. Reconstructing the Cognitive World，Cambridge：the MIT press，2005.

［53］Ziemke，T. What's that Thing Called Embodiment? In Alterman，R & Kirsg，D. eds. Proceedings of the 25th Annual Conference of the Cognitive Science Society，Mahwah，NJ：Lawrence Erlbaum，2003.

［54］Zlatev，Jordan；Ziemke，Tom；Frank，Roz；Dirven，René. eds. Body，Langu－age and Mind，vol. 2. Berlin：Mouton de Gruyter，2006.

［55］Zoia，S.，Blason，L.，D'Ottavio，G.，Bulgheroni，M.，Pezzetta，E.，Scabar，A.，et al. Evidence of early development of action planning in the human foetus：a kinematic study，Experimental Brain Research，2007(176).

［56］Anderson，Michael L. Embodied Cognition：A Field Guide，Artificial Intelligence，2003(149).

［57］Anderson，Michael L，Embodied Cognition：the Teenage Years，Philosophical Psychology，2006(20).

［58］Ballard，D. Animate vision，Artificial Intelligence，1991(48).

［59］Barsalou，Lawrence. W. Grounded Cognition，Annu. Rev. Psychol，2008(59).

［60］Borghi，Anna M.，Diane Pecher，Introduction to the special topic Embodied and Grounded Cognition，Frontiers in Psychology，2011(2).

[61] Brooks, R. Intelligence without Representation, Arificial Intelligence, 1991(47).

[62] Clark, A. An embodied cognitive science? Trends in Cognitive Science, 1999(3).

[63] Carman, Taylor. The Body in Husserl and Merleau-Ponty, Philosophical Topics, 1999(2).

[64] Carruthers, P. Natural theories of Consciousness, European Journal of Phiosophy, 1998(2).

[65] Chomsky, N. Review of Verbal Behavior by B. F. Skinner, Language. 1959(35).

[66] Dennett, D. Who's on first? Heterophenomenology explained, Journal of Consciousness Studies, 2003(10).

[67] Dennett, D. Heterophenomenology reconsidered, Phenomenology and the Cognitive Sciences, 2007(6).

[68] Dreyfus, Hubert L. Intelligence Without Representation – Merleau – Ponty's critique of mental representation: The relevance of phenomenology to scientific explanation, Phenomenology and the Cognitive Science, 2002 (1).

[69] Eckardt, B. V. Multidisciplinarity and Cognitive Science, Cognitive Science, 2001(25).

[70] Gallagher, Shaun. Merleau – Ponty's Phenomenology of Perception, Topoi, 2010 (29).

[71] Gallese, Vittorio, Mirror Neurons, Embodied Simulation, and the Neural Basis of Social Identification, Psychoanalytic Dialogues, 2009(19).

[72] Gelder, T. What Might Cognition Be, If Not Computation? Journal of Philosophy, 1992(7).

[73] Gelder, Tim Van. The roles of philosophy in cognitive science, Philosophical Psychology, 1998, 11(2).

[74] Goldman, Alvin. Frederique de Vignemont. Is social cognition embodied? Trends in Cognitive Sciences, 2009(4).

[75] Harnad, Stevan. The symbol grounding problem, Physica, 1990(42).

[76] Husserl. "Phenomenology," Edmund Husserl's Article for the Encyclopaedia Britannica (1927), revised translation by Richard Palmer, Journal of the British Society for Phenomenology, 1971 (2).

[77] Hutchins, Edwin. Cognitive Ecology, Topics in Cognitive Science, 2010 (2).

[78] Johnson, Mark. Incarnate Mind, Minds and Machines, 1995(5).

[79] Johnson, M. Merleau-Ponty's Embodied Semantics-From Immanent Meaning, to Gesture, to Language, Euramerica,2006(1).

[80] Kelly, Sean D. Closing the Gap: Phenomenology and Logical Analysis, The Harvard Review of Philosophy, 2005(13).

[81] Lakoff, G. Explaining Embodied Cognition Results, Topics in Cognitive Science, 2012(4).

[82] Lee, D. and Reddish, P. Plummeting gannets: a paradigm of ecological optics, Nature, 1981(293).

[83] Mahon, Bradford Z. Alfonso Caramazza, A critical look at the embodied cognition hypothesis and a new proposal for grounding conceptual content, Journal of Physiology-Paris, 2008(102).

[84] Marito Sato. The Incarnation of Consciousness and the Carnalization of the World in Merleau-Ponty's Philosophy, Immersing in the Concrete: Analecta Husserliana, 1998(58).

[85] Meltzoff, A & M. Moore, Imitation of facial and manual gestures by human neonates, Science, 1977 (198).

[86] Meltzoff, A. and M. Moore, Newborn infants imitate adult facial gestures, Child Development, 1983(54).

[87] Meltzoff, A. and M. Moore, Imitation in newborn infants:Exploring the range of gestures imitated and the underlying mechanisms, Developmental Psychology, 1989(25).

[88] Meltzoff, A. and M. Moore, Imitation, memory, and the representation of persons, Infant Behavior and Development, 1994(17).

[89] Miller, G. A. The cognitive revolution: a historical perspective, Trends in Cognitive Science, 2003, 7(3).

[90] Niedenthal, Paula M. Lawrence W. Barsalou, Piotr Winkielman, Silvia Krauth-Gruber and François Ric, Embodiment in Attitudes, Social Perception, and Emotion, Personality and Social Psychology Review, 2005(3).

[91] Niedenthal, Paula M. Embodying Emotion, Science, 2007(316).

[92] Noë, Alva. Is the Visual World a Grand Illusion? Journal of

Consciousness Studies, 2002(9).

［93］Nuñez, R. Could The Future Taste Purple? Journal of Consciousness Studies, 1999(6).

［94］O'Regan, J. K. , and A. Noë. What it is like to see: A sensorimotor theory of perceptual experience, Synthese, 2002(29).

［95］Pfeifer, R. & Fumiya Iida. Embodied Artificial Intelligence: Trend and Challenges, Lecture Notes in Computer Science, 2004(3139).

［96］Searle, J. Consciousness, Annual Review of Neuroscience, 2000(23).

［97］Taylor, C. The Validity of Transcendental Arguments, Proceedings of the Aristotelian Society, 1978–1979 (79).

［98］Thelen, Esther. Gregor Schöner, Christian Scheier, Linda B. Smith, The dynamics of embodiment: A field theory of infant perseverative reaching, Behavioral and Brain Science, 2001(24).

［99］Thompson, Evan & Varela, F. Radical embodiment: neural dynamics and consciousness, Trends in cognitive science, 2001(5).

［100］Varela, Francisco J. Neurophenomenology: A Methodological Remedy for the Hard Problem, Journal of Consciousness Studies, 1996(4).

［101］Wilson, M. Six views of Embodied Cognition, Psychological Bulletin and Review. 2002(4).

［102］Zahavi, Dan. First–person thoughts and embodied self–awareness: Some reflections on the relation between recent analytical philosophy and phenomenology, Phenomenology and the Cognitive Sciences, 2002(1).

［103］Zahavi, Dan. Phenomenology and the project of naturalization, Phenomenology and the Cognitive Sciences, 2004(3).

［104］Zahavi, Dan. Killing the straw man: Dennett and Phenomenology, Phenomenology and the Cognitive Sciences, 2007(6).

［105］Geeraerts, D and H. Cuyckens. eds. The Handbook of Cognitive Linguistics, Oxford University Press, 2005, https://akros. ucsd. edu/~trohrer/handbookch1rohrerfinaldraft. pdf.

［106］Kelly, Sean D. In Memoriam: Hubert L. Dreyfus (1929–2017), https://philosophy. fas. harvard. edu/news/memoriam–hubert–l–dreyfus–1929–2017, April 24, 2017.

［107］Ramsoy, Thomas. An interview with Shaun Gallagher on How the body shapes the mind. Science and Consciousness Review, http://www. geocities. com/ science_consciousness_review. 19-Jan-2006.

[108] Yasmin Anwar, Hubert Dreyfus, preeminent philosopher and AI critic, dies at 87, https://news. berkeley. edu/2017/04/24/hubert-dreyfus/.

后　记

在博士生导师刘晓力教授的建议和引导下,我一直从事关于现象学视角下涉身认知的科学哲学研究。刘老师是国内认知科学哲学的开拓者和领军者之一。受惠于刘老师的指导,我在这个前沿领域取得了一些成果并获得了一定的成就感。借此机会,对我的导师表达衷心的谢意,也向在我学术成长过程中提供帮助的韩震教授、刘杰教授等老师以及家人、领导和同辈学人等顺致谢意。

在写作过程中,关于梅洛-庞蒂的原著部分,除了中文译本之外,我还特别参照了 C. Smith(1962 年)和 Donald A. Landes(2012 年)的两个《知觉现象学》英文译本。关于"介入意识"和"旁观意识"的说法来自 Alphonse De Waelhens,但是中文译名则是我的想法。此外,书中的有些内容和观点已经见刊,有些内容和观点则欠成熟,一并敬请各位学人批评指正。

最后,感谢国家社科基金对本书出版提供的资助,感谢聊城大学原社科处兆林处长提供的帮助,感谢编辑李珊老师的辛苦付出。

孟伟
2023 年夏